el
subjuntivo

el
subjuntivo

VALORES Y USOS

J. BORREGO • J. G. ASENCIO • E. PRIETO

SOCIEDAD GENERAL ESPAÑOLA DE LIBRERÍA, S. A.

Primera edición, 1986.
Segunda edición, 1987.

468.2
B 737s
1987

Produce: SGEL-Educación
Marqués de Valdeiglesias, 5 - 28004 Madrid

ISBN: 84-7143-316-8
Depósito legal: M-41233-1987
Printed in Spain - Impreso en España

Compone: ANDUEZA
Imprime: NUEVA IMPRENTA, S. A.
Encuaderna: F. MENDEZ

INTRODUCCIÓN

Este trabajo sobre el subjuntivo nace con dos objetivos básicos de carácter complementario: trata, por un lado, de servir de libro de consulta para todos aquellos que —hablantes de español o no— quieran conocer la regla que explica el funcionamiento del modo en una secuencia concreta. Este primer objetivo es, pues, eminentemente práctico. Pero trata por otra parte, y con no menos ahínco, de contribuir a incrementar o mejorar, siquiera sea modestamente, lo que de esta parcela conoce la gramática descriptiva del español. Persigue también, por tanto, objetivos teóricos. La configuración entera del libro viene explicada en gran parte por este difícil equilibrio entre teoría y práctica, que obliga a conjugar la exposición sucinta y clara de las reglas con la utilización de un aparato conceptual a veces complejo, pero necesario para poner orden en los heterogéneos materiales e ideas expuestos ya por otros, para deslindar matices fundamentales o para desbrozar parcelas todavía inexploradas.

Aunque el lector podrá encontrar en el libro varios apartados distintos, la división que vertebra todo el trabajo es la que separa los usos en que el subjuntivo no alterna con el indicativo, de aquellos otros en que tal alternancia es posible. Esta diferenciación, que puede parecer heterodoxa al lector no avisado, se justifica así:

1. *Desde la teoría lingüística* hay una diferencia radical entre (1) por un lado y (2) y (3) por otro:

(1) Te traigo el libro para que lo *leas.*
(2) Voy a casarme con una chica que *cocina* muy mal.
(3) Dile a Emilio que *bebe* poco.

Los lingüistas, en efecto, dirían que en (1) el subjuntivo está *contextualmente condicionado,* que *no se opone* a otro elemento similar y que, por tanto, carece de «valor» en el *sistema* de la lengua, dando a «valor» el sentido técnico acuñado por Saussure. En (2) y (3), en cambio, *cocina* y *bebe* no son formas automáticamente condicionadas, *se oponen* respectivamente a *cocine* y *beba*, el subjuntivo aporta sus propios contenidos y la *prueba de la conmutación* lo cataloga, por tanto, entre los *elementos pertinentes* del *sistema* del español. Desde otro punto de vista, la aparición del indicativo en (1) (*lees* por *leas*) produce oraciones *agramaticales*, esto es, secuencias que cualquier hablante nativo reconoce como contrarias a las reglas de su propio idioma. (2) y (3), en cambio, lleven uno u otro modo en el verbo subordinado, son oraciones españolas impecablemente construidas. La gramática debe, por tanto, arbitrar mecanismos para evitar el cambio de modo en la primera oración, pero no así en las dos últimas, que únicamente tendrían una interpretación distinta.

2. Si la diferencia teórica es importante, no lo son menos las *repercusiones prácticas.* Errar en el modo de la subordinada de (1) y decir, por tanto, «para que lo lees» puede resultar una aparatosa muestra de impericia lingüística; pero, si bien se mira, ese yerro no repercute en la comunicación, pues el contenido de lo transmitido sigue quedando perfectamente claro. Por el contrario, alterar el modo de *cocinar* —en (2)— y *beber* —en (3)— puede conducir a equívocos de importancia. Uno de los autores de este libro recuerda a aquel extranjero que le manifestó su deseo de casarse con una chica «que *cocinara* muy mal»: al oírlo quedó sumido en la mayor perplejidad, dado que el muchacho estaba escuálido y no era fácil entender tan peregrina exigencia. Hasta que por fin se aclaró que ya había encontrado hacía tiempo a la dama de sus pensamientos, la cual a la sazón, y desgraciadamente, *cocinaba* muy mal. El uso del indicativo desde el principio habría deshecho cualquier malentendido. En cuanto a la oración (3), la conducta de Emilio seguramente será distinta según que la instrucción que le transmitamos vaya construida con *bebe* o *beba*. No debe, en consecuencia, resultar extraño que las reglas que gobiernan el modo de *leer* —oración (1)— vayan separadas de las que gobiernan el de *cocinar* o *beber* —oraciones (2) y (3)—: la violación de unas y otras tiene efectos bien distintos.

3. Por último, aunque este tipo de justificación no sería válido sin los otros, añadamos que autores prestigiosos han defendido o utilizado una presentación parecida: Bull o Ramsey, citados en la bibliografía que incluimos, pueden ser buenos ejemplos.

Por lo demás, dentro de los dos grandes apartados en que estudiamos los usos del subjuntivo, sí hemos respetado la clasificación tradicional por estructuras: «oraciones sustantivas», «oraciones de relativo», «oraciones adverbiales», «oraciones independientes». Es importante recordar, sin embargo, que empleamos estas etiquetas porque resultan familiares al usuario medio y tienen, por tanto, un alto valor orientativo. Es decir, se trata de que el lector encuentre cada construcción donde esperaba encontrarla, y no de revisar críticamente la inclusión de cada una en un apartado u otro. Emprender esta última labor se saldría de los objetivos que nuestro libro persigue. Nadie debe sorprenderse, por tanto, del carácter de «cajón de sastre» que muestran las «adverbiales»; o de que bajo la etiqueta de «independientes» se acojan, como ya veremos, todos aquellos casos en que el subjuntivo se explica por circunstancias ajenas a la subordinación misma, aunque no siempre las reglas se circunscriban a oraciones propiamente independientes.

Dedicamos un capítulo —el primero— a los valores generales de las formas de subjuntivo y a las relaciones, paradigmáticas o sintagmáticas, que establecen entre ellas y con las de indicativo. Y es que nos parece bastante natural que quien va a hablar de la utilización de determinados elementos —lingüísticos o no— comience por su presentación y descripción. Por lo mismo, este capítulo va al principio y no al final, que sería la otra opción posible.

En cuanto a la presentación de la materia, ésta se ha dividido en 77 reglas, numeradas correlativamente a lo largo de todo el libro. Cada una de ellas va encabezada por un cuadro en que se exponen, de la manera más escueta posible, tres tipos de datos: 1) a qué clase de estructura se aplica; 2) cuál es el contenido de la regla; 3) qué efectos se derivan de la violación o no cumplimiento de esa regla. Sigue inmediatamente después una explicación pormenorizada de cuanto se ha enunciado en cada uno de los tres apartados, utilizando en la medida de lo posible terminología familiar y ejemplos de la lengua viva. En ningún momento hemos querido falsear los hechos para simplificarlos —tentación a la que es fácil y frecuente sucumbir—, pero tampoco complicarlos más de lo necesario. De ahí que cuestiones teóricas marginales o demasiado especializadas vayan en nota a pie de página. Resultará muy útil recordar que las notas *se dedican exclusivamente a tal menester* y que, por tanto, los no lingüistas pueden prescindir de ellas. Asimismo, que *los cuadros recogen de forma sucinta, pero completa, toda la información pertinente* desplegada en el texto que sigue a cada uno. Algunos de ellos llevan el número que identifica la regla, tipográficamente destacado: lo que tal convención significa es que esa regla merece especial atención por pertenecer al andamiaje básico de normas que sirve de sustento a otras.

Los ejercicios que se incluyen al final del libro no estaban en el plan inicial; han nacido *a posteriori* como un reto: ¿la teoría expuesta en el libro tiene la suficiente virtualidad práctica como para poder aplicarla a problemas concretos de uso? Nosotros, después de elaborar y resolver los ejercicios, creemos que sí. Pero el lector tiene la última palabra. Sepa, antes de enfrentarse con ellos, que son de dos tipos: en unos la libertad de improvisación es poca, puesto que presentan estructuras que hay que manipular o completar; otros son más creativos, y tratan de enfrentar al que los hace con situaciones más o menos reales de uso. Cada uno de los dos tipos de ejercicios, como se explica en el encabezamiento que los precede, lleva una numeración diferente.

Terminamos aconsejando a quien se adentre en el tema, que no se desaliente ante el número de reglas y que desconfíe de exposiciones simplistas que dan cuenta del subjuntivo español recurriendo a una pareja de conceptos. El funcionamiento del modo es cuestión compleja, ligada, sí, a la semántica, pero dependiente en gran parte *del tipo de estructura sintáctica* en que se incluye. Por eso cada una de nuestras reglas se refiere al ámbito estructural de su aplicación.

Del párrafo anterior, sin embargo, no debe concluirse:

a) Que complejidad se identifica con caos o desorden. Esperamos que haya quedado claro en este libro que la casuística de usos del subjuntivo, por exhaustiva que sea, puede someterse a normas, incluso más fácilmente que otros temas de la gramática española «con mejor fama».

b) Que negamos al subjuntivo una caracterización unitaria, un valor general en cuanto modo. No es así. Pensamos que puede tenerla, si bien en niveles de abstracción incompatibles con toda operatividad práctica. Y desde luego ese valor general no es la «duda», la «no-realidad», la «no-efectividad», la «anticipación», etc., como a menudo se dice. ¿Es que acaso es posible hallar esos valores en todo subjuntivo que aparece con *el hecho de que,* las concesivas de presente, *lo malo es que* y tantas y tantas estructuras? «On pourrait caractériser le subjonctif par la notion de "suspension de l'affirmation" (...). Le mode s'applique donc parfaitement à des faits réels, mais seulement quand on ne veut pas les affirmer ou quand ce n'est pas nécessaire» [1]. Exacto: con el subjuntivo el hablante suspende todo compromiso con la verdad de la oración porque no quiere o no es necesario afirmarla, como dice la cita, o porque no está en condiciones de hacerlo, podría añadirse. Creemos que ésta es la buena dirección, aunque no sea ahora el momento de proseguirla.

Sólo nos resta añadir que hemos procurado ser lo más exhaustivos posible en la recopilación de aquellas construcciones que admiten o exigen subjuntivo. Las que únicamente admiten indicativo no apare-

---

[1] K. Togeby, *Mode...* (ver bibliografía), pág. 118.

cen (o aparecen en contadas ocasiones) y su omisión, por tanto, también es significativa. Procediendo así no sólo nos ajustamos a lo que el título del libro promete, sino que seguimos el parecer mayoritario de los lingüistas, para quienes el subjuntivo es el modo «marcado», mientras el indicativo es el «general» [2]. La regla práctica que de lo dicho se desprende es: úsese el indicativo si no es aplicable ninguna de las reglas que conducen al subjuntivo y el verbo va en forma personal no imperativa. Por lo que respecta a las formas no personales, y en concreto al infinitivo, es objeto de nuestra consideración repetidas veces, pero sólo en la medida en que, de no aludir a él, nuestras propias reglas darían lugar a oraciones inaceptables. Es decir, lo tratamos únicamente cuando está en estrecha relación con el subjuntivo.

Un aviso final: al índice convencional hemos añadido un índice de las partículas y nexos citados en el texto, con indicación del modo con que se construyen y de las reglas que les afectan. Creemos que facilitará la consulta rápida y servirá de ayuda en la resolución de los problemas concretos de uso.

SIGNOS CONVENCIONALES

*   = Secuencia inaceptable.
??= Secuencia de muy dudosa aceptabilidad.
? = Secuencia poco recomendable, de aceptabilidad discutible.
≃ = Equivalente (pero no necesariamente idéntico) en significado.
≠ = Distinto de.

ESQUEMA-MODELO DE LAS REGLAS

REGLA ....

Estructura:

Regla:

Efectos de la violación:

---

[2] E. Alarcos, «Sobre la estructura del verbo español», en *Estudios de Gramática Funcional del Español,* Madrid, Gredos, 1980 (3.ª edición).

I

VALORES DE LOS TIEMPOS DEL SUBJUNTIVO

Dos observaciones han de ser hechas con relación a R. 1: La primera afecta a las formas *-ra* y *-se* del imperfecto y del pluscuamperfecto: ambas son generalmente equivalentes y, por lo tanto, intercambiables en todos los usos, excepción hecha de unos casos muy particulares que serán tratados a continuación. La elección de una u otra forma (*-ra* frente a *-se*) por parte de los hablantes depende de muy diversos factores: procedencia regional, nivel cultural, preferencias personales o estilísticas, deseos de evitar la cacofonía, etc.

La segunda observación se refiere a las formas del futuro (formas *-re*): apenas se utilizan en el habla cotidiana, y su uso se restringe en la lengua escrita a ciertos casos muy especiales (fórmulas jurídicas, refranes, frases hechas, etc.) o a autores que deliberadamente buscan un estilo arcaizante, solemne o burocrático. Algunos ejemplos:

(1)   Donde *fueres* haz lo que *vieres.*
(2)   Sea lo que *fuere,* no nos movemos de aquí.
(3)   Si al expirar el plazo no se *hubieren presentado* solicitudes, el tribunal decidirá a quién se ha de conceder la plaza.

Los futuros del subjuntivo enuncian el hecho como contingente, hipotético, y se han usado preferentemente en las oraciones condicionales, en las temporales y en las de relativo. Puesto que estas formas han desaparecido prácticamente de la conjugación española y, por consiguiente, nuestra competencia sobre ellas es casi nula, no volveremos a ocuparnos de las mismas a lo largo de este libro.

R. 2

Independientemente de las denominaciones dadas en R. 1, las formas del subjuntivo son susceptibles de expresar el tiempo (cronológico) de acuerdo con el siguiente esquema:

— *presente:* vale para expresar futuro o presente.
— *imperfecto:* vale para indicar generalmente tiempo pasado, pero también puede expresar tiempo presente o futuro.
— *perfecto:* sirve para expresar generalmente tiempo pasado, pero también puede valer para indicar tiempo futuro.
— *pluscuamperfecto:* indica tiempo pasado y sólo en contadas ocasiones puede expresar tiempo futuro [1].

En efecto, los *valores temporales* de las formas del subjuntivo establecidos en R. 2 pueden comprobarse a través de los siguientes ejem-

---

[1] En realidad, el valor propio del imperfecto y del pluscuamperfecto de subjuntivo es el de pasado. Cuando toman valores de presente o de futuro es bien porque equivalen a condicional (simple y compuesto, respectivamente), bien porque están asociados a valores de irrealidad o de poca probabilidad de realización. Estúdiense estos ejemplos:

(1)   Ojalá el año que viene me *tocara* la lotería. Cuando me *hubiera tocado,* me separaría de mi mujer y con el dinero que me *pagaran / hubieran pagado,* me iría a las Bahamas.
(2)   ¡Quién *fuera* alto, guapo y rico!
(3)   Si mañana *hubiera terminado / terminara* la reunión antes de las 12, no dejes de llamarme.
(4)   Aunque *convocaran / hubieran convocado* la reunión ahora mismo, yo no asistiría.

Y véanse, por ejemplo, R. 29, R. 33, R. 58, R. 68 y R. 70 para confirmación de estos valores.

plos, donde aparece una indicación temporal concreta referida al tiempo cronológico:

A. *Formas de presente:*

(1) Ojalá Pedro *esté* en casa ahora mismo.
(2) Lamento que en este momento *estés* indispuesto.
(3) No creo que *traigan* esa película el año que viene.
(4) Te los devolveré cuando nos *veamos* mañana por la mañana.

B. *Formas de imperfecto:*

(5) Me niego a creer que en 1978 *estuviera* enfermo.
(6) Lamento que ayer te *portaras* mal conmigo.
(7) Deseabas que nos *viéramos* ahora mismo y por eso estoy aquí.
(8) Julia deseaba que nos *viéramos* mañana por la tarde.
(9) Son las 7 y nos rogó que *estuviéramos* aquí a las 7.
(10) Nos pidió que *fuéramos* a su casa a las 7, pero no te preocupes, porque todavía son las 6,30.

C. *Formas de perfecto:*

(11) Lamento que hasta hoy mismo te *hayas portado* mal conmigo.
(12) No creo que Juan *haya terminado* ya la carrera.
(13) No creo que esta tarde a las ocho *haya reunido* todo el dinero (dicho a las dos).
(14) No es seguro que para Navidades *hayamos cobrado.*

D. *Formas de pluscuamperfecto:*

(15) Nadie me dijo que el año pasado *hubieras estado* enfermo.
(16) Ana no creía que *hubieras estado* de viaje hasta ayer.
(17) No creía que para mañana por la tarde *hubieras colocado* todos los discos.
(18) Si mañana a mediodía *hubieran llegado* a un acuerdo, se evitaría la huelga.

R. 3

A la luz de lo que hemos visto en R. 2, podemos establecer que las equivalencias existentes entre las formas temporales del indicativo y las del subjuntivo son las que se exponen en el siguiente cuadro:

INDICATIVO	SUBJUNTIVO

presente: *como*   } presente: *coma*
futuro: *comeré*

perfecto: *he comido*
futuro perfecto: *habré*   } perfecto: *haya comido*
  comido

imperfecto: *comía*
pretérito (indefinido):   } imperfecto: *comiera / comiese*
  comí
condicional: *comería*

pluscuamperfecto: *había*
  comido
condicional compuesto: } pluscuamperfecto: *hubiera* } *comido*
habría comido   *hubiese*

Lo dicho en R. 3 lo podemos comprobar atendiendo a los siguientes ejemplos, donde vamos a operar unos cambios que nos mostrarán las correspondencias que se dan entre las formas del indicativo y las del subjuntivo, y entre los valores temporales de éstas y aquéllas:

(1) María dice que sus amigos { *comen* hoy en su casa.
                                       comerán esta noche en su casa.

     María no dice que sus amigos *coman* { hoy en su casa.
                                          esta noche en su casa.

(2) María dice / decía que { *comían* todos los días
         sus amigos   *comieron* el 8 de agosto de 1973 } en su casa.
                          comerían dentro de dos días

     María no dice / decía { *comieran* { todos los días
       que sus amigos   *comiesen*   el 8 de agosto de 1972 } en su casa.
                                  dentro de dos días

(3) María dice que sus amigos { *han comido* hace dos horas.
                                    habrán comido dentro de dos horas.

     María no dice que sus amigos *hayan comido* { hace dos horas.
                                          dentro de dos horas.

(4) María decía que sus amigos $\left\{\begin{array}{l}\textit{habían comido} \\ \textit{habrían comido}\end{array}\right\}$ en su casa.

María no decía que sus amigos $\left\{\begin{array}{l}\textit{hubieran} \\ \textit{hubiesen}\end{array}\right\}$ comido en su casa.

Ya se habrá percibido, por ejemplo, que las diferencias que hay en indicativo entre *comían / comieron /comerían* desaparecen en el modo subjuntivo; o que a la diferencia existente en indicativo entre *comieron* y *han comido* corresponde en subjuntivo la oposición *comieran* vs. *hayan comido;* etc.

Tal como las hemos presentado, el valor de las formas del subjuntivo viene dado por las correspondientes formas del indicativo. De ahí que el lector deba tener en cuenta estas últimas.

R. 4

Con las formas compuestas del subjuntivo (perfecto y plus-cuamperfecto) el hablante se refiere a acciones o situaciones que considera terminadas o cumplidas en un momento determinado del presente, del pasado o del futuro.

Analicemos estos ejemplos como explicación de lo expuesto en R. 4:

(1) Espero que *leas* esta novela $\left\{\begin{array}{l}\text{ahora mismo (= estés leyendo).} \\ \text{a partir de mañana.}\end{array}\right.$

(2) Espero que *hayas leído* esta novela $\left\{\begin{array}{l}\text{antes de ahora.} \\ \text{dentro de una semana.}\end{array}\right.$

(3) Felipe no creía que *escribieras* la carta $\left\{\begin{array}{l}\text{antes de ahora.} \\ \text{ahora mismo (= estuvieras} \\ \text{escribiéndola).} \\ \text{a partir de mañana.}\end{array}\right.$

(4) Felipe no creía que *hubieras escrito* la carta $\left\{\begin{array}{l}\text{antes de entonces / ahora.} \\ \text{dentro de una semana.}\end{array}\right.$

En (1) nos referimos a la acción de leer en presente actual o en futuro, con independencia de su terminación; en (2), en cambio, la acción de leer se considera como acabada —la novela ya está o estará terminada— sea en el presente *(antes de ahora)*, sea en el futuro *(dentro de una semana).*

En (3) el escribir es considerado sin atender a su final, sea en el pasado *(antes de ahora)*, sea en el presente actual *(ahora mismo)*, sea en el futuro *(a partir de mañana)*. En (4), por el contrario, la acción de escribir la carta es presentada como finalizada —la carta ya estaba o estará terminada— en el pasado *(antes de ahora / entonces)* o en el futuro *(dentro de una semana)*.

R. 5

Debido a su origen etimológico, las formas del imperfecto en -*ra* (pero no en -*se*) tuvieron y todavía siguen teniendo —aunque en la actualidad su uso es casi exclusivamente literario arcaizante o aparece sólo en boca de hablantes de ciertas regiones— el valor de pluscuamperfecto de indicativo *(había comido)*. En ciertos registros (habla periodística...) se les da incluso el valor de pretérito indefinido de indicativo *(comió)*, pero este empleo no es en absoluto recomendable.

En ciertas condiciones que explicitaremos, las formas en -*ra* del imperfecto de subjuntivo de algunos verbos pueden sustituir a las formas de condicional simple; y las formas de pluscuamperfecto de subjuntivo de cualquier verbo pueden sustituir a las formas de condicional compuesto.

Ejemplos que sirvan de comprobación a la primera parte de R. 5 podrían ser éstos:

(1) El presidente no era la misma persona que nosotros *votáramos* en 1982 (= habíamos votado).
(2) Murió, por fin, en la batalla en la que *peleara* tan ardientemente (= había peleado).
(3) Nombraron, por fin, ministro al general que años antes *fuera* propuesto para ese cargo (= había sido).
(4) La noticia que *diera* ese diario no ha tenido confirmación oficial (= dio; empleo del imperfecto no recomendable).

Las circunstancias, a las que hemos aludido, en las cuales tienen lugar las alternancias o sustituciones mencionadas en la segunda parte de R. 5 son las siguientes:

a) Cuando suavizamos la formulación de deseos o peticiones *(cortesía)* o de afirmaciones personales *(modestia)* para hacerlos menos tajantes.

En estos casos se puede usar, en lugar del presente de indicativo, el condicional simple de cualquier verbo o el imperfecto de subjuntivo en -ra de los verbos *querer, deber, poder, valer.* Véanse estos ejemplos:

(5)   *Quisiera* unos pantalones para mi marido (= querría / quiero).
(6)   No *debieras* tratar así a tu novio (deberías / debes).
(7)   Más te *valiera* callarte (valdría / vale).
(8)   *Pudiera* ser que tuviera usted razón (podría / puede).
(9)   *Debiera* usted acostarse antes (debería / debe).
(10) *Quisiera* pedirte un favor (querría / quiero).

b)   Cuando el condicional (simple o compuesto) tiene valor hipotético. En este caso las sustituciones se producen:

— entre el pluscuamperfecto de subjuntivo y el condicional compuesto de cualquier verbo [2];
— entre el imperfecto de subjuntivo en -ra (no en -se) y el condicional simple de los cuatro verbos recién mencionados (no es ésta una construcción muy usada). Además, en la lengua literaria —si bien no con frecuencia— es posible encontrar también las formas *creyera, dijérase, pensara* y alguna otra. El imperfecto de subjuntivo de los demás verbos no se usa así (es decir, con valor de condicional).

Lo dicho sucede especialmente en la apódosis de las oraciones condicionales y concesivas, y en ciertas frases elípticas (y generalmente exclamativas) en las cuales omitimos algo (normalmente una cláusula iniciada con *si...* o con *pero [no]...*).

Podrá comprobarse lo que acabamos de exponer con estos ejemplos, de los cuales los números 11 a 18 presentan subjuntivo en la apódosis de una condicional, y los números 19 a 28 muestran frases elípticas:

(11) Si la carretera estuviese buena, *debieras* llegar en dos horas.
(12) Si vinieras con nosotros, *pudiera* ser que la encontraras.
(13) Si no hubiese inconveniente, *quisiera* salir de aquí antes de las 8.
(14) Si no me hubieras advertido, *creyera* que Pitita lo hacía por mi bien.
(15) Si no fueran tus hermanas, *dijérase* que te estaban persiguiendo.
(16) Si lo hubiera sabido, no *hubiera venido.*
(17) Si hubieras comprado el libro entonces, no *hubieses tenido* que pagar tanto por él.
(18) Si usted no hubiese llegado a tiempo, nos *hubiéramos visto* en un apuro.

---

[2] Para una excepción, véase nota 62 en la explicación de R. 68.

(19) ¡Ya *quisieras* tú ser como él! [pero no lo eres].
(20) ¡Nadie lo *creyera*! [si no lo hubieses contado tú].
(21) —Han metido a Rodrigo en la cárcel.
      —¡Quién lo *dijera*! [si era tan buena persona].
(22) ¡Hombre!, ¡*pudiera* usted acompañarnos [si no tuviera inconveniente] y lo pasaríamos mucho mejor!
(23) *Hubiera sido* mejor quedarse en casa [pero no nos quedamos].
(24) Yo no le *hubiese dicho* nunca esa barbaridad [pero tú sí se la dijiste].
(25) ¡Nunca lo *hubiera creído*! [si tú no me lo hubieses contado].
(26) ¡Quién se *hubiese imaginado* que iba a caer tan bajo! [si era de buena familia].
(27) ¡Hombre!, a mí me *hubiera gustado* ir [pero no pude moverme de casa].
(28) Te *hubiera convenido* llegar antes a la reunión.

o O o

Vamos a tratar a continuación de un tema delicado: el de la correspondencia de tiempos (o de formas temporales) entre el verbo principal (V_1) y el verbo subordinado (V_2) en aquellas oraciones que constan de dos verbos y, naturalmente, en aquellos casos en que el V_2 —según reglas que daremos en la segunda parte de este libro— va en subjuntivo.

A este respecto, los gramáticos suelen hablar de tres tipos de oraciones subordinadas [3]:

a) Unas en las que el tiempo del verbo subordinado se refiere directamente al momento en que se habla, es tiempo «cronológico» real y no depende del tiempo del verbo principal, no es regido por éste (aquí estarían en buena medida las oraciones de relativo).

b) Otras en las que el tiempo del verbo subordinado es relativo al del verbo principal y está determinado por él; las relaciones temporales no quedan orientadas hacia el momento en que se habla, sino hacia el tiempo del verbo principal.

c) Finalmente, otras que están a caballo entre un tipo y otro, a mitad de camino entre la determinación y la libertad absolutas: la acción de la subordinada puede ser contemplada con relación a la

---

[3] *Vid.*, por ejemplo, G. Rojo, «La correlación temporal», *Verba*, III, 1976, págs. 65-89.

principal o independientemente de ella, según los intereses del hablante.

Todo depende, además, de la naturaleza semántica del verbo principal y del tipo de construcción.

Sea ello como fuere, lo que aquí nos va a interesar de manera primordial es esbozar las secuencias de tiempos más usuales, más normales y frecuentes, entre el verbo principal y el subordinado. Vamos a ello:

R. 6

En las oraciones de relativo que llevan el verbo en subjuntivo, la forma concreta que adopte éste no suele depender del tiempo del verbo principal: en este tipo de construcciones, las formas del subjuntivo mantienen por regla general su valor «cronológico» real (véase R. 2 y R. 3).

R. 7

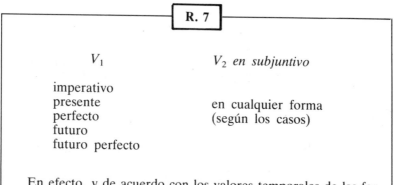

V_1 | V_2 en subjuntivo

imperativo
presente
perfecto   en cualquier forma
futuro   (según los casos)
futuro perfecto

En efecto, y de acuerdo con los valores temporales de las formas del subjuntivo vistos en R. 2 y R. 3, si el V_1 está en uno de los tiempos apuntados, el V_2 debe aparecer:

— en presente, cuando se expresa una acción simultánea o posterior a la expresada por el V_1;

— en imperfecto, para referirse a una acción pasada, anterior a la del V_1; (pero véase nota 1,R.2);

— en perfecto, cuando se quieren recoger los valores temporales del pretérito perfecto o del futuro perfecto de indicativo [4];

— en pluscuamperfecto, cuando sea preciso expresar los valores temporales del pretérito pluscuamperfecto de indicativo [5].

Comprobemos lo que acabamos de exponer mediante esta larga tanda de ejemplos:

V_1 en imperativo:

(1) *Diles* que se *callen* de una vez.
(2) *Hazlo* para que se *queden* tranquilos.
(3) *Celebra* que *ganaras* el premio.
(4) *Supongamos* que *hubiera muerto* de repente.

V_1 en presente:

(5) No *creo* que $\left\{ \begin{array}{l} esté \text{ bebiendo ahora mismo} \\ beba \text{ esta tarde} \end{array} \right\}$ el vino de la garrafa.
Juan se

(6) No *creo* que Juan se $\left\{ \begin{array}{l} haya\ bebido \text{ nunca} \\ haya\ bebido \text{ a las ocho de mañana} \end{array} \right\}$ el vino.

(7) No *creo* que Juan se *bebiera* ayer todo el vino de nuestra garrafa.
(8) No *creo* que en 1932 Juan ya se *hubiera bebido* todo el vino de la garrafa.

V_1 en perfecto:

(9) En la conferencia *ha lamentado* que $\left\{ \begin{array}{l} existan \text{ pobres en el mundo.} \\ pueda \text{ haber una guerra nuclear.} \end{array} \right.$

(10) En la conferencia *ha lamentado* que $\left\{ \begin{array}{l} \text{se } hayan\ producido \text{ tantas guerras.} \\ \text{dentro de dos días } hayan\ muerto. \end{array} \right.$

(11) En la conferencia *ha lamentado* que *hubiera* tantas muertes.
(12) En la conferencia *ha lamentado* que antes de 1950 se *hubieran producido* dos guerras mundiales.

---

[4] Es decir, cuando queramos referirnos a una acción pasada y terminada recientemente o de efectos actuales; o a una acción terminada en un punto del futuro anterior a otro punto, también futuro.
[5] Es decir, para expresar una acción terminada en un punto del pasado anterior a otro punto, también pasado.

V_1 en futuro:

(13) Les *apenará* que *estés* sin dinero.
(14) Les *apenará* que *hayas estado* sin dinero todo este tiempo.
(15) (Cuando se enteren) Les *apenará* que *estuvieras* tanto tiempo sin dinero.
(16) Les *apenará* que por aquel entonces ya te *hubieras quedado* sin dinero.

V_1 en futuro perfecto:

(17) Probablemente les *habrá apenado* que *estés* sin dinero.
(18) Probablemente les *habrá apenado* que *hayas estado* sin dinero todo este tiempo.
(19) Probablemente les *habrá apenado* que *estuvieras* tanto tiempo sin dinero.
(20) Probablemente les *habrá apenado* que por aquel entonces ya te *hubieras quedado* sin dinero.

Éstas son las posibilidades disponibles en español cuando el verbo principal está en uno de los tiempos mencionados, pero de hecho no todas se dan en todos los casos, sea por razones significativas, estructurales o de contexto. Pongamos algún ejemplo: Los verbos de influencia y las oraciones finales (PARA QUE, etc.) tienen por naturaleza un significado prospectivo, orientado hacia lo futuro; por ello es prácticamente imposible que dichas estructuras aparezcan por ejemplo con la correspondencia de tiempos marcada en los casos número (7), u (8), o (15), o (16), donde el verbo subordinado expresa una acción anterior a la del verbo principal. En esos mismos casos, es decir, con el V_1 de influencia y en oraciones finales, el imperfecto de subjuntivo de los tipos (11) y (19) expresa una acción posterior —no anterior, como debería expresarla de acuerdo con R. 7— a la del verbo principal. Por la razón aducida, la estructura ejemplificada en (6) o en (10), aunque posible, será difícil encontrarla en las mismas oraciones finales, o con un V_1 que signifique «mando», o con el V_1 en imperativo; lo mismo podríamos decir de los casos (12), (14), (18) y (20).

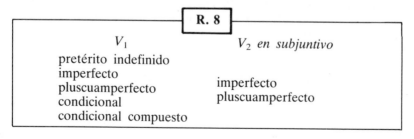

R. 8	
V_1	V_2 *en subjuntivo*
pretérito indefinido imperfecto pluscuamperfecto condicional condicional compuesto	imperfecto pluscuamperfecto

Esta regla, aunque, como veremos inmediatamente, no cubre todos los casos, es más precisa que la anterior y ahora sí se trata de una auténtica correspondencia de tiempos entre el verbo principal y el verbo subordinado, en el sentido de que la forma del V_2 viene regida o impuesta —con independencia del tiempo cronológico— por la forma del V_1, con esta única salvedad: en el V_2 no se puede usar la forma simple para expresar una acción anterior a la del verbo principal; para indicar anterioridad a lo dicho en V_1 se precisa la forma compuesta (véase ahora R. 4).

Veámoslo con detalle a través de los siguientes ejemplos:

V_1 en pretérito indefinido:

(1) No *creí* que Juan se *bebiera* todo el vino de nuestra garrafa.
(2) No *creí* que Juan se *hubiera bebido* todo el vino de nuestra garrafa.

V_1 en imperfecto:

(3) *Lamentaba* que *hubiera* hambre en el mundo.
(4) *Lamentaba* que *hubiera habido* hambre en el mundo.

V_1 en pluscuamperfecto:

(5) Nos *había encantado* que *robaran* el banco.
(6) Nos *había encantado* que *hubieran robado* el banco.

V_1 en condicional:

(7) Les *gustaría* que *jugáramos* al tute con ellas.
(8) Les *gustaría* que *hubiéramos jugado* al tute con ellas.

V_1 en condicional compuesto:

(9) Les *habría gustado* que *jugáramos* al tute con ellas.
(10) Les *habría gustado* que *hubiésemos jugado* al tute con ellas.

Otra vez tenemos que llamar la atención sobre los verbos de «mando» y las oraciones finales, que, por la razón antes expuesta, difícilmente tolerarán correspondencias de tiempos como las ejemplificadas en (2), (4), (6), (8) o (10), a no ser que aparezcan referencias temporales precisas al pasado; así sucede, por poner algún caso, en (11) [6] y (12), estructuras, de todos modos, poco habituales:

---

[6] Donde, dicho sea de paso, el pluscuamperfecto de subjuntivo expresa una acción posterior a la del verbo principal, pero anterior y terminada antes de otra acción. Lo mismo sucede en:
Esperamos a que se *hubiera ido* toda la gente para salir de aquel lugar.
Me *encantaría* que mañana a estas horas ya *hubieran robado* el banco.

(11) Me *ordenó* que antes de las ocho me *hubiera bebido* todo el vino, pero no le hice caso.
(12) (Si pudiera) *Vendría* para que antes de las ocho *hubieras terminado* todo el trabajo.

Las frases producidas según R. 7 y R. 8 (con salvedades, del tipo de las ya referidas, de significado, estructurales o de contexto) serán en español frases aceptables y correctas —en lo que a correspondencia de tiempos se refiere—. Pero no todas las frases aceptables y correctas —a este respecto— posibles en español serán producidas por R. 7 y R. 8.

Sin el propósito de ser exhaustivos, de algunos de los casos más concretos y particulares, o más raros, trataremos a continuación [7]:

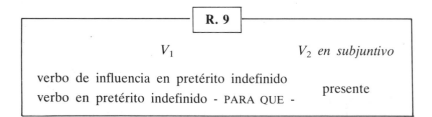

R. 9

V_1 V_2 *en subjuntivo*

verbo de influencia en pretérito indefinido
verbo en pretérito indefinido - PARA QUE -   presente

Cuando se trata de oraciones finales con verbo principal en pretérito indefinido o de verbos de influencia en la misma forma verbal del indicativo, es posible —aunque resulta menos elegante— que el V_2 esté en presente de subjuntivo si se cumple una de estas dos condiciones:

a) Que la acción del V_2 se aplique a todas las épocas, sea de validez universal en el tiempo.
b) Que la acción del V_2 sea subsiguiente o simultánea al momento de habla.

La primera circunstancia se da en estos ejemplos:

(1) Dios *creó* el mundo para que los hombres *vivamos* en él.
(2) Dios *ordenó* que los hombres se *amen* los unos a los otros.

[7] La correspondencia de tiempos en condicionales y concesivas con subjuntivo, por su especial personalidad, será tratada con todo pormenor en los apartados dedicados a estos tipos de oraciones. Véanse R. 68 y R. 70.

La segunda, en estos otros:

(3) Le *escribí* que *venga* antes de las ocho (todavía no son las ocho).
(4) Les *sugerí* que te *llamen* por teléfono (todavía no te han llamado).
(5) *Vino* ayer para que yo *pueda* descansar esta tarde.
(6) *Luché* mucho para que ahora *estés* conmigo.

Por supuesto, y de acuerdo con la regla general, en todos estos casos es posible imperfecto de subjuntivo en el verbo subordinado —recuérdese que éste puede cubrir también el campo del futuro—.

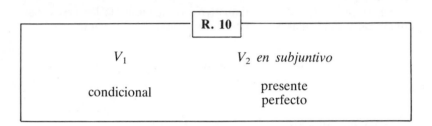

El condicional (simple o compuesto) es hipotético, de modestia o de cortesía (casos estos dos últimos en que expresa en realidad tiempo presente); el presente y el perfecto de subjuntivo tienen sus valores normales.

He aquí algunos ejemplos con verbo principal en condicional simple que corroboran lo dicho en R. 10:

(1) *Querría* que *estés* aquí antes de las 12.
(2) *Sería* bueno que no te *pongas* más esa chaqueta.
(3) Yo no *diría* que Adolfo *sea* el más guapo.
(4) Haz lo que quieras, pero me *parecería* mejor que te *quedes* en casa.
(5) (Si pudiera) Te *ordenaría* que no te *muevas* de aquí.
(6) Yo lo *haría*, si fuese necesario, para que te *quedes* tranquilo.
(7) *Sería* una vergüenza que *haya dejado* a la familia en la miseria.
(8) Francamente, *preferiría* que no te *hayas mojado* los pantalones.
(9) Nadie *creería* que *haya estado* enfermo todo este tiempo.
(10) *Podría* ser que César *haya llegado* ya.

En todos estos casos es posible usar imperfecto o pluscuamperfecto de subjuntivo en el verbo subordinado, de acuerdo con la regla general, pero el hablante ha usado presente para marcar más explícitamente que se trata de acciones presentes (3), o futuras (1), (2), (4), (5), (6), con respecto al momento en que se habla; y ha usado pretérito perfecto para señalar con toda nitidez y claridad que la acción ha terminado recientemente [o que, en realidad, el hablante no sabe si de hecho la acción se ha llegado a producir o no; véanse, en este sentido, los casos (7) y (8), por ejemplo]. En realidad, R. 9 y R. 10 responden a un principio más general: en todas aquellas estructuras que con el V_2 permitan referirse a una acción posterior o simultánea al acto de habla, es posible presente en el V_2; véase a este respecto el ejemplo (11):

(11)   Lo *guardó* para cuando *vengas*.

Si la acción es inmediatamente anterior al acto de habla, en el V_2 es posible pretérito perfecto de subjuntivo.

II

USOS DEL SUBJUNTIVO

1

EL SUBJUNTIVO NO ALTERNA CON EL INDICATIVO

ORACIONES SUSTANTIVAS

R. 11

E.: V_1 - QUE - V_2.

R.:   El V_2 va en subjuntivo:

1. Cuando el verbo 1 expresa deseo, necesidad, mandato, prohibición, permiso, consejo, etc., es decir, cuando en su significado encierra la intención de *influir en la conducta* de otra persona.

2. Cuando el verbo 1 expresa un *sentimiento* provocado por lo que se dice en la oración del verbo 2.

3. Cuando el verbo 1 expresa *apreciaciones* o *juicios de valor* sobre lo que se indica en la oración del verbo 2.

4. Cuando el verbo 1 expresa el carácter *posible* o *probable* (o no posible, no probable) de lo dicho en la oración del verbo 2.

E.V.: Lo típico del uso del indicativo es producir secuencias inaceptables. Con algunos verbos el uso del indicativo hace que pasen a ser verbos de comunicación y se produce, por tanto, un cambio de sentido (ver R. 45).

La estructura V_1 - QUE - V_2 que aparece en el encabezamiento de la regla trata de reflejar lo que las gramáticas llaman *subordinación sustantiva:* una de las oraciones (la que lleva el V_2 y en la cual vamos a estudiar el funcionamiento del modo) depende estrechamente del verbo 1, suele ser su sujeto o su complemento directo, y va unida a él por medio de QUE. Ejemplos de esta estructura (con indicativo y subjuntivo) son:

(1) *Necesito* que me *vea* el dentista.
    verbo 1   verbo 2

(2) Me *gusta* que me *mimen.*
       verbo 1   verbo 2

(3) *Olvidó* que *tenía* una cita.
     verbo 1   verbo 2

Pues bien, es el carácter y significación del V₁ (el llamado «verbo principal») el que va a determinar, en este tipo de construcciones, el modo que aparecerá en el V₂. En concreto, acabamos de citar en la regla de arriba cuatro grupos de verbos principales que exigen subjuntivo:

1) Los que suelen llamarse *verbos de influencia:* no hablan de un hecho, no nos dicen si la subordinada es verdad o mentira. Tan sólo enuncian la inclinación del sujeto a que se realice o no, muchas veces para que otro haga realidad esa inclinación:

(4) *Quiero* que todo el mundo se *calle.*
(5) *Pidió* que los ricos *pagaran* más dinero.
(6) Nos *aconsejaron* que no nos *acercáramos.*

Algunos de los innumerables verbos de este grupo son: *aconsejar, aprobar, conseguir, decretar, dejar, intentar, invitar, lograr, mandar, necesitar, oponerse, ordenar, permitir, prohibir, querer, recomendar, rogar, suplicar,* etc., etc. También todos los verbos de comunicación (tipo *decir:* ver R. 39) cuando no transmiten una mera información, sino una orden o contenido similar.

2) Los verbos de *sentimiento* tampoco informan sobre la verdad de la subordinada: el contenido de ésta sólo es aducido para señalar los efectos que produce en el ánimo de alguien:

(7) Me *molesta* que *sean* tacaños.
(8) Les *dolió* que no los *invitaran* a la fiesta.
(9) Nos *consoló* que nos *dijera* todo aquello.

He aquí más verbos de este tipo: *aburrir, alegrar, apenar, apetecer, disgustar, divertir, doler, encantar, entusiasmar, extrañar, fastidiar, gustar, importar, interesar, lamentar, preferir, sentar, sentir* (en uno de sus dos significados: véase R. 45), *sorprender,* etc.

3) Grupo muy parecido al anterior, hasta el punto de que con frecuencia es difícil trazar límites claros, es el de los verbos de *juicio de valor:* éstos tampoco hacen hincapié en informar de la subordina-

da, sino que la recogen para hacer una valoración sobre su contenido [8]:

(10) *Es normal* que no *tenga* dinero.
(11) *Está mal* que no *contestara* nadie.
(12) *Parece justo* que todos *podamos* trabajar.
(13) *Basta* (con) que me *llamen* y lo solucionaré.
(14) *Conviene* que no *digamos* nada sobre el asunto.

Como los ejemplos sugieren, este grupo está constituido en buena medida por expresiones del tipo *ser, estar, parecer, considerar...*, más una palabra (adjetivo, sustantivo, adverbio) que es la verdadera portadora de la valoración: *es lógico, es una pena, es una tontería, está bien, parece adecuado, parece conveniente, considero un robo, veo contraproducente*, etc., expresiones que, pudiendo aparecer también en otros grupos, son especialmente adecuadas para la valoración. Algunas de tales expresiones, sobre todo las constituidas por *ser, estar* o *parecer* más otra palabra, son llamadas con cierta frecuencia «impersonales» [9]: pues bien, estas supuestas «construcciones impersonales» llevan el verbo 2 siempre en subjuntivo, salvo aquellas que indican veracidad, seguridad, certeza (ver R. 44): *es evidente, es seguro, está claro, está probado, es verdad, parece indudable...*

No conviene dejar estos predicados de valoración sin advertir que tanto ellos como los de sentimiento en ocasiones no se limitan —como es propio de ellos— a recoger un hecho que ya se supone conocido para comentarlo: junto al comentario o valoración (que existe), se incluye la *información* de que lo que se dice en la subordinada ha sucedido, sucede o va a suceder. En este uso «llevan dentro» un verbo de comunicación y, en consecuencia, aparecen en indicativo los verbos 2 que de ellos dependen (ver R. 45):

(15) —¿Qué te pasa? ¿Te preocupa algo?
       —Sí, me *preocupa* que la Bolsa *ha bajado*.

      (Doy mi reacción ante el hecho, pero a la vez informo de él.)

---

[8] De lo dicho fácilmente podrá deducirse que los grupos 2) y 3) de verbos son el reducto típico de lo que los Kiparsky llamaron «predicados factivos» (cfr. Paul y Carol Kiparsky, «Fact», en Bierwisch and Heidolph, *Progress in Linguistics*, La Haya, Mouton, 1970).

[9] Está claro que en español no lo son, al menos si entendemos «impersonal» como «carente de sujeto gramatical», ya que, como es bien sabido, tal función (la de sujeto) la desempeña precisamente la subordinada. Sí carecen de agente, y de ahí proviene seguramente el calificativo de «impersonales».

(16) Me *preocupa* que la Bolsa *haya bajado.*

(Recojo un hecho ya conocido para dar mi impresión: fundamentalmente valoro.)

(17) Me *quejo* de que mi hijo *estudia* poco.

(Valoro, pero a la vez informo.)

(18) Me *quejo* de que mi hijo *estudie* poco.

(Presento el carácter poco estudioso de mi hijo como algo conocido y doy el carácter de información principal al efecto psicológico de ello: fundamentalmente valoro.)

(19) *Tengo la satisfacción* de que todos me *han ayudado.*

(Informo de que me han ayudado, y a la vez valoro el hecho.)

(20) *Tengo la satisfacción* de que todos me *hayan ayudado.*

(Fundamentalmente valoro.)

(21) *Es digno de destacar* que el propio Papa lo *alabó.*

(Informo a la vez que valoro.)

(22) *Es digno de destacar* que el propio Papa lo *alabara.*

(Fundamentalmente valoro.)

4) Los verbos del grupo 4 son una serie reducida de expresiones, en general también «impersonales» —en el sentido de arriba—, como *es posible, es probable, es imposible, es improbable, está difícil, hay posibilidades, tener la oportunidad...* El verbo *dudar* y sus derivados *(dudoso)* son enormemente proclives al subjuntivo, pero, al menos en forma negativa, pueden aparecer en indicativo (ver R. 43 y R. 44). *Creer, pensar, suponer* y similares no pertenecen a este apartado, ya que se usan propiamente para hacer afirmaciones atenuadas (aunque esta «atenuación» incluya la duda: ver R. 38).

A lo largo de toda la ejemplificación que precede ya habrá podido advertirse que a veces el llamado verbo 1 no es un verbo simple [10], sino una combinación de palabras. Cuando ello sucede es la idea contenida en tal combinación la que rige el modo del V_2, como si de un verbo simple se tratara:

---

[10] En realidad, para ser técnicamente rigurosos, habría que hablar de *predicado 1.*

(23) *Dieron la orden de (= ordenaron)* que avanzáramos.
(24) *Sentí pena de (= lamenté)* que se fueran.
(25) *Es de temer (= temo)* que nadie lo ayude.

Debe notarse asimismo que cuando el V_1 es, de acuerdo con lo que acabamos de señalar, una combinación de palabras, con mucha frecuencia la idea principal no está contenida en el verbo propiamente dicho —que es un puro elemento de enlace—, sino en el término que lo acompaña —*magnífico* en (26), *bien* en (27), *una locura* en (28)—:

(26) *Es magnífico* que lo hayan elegido a él.
(27) *Está bien* que por fin arreglen las calles.
(28) *Me parece una locura* que salgáis de noche.

Y ese término sigue rigiendo el modo del V_2 que depende de él, aunque haya desaparecido el elemento verbal de enlace:

(29) *¡Lástima* que no esté Pedro!

       (*Lástima* equivale a *es una lástima* y, por tanto, a un V_1 de juicio de valor.)

(30) Mi sobrino, *harto* de que nadie lo escuchara, se fue al extranjero.

       (= Mi sobrino, que *estaba harto de...*: es, por tanto, como si *escuchara* dependiese de un V_1 de sentimiento.)

(31) Encontramos al perro *deseoso* de que lo acariciáramos.

       (*Deseoso* se comporta respecto de *acariciar* como *estaba deseoso* y, por tanto, como un V_1 de influencia o de sentimiento.)

Ejemplos como (23), (24) o (30) nos dan pie, por otra parte, para precisar que a veces al QUE de enlace le antecede una preposición, pero la unión entre los dos verbos implicados es tan estrecha como cuando tal preposición no existe, por lo que podemos considerar que estamos ante una variante de la misma estructura:

(32) Me conformo *con que* me escuchen.
(33) Está cansado *de que* siempre le digan lo mismo.
(34) Lo animé *a que* estudiara inglés.

Las advertencias estructurales precedentes —posibilidad de V_1 complejo, posibilidad de que falte el elemento propiamente verbal, posibilidad de preposición + QUE— valen para todas aquellas reglas a las que se atribuya como marco de actuación V_1 - QUE - V_2.

R. 12

E.: (V_1) - QUE - V_2.

R.:   Hay expresiones de deseo, de orden, etc. (es decir, de
             influencia) en que el V_1 no se manifiesta, pero se mantie-
             nen el QUE y el subjuntivo.

E.V.:   Oraciones aceptables, pero diferentes.

Ejemplos:

(1) ¡Que salga de ahí! ($\simeq$ quiero, ordeno, suplico... que salga de ahí).
(2) Que duermas bien ($\simeq$ deseo que duermas bien).

En estas secuencias —muy utilizadas en las distintas situaciones de
la vida social o para dar órdenes a terceros— la presencia de QUE
delata la existencia latente del V_1, por lo que la estructura de aplicación de la regla es la misma que para la anterior. Algunos verbos
admiten la supresión de ese QUE, razón por la cual su dependencia de
un predicado sobrentendido ya no es tan evidente (ver R. 74).
El cambio de modo hace que la orden, el deseo, etc., dejen de
serlo:

(3) ¡Que sale de aquí! (Es un aviso, una llamada de atención.)
(4) ¡Que duermes bien! (No es tampoco deseo, orden, etc. Puede ser,
                         por ej., la repetición de algo ya dicho que no
                         ha sido entendido.)

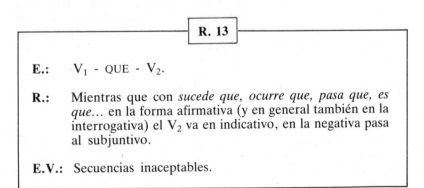

R. 13

E.: V_1 - QUE - V_2.

R.:   Mientras que con *sucede que, ocurre que, pasa que, es
             que...* en la forma afirmativa (y en general también en la
             interrogativa) el V_2 va en indicativo, en la negativa pasa
             al subjuntivo.

E.V.:   Secuencias inaceptables.

Ninguna de las oraciones que siguen son aceptables si cambiamos el modo del V_2:

(1) Sucede que *está* cansado de tanto trabajo.
(2) —Llegas muy tarde.
    —Es que *he perdido* el autobús.
(3) No es que me *parezca* mal, pero prefiero que no lo hagas.

En algunos casos es posible el subjuntivo en la interrogativa (desde luego cabe siempre el indicativo), pero se trata de preguntas en que se tiende a esperar respuesta negativa:

(4) ¿Sucede (acaso) que yo *sea* un estorbo?

R. 14

E.: Sustantivo - *de* QUE - V.

R.: Cuando el verbo que nos interesa no depende de un V_1, sino de un sustantivo [11], dicho verbo va en subjuntivo si el sustantivo es tal que cuando él aparece, el hablante *no informa* del hecho contenido en la oración de QUE, bien porque no está en condiciones de pronunciarse sobre la verdad del mismo, bien porque se trata de un hecho que ya está en el contexto. Nótese que todos los sustantivos derivados de los verbos 1 objeto de la R. 11 suelen ser no informativos y, por tanto, exigir también el subjuntivo.

E.V.: Secuencias inaceptables.

El tipo de estructura a que se refiere la regla viene ejemplificado por las siguientes secuencias:

---

[11] Puede tratarse de un sustantivo propiamente dicho, pero también de algún elemento funcionalmente equivalente, como un adjetivo sustantivado —ejemplo (I)—, o un pronombre —ejemplo (II)—:

(I) *Lo malo* de que duerma poco es que luego está de mal humor.
(II) *Eso* de que empiece media hora más tarde me parece poco serio.

(1)   *El dolor* de que su hijo *estuviera* enfermo lo obligó a cometer aquella
      sust.   v.
locura.

(2)   Estaba obsesionado por *la posibilidad* de que María no lo *quisiera.*
                              sust.   v.

En ellas hay, como antes, una oración encabezada por QUE no
relativo (ver R. 50 para el concepto de «relativo») y que se une al
sustantivo por una preposición, que casi siempre es DE. En cuanto a
la regla misma, ni en (3) ni en (4) —ni tampoco en (1) y (2) de arriba— se informa de la oración que sigue, y siempre ocurre lo mismo
con *dolor, posibilidad, hora, causa,* es decir, los cuatro sustantivos
con los que estamos ejemplificando:

(3)   Ha llegado *la hora* de que se *case.*

      (No informo de que se va a casar, sino, en todo caso, de mi deseo de
      que suceda. Yo no sé si va a suceder realmente.)

(4)   *La causa* de que lo *haya llamado* es la misma de antes.

      (No informó de que lo haya llamado: presento el hecho como ya co-
      nocido.)

Otros sustantivos a los que afecta la regla que estamos exponiendo
son, además de los cuatro citados, *ambición, capacidad, consecuencia,
consejo, edad, intención, miedo, necesidad, ocasión, orden, pena, permiso, prohibición, proyecto, razón, costumbre, tiempo, momento,
propósito, finalidad, fin,* etc.
Compárese el funcionamiento de todos estos sustantivos con el de
los citados en R. 47, que ofrecen la alternancia indicativo-subjuntivo.
Conviene advertir que la regla que estamos exponiendo no está
pensada para aquellos casos en que el sustantivo forma parte de un
V_1 o, dicho con más propiedad, constituye bloque significativo con él
(véase la parte final de la explicación de R. 11). Cuando éste sea el
caso, sustantivo y V_1 deben tratarse como una unidad, es decir, como
si fueran un verbo simple, y aplicarle la regla que corresponda a su
contenido:

(5)   Volvió a *repetir aquella tontería* de que entraríamos en la OTAN.
(6)   *Considera una tontería* que entremos en la OTAN.

Pese a que en ambos casos la oración de QUE va unida a *tontería,*
en (5) depende de un verbo de comunicación *(repetir una tontería)* y
en (6) de un verbo de juicio de valor *(considerar una tontería).*

R. 15

E.: V_1 - QUE - V_2.

R.:   El V_2 dependiente de los verbos citados en R. 11 (influencia, sentimiento, juicio de valor, posibilidad) va en infinitivo y no en subjuntivo:

1. *Obligatoriamente* si el sujeto del V_1 o la persona que experimenta el sentimiento o es afectada por la valoración o la posibilidad (sujeto psicológico) coincide con el sujeto del V_2.

2. *Opcionalmente* si la persona sobre la que se pretende actuar con un verbo de influencia coincide con el sujeto del V_2. Debe tenerse en cuenta que no todos los verbos de influencia permiten acogerse a esta opción.

E.V.:   El uso de una forma personal en vez del infinitivo produce secuencias inaceptables (infinitivo obligatorio) o no produce efectos apreciables (infinitivo opcional).

He aquí ejemplos de *infinitivo obligatorio* en cada uno de los grupos de V_1 incluidos en la R. 11:

● *Influencia*

(1)   * *Antonio* necesitaba que *Antonio* descansara (INACEPTABLE). →

Antonio necesitaba descansar (identidad de sujetos gramaticales).

● *Sentimiento*

(2)   * *Antonio* lamentó que *Antonio* no pudiera descansar (INACEPTABLE). →

Antonio lamentó no poder descansar (identidad de sujetos gramaticales).

(3)   * A *Antonio* le gustaba que *Antonio* pudiera descansar (INACEPTABLE). →

A Antonio le gustaba poder descansar (identidad de sujeto psicológico [12] —persona que experimenta el sentimiento— y sujeto gramatical).

---

[12] Este «sujeto psicológico» es, gramaticalmente hablando, un objeto indirecto en todos los casos.

● *Juicio de valor*

(4)   * A *Antonio* no le es conveniente que *Antonio* trabaje demasiado (IN-
ACEPTABLE). →

A Antonio no le es conveniente trabajar demasiado (identidad de sujeto
psicológico —persona que sirve de punto de referencia de la valoración—
y sujeto gramatical).

● *Posibilidad*

(5)   * A *Antonio* no le es posible que *Antonio* vaya hoy a cenar (INACEP-
TABLE). →

A Antonio no le es posible ir hoy a cenar (identidad de sujeto psicológico —persona a la que se refiere la posibilidad— y sujeto gramatical).

Las frases que siguen ilustran el *infinitivo opcional* con verbos de
influencia:

(6)   Mandó a *Antonio* $\left\{ \begin{array}{c} \text{que } \textit{(Antonio) } \text{saliera} \\ \text{salir} \end{array} \right\}$ del despacho.

(7)   Permitió a *su madre* $\left\{ \begin{array}{c} \text{que } \textit{(su madre) } \text{fuera} \\ \text{ir} \end{array} \right\}$ a visitarlo.

(8)   Dejaron al niño $\left\{ \begin{array}{c} \text{que durmiera} \\ \text{dormir} \end{array} \right\}$ en la cama grande.

En (6)-(8), como se dice en la regla, la coincidencia que *permite*
(pero no *exige*) el infinitivo se da entre el sujeto gramatical del V_2 y la
persona sobre la que se pretende influir [13]. Debe tenerse en cuenta,
como señala atinadamente Bull [14], que hay dos tipos de verbos de
influencia: unos en que es posible la coincidencia entre los sujetos del
V_1 y del V_2 (*querer, desear, necesitar...*), y otros en que tal coincidencia no es posible o escasea en el uso no figurado de la lengua, y que
podríamos denominar «verbos de mando» (*mandar, permitir, prohibir...*: normalmente nadie se manda, prohíbe, permite cosas a sí
mismo):

(9)   Quiero cantar   (coincidencia de la persona que quiere y de la
qué canta).

(10) Te prohíbo cantar   (normalmente la persona que prohíbe no es
la que recibe la prohibición).

---

[13] Sintácticamente se trata de un o. directo con ciertos verbos (como *dejar*), y de
un o. indirecto con otros (como *prohibir*). Con algunos (*mandar*, por ej.) su estatuto
es incierto, y parece vacilar entre las dos funciones.
[14] W. E. Bull, *Spanish for Teachers*, New York, Wiley and Sons, 1965, pp. 189-190.

Pues bien, en el primer tipo de verbos sólo hay dos posibilidades: o los sujetos no coinciden, y entonces aparece el subjuntivo, o coinciden y entonces es obligatorio el infinitivo. En el segundo tipo de verbos («verbos de mando»), como los sujetos no coinciden, el infinitivo no es obligatorio [15]. *Puede* aparecer, sin embargo, como se dice en la regla, si la persona sobre la que se pretende actuar coincide con el sujeto del V_2. La pregunta que queda por formular es: ¿todos los «verbos de mando» admiten subjuntivo opcional? La respuesta es que en general sí, aunque la aceptabilidad con algunos de ellos dista de ser unánime: por ejemplo, en (12), (13) y, sobre todo, en (11) y (14), nosotros preferimos el subjuntivo:

(11) Le rogó { que lo perdonara / ?? perdonarlo }

(12) Le suplicó { que lo perdonara / ? perdonarlo }

(13) Le aconsejó { que lo perdonara [16] / |? perdonarlo }

(14) Le pidió { 'que lo perdonara / ?? perdonarlo }

Y desde luego el infinitivo es imposible con los verbos de comunicación cuando pasan a funcionar como «verbos de influencia» (véase R. 45): (15) y (16) no se dicen en español:

(15) * Me dijo ir al cine.
(16) * Nos gritó no tocar aquello.

R. 16

E.: Sustantivo - *de* QUE - V.

R.: Los sustantivos que llevan una oración adyacente con QUE en subjuntivo (véase R. 14) pasan a construirse con *de* (u otra preposición) + infinitivo si lo que podríamos

---

[15] En algunos usos la coincidencia puede producirse, y entonces sí debe aparecer el infinitivo: «Me permito ofrecerle mi brazo.»

[16] El infinitivo de (13) es más aceptable que el de (14), pero que *aconsejar* es un verbo reacio a él queda patente en los datos que ofrece Spaulding, «Infinitive and subjunctive with *hacer, mandar, dejar* and the like», *Hispania*, 1933, XVI, 425-32.

Bouzet (*Grammaire espagnole*, Paris, Eugène Belin, ¿1945? 2.ª ed.) cita como verbos que no admiten infinitivo *encargar, aconsejar, rogar, suplicar, persuadir, recomendar, encomendar,* además de alguno de comunicación (ver pág. 381).

llamar el «sujeto envuelto» en el sustantivo coincide con
el sujeto de la oración de QUE. Si no hay tal coincidencia, el infinitivo es posible —no obligatorio— en algunos
casos.

E.V.: El uso de una forma personal en vez del infinitivo produce secuencias inaceptables (infinitivo obligatorio) o no
produce efectos apreciables (infinitivo opcional).

Como puede apreciarse, la regla es en todo paralela a la anterior,
con la diferencia —debida a la diferencia de construcción— de que
ahora el sujeto que debe coincidir con el de la oración de QUE no es
el del verbo principal, sino el «envuelto» en el contenido del sustantivo:

(1) ¿Te agrada la posibilidad de ir?
     (INACEPTABLE * *de que vayas:* la persona que tiene la posibili-
     dad es la que va.)
(2) La ambición de triunfar perdió a mi jefe.
     (INACEPTABLE * *de que mi jefe triunfara:* la persona ambicio-
     sa es el sujeto de triunfar.)
(3) Ahora ya tengo tiempo de leer.
     (INACEPTABLE * *de que yo lea:* la persona que tiene tiempo
     es la misma que lee.)
(4) No me gusta nada la orden de ir a verlo.
     (ACEPTABLE, ahora sí, *de que vaya:* aquí el infinitivo es opcio-
     nal y funciona de forma paralela a como funciona con *ordenar.*
     Ver R. 15.)

ORACIONES DE RELATIVO

R. 17

E.: Oraciones de relativo.

R.: Debe utilizarse el subjuntivo en las oraciones de relativo cuando el conjunto formado por el antecedente y la oración relativa se ve afectado directamente por una negación y, con ello, el valor del propio antecedente es negativo.

E.V.: Secuencias inaceptables.

Para comprender esta regla es fundamental revisar la norma general para el uso de los modos verbales en las oraciones de relativo (R. 50). En ella se ofrece la descripción de las estructuras gramaticales que forman este tipo de oraciones y, además, se hacen explícitas las circunstancias en que, con ellas, debe aparecer el subjuntivo. R. 17 es consecuencia directa de lo que allí se afirma; en efecto, las menciones que se realizan con antecedentes y oraciones de relativo de valores negativos son necesariamente inespecíficas y nunca pueden servir para expresar el compromiso del hablante con la afirmación de que lo señalado existe. Es esto lo que ocurre en

(1) No hay ninguna emisora que *emita* desde aquí.
(2) No hay quien *pueda* con la gente marinera.
(3) No recibirá ningún premio que le *haga* olvidar sus sufrimientos.
(4) No cantó nada que no *conociéramos*.
(5) No sabía de nadie que *hubiera podido* llegar hasta aquí.

En todas estas oraciones, el conjunto formado por el antecedente —cuando existe (véase R. 50)— y la oración de relativo está incluido en el ámbito de una negación: el valor del propio antecedente es negativo [en (2), *quien* equivale a 'ninguna persona que' o 'nadie que'].

Es el tipo de mención lo que justifica el subjuntivo de las oraciones de relativo de (1)-(5): la negación afecta de tal manera a las construcciones que nos ocupan que resulta imposible señalar con ellas personas, cosas, etc., concreta, específicamente. Algo distinto sucede en (6):

(6) No existe el libro de que me *hablas*.

La secuencia *el libro de que me hablas* (téngase en cuenta el indicativo) se emplea para hacer referencia a un libro concreto y existente (con la expresión se *da a entender* que *hay* un libro del cual se está hablando) del que, por otra parte, se *afirma* que verdaderamente, fuera del propio discurso, no existe.

Igualmente específicas son las menciones que se realizan en (7), (8) y (9); en ninguna de estas oraciones afecta directamente la negación al conjunto integrado por el antecedente y la oración de relativo (lo negado es el verbo de la oración de que dependen):

(7) No vino quien *esperabas*.
(8) No creo nada de lo que me *has contado*.
(9) No aguantábamos a aquella que *hablaba* tan alto.

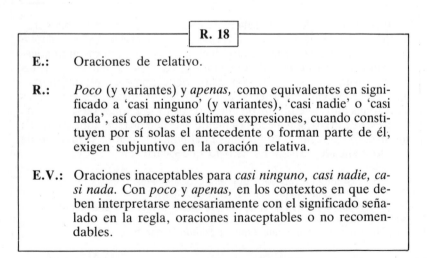

R. 18

E.:   Oraciones de relativo.

R.:   *Poco* (y variantes) y *apenas,* como equivalentes en significado a 'casi ninguno' (y variantes), 'casi nadie' o 'casi nada', así como estas últimas expresiones, cuando constituyen por sí solas el antecedente o forman parte de él, exigen subjuntivo en la oración relativa.

E.V.: Oraciones inaceptables para *casi ninguno, casi nadie, casi nada.* Con *poco* y *apenas,* en los contextos en que deben interpretarse necesariamente con el significado señalado en la regla, oraciones inaceptables o no recomendables.

Esta regla, como sucedía con R. 17, en la que se apoya, es consecuencia directa de la norma general R. 50. En efecto, lo que verdaderamente justifica los subjuntivos de las oraciones siguientes es el hecho de que las menciones que en ellas se realizan son inespecíficas:

(1) Sé de pocos que *hayan venido.*
(2) Disponemos de pocos folletos que *puedan* servirte.
(3) Dijo pocas cosas que nos *extrañaran.*
(4) Apenas leía cosas que le *interesaran* verdaderamente.
(5) No le presentó a casi nadie que no *conociera.*
(6) No hemos comprado casi ninguna camisa que no *esté* de moda.
(7) No hay casi ningún joven que *viva* en el pueblo.

Cuando *poco* (y sus variantes) no tienen primordialmente el significado 'casi ninguno', etc. —y esto es general cuando va acompañado de determinante *(el, los, unos,* etc.)—, admite indicativo o subjuntivo en la oración relativa de acuerdo con lo previsto en R. 50:

(8) El poco tiempo que *tengo* lo dedico a estudiar.
(9) Hay unos pocos (niños) que *quieren* ir.
(10) a. Los pocos invitados que *han llegado* están cenando.
　　　 b. Los pocos invitados que *hayan llegado* estarán cenando.

R. 19

E.: Oraciones de relativo.

R.: En fórmulas reduplicativas del tipo *hagas lo que hagas, haya venido quien haya venido, fuera donde fuera, hubiera sido cuando hubiera sido,* etc., se emplean siempre dos subjuntivos.

E.V.: Oraciones normalmente inaceptables; sólo en algunos raros casos el contexto permite la alternancia con indicativo, y el significado es entonces totalmente diferente con un modo y otro.

El significado propio de las expresiones que estamos considerando es aproximadamente el de 'no importa qué (quién, cómo, dónde, etc.) hagas (vinieras, etc.)':

(1) No saldré *venga quien venga.*
(2) *Pienses lo que pienses,* yo te aprecio mucho.
(3) *Estudie como estudie,* terminará la carrera.
(4) Llegaré, *sea cuando sea.*

Como se observará, sólo la segunda forma verbal ajusta su modo de acuerdo con las reglas de las oraciones de relativo (véase R. 50). Por su sentido, estas construcciones reflejan valores concesivos o semicondicionales (véanse R. 32, R. 36 y R. 29) del mismo tipo que los que tienen construcciones como *vaya o no vaya, quieras o no quieras*, etc.

ORACIONES ADVERBIALES

	R. 20
E.:	Oraciones finales.
R.:	Si el sujeto de la oración final no es el mismo que el del verbo principal, se construyen con subjuntivo.
E.V.:	Oraciones inaceptables (o no recomendables). Con POR-QUE, si el contexto lo permite, cambio de significado.

Las oraciones finales presentan una estructura *A nexo B,* donde B expresa la finalidad que motiva A o el propósito por el que se produce A:

(1) Los masones han conspirado para que las negociaciones fracasen.
         A   nexo   B

Los nexos finales más típicos son: PARA QUE, A QUE, A FIN DE QUE, CON (EL) OBJETO DE QUE, CON (EL) FIN DE QUE, CON (EL) PRO-PÓSITO DE QUE, CON (LA) FINALIDAD DE QUE, PORQUE (no causal; *vid.* R. 62), etc.

En este tipo de oraciones no es posible el indicativo [17]: su aparición convierte automáticamente la oración en inaceptable (salvo en algunos casos de PORQUE, en que, como veremos en R. 62, la oración puede reinterpretarse como no final). Pero sí lo son el subjuntivo y el infinitivo: Si el sujeto del verbo principal (*los masones,* en nuestro ejemplo) es distinto del sujeto del verbo subordinado (*las negociacio-*

---

[17] Quizá ello se deba a que toda oración final (B) es siempre futura con respecto a la principal (A); B tiene, con relación a A, un significado prospectivo y, además, hipotético (en el sentido de que nunca se afirma con certeza —mejor dicho, nunca se informa sobre— si la finalidad o la meta llegan a ser alcanzadas; el hablante no se compromete nunca acerca de su cumplimiento).

nes), la única construcción permitida en el español estándar es el uso del subjuntivo tras el nexo final: la violación de esta regla conduce a oraciones inaceptables (o, en todo caso, a oraciones no recomendables, dado que la lengua coloquial tolera una construcción con el verbo de B en infinitivo:

(2)   Para *tomar* el sol el niño, salimos por las mañanas,

incluso en las circunstancias comentadas: sujetos distintos en A y en B), o, con la salvedad ya anotada de PORQUE, a oraciones distintas.

R. 21

E.:   Oraciones finales.

R.:   Cuando el sujeto de la oración final coincide con el sujeto del verbo principal, se construyen con infinitivo.

E.V.:   Oraciones inaceptables (salvo algún caso muy particular, en que el significado no es exactamente final).

Los nexos que antes mencionamos prescinden ahora de QUE y el infinitivo entra directamente tras ellos sin necesidad de esta partícula.

Consúltense los ejemplos, donde utilizamos subjuntivo o infinitivo en función de lo expuesto en estas dos últimas reglas:

(1)   El guardián cierra las ventanas *para que* nadie *escape.*
(2)   Todos los presos saltaron por las ventanas *para escapar.*
(3)   Fuimos al campo *a que* nos *diera* el sol y el aire.
(4)   Fuimos al campo *a tomar* el sol y el aire.
(5)   Hemos escrito la carta *a fin de que* nos *incluyeran* en el sorteo.
(6)   *A fin de recabar* fondos para la causa, hemos instalado una tómbola.
(7)   Nos hemos reunido aquí *con el objeto de homenajear* al señor presidente.
(8)   Nos hemos reunido aquí *con el objeto de que* el ministerio nos *dé* una respuesta.
(9)   Terminamos la fiesta *porque* no se *molestaran* los vecinos.
(10)   Terminamos la fiesta *por no molestar* a los vecinos.

Hemos dicho que la transgresión de R. 21 produce oraciones inaceptables «salvo algún caso muy particular». En efecto, hay algunas apariciones de PARA QUE + *subjuntivo* aun cuando los dos verbos tienen el mismo sujeto. *Cfr.:*

(11)   *Para que* Eduardo le *haya pegado* a su madre, tiene que estar muy desquiciado.

En realidad, no estamos aquí ante auténticas expresiones de finalidad: el hablante manifiesta su extrañeza ante el comportamiento inesperado de alguien o de algo, comportamiento que supone llegar a sobrepasar un límite que no resulta esperable de párte de ese alguien o de ese algo *(para que...)* y, a continuación, trata de justificar o de dar una explicación para esa actuación *(tiene que...):*

(11 bis)   Para que Eduardo *haya llegado hasta el extremo de* pegarle a su madre [comportamiento inesperado que rompe los moldes habituales en Eduardo], tiene que estar muy desquiciado [es preciso que se dé una circunstancia extraordinaria que lo justifica o lo explica].

Véanse también estos otros ejemplos; todos ellos muestran que lo que se dice en la oración principal es presentado como un hecho inesperado para el cumplimiento, también inesperado, de lo que se dice en la «final»:

(12)   *Para que* Concha *dejara* a su marido, tenía que estar hasta el moño.
(13)   *Para que* se *separaran,* han debido tener muchos problemas.
(14)   *Para que* yo te *pague,* debo volverme loco primero.
(15)   *Para que pudieran* escapar, debieron saltar por las ventanas.

El lector ya habrá observado que este tipo de construcciones van preferentemente antepuestas a la principal.

Por su significado, estas estructuras seudofinales están muy cerca de oraciones condicionales cuya apódosis sea una justificación (del tipo *«es que...»* o *«es porque...»*); v. gr.:

(12 bis)   *Si* Concha dejó a su marido, *es que* estaba hasta el moño.
(15 bis)   *Si* pudieron escapar, *es porque* saltaron por las ventanas.

Naturalmente, en estas construcciones, y de acuerdo con la regla general, también es posible el infinitivo [18].

---

[18] Otros casos en que el verbo de la oración final está en subjuntivo —y no en infinitivo, como se podría deducir de R. 21— a pesar de la identidad de sujetos de la oración principal y la subordinada son aquellos en que los *agentes* de ambas oraciones son diferentes (V_1 en pasiva):

(1)   Carlitos fue admitido por el director para que *diera* ejemplo a sus compañeros.

R. 22

E.:   Construcciones de valor final.

R.:   QUE y NO *sea* / *fuera* QUE llevan el verbo en subjuntivo.
        La perífrasis NO IR (en subjuntivo) A lleva el verbo en
        infinitivo.

E.V.: Oraciones inaceptables o cambio de significado.

Las construcciones de valor final que comentamos pueden ser
agrupadas en dos apartados:

a) Introducidas por un QUE final, equivalente a PARA QUE:

(1) Habla alto, *que* te *oigamos* todos bien.
(2) Salid corriendo, *que* no os *vea* el jefe.

Tras QUE con valor final ha de aparecer un subjuntivo; si aparece
indicativo, la oración ya no expresa finalidad, sino otra circunstancia
(p. ej., causa; *vid*. R. 62), siempre que el contexto lo permita.

b) Subjuntivos, de valor final, yuxtapuestos, sin nexo de ningún
tipo. Hay dos especialmente frecuentes:

— NO *sea* / *fuera* QUE + verbo en *subjuntivo;*
— NO IR (en subjuntivo) A + *infinitivo,*

Carlitos es el sujeto gramatical de *ser admitido* y de *dar ejemplo* y, a pesar de ello,
el verbo subordinado está en subjuntivo. Ello se debe a que el agente del verbo principal *(el director)* es distinto del agente del verbo subordinado *(Carlitos).*
Si hubiéramos usado infinitivo:

(2) Carlitos fue admitido por el director para *dar* ejemplo a los compañeros,

se entendería que el sujeto-agente de *dar* es el agente del verbo principal *(el director)*
(o bien, que se trata de un sujeto general, indeterminado).
    Casos similares, aunque no idénticos (ya que en éstos lo que sucede es que la ora-
ción principal carece de agente explícito) serían:

(3) Este cristal es duro para que *resista* las balas.
(4) El plástico ha de ser compacto para que no se *rompa.*
(5) El techo tiene que ser grueso para que no *ceda,*

en todos los cuales (aunque no para todos los hablantes) es también posible el infinitivo
sin alteraciones de consideración.

que, además, pueden combinarse en:

— NO *vaya / fuera* A SER QUE + *subjuntivo*.

He aquí algunos ejemplos:

(3) Ten cuidado, *no sea que* derrames el agua.
(4) Tuvo cuidado, *no fuera que* derramara el agua.
(5) Tened cuidado, *no vayáis a* derramar el agua.
(6) Tuvimos cuidado, *no fuéramos a* derramar el agua.
(7) Ten cuidado, *no vaya a ser que* derrames el agua.
(8) Tuvo cuidado, *no fuera a ser que* derramara el agua.

La primera y la tercera construcciones exigen subjuntivo tras QUE, so pena de producir una oración inaceptable. La segunda (y la tercera) exige infinitivo tras IR, ya que no es más que la perífrasis IR A + *infinitivo*, negada y con el verbo IR en subjuntivo.

Con algunos verbos, el mismo matiz final que conseguimos con NO IR (en subjuntivo) A + *infinitivo*, podemos obtenerlo sencillamente con NO + *subjuntivo* del verbo en cuestión. Sólo algunos verbos (*creer, pensar, decir, ...*) abundan en esta construcción de subjuntivo yuxtapuesto con valor final:

(9) Yo en la fiesta no comeré, *no crean que* soy un muerto de hambre.
(10) Nos fuimos a las siete, *no pensasen que* somos unos pesados.
(11) Procura llegar temprano, *no digan que* eres un informal.

Con la generalidad de los verbos tal construcción, si bien posible, resulta menos frecuente, y lo normal y esperable es recurrir a una de las fórmulas estudiadas para conseguir el valor final:

(12) Vámonos ya, *no sea que* los López nos cojan en casa.
(13) Vámonos ya, *no vayan a* cogernos los López en casa.
(14) Vámonos ya, *no vaya a ser que* los López nos cojan en casa.

No obstante, si la fórmula es:

NO IR (en subjuntivo) A + *infinitivo* Y + *verbo,*

este segundo verbo, sea el que sea, suele estar en subjuntivo:

(15) Vámonos ya, *no vayan a* cogernos los López en casa y nos *den* la paliza.
(16) He sacado a pasear al perro, *no fuera a* venir mi mujer *y* se *enfadara.*

Todos estos subjuntivos yuxtapuestos y negados vienen a equivaler a 'para evitar (que)...':

(17) Su mujer se lo llevó de allí, no fuera que se emborrachara.
(18) Su mujer se lo llevó de allí, no fuera a emborracharse (y le pegara a un guardia municipal).
(19) Su mujer se lo llevó de allí, no fuera a ser que se emborrachara.

Para terminar, añadiremos que el valor final puede también obtenerse con estructuras encabezadas por DE MODO QUE o DE MANERA QUE, DE FORMA QUE y el verbo en subjuntivo (véase R. 65):

(20) Me golpearon *de modo que* no *pudiera* levantarme del suelo ('de un modo adecuado o suficiente *como para que* no *pudiera* levantarme del suelo').

o O o

R. 23

E.:   Oraciones temporales.

R.:   Las oraciones temporales construidas con ANTES (DE) QUE llevan subjuntivo.

E.V.: Oraciones inaceptables.

Para el esquema general de la estructura de las oraciones temporales, véase R. 57. De esta regla es consecuencia directa la que ahora nos ocupa: en efecto, la situación descrita en las temporales introducidas por ANTES (DE) QUE es siempre posterior a la descrita en la oración principal:

(1) Llegué antes de que *volvieran* mis padres.
(2) Desembarcarán poco antes de que *lleguen* los grandes vientos.
(3) Saldré de casa antes de que te *hayas levantado*.

Véase, por ejemplo, la secuencia (1): lo que en ella se indica es que el hablante llegó y después volvieron sus padres; esta última acción es posterior a la expresada en la oración principal y ello, de acuerdo con la norma general R. 57, es suficiente para obligar a usar el subjuntivo.

R. 24

E.: Oraciones temporales.

R.: Las oraciones temporales introducidas por A QUE se construyen con subjuntivo.

E.V.: Oraciones inaceptables.

Como nexo introductor de oraciones temporales, el valor de A QUE es similar al de HASTA QUE; pero el uso de aquél implica que la situación descrita en la oración temporal se contemple desde la perspectiva (temporal) de la oración principal, cosa que no sucede con HASTA QUE, que encabeza oraciones cuya perspectiva (temporal) toma como eje de referencia el momento de la enunciación.

Por ello, el comportamiento del verbo de la temporal con respecto al modo es distinto en las menciones al pasado:

(1) Esperó a que *llegaran*.
(2) Esperó hasta que *llegaron*.

El subjuntivo de la primera frase se explica porque la situación descrita en la oración introducida por A QUE es posterior a la descrita en la oración principal (véase R. 57). Lo que sucede con la segunda frase es bien distinto: el indicativo se usa porque, dado que el momento de acción se juzga en las oraciones introducidas por HASTA QUE teniendo como eje de referencia temporal el momento de enunciado, la situación descrita se presenta como ubicada en el pasado y experimentada.

Como es natural, la disparidad de comportamiento no se transluce en las referencias hacia el futuro:

(3) Esperaré a que *lleguen*.
(4) Esperaré hasta que *lleguen*.

R. 25

E.: Oraciones temporales.

R.: Cuando, en las construcciones descritas en R. 23 y R. 24, el sujeto del verbo principal coincide con el de la

oración temporal, esta última va introducida por ANTES
DE o A (sin QUE) y se construye con infinitivo.

E.V.: Oraciones inaceptables con A QUE + *subjuntivo* y no recomendables con ANTES (DE) QUE + *subjuntivo*.

El fenómeno descrito en esta regla se extiende a otras construcciones (temporales y no temporales); véanse R. 15, R. 16, R. 21, R. 26,
R. 48, R. 59, etc. Ofrecemos ahora ejemplos para R. 25:

(1) a. ?? Me duché antes de que (yo) desayunara.
    b. Me duché antes de *desayunar*.
(2) a. ? Lo veremos mucho antes de que (nosotros) lleguemos.
    b. Lo veremos mucho antes de *llegar*.
(3) a. * Esperaré a que (yo) llegue para abrir el paquete.
    b. Esperaré a *llegar* para abrir el paquete.

o O o

R. 26

E.: Construcciones excluyentes.

R.: Usan subjuntivo las oraciones introducidas por los nexos
A MENOS QUE, A NO SER QUE, SIN QUE, LEJOS DE QUE,
EN LUGAR DE QUE y EN VEZ DE QUE.

E.V.: Secuencias inaceptables. Véase R. 61 para aquellos casos en que A NO SER QUE, EN LUGAR DE QUE y EN VEZ
DE QUE dejan de funcionar como bloques y se incluyen
en estructuras del tipo V_1 + QUE + V_2, con lo que pasan
a introducir oraciones que se rigen por R. 11 en lo con-
cerniente al modo de su verbo.

Los nexos A MENOS QUE y A NO SER QUE introducen oraciones
que sirven para afirmar la veracidad o realidad de lo enunciado en la
oración principal *si no* sucede lo que en aquéllas se dice. Este tipo de
construcciones, por tanto, incluye matices claramente condicionales y
señala el carácter eventual de lo expresado (véase R. 29). El modo
regido es el subjuntivo:

(1) No iré a menos que me *inviten*.
(2) Vas a suspender a no ser que *estudies*.

SIN QUE, LEJOS DE QUE, EN LUGAR DE QUE y EN VEZ DE QUE, por su parte, introducen oraciones que se usan para contraponer lo indicado en ellas a lo expresado en la oración principal, en una relación similar a la que se conseguiría con el grupo *y no:*

(3) Podría entrar sin que me *vieran*. (≈ Podría entrar y no me verían.)
(4) Saqué las oposiciones sin que me *costara* ningún esfuerzo. (≈ Saqué las oposiciones y no me costó ningún esfuerzo.)
(5) Lejos de que *vuelva*, vas a conseguir que huya. (≈ Vas a conseguir que huya, y no que vuelva.)
(6) Trabaja tú en vez de que lo *hagan* ellos.
(7) En lugar de que *atacaran* los moros, los cristianos adelantaron sus líneas.

Obsérvese en los ejemplos precedentes cómo aparece sistemáticamente el subjuntivo en la oración encabezada por los nexos citados.

La estructura general de las construcciones excluyentes se ajusta al esquema *A nexo B* o *nexo B A*, donde A es la oración principal, B la subordinada que, de acuerdo con lo dicho en R. 26, se construye con subjuntivo, y donde el nexo es uno de los enumerados en esta misma regla. La denominación «construcciones excluyentes» viene del hecho de que en ellas ocurre bien que el cumplimiento de lo dicho en B excluye el de lo dicho en A, bien que el cumplimiento de lo expresado en A excluye el de lo expresado en B. Sucede lo primero cuando se usan los nexos A MENOS QUE, A NO SER QUE, SALVO QUE, EXCEPTO QUE, y lo último con los demás que enumeramos en esta regla.

Para el empleo de indicativo con A NO SER QUE, EN LUGAR DE QUE y EN VEZ DE QUE en aquellos casos en que no forman bloques y se incluyen en estructuras V_1 + QUE + V_2, véase R. 61.

Aparecen los nexos SIN, LEJOS DE, EN LUGAR DE y EN VEZ DE (sin QUE) introduciendo construcciones excluyentes con infinitivo cuando el sujeto de éstas coincide con el de la correspondiente principal. Esta reducción es obligatoria para EN LUGAR DE QUE y EN VEZ DE QUE, muy recomendable para LEJOS DE QUE y recomendable para SIN QUE:

(8) a. ? Saqué las oposiciones sin que (yo) hiciera ningún esfuerzo (PO-CO RECOMENDABLE).
      b. Saqué las oposiciones sin *hacer* ningún esfuerzo (PREFERIBLE).
(9) a. ?? Lejos de que (yo) vuelva, voy a salir huyendo.
      b. Lejos de *volver*, voy a salir huyendo.
(10) a. * En lugar de que (los moros) atacaran, los moros se dedicaron a tocar la flauta.
      b. En lugar de *atacar*, los moros se dedicaron a tocar la flauta.

(11) a. * En vez de que (yo) estudie, voy a bailar todas las noches.
      b. En vez de *estudiar*, voy a bailar todas las noches.

Aunque el habla coloquial los tolera, no deben realizarse estos cambios cuando los sujetos de la oración principal y de la excluyente no coinciden:

(12) Entré sin *verme* ellos.
(13) Lejos de *volver* su hija, vas a conseguir que huya.
(14) En lugar de *atacar* los moros, los cristianos adelantaron sus líneas.
(15) En vez de *trabajar* nosotros, ellos se pusieron manos a la obra.

El uso de los nexos sin QUE y de los infinitivos en las secuencias (12)-(15) hace que éstas muestren tintes de vulgaridad.

o O o

R. 27

E.: Oraciones consecutivas.

R.: Las construidas con NO(...)TAL(...)QUE, NO(...)TAN (...)QUE y NO(...)TANTO(...)QUE llevan el verbo en subjuntivo.

E.V.: Oraciones inaceptables.

La estructura general de las oraciones consecutivas podrá verse en la explicación de R. 65, de la que esta R. 27 no es sino un caso particular.

Comenzaremos esta paráfrasis de R. 27 con unos ejemplos:

(1a) *Jamás* bebió *tanto que perdiera* el conocimiento.
(2a) *No* era *tal* su maldad *que* no *mostrara* alguna virtud.
(3a) *No* es *tan* altivo *que insulte* con la mirada.

En (1a), (2a) y (3a) la negación (que puede venir expresada por cualquier palabra negativa: *no, jamás, nunca*, etc.) no afecta exactamente ni a la oración principal —que en realidad está afirmada— ni a la subordinada, sino a la relación consecutiva que se establece entre ellas. Es como si dijéramos:

(1b) Siempre bebió (mucho), pero jamás tanto que perdiera el conocimiento.
(2b) Su maldad era grande / existía, pero no era tal / de tal índole que no mostrara alguna virtud.
(3b) Es altivo, pero no tanto que insulte con la mirada.

Sucede, pues, con estas construcciones algo similar a lo que ocurre con las oraciones causales en las que se niega la validez de la causa (véase R. 62).

Como ya hemos señalado, la presencia del subjuntivo en estas consecutivas «negadas» obedece a las mismas razones que justifican el uso del subjuntivo en las oraciones consecutivas en general, a saber, la aparición de un sentido final (que, como se explicita en R. 20, exige subjuntivo).

El matiz final de las consecutivas de (1a), (2a) y (3a) podríamos glosarlo así:

(1c) Jamás bebió tanto *como para que* perdiera (perder) el conocimiento.
(2c) No era tal su maldad *como para que* no mostrara (mostrar) alguna virtud.
(3c) No es tan altivo *como para que* insulte (insultar) con la mirada.

(Véase ahora la explicación de R. 65.)

R. 28

E.:   Oraciones consecutivas.

R.:   DE AHÍ QUE y DE AQUÍ QUE, como nexos introductores de la consecuencia o conclusión de una acción o situación previamente enunciada, exigen subjuntivo en el verbo de la oración que encabezan.

E.V.: Oraciones inaceptables.

Contrariamente a lo que sucede con la expresión pura de consecuencia (véase de nuevo R. 65), las conclusiones presentadas con DE AHÍ QUE y DE AQUÍ QUE, nexos que no se utilizan para informar, necesitan subjuntivo:

(1)   El cine estaba vacío; de ahí que me *saliera*.

Lo que diferencia (1) de (2) o de (3):

(2)   El cine estaba vacío, así que me *salí.*

(3)   El cine estaba vacío; por eso me *salí,*

es que en estas últimas la oración consecutiva se emplea para informar al oyente de algo que se considera nuevo para él; cuando usa (1), por el contrario, el emisor del mensaje no siente esa necesidad de informar, bien porque cree que lo que dice es ya conocido por el oyente, bien porque no considera oportuno centrar su acto de comunicación en lo expresado en la oración consecutiva.

o O o

R. 29

E.:   Oraciones condicionales.

R.:   Las oraciones condicionales introducidas por cualquier nexo que no sea SI se construyen con subjuntivo.

E.V.:   Con ciertos nexos, cambio de significado, es decir, pérdida del valor condicional. Con otros, o con estos mismos si el contexto no tolera el cambio, secuencias inaceptables.

Como es bien sabido, las gramáticas llaman «oraciones condicionales» a aquellas que formulan una *condición* para que se cumpla lo señalado en otra oración. Dicho en términos más precisos, aquellas que indican que si se cumple un hecho A (el enunciado en la oración condicional), sucederá otro hecho B (el enunciado en la otra oración). Como el lector puede notar en la caracterización misma que se acaba de hacer, las oraciones condicionales más típicas son las introducidas por SI:

(1)   *Si me escuchas en silencio, te contaré la verdad.*
       ——————— A ———————   ——————B——————

(2)   *Si coleccionara sellos, se divertiría muchísimo.*
       ———————A———————   ——————B——————

Tanto en (1) como en (2) la verdad de A conduce a la verdad de B. A es la *condición* u *oración condicional,* y B es el *condicionado* o, si se quiere seguir una terminología muy extendida, la *oración principal*. Resulta también muy frecuente referirse a A y B con los términos de *prótasis* (A) y *apódosis* (B).

Las oraciones condicionales que acabamos de citar como las más típicas, esto es, las de SI, pueden llevar el verbo en indicativo y subjuntivo, y por ello las veremos en la segunda parte del libro. Pero cuando SI no aparece, la condicional puede construirse:

a)   Con una forma no personal, es decir, con infinitivo, gerundio o participio. Ejemplo de estas construcciones —en las que no entramos porque no son objeto de este libro— pueden ser:

(3)   *De salir por la noche,* hazlo bien abrigado.
(4)   *Jugando con prudencia* puedes ganar la partida.
(5)   *Enfrentado a ese dilema* yo no habría sabido qué hacer.

b)   Con un nexo distinto de SI y un verbo en forma personal. Ésta es precisamente la construcción objeto de la presente regla, según la cual ese verbo en forma personal va siempre en subjuntivo [19].

Entre los nexos condicionales distintos de SI podemos citar: COMO, SIEMPRE QUE, SIEMPRE Y CUANDO, (EN EL) CASO DE QUE, EN CASO DE QUE, EN EL SUPUESTO DE QUE, SUPUESTO QUE, EN LA SUPOSICIÓN DE QUE, EN LA HIPÓTESIS DE QUE, DADO (CASO) QUE, A CONDICIÓN DE QUE, EN LA MEDIDA EN QUE, CON TAL (DE) QUE, CON QUE, A CAMBIO DE QUE, MIENTRAS, A POCO QUE. Todos ellos admiten la sustitución por SI sin que varíe sustancialmente el contenido, aunque sí pueden producirse variaciones en el modo del verbo:

(6)   Como lo vea, le voy a decir cuatro palabras ($\simeq$ si lo veo...).

(7)   Te ayudaré $\left\{\begin{array}{l}\text{con tal que}\\ \text{a condición de que}\\ \text{siempre que}\\ \text{a cambio de que}\\ \text{siempre y cuando}\end{array}\right\}$ luego me ayudes tú a mí.
        ($\simeq$ si luego me ayudas...).

(8)   Con que le hagas un pequeño regalo, conseguirás que te sea fiel ($\simeq$ si le haces...).

(9) $\left.\begin{array}{l}\text{En el supuesto de que}\\ \text{En caso de que}\\ \text{Dado que}\end{array}\right\}$ lo necesitara, os llamaría por teléfono.
        ($\simeq$ si lo necesitara...).

_____

[19]   También el *cuando* llamado «condicional» lleva indicativo, pero el valor condicional de este *cuando,* si es que existe, tiene características especiales: el hablante está convencido de la realización de la subordinada, lo que choca con el carácter eventual o contrafactual de las auténticas condicionales.

(10)   Hay que respetar a los demás en la medida en que los demás nos respeten a nosotros (≃ si los demás nos respetan...).
(11)   Me callaré mientras no insulte a mi madre (≃ si no insulta...).
(12)   A poco que estudie, será el alumno más brillante de la clase (≃ si estudia un poco será...).

Cuando con los nexos de arriba el hablante se refiere a hechos cuya realización se le presenta como *posible* y normal, las formas del subjuntivo tienen sus valores temporales habituales, es decir, se dan las correspondencias señaladas en R. 3:

(13)   Quizá *llueve;* en ese caso me quedaré en casa → en caso de que *llueva,* me quedaré en casa.
(14)   Quizá *lloverá;* en ese caso me quedaré en casa → en caso de que *llueva* me quedaré en casa.
(15)   Quizás *ha llovido;* en ese caso me quedaré en casa → en caso de que *haya llovido* me quedaré en casa.
(16)   Mañana a las nueve quizás *habrá llovido;* en ese caso me quedaré en casa → en caso de que *haya llovido* me quedaré en casa.
(17)   Quizá $\left\{{llovió \atop llovía}\right\}$; en ese caso se quedó en casa → en caso de que *lloviera* se quedó en casa.
(18)   Quizás *había llovido;* en ese caso se quedaría en casa → en caso de que *hubiera llovido* se quedaría en casa.
(19)   Dijo que quizá *llovería;* en ese caso se quedaría en casa → dijo que en caso de que *lloviera* se quedaría en casa.
(20)   Dijo que quizá mañana por la noche ya *habría llovido;* en ese caso se quedaría en casa → en caso de que mañana por la noche ya *hubiera llovido* se quedaría en casa.

Pero el hablante puede referirse con la condicional a hechos cuya realización se le presenta como más o menos *problemática* o *improbable;* incluso a hechos que claramente no sucedieron o no suceden *(condicionales contrafactuales).* Tanto en las de realización improbable, como en las «contrafactuales», las formas empleadas en la condición son:

●   Para indicar tiempo cronológico PRESENTE o FUTURO: imperfecto de subjuntivo (sólo raras veces es posible el pluscuamperfecto [20]):

---

[20] Sólo en aquellos casos en que, de tratarse de un hecho de realización no problemática, posible, aparecería el pretérito perfecto con valor de futuro. Por poner un ejemplo, si la oración (16) de arriba fuera de realización problemática, se construiría así:

En caso de que mañana a las nueve *hubiera llovido,* me quedaría en casa.

(21) Podrías ser jugador de baloncesto siempre y cuando *midieras* más de 1,90. Pero no llegas a 1,60...
      (Hecho PRESENTE que NO SUCEDE.)

(22) En el caso de que se *divorciara* de esa actriz, heredaría una inmensa fortuna.
      (Hecho FUTURO de realización IMPROBABLE.)

• Para indicar tiempo cronológico PASADO: pluscuamperfecto de subjuntivo:

(23) Habría podido (hubiera podido) ser jugador de baloncesto siempre y cuando *hubiera medido* más de 1,90.
      (Hecho PASADO y NO REALIZADO.)

(24) En el caso de que se *hubiera divorciado* de esa actriz habría heredado (hubiera heredado) una inmensa fortuna.
      (Hecho PASADO y NO REALIZADO o IMPROBABLE.)

Como se habrá comprobado en los ejemplos, estas condicionales «contrafactuales» o las de realización improbable llevan en la oración principal bien un condicional simple (tiempo cronológico *presente* o *futuro*), bien un condicional compuesto o un pluscuamperfecto de subjuntivo (tiempo cronológico *pasado*). El esquema de formas coincide con el de las oraciones condicionales con SI + subjuntivo, por lo que aparece más explícitamente expuesto en R. 68.

Conviene destacar el hecho de que estructuras que, por su forma o su significado, son objeto de otras reglas de este libro, pueden tener también un valor condicional y, obviamente, se construyen entonces con el verbo en subjuntivo y siguiendo los mismos patrones que hemos expuesto. Así ocurre con períodos reduplicativos del tipo *vaya o no vaya* (R. 36), *vaya quien vaya* (R. 19, R. 36), con varios nexos de los que hemos llamado «excluyentes» (A MENOS QUE, A NO SER QUE, EXCEPTO QUE, SALVO QUE, SIN QUE: R. 26 y R. 61), con alguno concesivo (POR POCO QUE: R. 71), con determinadas oraciones de relativo («quien dijera tal cosa estaría loco» supone de alguna manera «si alguien dijera tal cosa estaría loco»: ver R. 50), e incluso con estructuras V_1 - QUE - V_2 (*basta [con] que:* R. 11). Éstas últimas merecen que les dediquemos algunas líneas. El lector ya habrá notado que una propiedad esencial de las oraciones condicionales es que establecen un marco hipotético, una realidad supuesta, a partir de la cual el hablante y el oyente pueden seguir operando. Este contenido hipotético presente en todas ellas se acentúa en algunas, por ejemplo en las que hablan de situaciones claramente contrarias a los hechos («contrafactuales»):

(25) Si yo fuera el ministro de comercio [no lo soy], prohibiría las importaciones.

La oración (25) equivale a

(26) Vamos a suponer que yo fuera el ministro de comercio; en ese caso, prohibiría las importaciones.

Pues bien, como el ejemplo (26) sugiere y la explicación de las reglas 38 y 45 explicita, ciertos verbos de «percepción mental» (*imaginar, suponer, admitir...*) sirven muy bien, por su propio sentido, para establecer *hipótesis,* y funcionar, por tanto, de manera paralela a las oraciones condicionales. Como se pone de manifiesto en las reglas citadas, es el único caso en que estos verbos, en forma afirmativa, admiten subjuntivo en el V_2, aunque alternando con el indicativo. Es más, cabe en ellos el doble juego de formas que expusimos arriba, según se trate de hechos posibles o no:

(27) Imaginemos que nos *pida* dinero: ¿qué haremos? ($\simeq$ en caso de que nos *pida* dinero, ¿qué haremos?).
(28) Imaginemos que nos *pidiera* dinero: ¿qué haríamos? ($\simeq$ en caso de que nos *pidiera* dinero, ¿qué haríamos?).

Compruébese cómo en (27) nos estamos refiriendo a un hecho futuro que el hablante concibe como de realización posible, mientras que (28) presenta tal realización como problemática: de ahí el cambio del presente por el imperfecto en la condición.

También las construcciones (V_1) - QUE - V_2 en que el V_1 no va explícito (R. 12) adquieren a veces un sentido condicional. Se trata de fórmulas como

(29) Que no me obedezcan y verán.
(30) ¡Ellos que no me hicieran caso! ¡Se habría acabado nuestra amistad!
(31) ¡Que se atreva y tendrá su merecido!

Con ellas el hablante reta a una tercera persona a que haga algo «prohibido»: si se atreve a hacerlo (de ahí la condicional), el hablante se encargará de que suceda algo desagradable, cuya naturaleza queda con frecuencia oculta bajo un verbo inconcreto (*ver* es uno de los más usuales) o totalmente silenciada («¡que se atreva...!») [21].

---

[21] Que estas expresiones están ligadas a estructuras de V_1 - QUE - V_2 con un V_1 de «mando» no explícito queda probado por el hecho de que si quien recibe el reto es el oyente, QUE + subjuntivo es sustituido por el imperativo: «¡atrévete y verás!».
      La misma estructura V_1 - QUE - V_2 parece estar presente en «¡que tuviera yo veinte años! Ya lo creo que nadaría mejor que él» (ejemplo de F. Lázaro, *Curso de Lengua Española,* Madrid, Anaya, 1979, pág. 286), con la diferencia de que ahora el verbo 1 no es de «mando», sino de deseo. Por lo demás, la secuencia entera tiene el mismo aire de reto que las anteriores.

En cuanto a los «efectos de la violación» de la regla, ciertos nexos de los citados admiten el indicativo, pero entonces la oración deja de ser condicional. Así:

• COMO y DADO QUE pasan a introducir una causal (R. 62):

(32) Como (dado que) mañana no *tengan* ganas de jugar, se irán a dormir (≃ *si* mañana no tienen ganas...).
(33) Como (dado que) mañana no *tendrán* ganas de jugar, se irán a dormir (≃ mañana se irán a dormir *porque* no tendrán ganas de jugar).

• SIEMPRE QUE y MIENTRAS se convierten en temporales (R. 57, 60):

(34) Le hago un regalo siempre que *venga* a verme (≃ le hago un regalo *si* viene a verme).
(35) Yo fregaré mientras tú *hagas* la comida (≃ yo fregaré *si* tú haces la comida).
(36) Le hago un regalo siempre que *viene* a verme (≃ le hago un regalo *cada vez que* viene a verme).
(37) Yo fregaré mientras tú *haces* la comida (≃ yo fregaré *al mismo tiempo que* tú haces la comida).

• EN LA MEDIDA EN QUE adquiere un sentido entre comparativo y causal:

(38) En la medida en que los demás *colaboren,* colaboraré yo (≃ *si* los demás colaboran... [22]).
(39) En la medida en que los demás *colaboran,* colaboraré yo (≃ *de la misma forma que / con la misma intensidad que / puesto que* los demás colaboran...).

• CON QUE puede adquirir funciones y matices diversos, pero no condicionales:

(40) Será suyo ese coche con que *trabaje* todos los días (≃ será suyo ese coche *si* trabaja...).
(41) Será suyo ese coche con que *trabaja* todos los días (≃ será suyo ese coche *con el cual* trabaja...).
(42) Ahora nos viene con que el oficio no le *interesa* (≃ ahora nos dice que el oficio no le interesa).

Los otros nexos propiamente condicionales producen secuencias inaceptables cuando se construyen con indicativo. Igual sucede con

---

[22] La equivalencia, naturalmente, no es perfecta, e incluso caben interpretaciones no condicionales en sentido estricto. Pero como éstas son posibles, sigue siendo válido lo que estamos diciendo.

los que acabamos de citar si el contexto no tolera el cambio de significado:

(43)   * En caso de que *decidís* algo, me llamáis (INACEPTABLE).
(44)   * Es capaz de todo con tal de que lo *miman* (INACEPTABLE).
(45)   * A poco que lo *miran*, se pone colorado (INACEPTABLE).
(46)   * Te visitaré siempre que después me *visitas* tú (INACEPTABLE).
(47)   * Con que *haces* un pequeño esfuerzo, lo conseguirás (INACEPTABLE).

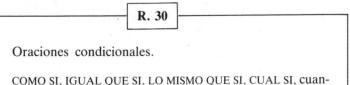

R. 30

E.:   Oraciones condicionales.

R.:   COMO SI, IGUAL QUE SI, LO MISMO QUE SI, CUAL SI, cuando implican auténtica comparación, se construyen con subjuntivo.

E.V.:   Salvo casos aislados, en que puede aparecer el indicativo sin efectos apreciables, oraciones inaceptables.

Cuatro observaciones tenemos que hacer en relación con la regla que acabamos de dar. La primera es que si no hay auténtica comparación, el subjuntivo no es obligatorio:

(1)   Se sentía igual que si le hubieran dado una paliza.
(2)   Era como si un mar de niebla se hubiera extendido sobre la tierra.
(3)   Tanto si juega como si no juega, perderá el dinero.

En (1) estamos comparando lo que sentía con lo que sentiría si hubiera recibido una paliza; en (2) la situación que estamos contemplando, con la producida por un mar de niebla cuando se extiende sobre la tierra. En ambas oraciones hay una auténtica comparación. No la hay en cambio en (3), ya que *tanto... como* son un mero enlace entre dos condicionales con SI: perderá el dinero si juega *y también* si no juega.
La segunda observación es que COMO SI, etc., no admiten todas las formas de subjuntivo, sino sólo el imperfecto y el pluscuamperfecto. El imperfecto sirve, como en otras ocasiones, para referirse a hechos presentes o futuros; el pluscuamperfecto, para hechos pasados:

(4) Me habla como si *fuera* el rey de España.
     (Hecho *presente* [22 bis].)
(5) Mañana trabajaré lo mismo que si no *fuera* fiesta.
     (Hecho *futuro*.)
(6) Te tratará igual que si nunca *hubierais estado* enfadados.
     (Hecho *pasado*.)

Si se relee R. 29, podrá observarse que las dos formas citadas son precisamente las que se usan para referirse a realidades contrarias a los hechos o de improbable realización. Y es que COMO SI, etc., o introducen oraciones manifiestamente «contrafactuales» (muchas veces puras comparaciones metafóricas), o se trata de contenidos a los que el hablante se resiste a adherirse, aunque no se atreva a calificarlos de falsos [23]. Nótese de paso que en todas estas construcciones puede pensarse siempre en una apódosis elidida cuyo verbo vaya en condicional, justo la forma que lo que acabamos de decir haría esperar (ver R. 68):

(4') Me habla como *me hablaría* si fuera el rey de España.
(5') Mañana trabajaré lo mismo que *trabajaría* si no fuera fiesta.
(6') Te tratará igual que *te trataría* si nunca hubierais estado enfadados.

La tercera observación se refiere a las relaciones de la construcción que estudiamos con otras que son objeto de reglas distintas. El verbo *parecer,* por ejemplo, seguido de QUE - V_2, pide indicativo en el V_2 cuando va en forma afirmativa y sirve para hacer una «afirmación atenuada» (R. 38):

(7) Parece que vamos a tener un buen tiempo ($\approx$ vamos a tener un buen tiempo: al menos los indicios son de eso).

Ahora bien, incluso en forma afirmativa puede llevar un V_2 en subjuntivo, y esto tanto más cuanto más va perdiendo su carácter de «atenuante» de una afirmación para convertirse en «descriptor» del aspecto de una situación:

(8) Parece que esté (estuviera) dormido.
(9) Parece que haya (hubiera) comido una tonelada de piedras.

[22 bis] En este caso más bien *habitual,* pero es lo mismo a efectos del razonamiento.

[23] Que no siempre las oraciones de que estamos tratando son contrafactuales, como a menudo se dice, queda demostrado en S. Fernández Ramírez, «Como si + subjuntivo», RFE, XXIV, 1937, pp. 372-380. A los ejemplos por él aducidos puede añadirse uno tan claro como «encontré a Isabel extraña: se portó como si estuviera enfadada», frase de la que no se desprende el no enfado de Isabel.

Con (8) y (9), en efecto, no afirmamos que, en nuestra opinión, está dormido o ha comido una tonelada de piedras: formulamos una hipótesis sobre la situación a partir de su aspecto, pero una hipótesis que se nos presenta como no del todo verosímil o absolutamente inverosímil, lo que la convierte con frecuencia en pura comparación metafórica [24]. Son evidentes, por tanto, sus relaciones con COMO SI y similares, incluso en el hecho de que admite el imperfecto y pluscuamperfecto de «problematicidad» o «contrafactualidad» que ya hemos visto en R. 29 y que muestran, como opción, las secuencias (8) y (9) de arriba. Nótese que éstas pueden construirse como (10) y (11):

(10)   Parece como si estuviera dormido.
(11)   Parece como si hubiera comido una tonelada de piedras.

No debe inferirse de todo lo que hemos venido diciendo que para los usos de *parecer* ejemplificados en (8) y (9) *sólo* es posible el subjuntivo. Su equivalencia con (10) y (11), es decir, con construcciones de COMO SI *permite* el subjuntivo, pero no siempre excluye el indicativo: (9), en efecto, es similar a (12):

(12)   Parece que he comido una tonelada de piedras.

También tiene COMO SI relaciones evidentes con el NI QUE que estudiamos en la R. 35. De hecho equivale prácticamente a él cuando COMO SI aparece con entonación exclamativa y con el resto de la secuencia elíptica. Muestra entonces, como NI QUE, un sentido de «negación indignada» [25].

(13)   —Te doy cinco mil pesetas por la bici.
        —¡Sí, hombre! ¡Como si yo fuera imbécil!
(14)   —Dice que no quiere tratos contigo porque eres un tramposo.
        —¡Como si él fuera un santo!

La cuarta y última advertencia es que uno de los introductores citados en la regla, CUAL SI, no tiene ningún uso actual en la lengua hablada, y sólo en la escrita de estilo arcaizante, afectado o deliberadamente retórico es posible encontrarlo.

---

[24] Para la expresión de la hipótesis como uno de los significados de *parecer*, cfr. Carlsson, «Sur l'usage des modes après *(me) parece que* en castillan et *(em) sembla que* en catalán», *Studia Neophilologica*, 42, 1970. Interesan las páginas 410 y 420.

[25] Véase Fernández Ramírez, *art. cit.* en la nota 23, pág. 376.

En cuanto a los efectos de la violación, los casos de indicativo que a veces es posible documentar son preferentemente coloquiales, y o expresan indiferencia del hablante ante una cierta situación —(15) y (16)— o implican comparación con algo de efectos habituales ya conocidos, con lo que SI ve notablemente atenuado su sentido hipotético y equivale totalmente a CUANDO —(17) y (18)—:

(15) —Lucas se ha arruinado.
     —Por mí, como si se muere de hambre en una esquina ($\approx$ no me importa nada que se haya arruinado, ni que se muera de hambre en una esquina).
(16) —Le han dado la plaza a Lucía.
     —Como si la nombran gobernadora. Me da igual.
(17) Esto es como si una máquina te coge una mano [26] ($\approx$ esto es como cuando una máquina te coge una mano).
(18) Es como si viene un individuo y te dice que ha visto un elefante con patines. No le haces caso y se acabó ($\approx$ es como cuando viene...).

Quizá estas apariciones del indicativo hay que remitirlas a ciertas sustituciones coloquiales del imperfecto y del pluscuamperfecto de subjuntivo a que aludimos, siquiera sea de pasada, en las R. 68 y 69.

o O o

R. 31

E.:   Oraciones concesivas.

R.:   Las construidas con (AUN) A RIESGO DE QUE, ASÍ, y POR (MUY) + *adjetivo* + QUE exigen subjuntivo.

E.V.: Oraciones inaceptables.

Las oraciones concesivas más típicas —las introducidas por el nexo AUNQUE, del que nos ocuparemos en R. 70— presentan la estructura *aunque B, A* (o, menos frecuentemente, *A aunque B*). Con ellas expresamos aproximadamente el siguiente contenido: es creencia compartida por la mayoría de los hablantes (o al menos por el hablante y su interlocutor en ese momento) que B representa un impedimento o

---

[26] Ejemplo tomado de Togeby, *Mode, aspect et temps en espagnol*, Copenhague, Munksgaard, 1963 (2.ª edición), pág. 19.

un obstáculo para el cumplimiento de A; no obstante, A —a pesar de B— se cumple. Podríamos decir que B representa una anticondición para A, es decir, que normalmente si se da B no se da A; en las oraciones concesivas se resta poder a la anticondición, se le niega la validez a B y se dice que A se cumple (se cumplirá, se cumplió...) a pesar de la actuación de B. Veamos un ejemplo:

(1) Aunque *estoy enfermo, trabajo.*
        ——B—— —A—

Se entiende que B *(estar enfermo)* es obstáculo o impedimento para el cumplimiento de A *(trabajar),* es decir, que normalmente, si se da B —si alguien está enfermo— se da no A —no trabajar—:

(2) Si estoy enfermo, no trabajo.

Con la concesiva (1) se dice que B (que normalmente impediría A) no impide el cumplimiento de A, que A *(trabajar)* se cumple a pesar de la presencia de B *(estar enfermo).*

Un contenido similar al que acabamos de explicar se encuentra en otras construcciones (como las mencionadas en R. 31) que, a pesar de no tener la misma forma y las mismas características sintácticas que las estructuras concesivas con AUNQUE, han recibido también el nombre de «oraciones concesivas» precisamente por su valor o significado concesivo —en el sentido expuesto—; son, por lo demás, sustituibles por estructuras con AUNQUE o por estructuras en las que aparezca AUNQUE (AUN A RIESGO DE QUE ≃ 'aunque existe (existió, existirá...) la posibilidad de que', o, sencillamente, 'aunque').

Las construcciones concesivas introducidas por (AUN) A RIESGO DE QUE, ASÍ y POR (MUY) - *adjetivo* - QUE llevan siempre el verbo en subjuntivo. La aparición del indicativo producirá oraciones inaceptables en español [27].

---

[27] No obstante, y en circunstancias mal conocidas, algunos casos de POR (MUY) - *adjetivo* - QUE procedentes de oraciones con un adjetivo que funciona como complemento predicativo del complemento directo, tipo:

(1) poner fáciles los exámenes,
(2) ver a los niños cansados,
(3) volver rica a la gente,

admiten el verbo en indicativo:

(1 bis) Por fáciles que *pongo* los exámenes, siempre tengo que suspender a algún alumno.

Los ejemplos que se ponen a continuación servirán para mostrar la veracidad de lo dicho:

(3) No asistió al trabajo, *aun a riesgo de que* lo *despidieran*.
(4) *Aun a riesgo de que* lo *metieran* en la cárcel, pedía limosna por las calles.
(5) Ha decidido tutear a su jefe, *aun a riesgo de que* le *siente* mal.
(6) Un hecho aislado, *así sea* fundamental, no permite extraer conclusiones.
(7) No se presentará al examen *así* lo *amenaces* con anularle la matrícula.
(8) No confesaba la verdad *así* lo *torturaras*.
(9) *Por muy guapa que* te *parezca*, yo no salgo con ella.
(10) *Por enferma que esté*, siempre querrá dormir con su marido.
(11) *Por muy imbécil que fuera*, no lo suspendían nunca.
(12) *Por muy bueno que* se *muestre*, tú desconfía de él.

La aparición del indicativo en cualquiera de ellos convertiría las secuencias en inaceptables. Para el valor de las formas temporales del subjuntivo, véase R. 70.

R. 32

E.: Construcciones de valor concesivo.

R.: Las estructuras reduplicativas con los dos verbos en subjuntivo tienen un significado concesivo (véase R. 36).

E.V.: Oraciones inaceptables, por regla general.

En otro lugar de este libro (R. 36 y R. 19) se expone que las fórmulas reduplicativas —en las cuales se ofrece una alternativa entre

---

(2 bis) Por cansados que *ve* a los niños siempre quiere jugar con ellos.
(3 bis) La lotería, por rica que *vuelve* a la gente, no es la solución a los problemas sociales contemporáneos,

aunque el subjuntivo sigue siendo mucho más aceptable.

Es ésta una construcción poco frecuente (parece más posible con verbos como *poner* y *volver* que con otros) y no muy segura en lo que a aceptabilidad se refiere. Recomendamos usar subjuntivo en todos los casos: la oración, así, será siempre correcta.

La presencia del indicativo en la mencionada construcción obedece a las mismas razones que se exponen en la explicación de R. 70.

dos hipótesis que de cualquier modo son incapaces de impedir el hecho enunciado en la oración principal— pueden ser de dos tipos:

— disyuntivas: *quieras o no quieras,* ...
— de relativo: *venga quien venga,* ...

y que las primeras equivalen a 'aunque + uno de los miembros' y las segundas, a 'no importa...'; es decir, poseen un significado muy próximo a lo concesivo:

(1) Estés cerca o estés lejos, me molestas (= 'aunque estés lejos, ...').
(2) Estés donde estés, me molestas (= 'no importa dónde estés, ...'; 'aunque estés lejos...').

El verbo, en cualquier caso, está en subjuntivo.

R. 33

E.: Oraciones con OJALÁ (QUE).

R.: El verbo va siempre en subjuntivo. El uso de las formas temporales depende del grado de posibilidad de realización de los deseos. Así:

- Deseos de realización posible:
  - en el presente o en el futuro: forma de presente;
  - en el pasado: forma de perfecto o de imperfecto.

- Deseos de realización muy difícil o imposible:
  - en el presente o en el futuro: forma de imperfecto;
  - en el pasado: forma de pluscuamperfecto.

- Deseos no realizados:
  - en el presente: forma de imperfecto;
  - en el pasado: forma de pluscuamperfecto.

E.V.: Oraciones inaceptables si se usa indicativo. Oraciones de significado diferente (o, si el contexto no lo tolera, inaceptables) cuando no se respeta el valor de las formas temporales.

---

* Como ya hemos apuntado en la *Introducción*, en esta sección se incluyen aquellas estructuras cuyo subjuntivo se justifica por causas ajenas a la propia subordinación.

Como es sabido, con OJALÁ (QUE) expresamos un deseo de forma más o menos exclamativa. El verbo que lo acompaña está obligatoriamente en subjuntivo; en este sentido, la partícula en cuestión plantea pocos problemas. Éstos, en cambio, pueden aparecer a la hora de seleccionar la forma concreta del subjuntivo en cada caso: Se deben seguir las normas dadas en R. 33, que ejemplificamos así:

A) El hablante concibe que es posible que su deseo se cumpla:

(1) Ojalá nos *estén* esperando (presente).
(2) Ojalá Pedro *gane* las próximas elecciones (futuro).
(3) Ojalá le *hayan tocado* las quinielas esta semana («pasado») [28].
(4) Ojalá le *tocaran* las quinielas la semana pasada (pasado).

B) El hablante piensa que es difícil o imposible que su deseo se realice:

(5) Ojalá nos *estuvieran* esperando ahora mismo, pero seguro que se han marchado (presente).
(6) Ojalá Pedro *ganara* las próximas elecciones, pero lo tiene feo (futuro).
(7) Ojalá le *hubieran tocado* esta semana las quinielas, porque ¡con cinco hijos que tiene! («pasado»).
(8) Ojalá le *hubieran tocado* la semana pasada las quinielas, porque ¡con cinco hijos que tiene! (pasado) [29].

C) El hablante sabe que su deseo no se realizó en el pasado o no se está realizando en el presente:

(9) Pedro no ganó las elecciones pasadas, pero ojalá las *hubiera ganado:* otro gallo cantaría ahora.
(10) Ojalá le *hubieran tocado* las quinielas la semana pasada, pero, como siempre, no le han tocado.
(11) Andrés no está ahora mismo aquí, pero ojalá *estuviera.*
(12) Algunos africanos pasan hambre: ¡ojalá no la *pasaran*!

---

[28] Como es sabido, el pretérito perfecto no es en realidad una forma verbal del pasado; antes bien, gira en la órbita del presente y está íntimamente ligado a este tiempo. De ahí que hayamos dicho «pasado» entre comillas.

[29] Con este valor, el pluscuamperfecto —si bien teóricamente posible— no es muy usado o exige contextos muy especiales y específicos. (Véanse, además, R. 2, R. 29, R. 68 y R. 70.)

R. 34

E.: Oraciones desiderativas con QUIÉN.

R.: Con QUIÉN y el verbo en subjuntivo (sólo imperfecto o pluscuamperfecto) se expresa en español un deseo de forma exclamativa. Este deseo está normalmente referido a la primera persona, al hablante, y es siempre de realización muy difícil o imposible, o claramente no realizado:

— en el presente o en el futuro: forma de imperfecto;
— en el pasado: forma de pluscuamperfecto.

E.V.: Normalmente, oraciones inaceptables.

Como se ve, las formas de imperfecto y de pluscuamperfecto de subjuntivo con QUIÉN tienen los mismos valores que hemos visto en R. 33 con OJALÁ. Se notará que QUIÉN no tolera ni presente ni perfecto de subjuntivo, a diferencia de OJALÁ, y que con esa partícula el hablante se refiere a deseos propios y personales, no ajenos.

(1) ¡Quién estuviera en tu lugar! (≃ ¡Ojalá *yo* estuviera en tu lugar!).
(2) ¡Quién fuera ella! (≃ ¡Ojalá *yo* fuera ella!).
(3) ¡Quién hubiera podido comerse aquella chuleta! (≃ ¡Ojalá *yo* hubiera podido comerme aquella chuleta!).

Otros ejemplos:

(4) ¡Quién *estuviera* en las Bahamas ahora mismo! (presente imposible).
(5) ¡Quién *fuera* rico! (presente o futuro).
(6) ¡Quién lo *hubiera comprado* entonces! (pasado y no realizado).

A veces, el uso del indicativo con QUIÉN en estructura exclamativa no produce una secuencia inaceptable, sino simplemente un cambio de significado. Compruébese lo dicho con (7) y (8):

(7) ¡Quién *supiera* escribir! ≠ ¡Quién *sabía* escribir!
(8) ¡Quién *hablara* así! ≠ ¡Quién *habló* así!

R. 35

E.: Oraciones exclamativas con NI QUE.

> **R.:**   NI QUE puede aparecer en estructuras exclamativas se-
> guido de imperfecto (o, en menor medida, pluscuamper-
> fecto) de subjuntivo para expresar una condición —del
> tipo COMO SI— o una concesión.
>
> **E.V.:**   Oraciones inaceptables.

La estructura en cuestión aparece especialmente como réplica a
una intervención anterior (sea del interlocutor, sea del propio hablante). De dicha estructura siempre se ha de sacar una conclusión negativa, esto es, lo que se dice en ella no es verdad, no se cumple y lo que
se podría deducir de su cumplimiento tampoco surte efecto; de ahí
que el contenido de la intervención anterior quede sin sentido (valorado como algo absurdo o improcedente en ese momento).

Se trata, en realidad, de una frase —más frecuente con los verbos
ser, estar o *tener* que con otros verbos— en la que falta algo, de una
frase elíptica, cuyo sentido de condición o de concesión (frecuentemente mezclados) está implicado por el contexto, de donde hay que
extraerlo.

Veamos estos ejemplos:

(1)   —Este individuo se pasa el día dándonos órdenes.
         —¡Ni que fuera el jefe!

(2)   —Dice que les des todo su dinero.
         —Sí, hombre, ¡ni que yo estuviera loco!

(3)   —Mi hermano quiere que le preste ciento veinte mil pesetas. ¡Ni que yo
         fuera rico!

Los casos (1) y (2) son de réplica a una intervención del interlocutor; (3) lo es a una intervención del propio hablante. Todos son una
especie de comentario personal negativo sobre lo que el propio hablante o su interlocutor han dicho.

En (1) percibimos un sentido condicional: «Actúa (se porta, pro-
cede) como si fuera el jefe, pero no lo es; por consiguiente no puede
actuar de esa manera (dándonos órdenes).» Lo mismo sucedería
en (3): «Quiere que yo actúe como si fuera rico, pero no lo soy, y por
lo tanto no voy a actuar así (prestándole el dinero).»

En (2) es dable encontrar cierto matiz concesivo (aunque no está
ausente el valor condicional): «Yo no le daría todo mi dinero ni siquiera aunque estuviera loco, y además no lo estoy.»

En todo caso, es posible usar COMO SI exclamativo en lugar de NI QUE con sólo un leve cambio de sentido (véase R. 30). Naturalmente, hay casos de NI QUE construido con indicativo. (4) sería un ejemplo de ello:

(4) Se fue por las ramas: No dijo *ni que tenías* razón *ni que* no la *tenías*.

Pero es obvio que estas estructuras están muy lejos de la que aquí estamos comentando y que las posibilidades de confusión de una con otra son nulas. Por eso hemos establecido que el efecto de la violación de R. 35 es una oración inaceptable en español y hemos incluido estos casos de NI QUE + *subjuntivo* en la primera parte de este libro.

R. 36

E.:   Estructuras de reduplicación:

a) disyuntivas: Tipo *«quieras o no quieras»;*
b) de relativo: Tipo *«venga quien venga».*

R.:   Estas fórmulas reduplicativas tienen valor concesivo y se construyen con las dos formas verbales en subjuntivo. Véanse R. 19 y R. 32.

E.V.: Oraciones inaceptables por regla general. En los raros casos en que el contexto lo permita, oraciones de significado diferente.

Estas estructuras idiomáticas reduplicativas pueden ser de dos tipos:

A) Disyuntivas: Éstas siguen las fórmulas ...*o*...; *que*... *(o) que*...; *que*...*o*...; *ya*...*ya*...; *bien*...*bien*...; *ni que*...*ni que*...; etc., y tienen la particularidad de que el segundo verbo —cuando es idéntico al primero— puede omitirse.

Su valor oscila entre lo concesivo ($\simeq$ '*aunque* + uno de los miembros'; '*ni siquiera aunque* + segundo miembro afirmativo' en el caso de *ni que*) y lo semicondicional ($\simeq$ '*tanto si* - indicativo *como si* - indicativo'), tal y como se puede comprobar en estos ejemplos:

(1) Que quieras que no quieras, el catedrático siempre tiene la razón.

(2) Usemos indicativo o (usemos) subjuntivo, no pasa nada.
(3) Ya nos acompañes ya te quedes en casa, nosotros pensamos ir al campo.
(4) La echó de casa, bien fuera por la vía legal bien (fuera) por la fuerza.
(5) Lo crea usted o no (lo crea), lo que le digo es verdad.
(6) El niño se tomará los medicamentos, le guste o no (le guste).
(7) Que vayas o que no vayas, piensa cobrarte la entrada.
(8) Esta suciedad no sale ni que le des con jabón ni que le des con lejía.
(9) No está contenta contigo, ni que le cantes ni que le bailes.

El caso (7), por ejemplo, equivale a «aunque no vayas...» o a «tanto si vas como si no vas...».

B) Oraciones de relativo: La fórmula es:

$$V_1 \text{ en subjuntivo} \left\{ \begin{array}{l} \text{pronombre relativo} \\ \text{adverbio relativo} \end{array} \right\} V_2 \text{ en subjuntivo}$$

Los dos verbos son ahora necesarios en todos los casos y presentan idéntica forma [30]. Su significado concesivo es aproximadamente 'no importa...' (o, con ciertos cambios y reposiciones, 'aunque...'). Veamos algunos ejemplos con sus equivalencias:

(10) Hiciera lo que hiciera, nunca estabas contenta (≃ 'no importa lo que yo hiciera...'; 'aunque yo hiciera cosas maravillosas...').
(11) Quiero ese coche sea como sea (≃ 'no importa cómo sea', 'aunque sea robando...').
(12) Venga quien venga, yo no pienso levantarme de este sillón (≃ 'no importa quién venga...', 'aunque venga el duque de Alba...').
(13) Comiera como comiera, su madre siempre le reñía (≃ 'no importa cómo...', 'aunque comiera bien...').
(14) Estés donde estés, te maldigo (≃ 'no importa dónde estés...', 'aunque estés lejos...').
(15) Hayas fumado cuando hayas fumado, siempre nos has molestado (≃ 'no importa cuándo hayas fumado...', 'aunque hayas fumado hace mucho o poco tiempo...').
(16) Adoptes al que adoptes, ninguno te lo agradecerá (≃ 'no importa al que adoptes...', 'aunque adoptes a uno bueno...').

También aquí es posible percibir el sentido semicondicional de que hablábamos antes; por ejemplo, para (10) tendríamos esta glosa:

---

[30] Excepción hecha de *sea quien fuere, venga quien viniere,* etc., de carácter obsoleto.

«tanto si hacía una cosa como si hacía otra...»; y para (11), «tanto si es de una manera como si es de otra manera...»; etc. Ambos tipos son, pues, equivalentes en su significado concesivo o semicondicional:

(17) Cantes como cantes. - Cantes bien o cantes mal. - No importa cómo cantes. - Aunque cantes bien. - Tanto si cantas bien como si cantas mal, jamás te contratarán.

Conviene no confundir las fórmulas estudiadas en esta R. 36 con otras —también reduplicativas— que indican la insistencia, a veces molesta, en una misma acción y que se construyen siempre con indicativo:

(18) Estás todo el día *juega que te juega*.
(19) Se pasa el día entero *come que te come*.

R. 37

E.: Oraciones independientes con QUE.

R.: QUE + *subjuntivo* de los verbos *saber, recordar* o *ver* constituye una expresión correctiva o restrictiva de algo que acabamos de decir o que se va a decir inmediatamente a continuación.

QUE + *digamos / dijéramos* puede constituir una atenuación o una ponderación de lo dicho en una estructura negada que, por regla general, precede a QUE.

E.V.: Normalmente, oraciones inaceptables.

Con el subjuntivo de *saber, recordar* y *ver* precedido de QUE, matizamos, es decir, restringimos el alcance de lo que decimos; privamos a nuestras afirmaciones de carácter objetivo y les damos un tinte subjetivo y personal (opinión). Es como si las estructuras que estudiamos estuvieran precedidas de las expresiones correctivas «*al menos que* + subjuntivo», «*por lo menos que* + subjuntivo» —que se omitirían precisamente con estos tres verbos, pero no con los demás— o de «*en la medida en que* + indicativo».

He aquí algunos casos:

(1) Que tú vieras, ¿cuántos niños recibieron juguetes?
(2) Nunca he leído esa novela, que yo recuerde.
(3) Que sepamos, todos los alumnos se han portado bien.
(4) Es la única mujer que ha tenido, que yo sepa.
(5) No había recibido, que él supiera, ningún soborno de las multinacionales.
(6) Que usted recuerde, ¿dónde conoció al reo?
(7) No demuestra el más mínimo interés, que yo vea.

Con *que digamos* y más raramente *que dijéramos,* tras una oración negada, se denota una atenuación —casos (8) y (9)— o una ponderación —casos (10) y (11)— (en este caso la oración negada es exclamativa) de lo expresado en dicha oración:

(8) No ha bebido mucho que digamos.
(9) No se presentó mucha gente que dijéramos.
(10) ¡Y no es tonto que digamos!
(11) ¡No presume que digamos!

Los casos de atenuación equivalen más o menos a «*no podemos afirmar que* + subjuntivo»; los de ponderación, a la afirmación de «*muy* + adjetivo» o «verbo + *mucho*».

2

EL SUBJUNTIVO ALTERNA CON EL INDICATIVO

ORACIONES SUSTANTIVAS

R. 38

E.: V_1 - QUE - V_2.

R.:   Los verbos 1 de percepción física o mental, cuando van en forma afirmativa piden indicativo en el V_2. Sólo una lista muy limitada de ellos (*parecer, admitir, conceder, aceptar, suponer, sospechar, imaginar, creer...*) admiten el subjuntivo junto al indicativo.

E.V.:   El empleo del subjuntivo produce, en la mayoría de los casos, resultados inaceptables. En los verbos que lo admiten, la aparición de uno u otro modo da lugar a alteraciones del significado más o menos ostensibles según los verbos.

Verbos de percepción física son, lógicamente, *ver, oír, percibir, notar, mirar,* es decir, aquellos en los que se significa que algo entra por los sentidos. Entre los de percepción mental se incluyen los que indican conocimiento (*saber, recordar, averiguar, darse cuenta de, prever...*), concepción de realidades más o menos ficticias o supuestas (*soñar, imaginar, suponer...*), afirmaciones atenuadas, es decir, presentación de hechos no como realidades absolutas, sino como verdades que lo son en opinión del sujeto (*creer, opinar, pensar, parecer, sospechar...*), y en general toda actividad mental no volitiva. De acuerdo con ello, todos los ejemplos siguientes caen en el ámbito de la regla:

(1)   Veo que hay mucha gente en la calle.
(2)   Sé que el muchacho es feo.
(3)   Creo que hay poca luz.
(4)   Parece que no $\left\{ \begin{array}{l} \text{ha} \\ \text{haya} \end{array} \right\}$ cobrado.

(5)   Creo que no $\cdot\left\{\begin{array}{l} \text{ha} \\ \text{haya} \end{array}\right\}$ cobrado.

Es preciso advertir que, como veremos después con más detalle, un verbo de «percepción física» con frecuencia expresa «actividad mental», un verbo de «ficción» (como *imaginar)*, «afirmación atenuada», etc. Es decir, hay trasvases constantes entre los apartados esbozados más arriba, lo cual no es ajeno a la aparición de uno u otro modo en el V_2.

En concreto, los verbos enumerados en la regla como tolerantes del subjuntivo en el verbo 2 lo admiten sobre todo cuando conllevan la referencia a un marco ficticio o supuesto, es decir, cuando se acercan al sentido literal de *imaginar,* y mucho menos cuando suponen afirmación atenuada y se emparentan, por tanto, con *creer*. De hecho este verbo, cuya principal misión es precisamente ésa, hacer afirmaciones atenuadas, es, de los citados, el que menos veces aparece con subjuntivo, y los casos que se registran no son aceptados por todos los hablantes. Las siguientes frases ejemplifican lo dicho:

(6)   *Imagina* que *haya* venido. ¿Qué harás?
       (Pido una suposición o hipótesis: subjuntivo totalmente natural.)

(7)   *Supongamos* que *diga* que no.
       (Ídem.)

(8)   Bien, *admito* que no los *hayan dejado* entrar. Eso no querría decir que hemos fracasado.
       ($\simeq$ estoy dispuesto a considerar la hipótesis de que no los hayan dejado entrar: subjuntivo muy aceptable).

(9)   *Parece* que *hubiera llovido*.
       ($\simeq$ parece como si hubiera llovido: subjuntivo normal [31]).

En los ejemplos (10) a (14) *creer, imaginar, suponer, sospechar, parecer* vienen a significar 'creer', es decir, 'en mi opinión, es verdad que' (afirmación atenuada), y en ellos el subjuntivo les «suena» mal o no les «suena» del todo bien a muchos hablantes:

(10) ?   Creo que tenga carta hoy.
(11) ?   Imagino que tenga carta hoy.

----

[31] Para la expresión de la hipótesis como uno de los significados de *parecer* cfr. L. Carlsson, «Sur l'usage des modes après *(me) parece que* en castillan et *(em) sembla que* en catalán», *Studia Neophilologica*, 42, 1970, pp. 410, 420.

(12) ? Supongo que tenga carta hoy.
(13) ? Sospecho que tenga carta hoy.
(14) ?? Me parece que venga mañana.
(Secuencia prácticamente inaceptable con el sentido que ahora nos interesa. Nótese de paso que el empleo de *parecer* con el pronombre personal de dativo (*me, te, le,* etc.) suele llevar al significado 'creer' que estamos comentando y, en consecuencia, restringe muchísimo el uso del subjuntivo [32].)

A modo de resumen, y como consejo práctico, aquellas personas que no dominan el español harían bien en utilizar siempre el indicativo con este tipo de verbos cuando van en forma afirmativa.

R. 39

E.: V_1 -QUE- V_2.

R.:   Los verbos de comunicación cuando actúan como V_1 y van en forma afirmativa, llevan indicativo en el V_2.

E.V.: El uso del subjuntivo convierte al V_1 en un verbo de influencia y, por tanto, a la oración del V_2 en una orden más o menos atenuada (ver R. 11 y R. 45). Si el contexto no permite tal interpretación, la secuencia es inaceptable.

Llamamos verbos de *comunicación* a aquellos que hacen referencia a la transmisión de un mensaje con diversos matices o por diversos canales. Su prototipo es *decir,* verbo que está presente de alguna manera en el contenido significativo de todos los verbos del grupo: *escribir, telefonear, comunicar, contar, referir, confesar, gritar, afirmar, murmurar, explicar, manifestar, contestar, revelar, sostener, jurar...* Incluso verbos en apariencia menos relacionados con éstos como *fingir* o *significar* parecen pertenecer al mismo grupo.
En cuanto a lo indicado en «Efectos de la Violación», nótese la diferencia entre *a* y *b* de abajo:

---

[32] Ver estadísticas en Carlsson, *art. cit.,* pág. 407, y también C. Lleó, *Some Optional Rules in Spanish Complementation,* Tübingen, Niemeyer, 1979, pág. 4, n. 1. Véase la misma obra, pág. 26, para la inaceptabilidad de alguna de las oraciones de arriba.

(1) a. Le dijo que saldría (= le dijo: «saldrás»).
     b. Le dijo que saliera (= le dijo: «¡sal!»).

(2) a. Le gritó que siempre lo hacía (= le gritó: «siempre lo haces»).
     b. Le gritó que siempre lo hiciera (= le gritó: «hazlo siempre»).

(3) a. Le contestaré que no lo verá (= le contestaré: «no lo verás»).
     b. Le contestaré que no lo vea (= le contestaré: «no lo veas»).

Y compruébese cómo (4)-(6), en que la subordinada no se puede interpretar como una orden, son inaceptables por ir en subjuntivo su verbo 2:

(4) * Le dije que yo no cantara.
(5) * Le comuniqué que hubiera llovido mucho.
(6) * Prometieron que los exámenes fueran fáciles.

R. 40

E.: V_1 -QUE- V_2.

R.:   Cuando los verbos 1 de percepción física o mental van en forma negativa permiten la alternancia indicativo-subjuntivo en el V_2, pero con una delimitación de funciones: lo propio del indicativo es aportar al oyente una carga informativa, un cierto compromiso del hablante con la verdad de la subordinada. Con el subjuntivo, en cambio, el hablante no se compromete sobre el valor veritativo de la subordinada, no da a entender si es cierta o no.

E.V.: El intercambio de modos produce en general un cambio en el significado. Si esto no es posible en virtud de las circunstancias del contexto, resultan secuencias inaceptables.

En relación con la regla que acabamos de enunciar, compárense entre sí los dos miembros de las siguientes parejas:

(1) a. Juan no vio que venían los aviones.
     b. Juan no vio que vinieran los aviones.

(2) a. Juan no sabía que era fiesta.
     b. Juan no sabía que fuera fiesta.

(3) a. Juan no cree que hay un peligro inminente.
     b. Juan no cree que haya un peligro inminente.

La diferencia que en general se percibe entre *a* y *b* es que con *a* el hablante da a entender al oyente *que venían los aviones*, que *era fiesta* o *que hay un peligro inminente*, pero que *Juan no lo vio, no lo sabía* o *no lo cree*. Con *b*, en cambio, se dice también que *Juan no vio, no sabía o no cree*, pero el hablante no se manifiesta sobre la verdad de lo que sigue, bien porque no sabe si es o no verdad, bien porque su interlocutor ya lo sabe, bien porque no considere necesario manifestarse. Una oración como «me he puesto tapones en los oídos y así no oigo que los profesores están reunidos» se dice con mucha naturalidad en indicativo, porque el que se ha puesto los tapones se está comprometiendo con la verdad del hecho de que los profesores están reunidos y añade que no quiere oírlo.

Si profundizamos un poco más, lo que en el fondo ocurre es que los V_1 están funcionando en *a* y *b* con significados más o menos distintos. Los verbos de percepción física son un claro ejemplo de ello, ya que cuando van con un V_2 en subjuntivo no significan propiamente 'ver', 'oír' o 'notar', sino algún tipo de actividad mental como 'los indicios parecen apuntar en otra dirección', 'no tengo pruebas de eso y en consecuencia lo dudo', actividad en la que la duda parece un componente siempre presente:

(4) Yo no veo que esté resuelto el problema.
     ($\simeq$ 'los indicios parecen apuntar a una no resolución del problema').

(5) Yo no oigo que estén ensayando.
     ($\simeq$ 'no tengo pruebas audibles de que eso está sucediendo, así que lo dudo').

El caso de *creer* también es paradigmático a este respecto, ya que funciona al menos de dos maneras distintas: de acuerdo con una de ellas equivale a un verbo de duda:

(6) Lucas no cree que *existan* los extraterrestres.
     ($\simeq$ Lucas duda de su existencia, Lucas se inclina a creer que no existen),

y funcionando así lleva subjuntivo, como acabamos de ver en el ejemplo. Pero en otros casos *creer* se usa en el sentido de 'adherirse a una determinada proposición', es decir, su significado es el que aparece en expresiones como *creer en Dios* o *creer en su inocencia*. Así ocurre en (7):

(7) Lucas no cree que *existen* los extraterrestres.
     ($\simeq$ Lucas no se adhiere a la proposición de que existen, no cree
     en su existencia).

Desde este punto de vista se explican algunos hechos aparentemente contradictorios con lo formulado en la regla. Por ejemplo, el
que si el V_1 es una orden negativa *(no creas que)* el V_2 admita muy
mal el subjuntivo con la mayoría de los verbos del grupo. Así sucede
al menos con el verbo *creer,* y ello porque cuando a alguien se le dice:

(8) ¡No creas que es bobo!,

lo que se le está diciendo es que *no se adhiera* (significado 2) a la
proposición que sigue. Y así se explica igualmente que *no creo que,
no creemos que* se combinen, en cambio, muy mal con el indicativo,
porque ahora el verbo lo estamos empleando en la inmensa mayoría
de los casos para manifestar una duda:

(9) No creo que sea feliz.
     ($\simeq$ me inclino a pensar que no es feliz).

Cierto que con la primera persona también puede aparecer el indicativo, pero es para *rechazar* de inmediato algo que se ha dicho o
sugerido, es decir, otra vez, para manifestar la *no adhesión* a eso:

(10) Yo no creo que ha leído el Quijote.

Que (10) es un claro *rechazo contextual* [33] queda bien patente en
el hecho de que (10), desligada del contexto, no «suena» demasiado
bien. Pero es perfectamente aceptable en la forma de (11).

(11) Yo no *me* creo que ha leído el Quijote ni en broma,

¿por qué? Porque cuando el pronombre acompaña a *creer* éste se ve
conducido de inmediato hacia el significado de no adherirse.
    Lo dicho hasta ahora puede resumirse así: los verbos de percep-
ción en forma negativa funcionan, por lo que al modo del V_2 se refiere, de acuerdo con la regla que señala que el indicativo es indicio de
compromiso por parte del hablante con la verdad de la subordinada.

---

[33] Lyons llama a este tipo de locuciones en que se rechaza una aseveración en un
contexto *denials* (*Semantics, 2,* Cambridge, CUP, 1977, pág. 771), traducido en la ver-
sión española como *negativas* (*Semántica,* traducción de Ramón Cerdá, Barcelona, Tei-
de, 1980, pág. 703).

La regla, a su vez, parece producto de los dos —o más— significados distintos, pero relacionados entre sí, con que puede funcionar el V_1 [34]. El juego de tales significados permite explicar fácilmente que si

---

[34] En realidad, aunque por razones de claridad expositiva hayamos hablado de dos —o más— significados distintos en el V_1, no creemos que haya que recurrir a postular dos verbos *creer*, dos verbos *pensar*, dos verbos *ver*, etc., como se ha dicho alguna vez. El cambio de sentido que claramente se percibe y que para *creer*, por ejemplo, hemos descrito como 'inclinación hacia el no, duda' vs. 'no adhesión', quizá pueda ser satisfactoriamente explicado recurriendo a la distinción de Hare, adoptada por Lyons (*Semantics, 2*, Cambridge, CUP, 1977, pp. 749 y ss.) entre el *frástico*, el *trópico* y el *néustico* de una locución. Si partimos de tres secuencias como

(1)   Petra sale de aquí.
(2)   ¿Sale Petra de aquí?
(3)   ¡Que salga Petra de aquí!,

el frástico sería el contenido proposicional de cada secuencia, en este caso común a las tres: *Petra salir de aquí;* el trópico vendría a ser uno de los responsables de la modalidad de la secuencia, algo así como *es el caso que* (Petra salir de aquí) para (1) y (2), y *que sea el caso que* (Petra salir de aquí) para (3). Y el néustico el compromiso del hablante con que todo lo anterior *es así* o *es deseable que así sea*. De modo que una paráfrasis, sólo aproximada, naturalmente, de (1)-(3) quizá pudiera ser:

(4)   *Yo suscribo*   *que es el caso que*   *Petra sale de aquí.*
        néustico   trópico   frástico

(5)   *No sé si suscribir*   *que es el caso que*   *Petra sale de aquí.*
        néustico   trópico   frástico

(6)   *Yo suscribo*   *que sea el caso que*   *Petra sale de aquí.*
        néustico   trópico   frástico

Quizá la distinción se entienda un poco mejor si decimos que una pregunta deliberativa («¿Voy al cine o no?») sería equivalente a una pregunta como (2) en cuanto al néustico (el hablante no puede pronunciarse sobre la realidad de la proposición y por eso lo pregunta), pero no en cuanto al trópico, que ahora es el mismo de (3), es decir, el señalado en (6). De modo que una paráfrasis aproximada de «¿Voy al cine o no?» sería «no estoy en condiciones de pronunciarme *(néustico)* sobre si es deseable que suceda *(trópico)* que yo vaya al cine *(frástico)*». Repárese, para terminar con este preámbulo, en que «es posible que ciertos verbos lleven subjuntivo» admite dos interpretaciones:

a.   Existe la posibilidad objetiva de que ciertos verbos lleven subjuntivo. Nada lo impide.
b.   Quizá ciertos verbos lleven subjuntivo. Yo no lo sé.

Pues bien, en *a* la posibilidad recae sobre el trópico, es objetiva, mientras que en *b* recae sobre el néustico, es subjetiva. Y si decimos «quizá exista la posibilidad de que ciertos verbos lleven subjuntivo» hemos introducido la posibilidad tanto en el néustico como en el trópico (cfr. Lyons, *Semantics, 2*, 802 y ss.).
Dicho esto, y volviendo a los verbos que ahora nos ocupan, lo que parece suceder es lo siguiente (y ejemplificamos de nuevo con *creer*): el significado 'duda' de *no creer* está ligado a la negación del néustico, y el significado 'no adhesión' a la negación del trópico. Es decir:

el V_1 va en la forma equivalente al imperativo negativo conduzca al indicativo en el V_2, y si es primera persona del presente de indicativo apenas admita este modo.

A lo largo de toda la explicación hemos ejemplificado con *creer*, pero los demás verbos del grupo funcionan de manera muy parecida. Si no llega a ser idéntica se debe a los diversos matices que el significado de cada uno de ellos aporta. De todas formas, al enfrentarnos con estos verbos hay que tener constantemente presente que manejamos con frecuencia matices difíciles de deslindar o de expresar, y que en torno a un núcleo de casos muy claros hay toda una periferia de usos borrosos del modo en los que los propios hablantes, aun los de la misma zona, no siempre se ponen de acuerdo [35].

Al final de la explicación de la regla siguiente el lector puede encontrar un esquema-resumen del comportamiento del modo en el V_2 cuando depende de un V_1 de percepción o comunicación en forma negativa.

R. 41

E.: V_1 -QUE- V_2.

R.:   Cuando el V_1 es un verbo de comunicación en forma
           negativa, el V_2 se comporta respecto del modo de una

---

(7)   No creo que haya comprado flores ≃ *Yo no suscribo*   *que es el caso*
                                              néustico   trópico
      que ha comprado flores.
           frástico

(8)   No (me) creo que ha comprado flores ≃   *Yo suscribo*   *que NO es el caso*
                                                 néustico   trópico
      que ha comprado flores.
           frástico

La diferencia entre (7) y una pregunta como «¿Ha comprado flores?» radicaría en una matización del néustico: en ninguno de los dos casos el hablante suscribe el contenido proposicional, pero en la pregunta no lo suscribe en absoluto, mientras que en (7) se inclina por suscribir que no es cierto, aunque manteniendo la duda.

[35] Ni siquiera se ponen de acuerdo cuando los hablantes son también lingüistas. C. Lleó, por ej., (ver *Some Optional Rules in Spanish Complementation,* Tübingen, Niemeyer, 1979, pp. 25-27) no coincide con los juicios de gramaticalidad de Rivero ni con los de Klein, ni estos dos últimos autores están de acuerdo entre sí. Por su parte M. E. García y T. Terrell («Is the use of mood in Spanish subject to variable constraints?», en Hagiwara (ed.), *Studies in Romance Linguistics,* Newbury House, Rowley, Massachusetts, 1977, pp. 214-226) dan estadísticas de uso que hablan bien a las claras de la falta de uniformidad entre los hablantes, incluso en casos tenidos habitualmente por bien fijados.

forma muy similar a la determinada por los verbos de percepción (ver R. 40): el indicativo supone un compromiso del hablante con la verdad de la subordinada; con el subjuntivo el hablante no se pronuncia sobre si es verdad o no.

E.V.: El uso cambiado de los modos produce una alteración en el significado de acuerdo con las directrices dadas en la regla, o convierte la subordinada en una orden, consejo, etc. (ver R. 11, R. 39 y R. 45), o, si el contexto no lo permite, origina secuencias inaceptables.

Véase cómo en los ejemplos que siguen

(1) No dijeron que los $\left\{\begin{array}{l}\text{habían seguido}\\\text{hubieran seguido}\end{array}\right\}$

(2) No han comunicado que hoy $\left\{\begin{array}{l}\text{es}\\\text{sea}\end{array}\right\}$ fiesta.

(3) Por lo menos nadie les advirtió que $\left\{\begin{array}{l}\text{estaban}\\\text{estuvieran}\end{array}\right\}$ en zona prohibida.

las variantes en subjuntivo responden muy bien a preguntas como

(4) ¿Siguieron a nuestros agentes?
(5) ¿Se suspenden las clases?
(6) ¿Llegaron a pisar zona prohibida?

y ello porque (1)-(3) vienen a equivaler con subjuntivo a

(7) Creo que no, porque no lo dijeron, pero no lo sé con seguridad.
(8) Creo que no, porque no lo han comunicado, pero no lo sé con seguridad.
(9) Creo que no, porque nadie les advirtió de ello, pero no lo sé con seguridad.

Es decir, que el verdadero núcleo de cada oración es una afirmación, *pero teñida de duda,* ya que el único motivo que tenemos para hacer tal afirmación es que nadie ha dicho (o comunicado, o advertido...) nada en contrario.

Las oraciones (1)-(3) construidas con indicativo podrían, en cambio, aparecer muy bien en contextos como los siguientes:

(10) Serán fusilados, porque no dijeron que los habían seguido.

(11) ¡Vaya faena! No han comunicado que hoy es fiesta y nos han hecho venir.

(12) Nadie les advirtió que estaban en zona prohibida y, sin embargo, van y les ponen una multa.

Ahora el peso de la secuencia no es una afirmación teñida de duda, sino el propio *no decir, no comunicar, no advertir* de un hecho con cuya verdad comulga el hablante. Creemos que lo dicho nos permite suponer que, al menos en los casos más claros de uso de indicativo y subjuntivo, nos encontramos, como en la regla anterior, con un funcionamiento doble: por un lado *no decir* (y ejemplificamos de nuevo con el verbo más representativo) se utiliza como un verbo de duda o, si se quiere, de afirmación con reservas: «no dijo que Ernesto tuviera teléfono» o «no digo que Ernesto esté en casa» no llegan a equivaler, claro está, a «no dijo si tenía teléfono» o «no digo si está en casa»: se inclinan decididamente hacia una afirmación, la afirmación de que no, pero dejan abierta la puerta a la posibilidad contraria. Así usados, este tipo de verbos pide subjuntivo en el V_2. Pero hay un segundo uso, y en él *no decir* y similares vienen a equivaler a 'callarse un hecho', 'no comunicarlo', 'no traducir algo a palabras', y ahora es el indicativo lo más natural. Como ocurría con los verbos de percepción, la forma *no digas que, no digáis que* apela más bien al segundo uso, y por eso pide indicativo en el verbo 2; en cambio *no digo* o *no decimos* apuntan al primero y el subjuntivo es con tales formas lo normal.

Queda por tratar un caso especial que ya vimos también a propósito de los verbos de percepción: cuando la oración encabezada por *no decir* (u otro de los verbos que ahora nos ocupan) es un *rechazo contextual* (ver R. 40), esto es, cuando se ha sugerido o está de alguna forma en el contexto que alguien se ha manifestado en determinado sentido, y queremos negarlo, entonces puede aparecer tanto indicativo como subjuntivo (incluso con la primera persona), si bien parece más frecuente el subjuntivo:

(13)   —¿Por qué dices que mi libro es muy malo?

—No, yo no digo que $\left\{ \begin{array}{l} \text{es} \\ \text{sea} \end{array} \right\}$ malo, sino que es aburrido.

(14)   —Sus manifestaciones en contra del juego de la selección la han perjudicado.

—Un momento: él no dijo que la selección $\left\{ \begin{array}{l} \text{jugaba} \\ \text{jugara} \end{array} \right\}$ mal: sus palabras tenían otro sentido [36].

---

[36] Repárese en que tanto en los verbos de percepción como en los de comunicación el juego de los significados puede explicar la ausencia del subjuntivo en contextos como

Respecto de los efectos de la violación de la regla, véanse (15)-(18):

(15)   Juan no dijo que Pedro leía ese periódico.
       (El hablante se compromete con la verdad de la subordinada,
       salvo que haya *rechazo contextual*.)
(16)   Juan no dijo que Pedro leyera ese periódico.
       (El hablante no se pronuncia sobre la verdad de la subordi-
       nada.)
(17)   Juan no dijo que Pedro leyera el periódico.
       (Juan no ordenó que Pedro leyera el periódico.)
(18)   * No le digas a nadie que Pedro haya leído el periódico.
       (INACEPTABLE.)

Terminamos esta explicación advirtiendo lo mismo que para los
verbos de percepción en la regla anterior: hemos trazado las *líneas
maestras* del funcionamiento del modo en los verbos que dependen de
otro de comunicación en forma negativa, pero no es raro en el habla
de todas las regiones que tales líneas queden difuminadas y que se
produzca la invasión por un modo de campos atribuidos en teoría
al otro.

*Esquema-resumen de la explicación dada para los verbos de per-
cepción y comunicación cuando van en forma negativa.*

1.   Compromiso del hablante con la verdad de la subordinada (V_2)
     (no uso del V_1 como verbo de duda): INDICATIVO.

2.   No compromiso del hablante con la verdad de la subordinada
     (V_2) (uso del V_1 como verbo de duda): SUBJUNTIVO.

---

el siguiente (véase C. Lleó, *Some Optional Rules in Spanish Complementation*, Niemeyer, Tübingen, 1979, pp. 46-49):

—Si Pedro no hubiera $\begin{Bmatrix} \text{creído} \\ \text{dicho} \end{Bmatrix}$ que * tuvieras dinero (SUBJUNTIVO INACEP-
TABLE) no te habría pedido esa suma.

Es evidente que aquí *creer* y *decir* no funcionan como verbos de duda, sino como
verbos descriptivos de los pensamientos o palabras de una persona, es decir, su significado es el 2: aproximadamente, 'adherirse', 'traducir los pensamientos en palabras'.

3. *No creas (no creáis) que, no digas (no digáis) que* (no uso del V_1 como verbo de duda): INDICATIVO.

4. *No creo (creemos) que, no digo (decimos) que* (uso habitual del V_1 como verbo de duda): SUBJUNTIVO.

5. *Rechazo contextual:* INDICATIVO Y SUBJUNTIVO, pese a que, dado el no compromiso del hablante —sobre todo en primera persona—, se esperaría sólo subjuntivo. De todas formas, éste es el modo más frecuente.

R. 42

E.: V_1 -QUE- V_2.

R.:   Con los verbos de percepción y de comunicación, cuando van en forma interrogativa, pueden suceder dos cosas:

   a) El peso de la pregunta tiende a caer sobre el V_2, es decir, se pide información sobre si la subordinada es verdad o no. En este caso hay verbos que sólo admiten el subjuntivo en el V_2, y otros que, con pequeños matices diferenciales, admiten ambos modos.

   b) El peso de la pregunta cae sobre el V_1, esto es, se pide información sobre si es verdad que *dijo, confesó, creyó, advirtió,* etc. En este caso sólo es posible el indicativo.

E.V.: El uso equivocado de los modos produce cambios de significado en la dirección apuntada por la regla o, si el verbo es de comunicación, puede convertir la subordinada en una orden, consejo, etc. (ver R. 11, R. 39, R. 45). Si el contexto no permite las alteraciones de sentido, las oraciones resultarán inaceptables.

A fin de poder entender lo que en la regla se expone, considérense los ejemplos siguientes:

(1)   ¿Crees que haya leído el libro?

(2)   ¿Te parece que vaya a llover?
(3)   ¿Recuerdas que alguna vez haya sucedido lo mismo?
(4)   ¿Averiguaron que hubieran manipulado la información?
(5)   ¿Confesaron que tuvieran armas?
(6)   ¿Han anunciado que el ministro esté enfermo?

En todas ellas el hablante pide una información sobre la subordinada (V_2), aunque no sea la única información que pide, en cuanto que el V_1 también coadyuva al sentido total de la frase. Vistas así las cosas, (1)-(6) vienen a equivaler respectivamente, y de forma aproximada a

(7)   ¿Ha leído el libro? ¿Tú qué crees?
(8)   ¿Lloverá? ¿Qué te parece?
(9)   ¿Ha sucedido lo mismo alguna vez? ¿Tú lo recuerdas?
(10) ¿Habían manipulado la información? ¿Han averiguado algo en ese sentido?
(11) ¿Tenían armas? ¿Han confesado algo al respecto?
(12) ¿Está enfermo el ministro? ¿Han anunciado algo de eso?

Debe notarse, eso sí, que las preguntas contenidas en (1)-(6) no son neutras, sino que en todas parece incluirse más o menos sutilmente algún juicio previo por parte del hablante sobre la respuesta [37]. Para formular preguntas de modo más neutro manteniendo la estructura de un V_2 dependiente de un V_1 se recurre a una interrogativa indirecta con SI (ver R. 49) en los verbos que la admiten [caso de (3), (4), (5), (6)] y a la misma construcción de QUE, pero ahora con indicativo, en los verbos que no la admiten [los de (1) y (2), por ejemplo]:

(13) ¿Crees que han leído el libro?
(14) ¿Te parece que va a llover?
(15) ¿Recuerdas si ha sucedido lo mismo alguna vez?
(16) ¿Averiguaron si habían manipulado la información?
(17) ¿Han confesado si tenían armas?
(18) ¿Han anunciado si el ministro está enfermo?

Tanto en (1)-(6) como en (13)-(18) se puede dar una respuesta que conteste directamente a la subordinada V_2, haciendo caso omiso

---

[37] Es decir, da la impresión de que el hablante tiene la idea de que no han leído el libro, no va a llover, etc., y de pronto ve algún indicio de lo contrario, lo que le obliga a replantearse su opinión y a hacer la pregunta.

del verbo principal (V_1). Es decir, para (2), por ejemplo, (19), y para (3), (20):

(19) ¡Claro que va a llover!
(20) No, nunca ha sucedido nada parecido.

Cosa distinta de lo que venimos exponiendo sucede, sin embargo, con las oraciones que siguen, en que el V_2 va en indicativo:

(21) ¿Creyeron que nos habíamos ido al campo?
(22) ¿Les pareció que estaba bien hacer aquello?
(23) ¿Recuerdas que ya ha sucedido lo mismo alguna vez?
(24) ¿Por fin averiguaron que habían manipulado la información?
(25) ¿Han confesado de una vez que tenían armas?
(26) ¿Han anunciado ya que el ministro está enfermo?

En todas se puede entender (y en algunas es obligatorio entender) no si habíamos ido al campo, si estaba bien aquello, etc., sino si ellos creyeron que habíamos ido, si a ellos les pareció bien hacer aquello, si recuerdas que ya ha sucedido, etc. No es natural contestar a (21), por ejemplo, con (27), ni a (25) con (28):

(27) Sí, sí nos habíamos ido.
(28) Sí, sí tenían armas.

y sí con (29) y (30), respectivamente:

(29) ¡Claro que lo creyeron!
(30) Sí, por fin lo confesaron.

Cuando la interrogativa va en forma negativa, es raro su empleo para preguntar por la subordinada (V_2) y, en consecuencia, el indicativo es lo normal. La pregunta, como era de esperar, va centrada en el V_1, y muchas veces es una simple petición de confirmación de lo que nosotros pensamos:

(31) —¿No le dijiste que la *estábamos* esperando?
       —Sí, sí se lo dije.
(32) —¿No crees que el examen *es* difícil ($\simeq$ el examen es difícil, ¿no crees?).
(33) ¿Pero no decían que la solución *era* cerrar la fábrica? ($\simeq$ la solución era cerrar la fábrica; ¿no decían eso?).

La esporádica presencia del subjuntivo en estas oraciones parece responder a una extrañeza ante la opinión de nuestro interlocutor: no estamos de acuerdo con ella y queremos confirmar que realmente hemos entendido bien:

(34)   ¿(Que) no crees que el examen *sea* difícil?

Es decir, se trata de nuevo del *rechazo contextual* con el que ya nos hemos topado en reglas anteriores (R. 40, R. 41 y también R. 43), y cuya influencia se extiende a las interrogativas afirmativas:

(35)   ¿Acaso dijo el rector que hoy *fuera* fiesta?

Si se formula (35) es, por ejemplo, para comprobar que nuestro interlocutor no se ha olvidado de que el rector no lo dijo, como su conducta o sus palabras acaban de sugerir.

Tampoco debe ser nuevo para nosotros comprobar que en estos casos de *rechazo contextual* el indicativo es tan correcto como el subjuntivo: (34) y (35) no se alteran si cambiamos, respectivamente, *sea* por *es* o *fuera* por *era*.

Creemos que el comportamiento expuesto para los verbos de percepción y comunicación en su forma interrogativa es válido en líneas generales, aunque no descartamos incidentales separaciones de tales líneas maestras, debidas a la idiosincrasia de cada verbo. «¿Imaginas que viniera?», por ejemplo, sigue otras pautas, pero es que esta pregunta, por debajo de lo aparencial, oculta algo así como «¿te imaginás qué sucedería si viniera?». Creemos, además, que tal comportamiento general es fruto del mismo juego de significados que hemos visto en las dos reglas anteriores. Con subjuntivo en el V_2 los verbos principales (V_1) no se niegan ni se preguntan por sí mismos, sino que son instrumentos de la duda vertida sobre la subordinada (V_2). Con indicativo, en cambio, lo típico es negar o interrogar el contenido mismo del V_1, con lo que *creer*, por ejemplo, tal y como sucedía en forma negativa, pasa a significar 'adherirse':

(36)   ¿Creyeron que habíamos ido al campo? ($\simeq$ ¿Se adhirieron a eso?).

Respecto de los efectos de la violación de la regla, véanse las oraciones siguientes:

(37)   ¿Te enteraste de que *hubiera* crisis en Gabón?
(38)   ¿Te enteraste de que *había* crisis en Gabón?
       (Cambio de significado.)

(39) ¿Te recordó que fueras mañana?
      (La subordinada ha pasado a ser una orden o algo similar.)
(40) * ¿Te recordó que hubieras ido ayer?
      (INACEPTABLE.)

Esquema-resumen de tipo práctico sobre el modo del V_2 con V_1 de percepción o comunicación en forma interrogativa.

- Si el verbo 1 no admite la construcción interrogativa con SI (son, por ejemplo, inviables * *¿crees si...?*, * *¿supones si...?)* el indicativo suele ser válido para cualquier contenido que se quiera comunicar. En algunos casos cabe también el subjuntivo, que aporta pequeños matices de significación.
- Si el verbo 1 admite la construcción con SI *(¿sabéis si...?, ¿dijo si...?)* y la frase con QUE es en buena medida equivalente, úsese el subjuntivo.
- Si el verbo 1 puede construirse con QUE y con SI y ambas construcciones resultan notoriamente diferentes, úsese el indicativo.

R. 43

E.: V_1 -QUE- V_2.

R.:   Los verbos de percepción y comunicación que tienen un significado negativo se comportan como si la negación estuviese explícita, es decir, en forma afirmativa se construyen de manera cercana a *no creer, no decir* (R. 40, R. 41) y, por tanto, llevan el V_2 en indicativo o subjuntivo según el hablante se comprometa o no con la verdad de la subordinada (V_2). En forma negativa son proclives al indicativo, pero toleran el subjuntivo con mucha mayor amplitud que, por ejemplo, *creer* y *decir*.

E.V.: Para los casos en que van en forma afirmativa remitimos de nuevo a *no creer, no decir* (R. 40, R. 41). Cuando van en forma negativa el subjuntivo produce a veces secuencias inaceptables, pero en muchos otros casos alterna con el indicativo sin efectos apreciables.

Los verbos más frecuentes y más significativos de este grupo son *poner en duda* y *negar. Dudar*, pese a su parentesco formal con *poner en duda,* no se adapta tan bien a la regla, puesto que en forma afirmativa los ejemplos con indicativo no son abundantes y hay que remitirlos siempre a contextos en que la sustitución por *poner en duda* es perfectamente natural. Otros verbos a los que también les afecta la regla 43, aunque con las variaciones propias de los matices de cada verbo, son *ignorar* ($\simeq$ no saber), *desconfiar* ($\simeq$ no confiar), *olvidarse de* u *olvidar* ($\simeq$ no recordar), quizá *ocultar* ($\simeq$ no manifestar), *callar* ($\simeq$ no decir), y alguno más.

Damos a continuación el desarrollo y ejemplificación de la regla:

1. Forma afirmativa

● SUBJUNTIVO (no compromiso del hablante con la verdad de la subordinada):

(1)   Dudo (pongo en duda) que esa estufa *caliente* la casa.
(2)   Ignoraba que su hijo *hubiera aprobado.*

● INDICATIVO (compromiso del hablante con la verdad de la subordinada):

(3)   Lo que más me fastidia es que duda (pone en duda) que yo *soy* el que manda aquí.
(4)   Nos ocultaron que *estaban* en dificultades.

● SUBJUNTIVO E INDICATIVO (*rechazo contextual:* ver explicación de las reglas 40 y 41):

(5)   Yo lo que niego es que $\left\{ \begin{array}{l} \text{hay} \\ \text{haya} \end{array} \right\}$ brujas.

(6)   No ocultó que $\left\{ \begin{array}{l} \text{era} \\ \text{fuera} \end{array} \right\}$ rico, sino que había recibido una herencia.

2. Forma negativa

● INDICATIVO (el modo más normal):

(7)   No ignorabais que me *gustaba* el vino.
(8)   No se olvidaron de que *era* Navidad.

● INDICATIVO Y SUBJUNTIVO (la alternancia es típica —aunque no exclusiva— de las situaciones de *rechazo contextual;* ver explicación de las reglas 40 y 41 para este concepto):

(9)   No voy a negar que la sardina $\left\{\begin{array}{c} \text{sea} \\ \text{es} \end{array}\right\}$ un pescado barato, pero me gusta.

(10) Nunca he dudado —como tú dices— de que $\left\{\begin{array}{c} \text{es} \\ \text{sea} \end{array}\right\}$ bueno leer el periódico.

Conviene insistir una vez más en que no se olvide el carácter borroso de los límites señalados para ambos modos, así como las diferencias que imponen los significados de cada verbo: varios de ellos (*callar, olvidar,* etc.) llevan aparejada la verdad de su subordinada y son muy proclives por ello al indicativo; *desconfiar* al significado de «verbo de percepción» une un componente afectivo, lo que favorece el subjuntivo, etc.

R. 44

E.: V_1 - QUE - V_2.

R.:   Las expresiones llamadas «impersonales» que indican verdad, certeza o seguridad, cuando funcionan como V_1 y van en forma afirmativa llevan siempre indicativo en el V_2 (ver explicación de R. 11). Cuando van en forma interrogativa o negativa, el V_2 puede ir en ambos modos.

E.V.:   El uso del subjuntivo en forma afirmativa produce secuencias inaceptables. El intercambio de modos en las formas interrogativa y negativa no tiene efectos apreciables.

El objeto de esta regla son expresiones del tipo *es (parece) verdad, es (parece) cierto, es (parece) seguro, es (parece) evidente, es (parece) indudable, es (parece, está) claro, está (parece) probado,* llamadas por muchos manuales «impersonales» [38]. También caen bajo la regla las construcciones que, teniendo un sujeto claramente personal, encierran el mismo significado que caracteriza a las de arriba: *estoy convencido, estamos seguros, veo indudable, considero obvio,* etc.

Ejemplos de lo señalado en la regla son:

---

[38] Ya vimos en la nota 9 de la regla 11 que en español no son gramaticalmente impersonales.

(1)   Resulta evidente que la conferencia no *interesa*.
      (El subjuntivo es INACEPTABLE.)
(2)   Ahora veo claro que no *pensaba* colaborar.
      (Subjuntivo INACEPTABLE.)
(3)   ¿Está probado que $\left\{ \begin{array}{l} \text{ha} \\ \text{haya} \end{array} \right\}$ sido él el culpable?
(4)   No es verdad que el día 8 $\left\{ \begin{array}{l} \text{es} \\ \text{sea} \end{array} \right\}$ fiesta.

Sin que neguemos la posibilidad de que aparezcan ambos modos en la forma negativa —como (4) pone de manifiesto—, a nosotros nos resulta bastante más normal el subjuntivo, y así parece que sucede en nuestra variedad de español.

Naturalmente, la idea de verdad, certeza, seguridad puede expresarse también mediante la negación de una construcción que signifique lo contrario: *no parece falso, no es mentira, no resulta discutible, no hay duda,* etc. El funcionamiento del modo del V_2 en estos casos sigue parecidas pautas, es decir, las expresiones que acabamos de citar, debido a la presencia de *no,* parecen preferir el indicativo (equivalen a *es seguro*), mientras que en forma afirmativa se inclinan hacia el subjuntivo (como *no es seguro*). No obstante, cabe con frecuencia el intercambio de modos:

(5)   Parece dudoso que tenga dieciocho años.
(6)   Es discutible que la medida resulte acertada.
(7)   Es falso que me guste ese vestido.
(8)   Es mentira que me haya tocado la lotería.
(9)   No parece dudoso que tiene dieciocho años.
(10) No es discutible que la medida es acertada.
(11) No es falso que me gusta ese vestido.
(12) No es mentira que me ha tocado la lotería.

Es perfectamente admisible el otro modo en varias de ellas: (7), (8), (9), (10), (11), (12).

R. 45

E.: V_1 -QUE- V_2.

R.:   Hay verbos que, por tener dos —o más— significados
          claramente distintos, pertenecen a dos —o más— de los
          grupos estudiados en las reglas vistas hasta ahora. En
          consecuencia, no es raro que, cuando actúan con uno de
          los significados, lleven siempre subjuntivo en el V_2,

> mientras que con el otro permiten la aparición del indi-
> cativo, de acuerdo con las normas que rijan cada uno de
> los grupos a los que se adscriben.
>
> **E.V.:** El intercambio de modos produce alteraciones en el sig-
> nificado. Si el contexto no las tolera, las secuencias son
> inaceptables.

A. Cuando hemos hablado de los verbos de percepción y comunicación ya hemos aludido a la correlación de cada uno de los modos
con significados —o al menos con usos— diferentes. Recuérdese (ver
R. 38) cómo *admitir,* o *imaginar* o *suponer* aceptan con mucha más
naturalidad el subjuntivo cuando son verbos destinados a delimitar un
marco hipotético («admito —como hipótesis— que haya venido»,
«imaginemos que estuviéramos en una isla desierta») que cuando
equivalen a *creer* en cuanto verbo que sirve para hacer afirmaciones
atenuadas («imagino que vendrá», «suponía que ya estaba en casa»).
De la misma forma, *parecer* es más proclive al subjuntivo con el significado de 'tener apariencia de', sea esta apariencia indicio de algo
posible («parece que vaya a nevar») o claramente irreal («parece que
fuera el amo de la ciudad») [39].

B. Pese a la dualidad de funcionamiento, los verbos que acabamos de citar se mantienen más o menos en la esfera significativa del
grupo al que pertenecen (es decir, siguen siendo «verbos de percepción»), por lo que no son el objeto preferente de esta regla. Con ella,
en efecto, queremos referirnos sobre todo a los verbos que al cambiar
de significado cambian también de grupo. El caso más típico —y el
que cuenta con más ejemplos— es el de los verbos de *comunicación,*
que pueden serlo también de *influencia* [40].

Compárese:

(1) Juan dice que le *escribes* / Juan dice que le *escribas.*

---

[39] Este mismo significado de 'realidad aparente' está contenido en el *decir* que cita
Manteca (*Gramática del subjuntivo,* Madrid, Cátedra, 1981, pág. 57): «se diría que
vayan a daros algo por poneros morenas».
[40] En realidad en este último caso son también de comunicación, pero no comuni-
can una simple aserción, sino una orden (o consejo, o ruego, etc.).

(2) Juan insiste en que le *abre* la puerta / Juan insiste en que le *abra* la puerta.
(3) Le indiqué que *estudiaba* poco / Le indiqué que *estudiara* poco.
(4) Nos repitió que *leíamos* libros peligrosos / Nos repitió que *leyéramos* libros peligrosos.

Algunos verbos más de este tipo —y podrían aducirse otros muchos— son: *avisar, comunicar, contestar, convencer, declarar, defender, empeñarse en, escribir, gritar, hablar, hacer que* ('obligar a, causar': influencia / 'fingir': comunicación), *manifestar, murmurar, objetar, ofrecer, persuadir, pretender, querer decir, recordar, replicar, responder, significar, sostener, telefonear, tratar de* («este libro trata de que hay / haya un país sin guerras»), etc.

C. Otro grupo de verbos afectados por la regla, que también tienen personalidad propia, son aquellos que, expresando un sentimiento o juicio de valor, pueden limitarse a este empleo o funcionar a la vez como verbos de comunicación, esto es, informar al oyente del contenido de la subordinada. En el primer caso llevan subjuntivo o infinitivo (ver R. 11, R. 15); en el segundo, en cambio, indicativo. En la regla 11 ya dimos varios ejemplos de este doble empleo. Por no dejar sin ilustración esta sección, ofrecemos un par de ellos más, con dos de los verbos más característicos:

(5) Les reprocho $\begin{cases} \text{a.} & \text{que no me } \textit{hacen } \text{caso.} \\ \text{b.} & \text{que no me } \textit{hagan } \text{caso.} \end{cases}$

(6) Me quejo $\begin{cases} \text{a.} & \text{de que no me } \textit{hacen } \text{caso.} \\ \text{b.} & \text{de que no me } \textit{hagan } \text{caso.} \end{cases}$

En la construcción *a* (con indicativo) se comunica un hecho y, a la vez, se hace un juicio sobre él o se alude al sentimiento (negativo en estos casos) que suscita; en *b* (con subjuntivo) se habla sólo de ese juicio o sentimiento, como si el hecho en sí se diera ya por conocido [41].

D. Terminaremos citando otros verbos que saltan también entre dos grupos, pero que no deben incluirse entre los ya mencionados:

---

[41] Recuérdese (R. 11, nota 8) con cuánta frecuencia los predicados de sentimiento o juicio de valor son *factivos*.

	SUBJUNTIVO	INDICATIVO
acordar	'llegar al acuerdo de que se haga algo': *influencia*	'llegar al acuerdo de que algo es así': *percepción*
comprender	'ver razonable': *juicio de valor*	'captar el significado de': *percepción*
confiar	ver *esperar*	
decidir	'tomar la decisión de que alguien haga algo': *influencia*	'llegar a la conclusión de que algo es así': *percepción*
entender	ver *comprender*	
esperar	'tener esperanza': *sentimiento*	'creer': *percepción*
estar de acuerdo	ver *acordar*	
¿te *parece* que...?	'¿te parece bien que...?': *juicio de valor*	'¿crees que...?': *percepción*
pensar	'tomar la decisión de que alguien haga algo': *influencia*	'creer': *percepción*
recelar	'tener temor': *sentimiento*	'creer': *percepción*
sentir	'tener un sentimiento': *sentimiento*	'tener una sensación, notar': *percepción*
temer	'tener miedo': *sentimiento*	'creer algo negativo': *percepción*

Un caso dificultoso es el de *acostumbrar(se)*, que parece funcionar ya como verbo de influencia («lo acostumbraron a que se vistiese solo» ≃ «hicieron que adquiriese la costumbre de vestirse solo»), ya como verbo de percepción («se acostumbró a que su madre lo vestía» ≃ «percibía como habitual el hecho de que su madre lo vestía»), si bien permanece dudoso el estatus del verbo en «se acostumbró a que su madre lo vistiese».

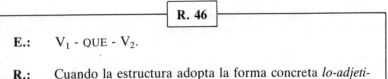

R. 46

E.: V_1 - QUE - V_2.

R.:   Cuando la estructura adopta la forma concreta *lo-adjetivo-ser-que-V_2* («lo malo es que no tengo dinero») o algu-

> na equivalente, se usa indicativo para informar de la ora-
> ción del V_2, y se usa subjuntivo cuando tal información
> no se da, ya porque el hablante piense que no es verdad
> o es posible que no lo sea, ya porque la supone conocida
> de su interlocutor.
>
> **E.V.:** El intercambio de los modos produce alteraciones del
> significado en la dirección que acabamos de señalar.

Para entender lo que en la regla se dice imagínese la siguiente situación: yo soy el empleado de una empresa, y me mandan a cobrar una factura a un cliente que nunca paga y que además tiene muy mal genio. Yo puedo contestar así:

(1)   No me pagará, y lo peor es que además me *llamará* imbécil.

Yo estoy informando a mi jefe de algo que sé que va a ocurrir (o al menos así lo presento): me llamará imbécil. O puedo responder:

(2)   No me pagará, y lo peor es que además me *llame* imbécil.

En esta ocasión no estoy informándole al jefe de que me va a insultar, porque no lo sé. Lo enuncio sólo como una posibilidad.

Imagínese ahora que no me pagó, me insultó y me partió la cara. Mi jefe está comentando conmigo tales barbaridades y me dice:

(3)   Lo malo no fue que no *pagara* y que te *llamara* imbécil, sino que encima te *partiera* la cara.

Mi jefe usa en los tres casos el subjuntivo porque no hay informa-ción, ya que ambos sabemos lo que pasó. Y yo añado:

(4)   Lo peor de todo habría sido que me *hubiera mandado* al hospital.

Sigue sin haber información (sé que no es verdad que me mandara al hospital), así que el subjuntivo es de nuevo lo pertinente.

Como se podrá comprobar comparando (2) con (4), por ejemplo, los tiempos varían según se trate de hechos más o menos posibles o de hipótesis claramente irreales. Las formas de subjuntivo se comportan aquí como en otras varias construcciones: consúltense por ejemplo las de *aunque* en R. 70, las condicionales en R. 29 y R. 68, las de *ojalá* en R. 33, etc. El fundamento de este comportamiento se expone en la nota 1 de R. 2.

Estructuras similares a las vistas en los ejemplos, y objeto, por tanto, de la regla que nos ocupa son aquellas que, sin llevar exactamente un adjetivo o exactamente el verbo *ser*, sí van encabezadas por un determinante (*el, la, lo, mi...*) y suponen una valoración sobre la oración que sigue:

(5) Lo que me indigna es que $\left\{\begin{array}{l}\text{ha}\\\text{haya}\end{array}\right\}$ dicho eso.

(6) La cuestión fundamental es que no $\left\{\begin{array}{l}\text{ha}\\\text{haya}\end{array}\right\}$ pagado los impuestos.

(7) El problema consiste (radica, reside, está) en que no $\left\{\begin{array}{l}\text{hace}\\\text{haga}\end{array}\right\}$ caso de nuestros consejos.

(8) Mi obsesión es que la chica $\left\{\begin{array}{l}\text{se va a casar}\\\text{se case}\end{array}\right\}$ con ese ciclista.

Repárese, por último, en que el comportamiento de la construcción objeto de esta R. 46 es similar al de los verbos que son a la vez de «sentimiento» o «juicio de valor» y de «comunicación», tal como hemos visto en la regla anterior (R. 45).

o O o

R. 47

E.:   Sustantivo [42] - *de* QUE - V.

R.:   A diferencia de lo que ocurre con otros (ver R. 14), hay sustantivos que no conducen automáticamente al subjuntivo en la oración adyacente, sino que admiten ambos modos. Ahora bien, el subjuntivo tiene el mismo valor que en aquellos sustantivos de la regla 14 y que en la regla 46 que acabamos de ver: el hablante, en efecto, usa ese modo cuando *no informa* del contenido de la subordinada. Conviene señalar que salvo ejemplos aislados como *idea* o *pensamiento* [43], los sustantivos ligados a verbos de percepción o comunicación llevan indicativo.

---

[42] De acuerdo con lo indicado en la nota 11 de la regla 14, puede tratarse de un sustantivo propiamente dicho, de un elemento sustantivado (*lo malo*) o de un pronombre (*eso*). Es decir, se trata de un sustantivo *funcional*.

[43] Se trata de sustantivos que en realidad son de percepción sólo relativamente, puesto que, como veremos en la R. 48, no tienen contenido propio: actúan como comodines que resumen la oración siguiente.

> **E.V.:** El cambio de modo conduce a un cambio de significado o, si el contexto no lo permite, a secuencias inaceptables. Con los sustantivos derivados o relacionados con verbos de comunicación y percepción, el subjuntivo produce secuencias inaceptables, a menos que la «comunicación» se transforme en «influencia» (ver R. 11, R. 39, R. 45), o que el sustantivo forme bloque con el V_1 (ver R. 11).

Sirvan las siguientes oraciones como ilustración de la regla:

(1) Yo tengo la ventaja de que. todo el mundo me conoce.
(2) Yo tengo la ventaja de que todo el mundo me conozca.
(3) La idea de que Juan se ha equivocado me preocupa.
(4) La idea de que Juan se haya equivocado me preocupa.

En (1) y en (3) (indicativo) estoy diciéndole a mi interlocutor que algo sucede («todo el mundo me conoce», «Juan se ha equivocado») y que eso es una ventaja o que me preocupa. En (2), en cambio, no informo del hecho (lo doy por supuesto), ni tampoco en (4) (lo doy por supuesto o puede que no haya sucedido).

Dentro de este grupo merece una atención destacada EL HECHO DE QUE, del que con no poca frecuencia se dice que exige subjuntivo, lo cual, por cierto, provoca la perplejidad de quienes defienden que los «hechos reales» (¿y qué más hecho real —se dicen— que el así encabezado?) son el campo ideal de actuación del indicativo. Si bien es verdad que en la mayoría de los casos aparece con subjuntivo, ello se debe a que suele ser el presentador de algo ya conocido [que se recoge para ser juzgado o para describir el efecto emocional que produce: ejemplos (5a) y (6a)], o de algo cuya realización se presenta como eventual o puramente hipotética [ejemplos (5b), (5c) y (6b)]. En cualquier caso, *no para informar* de la subordinada, justamente lo que la regla predice:

(5) a. El hecho de que nadie nos *escriba* [tú y yo sabemos que esto es así] me entristece.
    b. Márchate si quieres. El hecho de que te marches [puede que te marches, puede que no] no me va a hacer cambiar de opinión.
    c. No habría mejorado las cosas el hecho de que te hubieras callado [no te callaste: es una pura hipótesis].

(6) a. Es indignante el hecho de que *haya* que tolerar tantos insultos [como estamos tolerando].

   b. Le preocupaba el hecho de que Luis pudiera enterarse [quizá se enterara, quizá no].

Pero no está vedada la utilización de EL HECHO DE QUE con voluntad informativa y no está vedada, por tanto, la posibilidad del indicativo:

(7) Conviene destacar el hecho de que algunos países no *son* revolucionarios.

No es raro encontrar en los estudios dedicados a esta locución la idea de que la posición influye en el modo, de forma que «en cabecera de frase» el subjuntivo es el adecuado [44]. La observación parece atinada, pero lo que en ella se señala no es sino una consecuencia más del comportamiento arriba descrito. En efecto, la información compartida ya por los interlocutores [45] tiende a colocarse típicamente al principio de la oración.

Cuando EL HECHO DE QUE queda reducido a (EL) QUE, las reglas son idénticas: pruébese a hacer la sustitución en las secuencias (5)-(7) de arriba.

Como ya dijimos al tratar este mismo tipo de estructura en la primera parte (ver R. 14), la regla está concebida para aquellos sustantivos que propiamente no forman un todo con el V_1. Si esto sucede, el sustantivo y el verbo funcionan en bloque como V_1, y llevan indicativo o subjuntivo según la regla que por su contenido haya de aplicárseles. Así, los sustantivos derivados de verbos de percepción o comunicación llevan indicativo, pero si forman bloque con el V_1 y éste aparece negado, admiten subjuntivo, de acuerdo con las reglas 40 y 41:

(8) La noticia de que llegaba el rey sobresaltó a la gente [indicativo: no forma bloque con el V_1].

(9) No asistió a la cena, en la creencia de que se había suspendido [ídem].

(10) No se dio la noticia de que $\left\{ \begin{array}{l} \text{llegaba} \\ \text{llegara} \end{array} \right\}$ el rey [no se dio la noticia $\simeq$ no se comunicó: V_1 de comunicación].

(11) Nunca tuvo la sospecha de que lo $\left\{ \begin{array}{l} \text{había} \\ \text{hubiera} \end{array} \right\}$ engañado [nunca tuvo la sospecha $\simeq$ nunca sospechó: V_1 de percepción].

---

[44] Cfr., por ejemplo, R. Woehr, «Grammar of the Factive Nominal in Spanish», *Language Sciences,* 36, 1975, pp. 13-19; J. Fernández Álvarez, *El Subjuntivo,* Madrid, Edi-6, S. A., pág. 49.

[45] Es decir, *el Tema.*

Cae también dentro del ámbito de aplicación de esta regla todo verbo que depende de las expresiones *eso de que, esto de que, aquello de que*. Puesto que tales expresiones recogen siempre algo ya formulado, que está en el contexto, esperaríamos que apareciera después un verbo en subjuntivo, y eso es, en efecto, lo más natural:

(12)   Eso de que venga no me hace ninguna gracia.
(13)   Eso de que la Universidad tenga relaciones con el Gabón fue idea del Rector.

Ahora bien, el verbo puede ir en indicativo cuando recogemos algo del contexto, pero para rechazarlo o ponerlo en duda (es el mismo *rechazo contextual,* y con el mismo comportamiento respecto al modo, que ya habíamos visto en los verbos de percepción: ver la explicación de R. 40):

(14)   Eso de que Colón era español no lo cree ya nadie.
(15)   Eso de que el amor siempre triunfa sólo ocurre en las películas.
(16)   Eso de que hacemos guardias todos los días es una tontería ($\simeq$ no es verdad que hacemos guardias. Compárese con «eso de que *hagamos* guardias todos los días es una tontería»: aquí juzgo, pero no digo que sea mentira).

Aunque todos los ejemplos aducidos sean casos de *eso,* nos apresuramos a señalar que *esto* y *aquello* funcionan de la misma manera, pero *aquello de que* está especializado en el *rechazo contextual* de algo pasado y, por tanto, en el indicativo, y *esto de que,* por el contrario, en la presentación de algo presente o habitual como consabido y, por ello, en el subjuntivo:

(17)   Aquello de que nos iban a ascender resultó ser un bulo.
(18)   Esto de que haya que estar siempre haciéndole la pelota me pone enfermo.

En cuanto a los efectos de la violación de esta regla 47 que estamos exponiendo, véanse los siguientes ejemplos:

(19)   Buena prueba de lo que te digo es el hecho de que nadie *ha venido* a preguntar nada (informo de que nadie ha venido).
(20)   Buena prueba de lo que te digo es el hecho de que nadie *haya venido* a preguntar nada (ahora no informo: lo doy por supuesto).
(21)   El aviso de que Pedro *abandonaba* el país fue una novedad inesperada (aviso → «comunicación»).

(22)   El aviso de que Pedro *abandonara* el país fue una novedad inesperada (aviso → «influencia»).

(23)   * El aviso de que Pedro *hubiera abandonado* el país fue una novedad inesperada (INACEPTABLE: no cabe la interpretación como sustantivo de influencia y, dado que es un sustantivo de comunicación no englobado en el V_1, debe llevar indicativo en la oración adyacente.)

R. 48

E.:   Sustantivo [46] - *de* QUE - V.

R.:   Como ocurría con esta estructura en la primera parte (ver R. 16), si el sujeto «envuelto» en el sustantivo coincide con el sujeto de una oración con QUE adyacente a él cuyo verbo, de acuerdo con la regla 47, debería ir en subjuntivo, no aparece este modo, sino el infinitivo (naturalmente, con supresión de QUE).

E.V.:   Secuencias en general inaceptables o menos aceptables.

Ejemplos:

(1)   Tengo la ventaja de conocer a todo el mundo.
(INACEPTABLE * *de que yo conozca:* la persona que tiene la ventaja es la que conoce.)

(2)   La satisfacción de poder saludarlo me elevará el ánimo.
(INACEPTABLE o MENOS ACEPTABLE ?? *de que pueda saludarlo:* la persona que goza de la satisfacción es la que puede saludarlo.)

Obsérvese que cuando la oración con DE QUE va en indicativo no sufre obligatoriamente el cambio a infinitivo:

(3)   Tendré la ventaja de que conoceré a todo el mundo.
(4)   La noticia de que he aprobado hay que celebrarla.

---

[46] Véase lo dicho en la nota 11 de la regla 14.

Algunos de los sustantivos objeto de esta regla y de la anterior *(hecho, idea, pensamiento,* los demostrativos neutros *esto, eso, aquello)* no es normal que lleven «envuelto» un sujeto propio [47] y entonces la identidad que conduce al infinitivo es la de los sujetos gramaticales o psicológicos del verbo de la principal y del verbo adyacente al sustantivo. En estos casos, sin embargo, el subjuntivo no parece siempre tan inaceptable:

(5)   El hecho de ser (yo) tan ingenuo *me* entristece
      (parece menos aceptable *el hecho de que yo sea tan ingenuo,* pese
      a la identidad del sujeto gramatical de *ser* y el sujeto psicológico
      de *entristece*).
(6)   Lamentaremos siempre el hecho de haber sido tan ingenuos
      (menos aceptable *de que fuéramos tan ingenuos).*
(7)   Odio la idea de no llevar dinero encima
      (menos aceptable *de que yo no lleve dinero encima).*

o O o

---

[47] Son una especie de comodín conceptual que resume la oración subordinada, pero que se deja atravesar por la fuerza semántica del predicado regente. De hecho, si en la oración (4) de la R. 47 aparece el subjuntivo es porque en realidad estamos ante una subordinada dependiente de un predicado de sentimiento *(me preocupa),* sin que la palabra *idea* añada casi nada por su cuenta, al menos desde el punto de vista semántico. Igual ocurre con *hecho* en las secuencias (5) y (6) de la misma regla, o con *eso* en la (12). En (3), en (7) o en (19), en cambio, lo que hay son subordinadas dependientes de predicados de comunicación o de percepción y por eso van en indicativo. De nuevo la interposición de estas palabras-comodín no parece añadir nada. No debe extrañar, por tanto, que la presencia del infinitivo, como vamos a ver enseguida, venga también condicionada por el verbo principal. Otros sustantivos, en cambio —por ejemplo, la inmensa mayoría de los de comunicación y percepción— no son un simple comodín transparente, un mero intermediario entre el predicado principal y el subordinado y, en consecuencia, aportan su propia carga semántica y su propio «sujeto». Por representarlo gráficamente de forma aproximada:

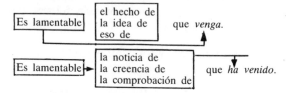

Esta interpretación explica asimismo que *hecho, idea, eso...* puedan suprimirse sin efectos notorios, mientras que la supresión de *noticia, creencia,* etc., produce o puede producir alteraciones de construcción y pérdida de contenido semántico.

R. 49

E.: V_1 - SI / QUÉ / DÓNDE ... - V_2.

R.:   Estas estructuras (llamadas «interrogativas indirectas»)
llevan típicamente indicativo en el V_2, pero las deliberativas se construyen con infinitivo o subjuntivo. Este modo, bien documentado en escritores antiguos y modernos, no es, sin embargo, unánimemente aceptado por todos los hablantes de español.

E.V.: El uso del subjuntivo por el indicativo produce muy a
menudo secuencias inaceptables. El uso del subjuntivo
por el infinitivo no tiene (al menos para aquellos hablantes que aceptan este modo) efectos apreciables. El uso
del indicativo por el infinitivo o el subjuntivo cambia el
sentido de la oración al hacerle perder su contenido deliberativo.

Como es sabido, las oraciones interrogativas indirectas, objeto de
esta regla, van introducidas por SI, QUÉ, CUÁL, QUIÉN, CUÁNTO, DÓN-
DE, CUÁNDO, CÓMO precedidos o no de preposición, y siempre con-
tienen en su seno una estructura interrogativa (aunque la secuencia
no siempre equivalga a una pregunta):

(1)   Dime quién te escribe (¿quién te escribe? Dímelo).
(2)   No sé quién ha dejado la puerta abierta (¿quién la ha dejado? No
lo sé).
(3)   No importa dónde están (¿dónde están? No importa).

Llamamos *interrogativas deliberativas* a aquellas en que el hablante está pensando en cuál conviene que sea la conducta que adopte, es
decir, está deliberando sobre su actuación:

(4)   Necesito enterarme de cuál ha sido el resultado
(no deliberativa: manifiesto mi ignorancia del resultado y mi necesidad de enterarme, pero no estoy deliberando).
(5)   No sé qué hacer
(estoy sopesando los pros y los contras y aún no me he decidido:
deliberativa).

Pues bien, son estas interrogativas deliberativas (que, por cierto,
van típicamente introducidas por *no sé*) las que admiten el subjuntivo
—presente o imperfecto— en alternancia con el infinitivo.

(6) No sé qué te diga (qué te dijera; qué decirte).
(7) No sé si vaya o no (si fuera o no; si ir o no).

Es preciso hacer notar que, como ya hemos visto que es propio de
la alternancia subjuntivo-infinitivo (ver R. 15, R. 16, R. 48), ésta
también ahora se produce cuando el sujeto del V_1 y el del V_2 coinciden, que es cuando la interrogativa tiene un auténtico valor deliberativo.

En cuanto a los efectos de la violación:

• Indicativo por infinitivo o subjuntivo en deliberativa: pérdida del
  sentido deliberativo:

(8) —¿Vas a salir esta noche?
     —No sé qué haré.
     (el hablante se limita a señalar ignorancia respecto de su con-
     ducta futura).
(9) —¿Vas a salir esta noche?
     —No sé qué hacer (qué haga).
     (el hablante está sopesando los pros y contras para tomar una
     decisión).

• Subjuntivo por indicativo:

(10) * Yo sólo pregunto quién haya venido (INACEPTABLE).

Debe fijarse el lector en que no hemos dicho que el uso del
subjuntivo por el indicativo sea *siempre* inaceptable. Diversos autores
citan ejemplos válidos [48]. Pero curiosamente todos esos ejemplos tienen un cierto sabor deliberativo, si no puro, porque el hablante no se
interroga sobre su conducta, sí presente o más o menos insinuado,
porque el hablante da a entender un cierto conflicto interior sobre la
verdad de algo. Compárese:

(11) Dime quién ha venido (pido, sin más, respuesta para algo que
      ignoro).

---

[48] Véanse, por ejemplo, A. Bello, *Gramática de la Lengua Castellana* (edición de
R. Trujillo), Tenerife, Ediciones del Cabildo Insular, 1981, párrafo 1.155; M. Molho,
Sistemática del Verbo Español, Madrid, Gredos, 1975, pp. 417-18; M. M. Ramsey, *A
textbook of Modern Spanish* (revisado por R. K. Spaulding), Holt, New York, 1956,
pág. 474, nota; K. Togeby, *Mode, aspect et temps en espagnol*, Copenhague, Munksgaard, 1953, pág. 17.

(12) No averiguó dónde estaba (manifiesto simplemente que él no salió
       de su ignorancia).

(13) No conviene preguntarse ahora cuál sea el origen de nuestras
       creencias [49] (doy a entender la existencia de varias ideas encon-
       tradas y aconsejo no iniciar el proceso de decantación en favor
       de una de ellas) [50].

-----

[49] Ejemplo de Ortega citado por Togeby, *op. cit.*, pág. 17.

[50] En las estructuras interrogativas subyacentes al tipo de construcción con subjuntivo ejemplificada por (13) parece haber siempre un futuro modal de los que el hablante usa para formularse preguntas a sí mismo o a un interlocutor que él supone que no
tendrá la respuesta: «¿Quién andará en el desván?», «¿Qué estarán haciendo los niños?» El ejemplo de Bello (párr. 1.155) «No se sabe quién haya dado la noticia» viene
a equivaler a «¿quién habrá dado la noticia? No se sabe».
    Al tratar de las interrogativas indirectas con subjuntivo, Molho, *op. cit.*, pág. 418,
habla de «dirimir un debate», Togeby, *op. cit.*, pág. 17, de «dilema» y Bello, *op. cit.*,
párr. 1.155, de «irresolución», palabras todas ellas que aluden al valor deliberativo que
venimos mostrando.
    Es preciso señalar, no obstante, que ejemplos como el de Togeby, pág. 17 (tomado
también de Ortega) «toda nuestra conducta, incluso la intelectual, depende de cuál sea
el sistema de nuestras creencias auténticas» parecen ir por derroteros distintos, ya que
aquí, al menos a primera vista, no se percibe sombra de deliberación y, además, con
frecuencia cabe mal el indicativo:

(1)   —¿Me llevas al cine?
       —Eso depende de cómo te portes (no es posible *portas*).

Como la construcción aparece con verbos como *depender, estar determinado*, etc.,
podría atribuirse el subjuntivo a un valor condicional, pero hay que explicar todavía
por qué con *si* ni aun ahora es posible el subjuntivo:

(2)   * Depende de si Arsenio haya traído el perro o no (INACEPTABLE).

A la vista de ello quizá sea mejor pensar en un comportamiento similar a las construcciones relativas gemelas a cada una de las anteriores. Es decir:

(3)   Depende de *quién* venga = depende del *tipo de persona que* venga.
(4)   Depende de *qué edad* tenga = depende de *la edad que* tenga.
(5)   Depende de *qué coche* traiga = depende *del coche que* traiga.

ORACIONES DE RELATIVO

R. 50

E.: Oraciones de relativo.

R.: El verbo de las oraciones de relativo va en subjuntivo cuando el grupo formado por el antecedente (si aparece expreso) y la oración de relativo es utilizado para realizar menciones inespecíficas. En correspondencia, se emplea el subjuntivo en aquellos casos en que, independientemente de lo que el contexto o situación permitan deducir al respecto, el hablante no se compromete con la existencia de lo mencionado, es decir, no puede o no desea dar a entender explícitamente, con el uso de la construcción relativa, que lo mencionado existe.

E.V.: El cambio de modo supone cambio en el modo de mención. Debe tenerse en cuenta que son muchos los contextos que permiten una sola interpretación de la mención efectuada (específica o inespecífica); en ellos, el indicativo o subjuntivo (respectivamente) están contextualmente determinados, y el empleo indebido del modo produce secuencias inaceptables.
El hablante puede usar el indicativo cuando desea comprometerse en la expresión de que existe algo concreto, aunque resulte inidentificable, que se ajusta a lo expresado con el antecedente y la oración de relativo; escogerá el subjuntivo si quiere o necesita eludir ese compromiso.

A.   Son dos los tipos de construcciones de relativo: el primero de ellos corresponde a las denominadas «especificativas» o «restrictivas» (que son las únicas en que es posible la variación de modo en el verbo de acuerdo con lo especificado en esta R. 50), y el segundo, a las «explicativas» o «no restrictivas».

El esquema estructural de las oraciones de relativo especificativas se ajusta al siguiente modelo simplificado:

$$_O [(A) \; (antecedente) \; _O [\text{RELATIVO B}] \; _O (C)] \; _O$$

donde los corchetes con el subíndice O señalan límites oracionales y los paréntesis elementos en ocasiones ausentes. Véase en los siguientes ejemplos:

(1) He visto a la chica que me presentaste con un perrito.

      A   antec.   rel.   B   C

(2) El libro que leías tan atentamente era de Larra.

    antec. rel.   B   C

(3) Quiero esa corbata que tienen en el escaparate.

    A   antec.   rel.   B

Las oraciones de relativo, pues, se incluyen en otras construcciones oracionales más amplias como elementos dependientes de un grupo nominal [51] (o equivalentes: pronombres, locativos...). Llamamos «antecedente» a dicho grupo. El antecedente y la oración relativa se unen mediante un tipo de nexos especializados denominados tradicionalmente «relativos». Algunos de ellos son de carácter típicamente pronominal (sustantivo o adjetivo) y definido: QUE, QUIEN(ES), EL (LA, LOS, LAS) CUAL(ES), CUYO(A,OS,AS), CUANTO(A,OS,AS); otros son de naturaleza categorial aparentemente distinta y se conocen frecuentemente como «adverbios relativos» (véase R. 51): COMO, DONDE, CUANDO, CUANTO, e incluso SEGÚN. Ilustramos alguno de sus usos con los siguientes ejemplos:

(4) La hierba QUE crece en estos prados se mantiene verde poco tiempo.
(5) Busca a alguien con QUIEN puedas colaborar.
(6) Era un hombre AL CUAL no se le podía exigir demasiado.
(7) Tráeme aquel libro CUYA lectura sea imprescindible.
(8) Éste es el modo COMO yo trato a los groseros.
(9) El lugar DONDE nos veíamos era escondido y apartado.
(10) Vinieron a su mente los tiempos CUANDO era niño.

---

[51] Puede ser predicativo en el caso de las relativas explicativas:

(I) Comieron frugalmente, que es cosa buena para la salud.

(11)   Dame todo CUANTO hayas obtenido con la venta.
(12)   Era la forma SEGÚN yo había visto el problema.

La forma CUYO está en franco retroceso en el español hablado (y quizá también en muchos registros del español escrito). EL CUAL y sus variantes se recomiendan sólo en ciertos contextos sintácticos, y parecen más frecuentes en relativas explicativas. COMO, SEGÚN, CUANDO y CUANTO se usan normalmente sin antecedente (hablamos de ello a continuación).

B.   Obsérvense las siguientes oraciones:

(13)   Deseo que vengan *los que* no se han afeitado hoy.
(14)   No tenían *quien* les ayudase.
(15)   Iremos *donde* nos manden.
(16)   Lo haré *como* pueda.
(17)   Vino *según* estaba vestido.
(18)   Recuerdo *cuando* estábamos en el colegio.
(19)   Habrá bebido *cuanto* le hayan servido.

Podríamos imaginar en (13) un sustantivo elidido (por ejemplo, *hombres)* que, en unión de *los,* formase el antecedente para la oración de relativo que sigue; en este caso, existiría un antecedente parcialmente suprimido. Es posible y razonable, sin embargo, otra interpretación de la secuencia *los que* de (13): en ella, el pronombre *los* sería verdaderamente el antecedente del relativo QUE; son muchas las razones que nos hacen preferir esta visión del asunto.

Las secuencias (14) a (19) permiten pensar que, en ellas, los nexos QUIEN, DONDE, COMO, SEGÚN, CUANDO y CUANTO, engloban o tienen dentro de sí sus antecedentes. En efecto, en dichas secuencias, los citados elementos parecen equivaler a otros grupos con *antecedente + relativo: ninguna persona que* (≃ *quien), el lugar al que* (≃ *donde), de la manera (en) que* (≃ *como, según), la época en que* (≃ *cuando), todo lo que* (≃ *cuanto).* Por tanto, los relativos pueden, en ocasiones, introducir directamente la oración de relativo; de ahí el paréntesis que afecta al antecedente en el esquema estructural que se ofrece al comienzo de la explicación de esta R. 50.

C.   Como ya se ha advertido, la segunda clase de oraciones de relativo es la constituida por las «explicativas» o «no restrictivas». Sucintamente, lo que las distingue de las relativas especificativas o restrictivas es la función que aquéllas desempeñan y, correspondientemente, el tipo de relación que las une al conjunto oracional que las incluye. En cuanto a la función, la de las explicativas es incidental, descriptiva: el antecedente se basta por sí mismo para desarrollar su papel referencial [52] (con mención siempre específica), mientras que la oración de relativo añade material predicativo que califica, caracteriza, etc., lo *ya* señalado. Por todo ello —y aquí atendemos a la segunda diferencia— la unión de antecedente y oración de relativo es mucho menos estrecha que en el caso de las relativas restrictivas, como se prueba en el hecho de que las explicativas pueden suprimirse sin que por ello varíe la aceptabilidad de las secuencias y de que se articulan entre pausas (que se reflejan normalmente en comas en la lengua escrita).

El esquema general de las oraciones que incluyen relativas explicativas es el siguiente:

$$_O [(A) \text{ antecedente } (C)]_O$$
$$\qquad\qquad\quad \uparrow$$
$$_{-O} [\text{relativo } B]_{O^-}$$

donde los guiones y la posición de la oración relativa quieren expresar ese carácter incidental y ese tipo de unión menos íntima que la liga al antecedente.

Evidentemente, dado que en este tipo de construcciones el antecedente sirve para realizar exclusivamente menciones específicas, el verbo de la oración de relativo siempre se emplea en indicativo [excepto en aquellos casos en que otras causas justifican el subjuntivo, como, por ejemplo, sucede en (21); véase también R. 56]:

(20) Los niños, que estaban hambrientos, pasaron al comedor ($\neq$ los niños que estaban hambrientos pasaron al comedor).

(21) Andrés, que *quizá estuviera* enfermo, se quedó en la cama.

D. Volvamos a las oraciones de relativo restrictivas, únicas pertinentes para la aplicación de R. 50. El grupo formado por el antecedente (cuando aparece) y la propia oración relativa tiene como función la de constituir una expresión capaz de servir para mencionar personas, objetos, situaciones, etc. El español puede recurrir a la variación modal para distinguir tipos de mención; compárense (22a) y (22b):

(22) a. Iremos a una ciudad donde *hace* calor.
       b. Iremos a una ciudad donde *haga* calor.

En la primera, el hablante señala *una ciudad concreta* que podría

---

[52] O designativo; como se ha dicho en la nota 51 de esta misma regla, el antecedente de las explicativas puede ser también una expresión predicativa.

haber sido mencionada de otra forma (hablando, por ejemplo, de Sevilla); con (22b), por el contrario, el hablante no usa la expresión *una ciudad donde haga calor* para referirse concreta, específicamente, a una ciudad. Se sirve de esa secuencia para hablar de un lugar que quizá no exista en el entorno del posible viaje (sólo la situación de enunciado permitirá saberlo) y para asegurar que, sea cual sea ese lugar, siempre que se ajuste a lo dicho en la oración de relativo, será visitado por él y otros. El uso del subjuntivo en (22b), por tanto, supone a la vez inespecificidad en la mención y falta de compromiso explícito por parte del hablante con respecto a la existencia de lo señalado.

E.   Obsérvese en (23):

(23)   Andrés conoce *un bar donde hacen tortillas,*

cómo la especificidad en la mención no significa que el hablante sea capaz de identificar lo señalado: el uso del indicativo se fundamenta en el hecho de que, al usar (23), el emisor del mensaje quiere dar a entender que *existe un bar concreto* en que hacen tortillas. Distinto es el caso de (24):

(24)   Decidimos ir a *un bar donde hicieran tortillas.*

El que enuncia (24) habla desde la perspectiva que le permitía el momento de la decisión: en él se desconocía si existía un lugar concreto que se ajustase a lo expresado. De haber utilizado

(25)   Decidimos ir a *un bar donde hacían tortillas,*

el hablante hubiera señalado bien un establecimiento ya específico en el momento de la decisión, bien uno concreto y conocido en el momento de la enunciación (con el cambio de perspectiva consiguiente).

Téngase en cuenta, además, que el empleo del subjuntivo en las oraciones de relativo no implica real y necesariamente que el hablante sea incapaz de identificar lo mencionado inespecíficamente; cuando, por ejemplo, se dice

(26)   No os preocupéis, que iremos a un lugar donde *seamos* bien atendidos,

puede suceder que el hablante tenga en su mente un sitio concreto, pero que no desee o pueda presentarlo como tal: es esto último lo que se deduce del empleo de *un lugar donde seamos bien atendidos*. Por el contrario, el hablante puede usar la secuencia *un lugar donde seremos bien atendidos* [en el contexto de (26)] sin tener en su mente un lugar concreto, específico; si utiliza el indicativo es porque quiere *presentar* específicamente lo señalado, o porque desea dar a entender que tal lugar existe verdaderamente.

F.   Algo similar ocurre en casos como el siguiente; imagínese a un lugareño explicando un itinerario a un viajero de esta forma:

(27)   Coja usted este camino y vaya a la derecha en *el segundo cruce que vea*.

Es seguro que el hablante conoce ese segundo cruce, sabe de su existencia concreta; ello le habría permitido usar la secuencia *el segundo cruce que verá*. El subjuntivo de (27) tiene que ver especialmente con la incertidumbre inherente al futuro [53].

Dicha incertidumbre lleva frecuentemente al hablante a renunciar a presentar lo señalado como algo que exista real, actualmente. El que enuncia (27) no está hablando de un segundo cruce sin más, sino de un segundo cruce que puede encontrarse o no (si bien es cierto que existe ese lugar, no es seguro que el viajero lo encuentre o vea, y tampoco podría excluirse que el cruce hallado por éste fuera distinto del que pretendía indicar el lugareño). Las reservas en torno a lo que sucederá, la eventualidad inherente a lo futuro y la inconcreción referencial que ello implica justifican el uso del subjuntivo (como prevé esta R. 50).

Véase en los ejemplos siguientes cómo las referencias futuras reúnen condiciones que favorecen las menciones inespecíficas y la ausencia de compromiso por parte del hablante con la existencia o realidad de lo señalado:

(28)   a.   Luis dice lo que *quiere*.
          b.   Luis dirá lo que *quiera*.
(29)   a.   He alquilado un coche que *va* muy bien.
          b.   Alquilaré un coche que *vaya* bien.
(30)   a.   La policía detiene a los que *tienen* mal aspecto.
          b.   La policía va a detener a los que *tengan* mal aspecto.
(31)   a.   Estoy leyendo los libros que me *son* útiles.
          b.   Leeré aquellos libros que me *sean* útiles.

---

[53] Futuro absoluto, como en (27), o relativo, como en (I):

(I)   Dijo que fuéramos a la derecha en el segundo cruce que *viéramos*.

La forma verbal subrayada expresa futuro con respecto a un momento pasado.

Una advertencia con respecto a este punto: no es el tiempo del verbo de la oración principal el que rige el modo del verbo de la de relativo, como puede comprobarse en (32a) y (32b), sino el carácter de la mención efectuada:

(32) a. Comprará la camisa que le *gusta*.
      b. Comprará la camisa que le *guste*.

Una de las interpretaciones de *la camisa que le guste* es puramente inespecífica en el presente; otra —la que ahora nos interesa especial-mente— lo es también atendiendo a la referencia futura y, por tanto, incierta, que la forma verbal *guste* puede tener (véase R. 2).

G.   Atendamos ahora a esa interpretación, inespecífica en el pre-sente, de (32b): el hablante presume que, de existir una camisa que le guste al futuro comprador, esa camisa es *una,* y por otra parte, se declara incapaz de identificarla concretamente. Es el hecho de que hablante y oyente presupongan singularidad en lo mencionado lo que obliga a usar el artículo (definido), y es el tipo inespecífico de men-ción lo que obliga a emplear el subjuntivo. Por su parte, es también aquella presuposición compartida de singularidad lo que permite la aparición del artículo en (32a); el indicativo se justifica por la creencia del hablante de que existe una camisa *concreta* que gusta al futuro comprador (aunque el hablante fuera incapaz de identificar exacta-mente la prenda de que se habla).
La especificidad o inespecificidad en la mención, como se ha visto arriba, no dependen de la naturaleza definida o no definida de la expresión nominal que incluye a la oración de relativo, ya que son distintos los principios que rigen unas y otras categorías. Véase de nuevo en ejemplos como los que siguen:

(33) a. Dame *el* libro que *estás leyendo*.
      b. Dame *el* libro que *estés leyendo*.
      c. Dame *un* libro que *estés leyendo*.

[Nótese cómo (33a) y (33b) se usan con la presunción, por parte del hablante, de que, segura o probablemente, respectivamente, la persona solicitada está leyendo *un* libro, y cómo en (33c) tal creencia en la singularidad de lo señalado no existe.]

(34) a. Preguntó al primero que *encontró*.
      b. Habrá preguntado al primero que *haya encontrado*.
(35) a. Alcánzame el plato que *está* más arriba.
      b. Alcánzame el plato que *esté* más arriba.

H.   Merecen una explicación especial aquellos casos en que el antecedente va con artículos (definidos) en plural:

(36)   Me gustan los coches que *demuestran* nervio.
(37)   Los montañeros que *han llegado* a la cima del Eiger han debido superar muchas dificultades.

Utilízase el indicativo en (36) y (37) no porque el hablante sea capaz de identificar todos aquellos objetos o individuos que se corresponden con lo expresado en la oración relativa, sino porque para aquél existe una clase concreta y específica de coches que demuestran nervio y un grupo bien delimitado de personas que han alcanzado la cumbre del Eiger, y es a la clase y grupo, respectivamente, a lo que se hace referencia y no a los vehículos o personas que los integran: una clase y grupo concretos y no cualesquiera, sean cuales sean sus constituyentes. Diferente es el caso de:

(38)   ¿Ha traído ya los coches? Bien, pues tráigame los que mayor potencia *tengan*.
(39)   ¿Ha traído ya los coches? Bien, pues tráigame
$\left\{\begin{array}{l} \text{el que } \textit{tenga} \text{ mayor potencia} \\ \text{uno que } \textit{tenga} \text{ gran potencia} \end{array}\right\}$
(40)   Quiero que busquen a los montañeros que *hayan escalado* el Eiger.

En (38) se menciona sólo a ciertos objetos, particular, pero inespecíficamente, que pertenecen a otro conjunto; objetos que pueden no existir, por otra parte: no se puede deducir de la secuencia *los que mayor potencia tengan* (a diferencia de lo que sucedería con *los que mayor potencia tienen*) que verdaderamente algunos de los vehículos desarrollen más caballos (por ejemplo, y si el contexto no indica lo contrario, puede ocurrir que todos sean idénticos en este sentido).

Que la mención es particular, inespecífica, y que, además, el uso del subjuntivo supone que el hablante no pretende afirmar la existencia de lo señalado con *el que tenga mayor potencia* y *uno que tenga gran potencia* es igualmente evidente en las dos oraciones de (39); distinto sería el caso de haber usado el indicativo en las relativas, como ya se ha visto.

El que enuncia (40) quiere aislar del conjunto de los montañeros a aquellos que hayan podido llegar a la cima de la montaña suiza; el subjuntivo de la oración relativa puede justificarse bien porque el hablante presenta su mención como inespecífica, bien porque no desea o puede comprometerse con la afirmación de que verdaderamente existan tales alpinistas (en el entorno que la situación de enunciación marque). Nada en la secuencia *los montañeros que hayan escalado el*

Eiger (aunque sí en la historia de las hazañas del hombre) presenta lo mencionado como existente (véase el enunciado de esta R. 50). Es esto último lo que diferencia con mayor claridad una oración del tipo de (40) de la correspondiente (41):

(41)   Quiero que busquen a los montañeros que *han escalado* el Eiger.

Cuando emplea (41), el hablante puede tener en su mente las personas concretas que han conseguido superar la prueba: hace referencia entonces a individuos específicos y —es más— conocidos por él. Pero también puede utilizarse (41) cuando se sabe que ciertas personas concretas —aunque sean inidentificables para el emisor del mensaje— se ajustan a la descripción hecha en la oración de relativo. En todo caso, el uso del indicativo hace que —a diferencia de lo que sucedía cuando aparecía el subjuntivo en (40)— la existencia de lo mencionado se presente como algo efectivo.

I.   A fenómenos como los que acabamos de describir y como los que nos ocuparán a continuación responde muy especialmente el último apartado de los «Efectos de la violación» de esta R. 50.

Imaginemos la siguiente situación: cuando el profesor entra en clase encuentra escrito en la pizarra un comentario jocoso hacia su persona; siente en ese momento la necesidad de conocer al ingenio que ha producido el curioso mensaje, y habla usando una de las siguientes oraciones:

(42)   a.   Quiero que venga el que *ha escrito* eso.
       b.   Quiero que venga el que *haya escrito* eso.

Cualquiera de estas secuencias es perfectamente apropiada a la situación y sintácticamente correcta. Ahora bien:

a)   Si el profesor conociera la identidad del escritor y quisiera demostrar su capacidad usaría (42a).
b)   Si el profesor desconociera la identidad del escritor, pero intentara ocultar esa incapacidad, usaría (42a).
c)   Si el profesor desconociera la identidad del escritor, pero quisiera dejar claro que éste está (a su entender) entre sus oyentes, usaría (42a), porque con el indicativo expresaría nítidamente su creencia, su compromiso en la afirmación de que existe un individuo concreto que se ajusta a lo dicho en la oración de relativo.
d)   Si el profesor no sólo desconociera la identidad del escritor, sino que tampoco deseara comprometerse explícitamente ha-

ciendo entender que tiene la seguridad de que el injuriante existe, o mejor, está presente en la situación de enunciado, usaría (42b).

Resumamos: en aquellos casos que responden al esquema de (42a) y (42b), esto es, que incluyen grupos con antecedente y oración de relativo para señalar personas, objetos, etc., que pueden estar identificados o presentarse como identificados —apartados a) y b) de la explicación precedente—, es posible utilizar el indicativo también cuando lo señalado es inespecífico, pero se da como existente de forma explícita —apartado c)—. Por consiguiente, aparece el indicativo como señal activa de que el hablante considera específica la mención o de que el hablante se compromete afirmando que lo señalado existe. Contrariamente, aparece el subjuntivo —apartado d)— cuando el hablante *no desea* (aunque sea capaz) *o no puede* comprometerse en la expresión de que cree específica la mención o que existe lo mencionado. El subjuntivo es el modo neutral (no marcado) que sirve para no informar acerca de las presuposiciones del hablante. Y es ese carácter neutral lo que explica la frecuencia de su uso en esquemas como el ahora analizado: el hecho de que existan escasas restricciones para su utilización —en comparación con el indicativo— le convierte en el modo idóneo en todas aquellas situaciones de enunciación que no requieran mayor precisión referencial.

J. Una última observación en torno a la expresión de la existencia de lo mencionado en construcciones de relativo. Puede parecer contradictorio con respecto a lo que se afirma en esta R. 50 el indicativo de (43):

(43) No existe ese disco de que me *hablas*.

No lo es en realidad: en la secuencia *ese disco de que me hablas* se manifiesta el compromiso del hablante con el hecho de que existe un disco concreto, específico, del que ha hablado el interlocutor; por otra parte, al usar (43) se *afirma* que esa realidad de discurso es ficti-

---

[54] Creemos conveniente dar por terminada esta R. 50 con una rápida revisión de un asunto bien estudiado en la lingüística reciente.

Las expresiones definidas —y los grupos formados por el antecedente (si aparece) y la oración de relativo pueden serlo— tienen dos usos bien diferenciados. En efecto, pueden ser empleadas para referirse o señalar directamente a personas, objetos, etc., y también para describir, sin referencias concretas, personas, objetos, etc. Se habla entonces, respectivamente, de usos *referenciales* y *atributivos* de las expresiones definidas

cia. La negación de existencia es exterior al conjunto formado por antecedente y oración de relativo [54].

[la distinción, ya clásica, es de K. S. Donnellan, «Reference and Definite Descriptions» (1966), recogido en Rosenberg, J. F. y C. Travis, *Readings in the Philosophy of Language,* Englewood Cliffs. Prentice-Hall, 1971]. Ilustraremos lo dicho con un ejemplo.

Imaginemos una fiesta. El anfitrión quiere saludar a uno de sus invitados, que en un rincón de la sala está bebiendo un líquido amarillento y espumoso (presumiblemente cerveza) apoyado indolentemente en una columna; llama entonces al camarero y, señalando al bebedor, dice:

(I)   Por favor, ruéguele al que *está bebiendo* cerveza que venga aquí.

Continúa la fiesta y, de pronto, llega la noticia de que la coca-cola que se ha servido está terriblemente contaminada; alarmado, el anfitrión se acerca al bar. Allí le tranquilizan asegurándole que sólo una persona puede estar tomando coca-cola, pues sólo se ha abierto una botella de ese refresco. Preocupado de todas formas, el anfitrión suplica:

(II)   Por favor, que se acerque el que *está bebiendo* coca-cola.

La expresión *el que está bebiendo cerveza* se emplea referencialmente en el contexto descrito para (I); la utilización que se hace de *el que está bebiendo coca-cola* en la situación detallada para (II) es de tipo atributivo. Y que los dos usos son diferentes entre sí queda probado simplemente si se piensa que el acto de referencia no se invalida en las condiciones de enunciación previstas para (I) si el mencionado, lejos de estar tomando cerveza, estuviera bebiendo champán, vino blanco, etc. Por el contrario, y para la situación de enunciación considerada para (II), es esencial que la bebida sea exactamente la coca-cola. Y es que en el primer caso empleamos la expresión *el que está bebiendo cerveza* como medio de señalar (y cualquier otra podría valer) a una persona identificada y bien conocida para el hablante por otras características; en contraste, cuando utilizamos la expresión *el que está bebiendo coca-cola* en el contexto descrito para (II) estamos dando a entender que existe una persona que puede satisfacer lo dicho e indicamos que queremos mencionarla, sea quien sea el individuo concreto.

Véase cómo la diferencia entre usos referenciales y atributivos no se refleja en el modo del verbo de la oración de relativo cuando se hace explícita, en los últimos, la idea (del hablante) de que existe alguien o algo que se ajusta a lo expresado en dicha oración. Y es cuando el hablante no quiere comprometerse indicando que en su opinión existe ese alguien o algo (sin que ello implique que dé a entender que no existe) cuando es esperable el subjuntivo, de acuerdo con lo que hemos visto en la regla general R. 50:

(III)   Por favor, que se acerque el que *esté bebiendo* coca-cola.

Bien porque no pueda, bien porque no lo considere necesario o conveniente, el que enuncia (III), al usar *el que esté bebiendo coca-cola,* no pretende comprometerse con el hecho de que verdaderamente haya una persona que esté tomando el mencionado refresco.

R. 51

E.:   Oraciones de relativo.

R.:   COMO (comparativo), SEGÚN (comparativo), DONDE,
CUANTO y a veces CUANDO, unidades que, con la excepción de SEGÚN, admiten usos como interrogativos o ex-
clamativos, pueden funcionar como relativos, es decir,
de acuerdo con R. 50, en lo que concierne al modo del
verbo de la oración que introducen.

E.V.: Similares a los descritos para R. 50.

Como ya se ha advertido en la explicación de R. 50, las unidades a
que se refiere R. 51, cuando realizan la función mencionada, han sido
denominadas tradicionalmente «adverbios relativos». Y es el carácter
de relativos que tienen lo que justifica la sujeción, por lo que concierne al modo del verbo de la oración que introducen, a R. 50 (para el
caso especial de CUANDO véanse también R. 57 y R. 58; el funcionamiento de este nexo, distinto a los otros en naturaleza y usos, se ajusta preferentemente a las normas que rigen a las temporales, pero, en
ocasiones, responde a lo esperable de los relativos, y por eso lo incluimos aquí).

Explicábamos en R. 50 cómo es frecuente que este tipo de relativos incluyan en sí el antecedente:

(1) Yo visto como (≃ de la manera que) *quiero.*
(2) Había actuado según (≃ en la forma en que) *decían* las leyes.
(3) Habrán ido donde (≃ al lugar que) ella *haya decidido.*
(4) Come cuanto (≃ todo lo que) *desees.*
(5) Lo haremos cuando (≃ en el momento que) *haya dicho* Juan.

Tanto en estos casos como en aquellos otros en que hay un antecedente explícito, como sucede en

(6) La manera como *aterrizara* era cosa del piloto.
(7) La casa donde *vivíamos* era acogedora, pero pequeña.
(8) He olvidado todo cuanto *estudié.*
(9) No olvidaré aquel tiempo, cuando todo *parecía* de color rosa,

el empleo de indicativo o subjuntivo responde estrictamente a la norma general R. 50: hacen aparecer el subjuntivo las menciones explícitamente inespecíficas y las que no conllevan en su uso el compromiso
del hablante con la realidad o existencia de lo mencionado.

Los nexos de valor relativo —con la excepción de SEGÚN— pueden funcionar como interrogativos; cuando lo hacen, se construyen con verbos en indicativo, ya que su utilización sólo es posible cuando el hablante piensa que existe algo concreto que puede ajustarse a lo expresado en la pregunta:

(10) ¿Qué *quieres* tomar?
(11) ¿A quién *buscas?*
(12) ¿Cuál me *has enviado* tú?
(13) Dime cómo *quieres* el café.
(14) ¿Cómo *has llegado?*
(15) ¿Cuánto *has bebido?*
(16) ¿Cuándo *habrán averiguado* la verdad?

No obstante, hay que recordar que algunas interrogativas indirectas (las deliberativas) admiten el subjuntivo (véase R. 49).

También las secuencias de carácter originalmente temporal introducidas por EN CUANTO y las contraposiciones comparativas construidas con MIENTRAS MÁS (MENOS, etc.) ... MÁS (MENOS, etc.), CUANTO MÁS (MENOS, ANTES, etc.) ... MÁS (MENOS, ANTES, etc.) pueden ajustarse, en lo que concierne al modo del verbo de la oración que el primer nexo encabeza o que se sitúa en el contexto ocupado por los puntos suspensivos (en el caso de las comparativas citadas), a la regla general de las relativas:

(17) a. Iremos a su casa cuando *ha dicho.*
    b. Iremos a su casa cuando *haya dicho.*
(18) a. En cuanto te *descuidas,* te engaña.
    b. En cuanto te *descuides,* te engaña.
(19) a. $\left\{ \begin{matrix} \text{Mientras} \\ \text{Cuanto} \end{matrix} \right\} \left\{ \begin{matrix} \text{más} \\ \text{menos} \end{matrix} \right\}$ hablaba, $\left\{ \begin{matrix} \text{más} \\ \text{menos} \end{matrix} \right\}$ mentía.
    b. $\left\{ \begin{matrix} \text{Mientras} \\ \text{Cuanto} \end{matrix} \right\} \left\{ \begin{matrix} \text{más} \\ \text{menos} \end{matrix} \right\}$ hablara, $\left\{ \begin{matrix} \text{más} \\ \text{menos} \end{matrix} \right\}$ mentía.
(20) Cuanto antes $\left\{ \begin{matrix} \text{empezaba,} \\ \text{empezara,} \end{matrix} \right\}$ antes terminaba.

Con los subjuntivos de (17b), (18b), (19b) y (20) se hacen menciones inespecíficas a momentos del pasado o presente, se presenta lo dicho en las oraciones introducidas por los nexos citados como hechos o situaciones no experimentados e inconcretos, hipotéticos: la secuencia (18b), por ejemplo, equivale en sentido a una construcción condicional ('Si te descuidas te engaña'), mientras que (18a) tiene un valor temporal más claro ('Cuando te descuidas te engaña') que da lo expresado como un hecho.

Como ya hemos advertido, las oraciones del tipo de las de (19) y (20) son incluidas frecuentemente dentro de las comparativas. Para los objetivos de este libro, es indiferente situarlas aquí o en R. 66: véase esta regla y compruébese cómo también en ella explicamos las variaciones modales ateniéndonos a R. 50, norma general de uso de indicativo o subjuntivo en las oraciones de relativo.

R. 52

E.:   Oraciones de relativo.

R.:   Cuando las oraciones de relativo se incluyen en frases que pretenden recoger un saber general, habitual o propio de la experiencia, se construyen con indicativo (frecuentísimamente, con presente), tanto en la oración principal como en la de relativo.

E.V.: El uso de indicativo por subjuntivo en la oración de relativo (con el oportuno cambio, si es necesario, de la forma verbal de la oración principal) transforma levemente el significado global de la secuencia al desdibujarse el carácter habitual, experimentado, de lo que se expresa. Cuando el contexto impide la interpretación no habitual, oraciones ligeramente inaceptables o extrañas.

Esta regla es consecuencia de la norma general R. 50. Por ello, el cambio de indicativo por subjuntivo tiene las consecuencias previstas en ella.

Los usos descritos en R. 52 son particularmente frecuentes con *el que* (y sus variantes) y *quien (quienes):*

(1)   El que mal anda, mal acaba.
(2)   Quien mal anda, mal acaba.
(3)   Dios no ayuda a los que le olvidan.
(4)   Pierde el tiempo la que intenta engañarme.
(5)   En aquel tiempo, el que enfermaba tenía cercana la muerte.

(6)   Quien siembra .

En estas construcciones, *el que, la que* y *quien* están usados como generalizadores, y su valor es aproximadamente el de 'cualquier persona' o 'todas las personas (hombres, mujeres, niños...)'; ese valor permite que los plurales correspondientes sean normalmente sustituidos por las construcciones singulares a que se ha aludido.

R. 52 puede aplicarse sin reservas a otras construcciones relativas:

(7)   Donde va, causa sensación.
(8)   Cuando menos se espera salta la liebre.

Téngase en cuenta que, como reflejos de ese saber general y propio de la experiencia a que se alude en R. 52, las oraciones del tipo de (1), (2), (3), etc., se usan dando a entender explícitamente que existen personas que andan mal, (1) y (2), gente que se olvida de Dios, (3), etc., que son las aludidas en las correspondientes expresiones *el que (quien) mal anda, los que le olvidan,* etc. El cambio de modo en la oración de relativo

(9)   El que mal *ande,* mal acabará.
(10) Dios no ayudará a los que le *olviden.*
(11) En aquel tiempo, el que *enfermase* tenía cercana la muerte,

tiene como consecuencia el dejar de lado el compromiso del hablante con la afirmación de que existe lo mencionado con los antecedentes y oraciones de relativo; ello conduce a presentar lo dicho como algo no necesariamente conocido, habitual o propio de la experiencia (aunque en realidad pueda serlo).

Muy diferentes de las oraciones que rige esta R. 52 son otras en las que aparece necesariamente el subjuntivo en la relativa:

(12) El que *esté* libre de culpa, tire la primera piedra.
(13) Quien *sepa* qué hacer en este momento, que lo diga.

Evidentemente, ni en (12) ni en (13) se reflejan conocimientos generales, habituales o propios de la experiencia. Independientemente de que *el que* o *quien* sirvan para generalizar [en el contexto de (12) no es lógico: sólo uno puede tirar la primera piedra] o señalen singularmente, las secuencias que ahora nos ocupan pueden realizar menciones inespecíficas que no dan a entender que lo mencionado existe. En efecto, (12) y (13) admiten como paráfrasis respectivas a (14) y (15):

(14) Si alguien está libre de culpa...
(15) Si alguien sabe qué hacer...

Por tanto, el subjuntivo de las oraciones de relativo de (12) y (13) aparece de acuerdo con la norma general dada en R. 50.

R. 53

E.:   Oraciones de relativo.

R.:   CUALQUIER(A) y CUALESQUIERA, así como QUIEN(ES)-
QUIERA, DONDEQUIERA (DOQUIER, DO QUIER y DO-
QUIERA) y COMOQUIERA [55], cuando forman parte del
antecedente del relativo *que* (o son el antecedente), suelen preferir subjuntivo en la oración relativa, por su peculiar significación y de acuerdo con R. 50.

E.V.:   Normalmente, el contexto hace imposible la interpretación específica y, por consiguiente, el indicativo produce
secuencias inaceptables. Es posible el indicativo en la
oración relativa en frases que pretenden reflejar hechos
o situaciones experimentados o de valor general (véase
R. 52), aunque incluso en estos casos es más frecuente el
subjuntivo.

El subjuntivo de

(1)   Cualquier cosa que *hagas* será inútil.
(2)   Dijo que le buscaría dondequiera que se *escondiese*.
(3)   Quienquiera que *seas,* declara tus intenciones,

viene justificado por el tipo de mención (inespecífica) realizada. Obsérvese, por otra parte, cómo el conjunto formado por antecedente y
oración de relativo de (1), (2) y (3) es equivalente, respectivamente, a

(4)   Hagas lo que hagas.
(5)   Se escondiese donde se escondiese.
(6)   Seas quien seas.

Esas equivalencias son prueba del claro carácter concesivo o semicondicional que tienen las construcciones del tipo de (1), (2) y (3);
véanse R. 19 y R. 36.

Cuando los elementos enumerados en la regla forman parte de
oraciones (de valor concesivo o de cualquier otro tipo) que pretenden
presentar hechos o situaciones como propios de la experiencia o de

---

[55] Sólo CUALQUIER(A) pertenece a los registros habituales de habla. Algunas gramáticas añaden a la lista que damos en la regla CUANDO QUIERA y CUANTO QUIERA.

valor general, caben tanto indicativo como subjuntivo en la oración
de relativo, si bien parece existir una tendencia más o menos acusada
a usar formas del segundo de los modos:

(7)   No es marxista cualquiera que $\left\{ \begin{array}{l} \text{haya} \\ \text{ha} \end{array} \right\}$ leído a Marx.

(8)   Juan es mal recibido dondequiera que $\left\{ \begin{array}{l} \text{vaya,} \\ \text{va} \end{array} \right\}$.

Por razones a las que ya hemos aludido al explicar la regla general
de uso del modo en las oraciones de relativo (véase R. 50, y también
R. 52), si el verbo de la oración principal va en un tiempo incompati-
ble con la expresión de acciones o situaciones experimentadas o habituales, sólo es normal el subjuntivo en la oración relativa que sigue a
CUALQUIERA, DONDEQUIERA, etc.:

(9)   Sería tonto cualquiera que $\left\{ \begin{array}{l} \text{hubiera} \\ \text{* había} \end{array} \right\}$ dicho eso.

(10) Tendremos problemas dondequiera que $\left\{ \begin{array}{l} \text{estemos} \\ \text{* estaremos} \end{array} \right\}$

(11) Voy a atacar a cualquiera que me lleve la contraria.
(12) Dale limosna a cualquiera que te la pida.
(13) Ten cuidado dondequiera que vayas.

Los condicionales, futuros e imperativos de estas últimas oraciones fuerzan la aparición del subjuntivo, de acuerdo con lo dicho.

R. 54

E.:   Oraciones de relativo.

R.:   Cuando se habla de la *disponibilidad* de un antecedente
sobre el cual o en relación con el cual podamos ejercer
una actividad, la oración de relativo correspondiente va
en infinitivo.

E.V.: El uso de una forma personal produce, según los casos,
secuencias inaceptables o secuencias de significado distinto. Las secuencias inaceptables suelen dejar de serlo si
la forma personal que se utiliza pertenece a un verbo
poder (o de parecido carácter, como *deber*) que estaba
sobrentendido y que se hace explícito.

Las oraciones objeto de esta regla son del tipo siguiente:

(1) Por favor, busca a *alguien* a quien preguntarle.
(2) Aquí no hay (dónde) ir.
(3) No asistieron *chicas* con quienes bailar.
(4) Tendremos de que (de qué) hablar.
(5) Por fin encontramos *compañeros* con quienes subir al monte.
(6) No tenía *mucho* que hacer.
(7) Tendrá *mucho* que contar.
(8) Hay *algo* que añadir.

En todas ellas hay un antecedente, sea explícito [palabra subraya-da en (1), (3), (5)-(8)], sea implícito [frases (2), (4)]. Y en todas ellas se habla de si lo mencionado por el antecedente está o no a disposi-ción de alguien para que realice la actividad indicada en la oración de relativo: así, en (2) se enuncia la ausencia de sitios disponibles para ir, mientras en (5), en cambio, sí contamos con personas susceptibles de acompañarnos en la subida.

Ese contenido de *potencialidad* o *disponibilidad* es el que define la construcción y explica sus principales características. A él se debe, en primer lugar, que no quepa cualquier verbo en la oración principal, sino sólo aquellos compatibles con el contenido básico señalado. *Ma-tar, encender* o *felicitar,* que en modo alguno aluden a la capacidad de disponer de objetos o personas para realizar algo con ellos, difícil-mente rigen tal construcción. Hay, por el contrario, cientos de ejem-plos con *tener, haber, buscar, encontrar,* etc., cuyas posibilidades pa-ra ese tipo de alusión resulta obvia.

La idea central de *disponibilidad para* explica asimismo que en la inmensa mayoría de los casos se sobrentienda en la oración de relati-vo el verbo *poder.* Las pocas ocasiones en que ello no sucede no contradicen lo que venimos diciendo, ya que entonces es posible al-gún otro verbo modal, como *deber,* de cuyo contenido no está ausen-te la idea de «realización potencial». De acuerdo con lo anterior, (1), (2), (5) y (8) pueden parafrasearse, respectivamente, como (9), (10), (11) y (12):

(9) Por favor, busca a alguien a quien podamos (podáis, puedas, po-der, etc.) preguntarle.
(10) Aquí no hay donde poder (podamos, podáis, etc.) ir.
(11) Por fin encontraron compañeros con quienes podrían (podríamos, po-der, etc.) subir al monte.
(12) Hay algo que debo (debemos, etc.) añadir.

Como las paráfrasis anteriores ya sugieren (con su multiplicidad de posibilidades para el verbo de la relativa), el agente que pone en práctica el contenido del infinitivo o coincide con el sujeto de la oración principal o es un agente genérico e indeterminado que, según el contexto, puede reinterpretarse como *él, ella, nosotros, vosotros, tú, ellos,* etc. Es decir, que una buena paráfrasis de (1) sería:

(13)   Por favor, busca a alguien a quien *se pueda* preguntar.

Cabe incluso la posibilidad de que *siempre* se dé la segunda opción, esto es, que la disponibilidad de que habla la construcción resulte *siempre* genérica, y sólo la situación permita —o exija— atribuirla a una de las personas del discurso.

Sea cual sea la verdad, ambos supuestos explican la aparición del infinitivo en lugar de una forma de indicativo o subjuntivo: si se trata *siempre* de un agente genérico, el infinitivo resulta idóneo porque no indica persona; si se trata en ocasiones de coincidencia de sujetos, tal coincidencia conduce con naturalidad al infinitivo, como queda repetidamente puesto de manifiesto a lo largo de este libro: véase, por ejemplo, la R. 21, referida a las oraciones finales, cuyo parentesco con la presente construcción se refleja, sin ir más lejos, en la facilidad con que se encuentran secuencias más o menos equivalentes con PARA:

(14)   Por favor busca a alguien para preguntarle
       [*más o menos equivalente a* (1)].
(15)   Aquí no hay sitios para ir
       [*más o menos equivalente a* (2)].

Debe notarse, por último, que, como las gramáticas suelen afirmar, cuando en este tipo de construcciones el antecedente no está explícito, la oración que incluye el infinitivo está a caballo entre interrogativas y relativas. De ahí el acento entre paréntesis que podríamos poner en *donde* de (2) y en *que* de (4).

Por lo que respecta a los «efectos de la violación» de la regla, véase un ejemplo de cada uno de los citados:

(16)   * No tenemos nada de que hablemos / hablamos.
       (INACEPTABLE.)
(17)   Encontré a alguien, a quien pregunté.
       (CAMBIO DE SENTIDO: ya no se habla de «disponibilidad para preguntar», sino de consumación efectiva de la actividad.)
(18)   No tenemos nada de que podamos hablar.
       [Se trata de (16), pero ahora la forma personal pertenece al verbo *poder,* antes sobrentendido, y la construcción deja de ser inaceptable.]

R. 55

E.:   Oraciones de relativo.

R.:   Se emplean las formas del subjuntivo en comparaciones
con objetos imaginados para cuya descripción se precisa
una oración de relativo.

E.V.:   Pérdida de matices de irrealidad en lo mencionado: el
uso del indicativo hace que el objeto o persona imaginados con el antecedente y la oración de relativo se presenten como objetos específicos y reales.

El tipo de comparaciones a que se alude en la regla sería el siguiente:

(1)   Las aspas del molino eran como manos de gigante que *giraran* al viento.
(2)   Aquellos hombres parecían robles que *hubieran crecido* en el desierto.

El subjuntivo hace que la comparación adquiera un carácter ima-
ginario. De haber usado el indicativo habríamos de pensar, para (1) y
(2), en ciertas manos de gigante que en efecto giraban al viento y en
unos robles que realmente habían brotado en el desierto, respectivamente.
Son especialmente usados en estas construcciones comparativas el
imperfecto y pluscuamperfecto de subjuntivo.

R. 56

E.:.   Oraciones de relativo.

R.:   Se usa el subjuntivo (normalmente en presente), en ciertas frases más o menos hechas cuya forma es la de una
oración relativa explicativa (con antecedente específico),
y cuyo contenido refleja la expresión de un deseo.

E.V.:   Cambio de significado: el uso de indicativo suspende la
expresión del deseo y lleva a una interpretación como
oración de relativo explicativa normal.

Como se advertía en la explicación de la regla general R. 50 (revísese también para aclarar el concepto de *oración relativa explicativa*), no es cierto que el verbo de este tipo de oraciones deba ir siempre en indicativo; aparece el subjuntivo si algo ajeno a la estructura relativa lleva a él [por ejemplo, el *quizá* de (1)]:

(1) El presidente, que quizá *estuviera* asustado, no contestó a sus opositores.

La regla que nos ocupa confirma lo que acabamos de decir; en

(2) Su padre, que en paz *descanse,* ...
(3) Abelardo, a quien Dios *confunda,* ...

la aparición del subjuntivo no tiene nada que ver con la estructura relativa que lo incluye, y sí con la expresión de un deseo (véase R. 74). Obsérvese cómo es la presencia del subjuntivo el único elemento que sirve para conferir ese significado, ya que no existe un verbo encargado de hacerlo.

o O o

ORACIONES ADVERBIALES

R. 57

E.:   Oraciones temporales.

R.:   Llevan subjuntivo las oraciones temporales que se refieren a acciones o situaciones futuras o cuando menos posteriores a un momento del pasado que se toma como punto de referencia temporal.

E.V.: Si en el contexto se incluyen explícita o implícitamente referencias temporales futuras o posteriores al momento tomado como punto de referencia, resultados inaceptables; de no incluirlas, cambio de referencia temporal. SIEMPRE QUE con subjuntivo puede no indicar futuro o posterioridad, pero en ese caso debe interpretarse como nexo condicional (véase R. 29). Algunos nexos temporales (CUANDO, EN CUANTO, etc.) funcionan todavía en parte como relativos y, por tanto, pueden introducir oraciones que se atienen a R. 50 y R. 51 por lo que concierne a la forma modal del verbo de la oración que introducen (véase R. 58).

Las oraciones temporales tienen como función señalar referencias temporales para situar la acción o situación descrita en otra oración, llamada «principal», de la que dependen. La relación temporal que se establece entre una y otra puede indicar anterioridad, simultaneidad o posterioridad (con matices muy ricos).

La estructura general de las secuencias en que se integran las oraciones temporales puede esquematizarse así:

A nexo temporal B,

o
                        •
nexo temporal B, A,

donde B es la oración temporal y A la principal.

Son nexos introductores de oraciones temporales, además de AN-TES (DE) QUE y A QUE, de los que ya se ha hablado en R. 23, R. 24 y R. 25, A MEDIDA QUE, APENAS, ASÍ QUE, CADA VEZ QUE, CONFORME, CUANDO, DESDE QUE, DESPUÉS (DE) QUE, EN CUANTO, EN TANTO QUE, ENTRE TANTO QUE, HASTA QUE, LUEGO (DE) QUE, MIENTRAS (QUE), NO BIEN, TAN PRONTO (COMO), SEGÚN, SIEMPRE QUE, UNA VEZ QUE, etc.

En las siguientes oraciones, la temporal hace alusión a acciones o situaciones futuras con respecto al presente o a un pasado que se toma como punto de referencia temporal; es por eso por lo que el verbo de la oración temporal va en subjuntivo:

(1)   Ven cuando *termines* de estudiar.
(2)   Hablará en cuanto se lo *permitan*.
(3)   Me quedo aquí hasta que me *abran* la puerta.
(4)   Dijo que vendría no bien *acabaran* la cena.
(5)   Había prometido que llamaría apenas *hubiera enviado* la correspondencia.

Véase en (4) y (5) cómo las acciones de acabar la cena y enviar la correspondencia son posteriores, respectivamente, al punto del pasado señalado con las formas *dijo* y *había prometido*. Así, independientemente de que dichas acciones sean pasadas o futuras, el subjuntivo se justifica por la posterioridad que se indica con respecto al punto que se toma como eje de referencia temporal, como señalamos en esta R. 57.

Por el contrario, la mención de hechos experimentados (pasados, presentes o habituales) justifica el indicativo de:

(6)   Se durmió cuando *pusieron* la radio.
(7)   Viaja en cuanto *tiene* ocasión.
(8)   No bien *hubo terminado*, abandonó la sala.
(9)   Tan pronto como le *prestaron* atención comenzó a decir tonterías.
(10)   Reía en tanto que le *censurábamos*.

Como se ha visto anteriormente, ANTES (DE) QUE y A QUE (con valor temporal) exigen siempre subjuntivo porque la oración que introducen sitúa los acontecimientos en un tiempo posterior al que se indica en la oración principal (véanse R. 23 y R. 24):

(11) Llegó antes de que le *avisaran.*
(12) Llegará antes de que le *hayan dicho* nada.
(13) Aguardó a que le *hicieran* la maleta.
(14) Esperará a que le *feliciten* por sus éxitos.

Quizá por analogía con respecto a su opuesto ANTES (DE) QUE, las oraciones temporales introducidas por DESPUÉS (DE) QUE y LUEGO (DE) QUE admiten el subjuntivo en referencias al pasado:

(15) Esto fue construido después de que los

     fenicios $\left\{ \begin{array}{l} \text{vinieron} \\ \text{vinieran} \end{array} \right\}$ a la Península Ibérica.

(16) Comenzó a descubrir su verdadera personalidad

     luego (de) que le $\left\{ \begin{array}{l} \text{eligieron} \\ \text{eligieran} \end{array} \right\}$ para el cargo.

Cuando SIEMPRE QUE es un nexo de valor temporal, introduce oraciones que se comportan de acuerdo con lo dicho en esta regla R. 57:

(17) Te recibiré siempre que ($\simeq$ 'cada vez que', 'cuando') *vengas.*
(18) Me aseguró que te sustituiría siempre que ($\simeq$ 'cada vez que', 'cuando') lo *desearas.*
(19) Nos saludaba siempre que ($\simeq$ 'cada vez que', 'cuando') nos *veía.*

Pero SIEMPRE QUE también puede usarse como nexo condicional, y entonces (véase R. 29) exige subjuntivo en la oración que introduce:

(20) Te recibiré siempre que *vengas* ($\simeq$ 'sólo si vienes').
(21) El proyecto hubiera sido útil siempre que no se *hubiera difundido* antes de tiempo ($\simeq$ 'sólo si no se hubiera difundido...').

R. 58

E.:   Oraciones temporales.

R.:   CUANDO conserva en ocasiones sus primitivas funciones de relativo; por ello, para referencias inespecíficas en el pasado, e incluso en el presente, puede introducir oraciones con formas verbales en subjuntivo.

> **E.V.:** El indicativo es siempre posible (y más frecuente); sólo se usa el subjuntivo cuando quiere hacerse hincapié en la inespecificidad de la referencia temporal.

Compárense (1) y (2):

(1) a. Ayer, cuando *dijiste* eso, tendrías que haber pensado en las consecuencias.
    b. Ayer, cuando *dijeras* eso, tendrías que haber pensado en las consecuencias.

La oración (1), con indicativo, se ajusta a la regla general del modo en las temporales (R. 57), ya que la referencia temporal se realiza hacia el pasado. Pero es posible, dado el valor relativo del nexo CUANDO, hacer hincapié en la inespecificidad de dicha mención temporal [así, cuando usa (1b), el hablante señala explícitamente que no sabe cuándo dijo lo que dijo su interlocutor]; es entonces cuando resulta idóneo el subjuntivo. La regla que ordena este uso es, naturalmente, R. 50. En (2) ofrecemos un ejemplo en que la referencia temporal del subjuntivo corresponde al presente (en este caso, con valor habitual):

(2) El final del mundo ocurrirá cuando lo *diga* el Apocalipsis.

No es CUANDO el único nexo temporal que tiene la capacidad de funcionar como relativo por lo que concierne al modo del verbo de la oración que introduce (para MIENTRAS, véase R. 60):

(3) En cuanto lo *perdías* de vista, hacía una canallada.
(4) En cuanto lo *perdieras* de vista, hacía una canallada.

Sólo (3) presenta lo dicho como algo propio de la experiencia o de carácter habitual; (4), por su parte, más que presuponer la realidad que expresa la oración introducida por EN CUANTO, habla de las consecuencias que habría tenido el descuido a que se alude sin afirmar con ello explícitamente que tal situación se producía o produjo (ni negarlo). La diferencia semántica es pequeña, desde luego, y ello supone que, como sucedía con CUANDO, sea la forma de indicativo mucho más frecuente.

Los nexos de que estamos tratando manifiestan un valor relativo propio en las referencias al pasado, como en (1), o al presente, como en (2). En las menciones futuras se comportan como temporales y, por tanto, convierten en inaceptables secuencias como

(5) $\left\{ \begin{array}{l} * \text{ Cuando} \\ \text{En cuanto} \end{array} \right\} \left\{ \begin{array}{l} \text{llegarás} \\ \text{habrás llegado} \end{array} \right\}$ a Madrid, llámame.

Aunque, si bien se mira, esa inaceptabilidad se ajusta perfectamente a la regla general de los relativos (R. 50), porque las referencias temporales futuras, por la incertidumbre natural que implican, son inespecíficas y eximen al hablante del compromiso con la afirmación de que lo señalado vaya a producirse. Es esto lo que sucede en

(6)   * Llámame en el mismo momento en que $\left\{ \begin{array}{l} \text{llegarás} \\ \text{habrás llegado} \end{array} \right\}$ a Madrid.

Compárense (5) y (6) con sus correspondientes (ahora sí aceptables)

(7) $\left\{ \begin{array}{l} \text{Cuando} \\ \text{En cuanto} \end{array} \right\} \left\{ \begin{array}{l} \text{llegues} \\ \text{hayas llegado} \end{array} \right\}$ a Madrid, llámame.

(8)   Llámame en el mismo momento en que $\left\{ \begin{array}{l} \text{llegues} \\ \text{hayas llegado} \end{array} \right\}$ a Madrid.

R. 59

E.:   Oraciones temporales.

R.:   En oraciones temporales, aunque no sea obligatorio, es posible usar nexos como DESPUÉS DE, HASTA y LUEGO DE (sin QUE), y el verbo en infinitivo, cuando el sujeto (gramatical o psicológico) del verbo de que depende la temporal coincide con el de ésta (véase R. 25 para ANTES DE y A + infinitivo en este mismo tipo de oraciones).

E.V.: Ninguno de consideración en cuanto a la aceptabilidad. En las condiciones dadas (coincidencia de sujetos), parece más frecuente la construcción con DESPUÉS DE + *infinitivo* que con DESPUÉS (DE) QUE + *verbo conjugado*.

Obsérvese cómo actúa la regla que nos ocupa:

(1)   Te veré después de leer el correo.

(2) Me gusta descansar después de comer.
(3) Te amaré hasta morir.
(4) Luego de haber rezado, se retiraron a sus celdas.

Son igualmente posibles:

(5) Te veré después de que (yo) lea el correo.
(6) Te amaré hasta que (yo) muera.
(7) Luego que hubieron rezado, se retiraron a sus celdas.

Si es verdad que (1) *suena* mejor (parece más normal) que (5), más cierto es que (8), que debería corresponder a (2), resulta extraña:

(8) ?? Me gusta descansar después (de) que (yo) como.

Lo mismo ocurre con (9a) y (9b):

(9) a. Preferíamos comer después de beber.
     b. ?? Preferíamos comer después (de) que bebíamos.

Resumimos la advertencia para DESPUÉS DE + *infinitivo:* es recomendable usar esta construcción (y no DESPUÉS (DE) QUE + *verbo conjugado*) cuando se dan las circunstancias fijadas en esta R. 59 (ya lo advertimos en el apartado «Efectos de la violación»); mucho más que recomendable —si no obligatorio— resulta cuando el verbo de que depende la oración temporal va en infinitivo [como sucede en (2) y (9a)].

El habla coloquial tolera la reducción (del nexo y del verbo a forma en infinitivo) a que hace referencia esta regla (y también R. 25 para ANTES DE) incluso cuando los sujetos de la principal y temporal no coinciden:

(10) La vio después de terminar la televisión.
(11) Te amaré hasta separarnos la muerte.
(12) Luego de haber cenado los monjes, nos retiramos a nuestras habitaciones.
(13) Lo había visto antes de saludarme él.

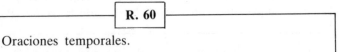

R. 60

E.:   Oraciones temporales.

R.:   MIENTRAS introduce oraciones temporales con el verbo en indicativo cuando el valor de esas oraciones es efectiva y exclusivamente temporal, es decir, cuando no existen relaciones causa-efecto entre la oración principal y la temporal o cuando, de existir, el hablante soslaya esa característica en beneficio de la presentación de la relación como simple coexistencia temporal.

Por el contrario, MIENTRAS exige subjuntivo cuando encabeza oraciones que sirven para destacar que la persistencia de la acción o situación que expresan es una condición para la persistencia de lo dicho en la oración principal.

E.V.: Si el contexto hace compatibles las dos interpretaciones descritas en la regla (valores temporal y condicional-temporal), cambio correspondiente de significado. Si no lo permite, oraciones inaceptables. En ocasiones, el valor de MIENTRAS es el de un relativo, y el modo de la oración que introduce se regula por R. 50. En tales casos, el subjuntivo no elimina el valor temporal: añade una inespecificidad en la mención semejante a la descrita para las oraciones relativas.

Los indicativos de las siguientes oraciones temporales responden al hecho de que la situación o acción expresadas en ellas se presentan como simultáneas a las de las oraciones principales correspondientes:

(1)   Normalmente leo mientras *viajo*.
(2)   Nos contaba aquello mientras *miraba* de soslayo a nuestros vecinos de mesa.
(3)   Mientras tú *haces* la paella yo iré a comprar el vino.

MIENTRAS no puede construirse con formas de futuro (de igual modo que sucede con CUANDO y los demás nexos temporales).

El subjuntivo de las oraciones introducidas por MIENTRAS en (4), (5), (6) y (7) sirve para indicar cómo la relación que las liga a las principales correspondientes es esencialmente de tipo condicional:

(4)   Reza mientras *puedas*.
(5)   No te reñiré mientras *comas*.
(6)   Mientras *traigan* ellos la comida no me importa que nos visiten.
(7)   Nunca dejo un libro mientras no lo *termine*.

Obsérvese cómo en (4) la causa del ruego u orden es que se presume que no siempre va a poder rezarse; en (5), el efecto de continuar

comiendo es la falta de reproches; en (6) se asegura que la causa de
que no me importe la visita es que los mencionados traen o van a
traer la comida; en (7) se advierte cómo es un efecto de no terminar
una lectura el no abandonar (o prestar) un libro. Por el contrario,
aunque podría pensarse tras examinar (1) que los viajes son causa de
que el emisor de ese mensaje lea, lo cierto es que lo que se presenta
es sencillamente un desarrollo simultáneo de acciones; la misma con-
comitancia, con ausencia absoluta de relaciones causa-efecto, se expresa en (2) y (3).

En cuanto a lo dicho en el apartado «Efectos de la violación»,
comparando (8a) y (8b) puede comprobarse cómo la variación modal
supone un cambio correspondiente en la significación:

(8) a. No atacarán mientras *estamos* despiertos
         (simultaneidad: 'No atacarán durante el tiempo que perma-
         nezcamos sin dormir').
     b. No atacarán mientras *estemos* despiertos
         (condición: 'No atacarán si no nos quedamos dormidos').

Por otra parte, hay que advertir igualmente cómo cuando se hacen
referencias futuras o posteriores a la de la oración principal de la
secuencia en que se incluyen, ciertas oraciones temporales introducidas por MIENTRAS se comportan como relativas —de la misma forma
que ocurría con CUANDO o EN CUANTO; véase R. 58— y, por consiguiente, se atienen a lo dicho en R. 50 y R. 51.

(9)   a. Le robaremos mientras *duerme*.
      b. Le robaremos mientras *duerma*.
(10) a. Recuérdanos mientras *estás* en Londres.
      b. Recuérdanos mientras *estés* en Londres.
(11) a. Aseguraba que le robaríamos mientras *dormía*.
      b. Aseguraba que le robaríamos mientras *durmiera*.

Así pues, nótese, en primer lugar, cómo MIENTRAS puede introducir oraciones estrictamente temporales —con el carácter relativo a
que se ha aludido— con subjuntivo, y, en segundo lugar, cómo lo que
diferencia las secuencias (b) de las (a) de (9), (10) y (11) es que en las
segundas el período de acción no está identificado o no pretende ubi-
carse exactamente o no puede delimitarse en extensión (en pocas palabras, cuando la mención temporal se presenta como inespecífica).
Es necesario advertir, en todo caso, que este fenómeno es de importancia secundaria: el indicativo es siempre apropiado.

MIENTRAS (QUE) es utilizado también para indicar contraste o contraposición entre dos situaciones o hechos; en estos casos introduce oraciones con verbo en indicativo (incluso en futuro):

(12) Mientras los demás *duermen,* yo aquí, trabajando.
(13) Mientras que él *era* feo, ella tenía todos los encantos.
(14) Mientras que Andrés se *sentirá* como en su casa, nosotros estaremos aburridísimos.

Véase R. 51 para el uso de MIENTRAS MÁS —o MIENTRAS MENOS— en secuencias del tipo de las de (15):

(15) Mientras más $\left\{ \begin{array}{l} \text{como,} \\ \text{coma,} \end{array} \right\}$ más $\left\{ \begin{array}{l} \text{adelgazo} \\ \text{adelgazaré} \end{array} \right\}$.

o O o

R. 61

E.:   Construcciones excluyentes.

R.:   EXCEPTO QUE y SALVO QUE pueden introducir construcciones excluyentes de valor condicional (véase R. 29); en esos casos exigen subjuntivo.

E.V.: Pérdida del valor condicional en aquellos contextos que permiten interpretaciones puramente excluyentes; cuando no sucede esto, secuencias inaceptables.

Compárense:

(1) a. No ocurre nada, salvo que mi padre *ha visto* que no he dormido en casa.
     b. No ocurre nada, salvo que mi padre *haya visto* que no he dormido en casa.

La secuencia de (1a) contiene una construcción de las que llamamos «puramente excluyentes»: lo que se dice en la oración introducida por SALVO QUE niega la veracidad de lo expresado en la oración precedente (ha ocurrido *algo*: el padre del que habla sabe que éste no ha dormido en casa). De acuerdo con la formulación de esta R. 61, el verbo de la excluyente va en indicativo.

Otra cosa sucede en (1b): lo que se introduce con SALVO QUE es algo eventual, algo que, de cumplirse, serviría para contradecir lo afirmado anteriormente (es decir, para afirmar que sí ocurre algo). El valor condicional que se incluye en este uso justifica el subjuntivo [como acontecía con A MENOS QUE y A NO SER QUE, cuyo empleo no tolera otra interpretación (véase R. 26)]. Habrá de observarse que la función de EXCEPTO QUE y SALVO QUE, en las secuencias que manifiestan ese valor condicional a que hemos aludido al analizar (1b), es similar a la de EXCEPTO SI y SALVO SI, que, no obstante, no exigen subjuntivo cuando se presume la posibilidad de que se realice aquello que expresa la oración que encabezan (véase R. 69):

(2) No creo que haya descubierto nuestro secreto, excepto que se le *haya ocurrido* mirar debajo de la mesa (≃ excepto si se le ha ocurrido...).

(3) Salvo que *tengas* hambre (≃ salvo si tienes hambre), no pararemos en el camino.

(4) Pasaremos el verano aquí, salvo que (≃ salvo si) ya nos *hubieran llamado* a filas.

Deben distinguirse los casos en que las expresiones EXCEPTO QUE, SALVO QUE, y también A NO SER QUE, EN LUGAR DE QUE y EN VEZ DE QUE (véase R. 26), funcionan como un bloque introduciendo construcciones excluyentes, de aquellos en que se disocia SALVO, EXCEPTO, A NO SER, EN LUGAR DE o EN VEZ DE de un QUE correspondiente a una estructura V_1 + QUE + V_2 (véase R. 11). En éstos, el funcionamiento del modo se rige por el significado de V_1, de acuerdo con las normas generales que determinan este aspecto en la estructura mencionada:

(5) Todo me parece bien, excepto que tú me *hayas tomado* el pelo.

(6) Puedo esperar cualquier cosa de él salvo que me *traicione*.

Los subjuntivos de (5) y (6) tienen la misma justificación (R. 11) que los de (7) y (8), respectivamente:

(7) No me parece bien que tú me *hayas tomado* el pelo.

(8) No puedo esperar de él que me *traicione*.

Compruébese cómo el fenómeno se repite cuando se utilizan las demás expresiones citadas (y alguna otra, como ADEMÁS DE QUE y APARTE DE QUE):

(9) No he dicho nada, a no ser que *estás* un poco loco.

(10) En $\left\{ \begin{matrix} \text{lugar} \\ \text{vez} \end{matrix} \right\}$ de que *viene*, asegura que se queda en casa.

(11)   En $\left\{ \begin{array}{l} \text{lugar} \\ \text{vez} \end{array} \right\}$ de que *venga,* ha ordenado que se quede en casa.

(12)   Aparte de que *estés* aquí, es necesario que colabores.

(13)   Aparte de que *estás* aquí, ha dicho que tienes muy buen aspecto.

o O o

R. 62

E.:   Oraciones causales.

R.:   Lo más normal es que se construyan con indicativo. No obstante, las introducidas por el nexo PORQUE se construyen con subjuntivo cuando se pone en duda o se niega la validez de la causa.

E.V.: El uso del subjuntivo cuando se precisa indicativo produce secuencias inaceptables o, con ciertos nexos y si el contexto lo permite, secuencias de significado diferente (final: R. 20; condicional: R. 29; ...).
Con PORQUE, el uso del indicativo cuando es necesario subjuntivo en unos casos no produce efectos (de consideración) y en otros, provoca un cambio en el significado total de la secuencia.

Denominamos «oraciones causales» a aquellas estructuras del tipo *A nexo B* (o *nexo B, A*) en las cuales B es presentado como causa o motivación, explicación o justificación de A:

(1)   Llueve porque la condensación es alta.

(2)   Ya que tú callas, hablaré yo por los dos,

y cuyos nexos introductores más frecuentes son éstos: PORQUE, PUESTO QUE, YA QUE, COMO, DADO QUE, QUE, PUES [56].

A excepción de PORQUE (y con la salvedad que haremos en R. 64), todos ellos se construyen siempre con indicativo. PORQUE, en cambio, se construye con subjuntivo:

---

[56] También se citan estos otros menos usados o más cultos: *gracias a que, por culpa de que, debido a que, por causa de que, a causa de que.* Para todo lo relacionado con el tema de las causales, deberá consultarse L. Santos, «Reflexiones sobre la expresión de la causa en castellano», *SPhS,* 6, 1981, págs. 231-277.

A) Cuando negamos la validez de la causa: Esto no quiere decir que todas las oraciones causales que comporten una negación se construyan con subjuntivo:

(3) *No* juego con vosotros porque *estoy* aburrido.
(4) *No* se quedaba en casa porque *tenía* la pierna rota.

En (3) y (4) negamos el verbo principal y afirmamos que B *(estoy aburrido; tenía la pierna rota)* es causa que motiva A, damos a B el estatuto de causa válida para A. Por eso hemos usado el modo indicativo.

No es eso lo que sucede en (5), (6) o (7):

(5) No juego con vosotros porque *esté* aburrido.
(6) No se quedaba en casa porque *tuviera* la pierna rota.
(7) En Holanda no hay muchas vacas porque *haga* mucho frío.

En estas frases, en realidad, estamos afirmando el verbo principal *(juego; se quedaba; hay)* y negando la validez de la causa, es decir, negando que B sea el motivo válido por el que se provoca A. Es como si dijéramos:

(5 bis) Juego con vosotros (pero) *no porque* esté aburrido.
(6 bis) Se quedaba en casa (pero) *no porque* tuviera la pierna rota.
(7 bis) En Holanda hay vacas (pero) *no porque* haga mucho frío.

Por eso hemos usado el modo subjuntivo [57].
El uso del indicativo en (5), (6) o (7) produce un cambio de significado y el *no* pasa a recaer sobre el verbo principal [nótese, de todos modos, que el cambio de significado en (7) produce efectos absurdos o, al menos, extraños, porque parece raro que B —*hacer frío*— pueda ser causa válida de A —*no haber vacas*—].
B) Cuando ponemos en duda la validez de la causa, es decir, cuando no afirmamos el cumplimiento de lo que sigue a PORQUE. Tal sucede en todos aquellos casos en que no nos comprometemos acerca de la verdad de B, en que no nos pronunciamos acerca de si la acción expresada en B se cumple o no realmente; al no comprometernos en este sentido, tampoco nos comprometemos acerca de si B es causa

---

[57] Es normal que las secuencias de este tipo se completen con la presentación de la causa considerada como efectiva (encabezada habitualmente por «*sino porque* + indicativo»):

No robaba porque tuviera necesidad, *sino porque era* cleptómano.

válida de A: esto es lo que queremos decir con «poner en duda la validez de la causa». Veamos estos ejemplos:

(8)   ¿Pedía limosna porque $\begin{cases} a. & \text{estaba} \\ b. & \text{estuviera} \end{cases}$ en el paro?

(9) $\begin{Bmatrix} \text{Probablemente} \\ \text{Posiblemente} \end{Bmatrix} \begin{Bmatrix} \text{pedía} \\ \text{pidiera} \end{Bmatrix}$ limosna porque $\begin{cases} a. & \text{estaba} \\ b. & \text{estuviera} \end{cases}$ en el paro.

(10) Quizá $\begin{Bmatrix} \text{pedía} \\ \text{pidiera} \end{Bmatrix}$ limosna porque $\begin{cases} a. & \text{estaba} \\ b. & \text{estuviera} \end{cases}$ en el paro.

(11) ¡Ojalá pidiera limosna porque $\begin{cases} a. & \text{estaba} \\ b. & \text{estuviera} \end{cases}$ en el paro!

En todos ellos es posible indicativo o subjuntivo tras PORQUE. Con *a* (indicativo) afirmamos que B es verdad, se cumple, que Fulanito estaba realmente sin trabajo, y dudamos o deseamos o preguntamos si B es la causa que produce A; con *b* (subjuntivo) nuestra pregunta, duda o deseo no han cambiado, son los mismos, pero ahora *no afirmamos* nada acerca de B, no nos pronunciamos sobre su cumplimiento o su no cumplimiento.

R. 63

E.:   Oraciones causales.

R.:   Si la oración causal consta de varias causas introducidas por PORQUE en *disyunción* o en *distribución,* puede aparecer el subjuntivo en uno o en varios miembros de la coordinada disyuntiva o distributiva.

E.V.:   Ninguno (de consideración).

Ejemplos típicos de esta estructura (que lleva introductores del tipo *o...o..., bien...bien..., ya...ya..., sea...sea..., fuera...fuera...,* etcétera) podrían ser estos dos:

(1)   Los ricos, *sea porque tengan* mucho dinero, *sea porque* no se *preocupen* por los demás, *sea porque* no les *interesen* estas cuestiones, no están moviendo un dedo para resolver el problema que nos acucia.

(2)   El locutor, *bien porque* le *diera* vergüenza de estar ante las cámaras, *o (bien) porque* se le *habían olvidado* los papeles, se levantó corriendo del sillón.

En realidad, R. 63 no es sino un caso particular de R. 62: el hablante presenta varias causas como posibles, pero no se decide por ninguna de ellas en concreto como causa real y válida, como verdaderamente efectiva; de ahí que no se sienta comprometido con ninguna y pueda usar el subjuntivo en alguna de ellas o en todas.

En todos los miembros causales es posible indicativo o subjuntivo con esta única diferencia: con el indicativo afirmamos la verdad de B; con el subjuntivo no nos pronunciamos acerca de si B se cumple, no informamos.

R. 64

E.:   Oraciones causales.

R.:   En textos literarios se registra algún caso de YA QUE y de COMO (éste siempre en pasado, nunca con referencias futuras) con el verbo en subjuntivo. Es difícil encontrar semejante fenómeno en la lengua hablada.

E.V.:   El uso del subjuntivo por el indicativo hace que el estilo adquiera un cierto sabor arcaizante o cultista. En el caso de COMO, el subjuntivo puede hacer que la oración se reinterprete como condicional (véase R. 29).

Nos limitaremos a poner algún ejemplo (aclarando que en todos los casos lo más normal es el indicativo):

(1)   *Ya que* no *puedas* venir, llámalos al menos por teléfono.
(2)   *Ya que venga* sin ser invitado, que no moleste.
(3)   *Como estuviese* agotado, se retiró a descansar.
(4)   *Como viera* que no había nada que hacer, decidió avisar a la policía.
(5)   *Como hubiese terminado* de pintar el cuadro, lo puso a la venta.

o O o

R. 65

E.:   Oraciones consecutivas.

R.:   Las oraciones utilizadas para la pura expresión de consecuencia —con excepción de las introducidas por DE AHÍ /

AQUÍ QUE (véase R. 28)— se construyen con indicativo.
Sólo aquellas que aportan además contenidos finales exigen subjuntivo.

E.V.: El uso del subjuntivo en las consecutivas puras produce
secuencias inaceptables. El uso del indicativo produce
una pérdida del valor final en las construcciones que con
subjuntivo lo manifiestan. (Si el contexto general impide
la interpretación no final, las secuencias son inaceptables.)

Las oraciones consecutivas participan en estructuras del tipo
A nexo B, donde B expresa la consecuencia que se sigue del cumplimiento de lo expresado en A, o del grado de lo que se dice en A
(consecutivas ponderativas).

Suelen distinguirse dos tipos de consecutivas; las primeras, tradicionalmente denominadas «consecutivas coordinadas», emplean los
nexos ASÍ PUES, ASÍ QUE, CONQUE, LUEGO, POR CONSIGUIENTE, POR
ESO, POR (LO) TANTO, PUES, DE AHÍ QUE, DE MODO QUE, DE MANERA
QUE, DE FORMA QUE, etc.:

(1) Come demasiado; así pues, engorda y engorda.
(2) Estaban preocupados, así que no les dije nada.
(3) Están hechas las maletas, conque podemos irnos.
(4) Pienso, luego existo.
(5) Sabía cómo pasar inadvertido; por consiguiente, aceptó la invitación.
(6) Me tienes dominado, (y) por eso te aprovechas.
(7) Estamos viendo la película; por lo tanto, no debéis hablar.
(8) —Hoy ha comido bien.
     —Pues no estará enfermo.

Las segundas, muchas veces llamadas «consecutivas subordinadas», son de tipo ponderativo y expresan la consecuencia del grado,
modo, etc., en que se realiza lo expresado en la oración principal;
frecuentemente, la subordinación incluye claros matices finales. Los
nexos más usados en esta segunda clase de consecutivas son DE (TAL)
FORMA QUE, DE (TAL) MANERA QUE, DE (TAL) MODO QUE, QUE, y los
correlativos TAN...QUE, TAL...QUE, TANTO...QUE, ...:

(9)   Bebe de tal manera que me hace odiar hasta el agua.
(10) Era tan bajito que levantaba polvo del suelo al pestañear.
(11) Le reñiré de modo que no vuelva a hacerlo.
(12) Canta que da gloria.

Las llamadas «consecutivas coordinadas» se construyen con indicativo, porque se emplean para expresar simplemente la consecuencia de algo dicho anteriormente:

(13) Respira, así que todavía *vive*.
(14) Estoy cansado, de modo que me *voy* a dormir.
(15) Gana su buen dinero, (y) por lo tanto *trabaja* a gusto.

Las «consecutivas subordinadas», como ya hemos dicho, expresan la consecuencia del grado, modo, etc., en que se realiza o tiene lugar lo dicho en la oración principal. Estas consecutivas ponderativas pueden centrarse únicamente en la consecuencia y entonces llevan indicativo, como ocurre en:

(16) Estaba tan cansado que se *quedó* dormido.
(17) Su sabiduría era tal que nos *dejó* sorprendidos.
(18) Habló de manera que todos *salimos* convencidos.
(19) Es muy guapo; tan es así que no *parece* su hijo.

Pero también sirven para asociar a la consecuencia un sentido claramente final o para señalar que lo expresado en la subordinada es un objetivo perseguido por el modo o el grado con que se realiza lo dicho en la principal:

(20) Habló de tal manera que todos *saliéramos* convencidos.
(21) Caminé de modo que me *siguieran*.
(22) Háblales de forma que te *entiendan*.

En estos casos, la consecutiva se construye con subjuntivo. Obsérvese cómo, en ellos, es siempre posible una paráfrasis con *como para que* —que exige subjuntivo como consecuencia de R. 20— o con *así* (≃ *de una manera determinada*) *con el objetivo de que:*

(20 bis) Habló $\left\{ \begin{array}{l} \textit{como para que} \\ \textit{así con el objetivo de que} \end{array} \right\}$ todos saliéramos convencidos.

(21 bis) Caminé $\left\{ \begin{array}{l} \textit{como para que} \\ \textit{así con el objetivo de que} \end{array} \right\}$ me siguieran.

(22 bis) Háblales $\left\{ \begin{array}{l} \textit{como para que} \\ \textit{así con el objetivo de que} \end{array} \right\}$ te entiendan.

El uso del indicativo en vez del subjuntivo provoca la pérdida del valor final: véase el ejemplo (18) y compárese con (20), o contrástese (23) con (21):

(23) Caminé de modo que me siguieron.

Pero no siempre permite el contexto la interpretación no final; tal es el caso de (22); en consecuencia, el empleo del indicativo está entonces prohibido:

(24)   * Háblales de forma que te entienden.

Antes de terminar con esta explicación de R. 65 convendría hacer dos observaciones. La primera afecta al uso del indicativo o subjuntivo tras DE (TAL) MODO QUE, DE (TAL) MANERA QUE, DE (TAL) FORMA QUE. Cuando estos nexos consecutivos se encuentran en una estructura afirmativa es posible indicativo con el valor consecutivo puro [sea ponderativo —como en (26a)— o no ponderativo —como en (25a)—] o subjuntivo con el valor final —(27a)— a que hemos hecho alusión:

(25a)   La besé, de modo que se *enfadó*.
(26a)   La besé de modo que se *enfadó*.
(27a)   La besé de modo que se *enfadara*.

Si ahora colocáramos un NO al principio de esas frases, es decir, si negáramos esas secuencias, encontraríamos que es posible (25b) y (27b), con los verbos en indicativo y subjuntivo, respectivamente:

(25b)   No la besé, de modo que se *enfadó* (consecutiva pura).
(27b)   No la besé de modo que se *enfadara* (valor final).

De (26a) obtendríamos (26b), posible, con el verbo en subjuntivo, pero nunca (26c), inaceptable, con el verbo en indicativo:

(26b)   No la besé de modo que se *enfadara* [= (27b)].
(26c)   * No la besé de modo que se *enfadó*.

En efecto, cuando DE (TAL) MODO QUE, DE (TAL) MANERA QUE, etc., están precedidos de una pausa [58] y se enuncian con la entonación correspondiente, con ellos sólo es posible el indicativo, tanto en construcción afirmativa —(25a)— como en construcción negativa —(25b)—, en la que, dicho sea de paso, lo negado es la oración primera A: el hablante no besó a la señorita.

---

[58] Y entonces son nexos coordinantes, y se comportan como tales. En caso contrario son nexos subordinantes y, como tales, admiten subjuntivo por causas no ajenas a la propia construcción de la que forman parte.

Si esos nexos no van precedidos de pausa, con lo cual los patrones de entonación son distintos, con ellos es posible indicativo —(26a)— o subjuntivo —(27a)— en secuencias afirmativas, con los valores ya explicados. Pero sólo es aceptable el subjuntivo —(26b), (26c), (27b)— en aquellos casos en que la oración principal A va negada. Ahora bien, en esos casos la negación no recae sobre la oración principal, sino sobre la relación consecutiva que se establece entre principal A y subordinada B:

(27c) = (26d)   La besé, pero no $\left\{ \begin{array}{l} \text{de modo} \\ \text{como para} \end{array} \right\}$ que se enfadara.

(27d)   La besé así, pero no con el objetivo de que se enfadara.

Por tanto, lo que se afirma en (27b) = (26b) es que lo expresado en la oración principal —excluyendo la negación— sí se realizó; lo que se niega es que el cumplimiento de esas acciones pueda ser la causa de lo que se indica en la oración subordinada consecutiva.

Sucede, pues, con NO (...) DE (TAL) MODO QUE y nexos similares cuando no van precedidos de pausa y se enuncian con la entonación correspondiente lo mismo que ya hemos tenido oportunidad de ver en R. 27 para NO (...) TAL...QUE, NO (...) TAN...QUE y NO (...) TANTO ...QUE, y que podríamos reformular así: Los nexos consecutivos subordinados cuando están negados hacen prescriptivo el uso del subjuntivo (véase R. 62); usar indicativo en esas circunstancias convierte la oración en inaceptable.

Lo dicho vale también, naturalmente, para el nexo consecutivo subordinado QUE (con omisión de DE MODO), como se apreciará en los siguientes ejemplos:

(28)   Canta que me *hace* llorar.
(29)   *No* canta que me *haga* llorar (≃ canta, pero no como para hacerme llorar).

(Secuencia, esta última, de todos modos, un poco extraña.)

La segunda, y última, observación se refiere a estos mismos nexos consecutivos subordinados cuando aparecen en estructuras interrogativas o con adverbios de duda y posibilidad en la oración principal. Por ejemplo:

(30)   ¿Estaba tan cansado que se $\left\{ \begin{array}{ll} a. & \text{quedó} \\ b. & \text{quedara} \end{array} \right\}$ dormido?

(31)   Quizá $\left\{ \begin{array}{l} \text{bebió} \\ \text{bebiera} \end{array} \right\}$ tanto que $\left\{ \begin{array}{ll} a. & \text{perdió} \\ b. & \text{perdiera} \end{array} \right\}$ el conocimiento.

(32)   Probablemente la $\left\{\begin{array}{l}\text{besaste}\\\text{besaras}\end{array}\right\}$ de forma que se $\left\{\begin{array}{ll}a. & \text{enfadó}\\b. & \text{enfadara}\end{array}\right\}$.

(33)   ¿Canta que te $\left\{\begin{array}{ll}a. & \text{hace}\\b. & \text{haga}\end{array}\right\}$ llorar?

En estos casos, la interrogación o el adverbio pueden extender su acción a todo el período y, por tanto, en la subordinada consecutiva puede aparecer subjuntivo —si bien no es obligatorio— o indicativo, sin efectos apreciables. Caso distinto es el de OJALÁ, que siempre extiende su acción hasta la subordinada consecutiva, cuyo verbo debe por ello aparecer en una forma del subjuntivo. Confróntese como testimonio:

(34)   Ojalá escribieras de tal forma que te *hicieras* famoso en unos años.
(35)   Ojalá le hubiera hablado de manera que no *volviera* a comportarse mal.
(36)   Ojalá haya quedado tan agradecido que me *respete* ya para toda la vida.

o O o

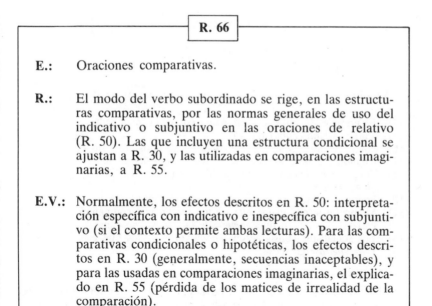

R. 66

E.:   Oraciones comparativas.

R.:   El modo del verbo subordinado se rige, en las estructuras comparativas, por las normas generales de uso del indicativo o subjuntivo en las oraciones de relativo (R. 50). Las que incluyen una estructura condicional se ajustan a R. 30, y las utilizadas en comparaciones imaginarias, a R. 55.

E.V.:   Normalmente, los efectos descritos en R. 50: interpretación específica con indicativo e inespecífica con subjuntivo (si el contexto permite ambas lecturas). Para las comparativas condicionales o hipotéticas, los efectos descritos en R. 30 (generalmente, secuencias inaceptables), y para las usadas en comparaciones imaginarias, el explicado en R. 55 (pérdida de los matices de irrealidad de la comparación).

Las gramáticas suelen distinguir las «comparativas de modo», normalmente introducidas por COMO —y raramente en el español actual por CUAL—, de las «comparativas de cantidad». Aquéllas expresan semejanza cualitativa entre los términos comparados:

(1) Ana hablaba como lo *hacen* los iletrados.
(2) Construiremos el barco como Dios nos *dé* a entender.
(3) Actuará como *corresponda* a su educación [59].

Por su parte, las «comparativas de cantidad», que pueden indicar equivalencia, superioridad o inferioridad de lo expresado en la principal con respecto de lo señalado en la subordinada, usan nexos como los siguientes:

a) Igualdad
    o equivalencia: TAL (...) CUAL, TAL (...) COMO
                     TAN(TO)... COMO, TAN(TO)... CUANTO
                     IGUAL QUE, LO MISMO QUE

b) Superioridad: MÁS... $\left\{ \begin{array}{l} \text{QUE} \\ \text{DE} \end{array} \right\}$

                     adjetivo comparativo... $\left\{ \begin{array}{l} \text{QUE} \\ \text{DE} \end{array} \right\}$

c) Inferioridad: MENOS... $\left\{ \begin{array}{l} \text{QUE} \\ \text{DE} \end{array} \right\}$

Veamos algunos ejemplos de estas comparativas de cantidad:

(4)   El edificio de aulas era *tal como* yo había imaginado.
(5)   Viajarás *tanto como* quieras.
(6)   Había llegado *igual que* lo habían hecho años atrás sus progenitores.
(7)   Cuando vayas a Roma, haz *lo mismo que* hacen los romanos.
(8)   Tengo *más* dinero *del* que puedas imaginar.
(9)   Siempre gastará *más de* lo que gane.
(10) Siempre consumirá *más* petróleo *del* que produzca.
(11) Mi profesor era *mejor que* el que tenían mis compañeros.
(12) Heredaron una fortuna *menor de* la que ya poseían.
(13) Los socialistas consiguieron *menos* votos *de* los que esperaban.
(14) Vale *menos que* pesa.

---

[59] Las gramáticas tradicionales suelen distinguir —no sin advertirnos acerca de las coincidencias esenciales— las adverbiales modales de las comparativas modales. Por lo que concierne al uso del indicativo y subjuntivo, unas y otras demuestran idéntico comportamiento.

Utilízase el subjuntivo, como se advierte en la formulación de esta R. 66, en las circunstancias que prevé R. 50, norma general de las oraciones de relativo; y es que en todas las estructuras comparativas enumeradas arriba se descubre, como elemento de enlace de la comparación, o bien un elemento relacionado con los relativos (COMO, QUE...), o bien una estructura relativa pura. Así pues, aparece el indicativo cuando se efectúan menciones específicas —oraciones (1), (4), (6), (7), (11), (12), (13), (14)—, y el subjuntivo cuando se señala inespecíficamente o no se afirma de manera explícita la existencia de lo señalado —oraciones (2), (3), (5), (8), (9), (10).

IGUAL QUE, LO MISMO QUE, COMO y CUAL, asociados a un SI condicional para expresar comparaciones hipotéticas, exigen subjuntivo en la oración que introducen (véase R. 30):

(15)   Nos trató $\left\{\begin{array}{l}\text{igual que} \\ \text{lo mismo} \\ \text{como} \\ \text{cual}\end{array}\right.$ que $\left.\right\}$ si *fuéramos* extraños.

También es posible el subjuntivo en las comparaciones con objetos imaginarios del tipo:

(16)   Sus cabellos eran flores que *hubieran nacido* de la nieve.

El uso del indicativo en (16) haría que presentáramos lo comparado como si se tratara de un par de objetos reales (véase R. 55).

El comportamiento de los nexos CUANTO MÁS / MENOS... (TANTO) MÁS / MENOS... y MIENTRAS MÁS / MENOS... MÁS / MENOS... con respecto al modo, indicativo o subjuntivo, podrá estudiarse en R. 51.

R. 67

E.:   Oraciones comparativas.

R.:   En cierto tipo de construcciones de superlativo relativo *(es el hombre más alto que he / haya visto en mi vida)* pueden alternar indicativo o subjuntivo. El uso de uno u otro modo se ajusta a lo previsto en la regla general para las oraciones de relativo (R. 50): el subjuntivo es posible cuando se realizan menciones inespecíficas.

E.V.:   Ninguno destacable por lo que concierne a la aceptabilidad, úsese indicativo o subjuntivo. Las consecuencias de la variación modal son de carácter estilístico.

Las estructuras a que nos referimos son del tipo de las siguientes:

(1)   Es el hombre más alto que $\left\{\begin{array}{l}he\\haya\end{array}\right\}$ *visto* en mi vida.

(2)   Aquí tiene usted el fósil más antiguo que $\left\{\begin{array}{l}hemos\\hayamos\end{array}\right\}$ *encontrado*.

(3)   Andrés es el mejor padre que yo $\left\{\begin{array}{l}he\\haya\end{array}\right\}$ *conocido*.

(4)   Hemos visto la peor obra de teatro que se $\left\{\begin{array}{l}ha\\haya\end{array}\right\}$ *llevado* a escena.

En todas ellas, como se observará, la subordinada comparativa tiene la forma de una oración de relativo que está ligada a un grupo nominal definido que incluye un sustantivo *(hombre)* y un adjetivo comparado o comparativo *(más alto; peor);* evidentemente, el tipo comparativo puede ser de inferioridad:

(5)   Ésta es la película menos afortunada que $\left\{\begin{array}{l}ha\\haya\end{array}\right\}$ *rodado*.

Aun cuando en el habla cotidiana es mucho más frecuente el empleo del indicativo, es posible el subjuntivo cuando lo que se menciona o intenta señalar no es el objeto o persona concretos de que se habla *(el hombre más alto que se ha visto, el fósil más antiguo de los encontrados,* etc.), sino el conjunto de seres que se toma como marco de comparación y que se considera inespecíficamente delimitado (véase R. 50): *los hombres que yo haya podido ver; los fósiles que nosotros hayamos podido encontrar; las obras de teatro malas que hayan podido llevarse a escena;* etc.

o O o

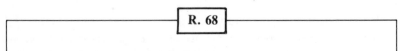

R. 68

E.:   Oraciones condicionales.

R.:   Las oraciones condicionales encabezadas por SI pueden construirse con indicativo o subjuntivo. El uso del subjuntivo revela acusadas dudas por parte del hablante sobre el cumplimiento de la condición, de forma que si tal cumplimiento resulta claramente *improbable* o *imposible* es preceptivo el subjuntivo.

E.V.: El intercambio de modos produce tres tipos de efectos:

1. Cambio de significado en la dirección señalada por la regla.
2. Oraciones equivalentes en lo fundamental.
3. Oraciones inaceptables.

Ya hemos dicho (ver R. 29) que las condicionales con SI son las más típicas, y, por tanto, en ellas vamos a exponer con detalle el juego de los tiempos tanto en la prótasis como en la apódosis. Recuérdese que, por ejemplo en (1), llamamos *prótasis* (o *condición*, u *oración condicional*) a «si no te gusta esa bufanda», y *apódosis* (o *condicionado*, u *oración principal*) a «no te lo pongas», cualquiera que sea el orden de ambos elementos en la secuencia.

(1) Si no te gusta esa bufanda, no te la pongas.

Acabamos de ver en la regla que el modo de la prótasis depende del grado de cumplimiento que el hablante le asigne: la diferencia entre (2) y (3) es que en (2) el hablante ve más probable que Isabel encuentre un juguete barato. En (4) la posibilidad de cumplimiento de la acción es nula (Napoleón no fue chino) y por ello es totalmente natural el subjuntivo («condicional contrafactual»: véase R. 29):

(2) Si Isabel encuentra un juguete barato, se lo comprará.
(3) Si Isabel encontrara un juguete barato, se lo compraría.
(4) Si Napoleón hubiera sido chino, habría tenido un carácter más pacífico.

Debemos apresurarnos a señalar que así como las prótasis contrarias a los hechos («contrafactuales») son fácilmente discernibles, no ocurre lo mismo con los diversos matices de la «improbabilidad» que pueden condicionar la aparición del subjuntivo. Con frecuencia la realización de un hecho, más que problemática en sí, es presentada como problemática por el hablante, para conseguir ofrecer una imagen menos neutra de la situación. Un estudiante que dice

(5) Si me saliera bien el examen tendría salvado el curso,

puede que no vea tan lejano su objetivo, pero lo presenta así para envolverlo en una estela afectiva de aprensión o inalcanzable sueño. Un marido que le dice a su mujer

(6)   Si vieras al portero, háblale del asunto de la calefacción,

sin duda encuentra perfectamente posible que su mujer se tope con el portero, pero, así expresada, la orden resulta menos tajante. El subjuntivo de estas oraciones está ligado a la «problematicidad», pero ésta puede ser aprovechada con fines estilísticos variados [60].

Es importante que el lector tenga en todo momento en cuenta que en las condicionales encabezadas por SI *sólo son posibles en la actualidad dos tiempos de subjuntivo: el imperfecto y el pluscuamperfecto* [61], y que la aparición de estas formas en la prótasis condiciona también las formas verbales de la apódosis. Así, el esquema de funcionamiento es el siguiente:

	PRÓTASIS	APÓDOSIS
Tiempo cronológico de PRESENTE	Imperfecto de subjuntivo *(cantara, -se)*	Condicional simple *(cantaría)*
Tiempo cronológico de FUTURO	Imperfecto de subjuntivo *(cantara, -se)*	⎰ Condicional simple *(cantaría)* Imperativo *(canta)*
Tiempo cronológico de PASADO	Pluscuampf. de subjuntivo *(hubiera, -se cantado)*	⎰ Condicional compuesto *(habría cantado)* Pluscuamperfecto de subj. *(hubiera, -se cantado)*

Respecto de este esquema deben hacerse las siguientes aclaraciones:

1)   La primera es que las columnas de la prótasis y de la apódosis son independientes temporalmente entre sí, es decir, el tiempo cronológico PRESENTE en la prótasis no tiene por qué corresponderse con otro PRESENTE en la apódosis, etc. Véase cómo en (7) la combinación es PRESENTE-FUTURO, y en (8) PASADO-PRESENTE:

(7)   Si fueras más simpático te darían ese empleo.
(8)   Si hubiera nacido en México hablaría un español un poco distinto.

---

[60] La posibilidad de «matices subjetivos» ligados a este subjuntivo es puesta de manifiesto, por ejemplo, por Fernando Lázaro Carreter, *Curso de Lengua Española*, Anaya, Madrid, 1979, pág. 284.

[61] Éste era también el ámbito más característico para el funcionamiento de los futuros de subjuntivo. Al no tener un uso efectivo en la lengua viva de hoy (véase R. 1), vamos a prescindir de ellos.

2) Como ya ocurría en el esquema dado en la R. 29, a veces
hubiera, -se cantado (en la prótasis) y *habría cantado* (en la apódosis)
pueden tener valor de futuro. Se trata de aquellos casos —no muy
frecuentes— en que, si la oración fuera independiente, aparecería un
futuro perfecto *(habré cantado)* (véase R. 2):

(9)   Mañana a mediodía *habrán llegado* a un acuerdo - Se evitará la huelga
      → Si mañana a mediodía *hubieran (-sen) llegado* a un acuerdo, se evita-
      ría la huelga.
(10) Tiene madera suficiente - El domingo *habrá terminado* el mueble → Si
      tuviera madera suficiente, el domingo *habría terminado* el mueble.

3) En la apódosis el pluscuamperfecto de subjuntivo ha ido ga-
nando terreno hasta alternar libremente con el condicional compuesto, tal como queda expresado en el esquema [62] (y como vimos en la
R. 5). La alternancia, en cambio, es mucho más restringida cuando se
da entre el imperfecto de subjuntivo y el condicional simple: en la
lengua viva actual la permiten muy pocos verbos *(querer, deber, poder, valer...)* y cabe con las formas en *-ra (quisiera,* etc.), pero no en
-se (quisiese, etc.). Esta última alternancia es posible incluso cuando
la prótasis no lleva subjuntivo:

(11) Si me lo permite / permitiera, *querría / quisiera* salir.
(12) Si quiere superar la enfermedad, *debería / debiera* dejar de fumar.

(Para más ejemplos, ver R. 5.)
4) En la lengua coloquial el condicional simple *(cantaría)* es sustituido con frecuencia por el imperfecto de indicativo *(cantaba),* y el
condicional compuesto *(habría cantado),* por el pluscuamperfecto de
indicativo *(había cantado).* Véanse los ejemplos siguientes:

(13) Si intentara cantar de nuevo no me *dejaban* (= *dejarían*).
(14) Si hubiera estado yo allí, me *habían oído* (= *habrían oído*).

5) El esquema dado vale también para las condicionales introducidas por COMO, SIEMPRE QUE, SIEMPRE Y CUANDO, EN EL CASO DE
QUE, etc., cuando se refieren a hechos de realización improbable o a
realidades contrarias a los hechos (ver R. 29).

---

[62] Curiosamente, sin embargo, la alternancia no parece posible en los casos en que
el condicional compuesto tiene el valor de futuro que acabamos de describir en el
punto 2): si la oración (10) de arriba la construimos con *hubiera terminado* en lugar de
con *habría terminado,* la secuencia es viable, pero nos lleva de manera automática a
pensar en el pasado. Lo mismo sucede en otras estructuras; por ejemplo, en las concesivas, que veremos en R. 70.

6)   Tanto la prótasis como la apódosis pueden elidirse (ver R. 5):

(15)   ¡Si vieras cuánto he sufrido...!
(16)   ¡Nunca lo hubiera creído! (si no lo hubiera visto).

En cuanto a los «efectos de la violación» de la regla, éstos son, como se recordará, de tres tipos:

a)   *Cambios de significado:*

(17)   Si *has leído* el libro, podrás contestar a mi pregunta
        (veo posible que lo hayas leído).
(18)   Si *hubieras leído* el libro, podrías contestar a mi pregunta
        (pienso que no lo has leído).

b)   *Oraciones equivalentes* en su contenido básico. El caso más repetido en las gramáticas es la aparición del presente de indicativo (en la prótasis, en la apódosis o en ambas) cuando la oración es claramente «contrafactual», sobre todo si se refiere al pasado:

(19)   Si *tiene* allí un palo le *da* con él (= si hubiera tenido allí un palo, le habría dado con él).
(20)   Si ese tío *gana* las elecciones, me *voy* del país (= si hubiera ganado... me habría ido).

No es tampoco extraño el uso del imperfecto o pluscuamperfecto de indicativo en la prótasis por, respectivamente, el imperfecto o pluscuamperfecto de subjuntivo para recalcar el carácter de «ficción» en que nos movemos en ese momento (ver nota 63 en la regla 69):

(21)   —¿Tú serías capaz de hacer eso?

        —Hombre, $\left\{ \begin{array}{l} \text{si no me habían dejado otro camino,} \\ \text{si estaba desesperado,} \end{array} \right\}$ quizá.

Las dos sustituciones a que acabamos de aludir contribuyen a dar viveza a la expresión y son marcadamente coloquiales.
c)   *Oraciones inaceptables.* He aquí varios ejemplos:

(22)   * Si *veamos* demasiado la televisión nos duelen los ojos.
        (INACEPTABLE porque SI no admite ni presente ni pretérito perfecto de subjuntivo.)
(23)   * Si *vimos* antes la señal, habríamos llegado a tiempo.
        (INACEPTABLE: hay indicios suficientes del carácter contra-factual de la oración y, sin embargo, hemos usado en la prótasis

un tiempo de indicativo. Éste, por otra parte, no responde a
ninguna de las sustituciones vistas en b) de arriba.)

(24)   * Si te *pintaras* un poco, *estás* mejor.

(INACEPTABLE porque la apódosis está construida como si la
prótasis fuera un hecho no problemático, mientras que el modo
de la prótasis apunta en dirección contraria.)

(25)   * Los métodos de Ogino fallan, y si *fallaran* no *comprendería* por qué
la gente los utiliza.

[INACEPTABLE: prótasis y apódosis están construidas como si
se tratara de hechos problemáticos o no realizados, cuando se
acaba de decir lo contrario. En realidad la condicional que debería terminar (25) («si fallan, no comprendo...») sólo lo es en
la forma, ya que su contenido no tiene en absoluto carácter
eventual. Se trata de un hecho ya probado y aceptado que el
hablante retoma para continuar su discurso. Las supuestas condicionales de *cuando* tienen todas este carácter:

(26)   Cuando él lo dice, será verdad.

    ($\simeq$ si él lo dice será verdad
    $\simeq$ él lo dice, luego será verdad)].

R. 69

E.:   Oraciones condicionales.

R.:   Precedida de ciertas partículas como SALVO, EXCEPTO,
NO... MÁS QUE (= EXCEPTO), POR la conjunción SI funciona-
na, por lo que al modo se refiere, de acuerdo con la
regla precedente: la aparición del subjuntivo viene determinada por la realización poco probable que el hablante
atribuye a la prótasis, o por el carácter «contrafactual»
de la misma. APENAS SI lleva siempre indicativo.

E.V.:   Valen los tres tipos vistos en la regla anterior.

Para no repetir de nuevo la explicación que acompaña a la R. 68
(la anterior), a ella remitimos al lector. Cabe, no obstante, señalar
ciertas peculiaridades. La más llamativa en lo que a POR SI se refiere
es que con este introductor no podemos referirnos a realidades contrarias a los hechos, es decir, este nexo no encabeza secuencias de
tipo «contrafactual». Si el hablante lo utiliza, es porque lo que sigue
le parece posible. La segunda peculiaridad es que con POR SI la corre-

lación de tiempos de la regla anterior no se cumple, de forma que, pongamos indicativo o subjuntivo tras SI, la apódosis no es influida por la elección. Las características atribuidas a POR SI quedan ejemplificadas en las secuencias (1)-(4)

(1) Llevo las botas por si el terreno *es* blando.
(2) Llevo las botas por si el terreno *fuera* blando.
      (La realización de la prótasis se presenta como menos probable. Obsérvese que en (1) y en (2) *llevo* permanece invariable.)
(3) Prepararé dos camas por si Paquita *ha traído* a su padre.
(4) Prepararé dos camas por si Paquita *hubiera traído* a su padre.
      [*Ídem* que en (2). Tampoco ahora ha variado el verbo *prepararé*. De (4) no puede deducirse en ningún caso que Paquita no ha traído a su padre, que sería la interpretación «contrafactual».]

SALVO SI, EXCEPTO SI, NO... MÁS QUE SI ofrecen ejemplos que se ajustan a la variación modal y a la correlación de formas que hemos visto para SI:

(5)   Eso no lo haré, salvo si me lo pides de rodillas.
(6)   Eso no lo haría, salvo si me lo pidieras de rodillas.
(7)   Nunca lo entenderás, excepto si te lo explica un pedagogo excepcional.
(8)   Nunca lo entenderías, excepto si te lo explicara un pedagogo excepcional.
(9)   No entrará por esa puerta más que si yo estoy muerto.
(10) No entraría por esa puerta más que si yo estuviera muerto.

Ahora bien, un análisis detenido de los ejemplos de arriba y de otros que podrían aducirse, revelaría: 1.º) Que con estas partículas la correlación temporal no es rígida: (6), por ejemplo, podría perfectamente transformarse en (11):

(11) Eso no lo haré, salvo si me lo pidieras de rodillas.

La razón es que la oración de SI no es realmente una condición de la oración explícita precedente (en el último ejemplo, de «eso no lo haré»), sino de otra sobrentendida (en este caso algo así como «entonces sí lo haría»). De ahí que los lazos de unión entre la prótasis y la supuesta apódosis sean ahora mucho más tenues. 2.º) Que en oraciones como (6), (8) o (10) resulta perfectamente natural sustituir *pidieras* por *pedías*, *explicara* por *explicaba*, *estuviera* por *estaba*, al menos en la lengua coloquial. Tras la sustitución se acentúa la atmósfera ficticia de la situación[63]. Lo mismo ocurre en (12), (13) y (14):

(12) Yo no me embarcaría en esa empresa, salvo si me lo *pedía* el mismísimo rey.
(13) Excepto si tú me *abandonabas,* siempre viviría en una isla como ésta.
(14) Yo no comería eso más que si me lo *recetaba* el médico.

Con APENAS SI el indicativo aparece siempre porque no se trata de una auténtica condicional, como queda puesto de manifiesto por dos hechos: uno es que SI puede suprimirse sin efecto alguno:

(15) Apenas (si) había llegado cuando tuvo que volver a salir.

El otro es la posibilidad de ir seguida de futuro, cosa absolutamente vedada a las auténticas condicionales:

(16) Apenas si habrán tenido tiempo de dormir cuando suene el despertador.

Por lo mismo, tampoco introduce una oración temporal: en (15) y (16) la auténtica temporal es la encabezada por CUANDO. APENAS (SI) ni siquiera es un nexo, sino un adverbio como CASI NO y otros similares.

o O o

---

[63] Ya vimos en la regla anterior que la sustitución no es desconocida por las condicionales introducidas sólo por SI, y parece tener como misión la de dejar bien marcado el carácter contrafactual o altamente irreal de la prótasis, carácter que el imperfecto de subjuntivo no asegura por sí mismo. Sí lo asegura, en cambio, el pluscuamperfecto de subjuntivo referido al pasado, y por eso en éste la sustitución no se produce. El imperfecto de indicativo que aquí aparece está estrechamente emparentado con el imperfecto «de ficción» del habla infantil: «yo *era* un caballero y tú la princesa». El valor modal que a veces adquieren las formas de pasado y que puede llegar a imponerse sobre su contenido temporal es destacado por autores modernos como Lyons (véase *Semantics, 2,* Cambridge, CUP, 1977, párr. 17.3) o Alarcos (quien atribuye al pasado el valor de «separación o alejamiento» del hablante respecto del hecho expresado: cfr. «*Cantaría:* modo, tiempo y aspecto», en *Estudios de Gramática funcional del español,* 3.ª ed., Madrid, Gredos, 1980, pág. 117), pero no pasó inadvertido a los clásicos: lo que Bello llamó «anterioridad metafórica» se refiere justamente a esto [véase A. Bello, *Gramática de la Lengua Castellana* (edición de R. Trujillo), Tenerife, Cabildo Insular, 1981, párrafos 692 y ss].

R. 70

E.:   Oraciones concesivas.

R.:   Las introducidas por (AUN) A SABIENDAS DE QUE, Y ESO QUE, SI BIEN sólo pueden llevar indicativo. En las introducidas por AUNQUE la aparición del indicativo o del subjuntivo viene determinada por dos factores:

        — el carácter de hecho posible o no;
        — el carácter informativo o no de la prótasis, es decir, de la oración encabezada por AUNQUE.

E.V.:   Si se usa subjuntivo en las primeras, oraciones inaceptables. En las de AUNQUE, según los casos y las determinaciones contextuales, cambio de significado u oraciones inaceptables.

Imaginemos que las siguientes frases se las dice Emilio por teléfono a su amigo Enrique, con quien hace mucho tiempo que no habla:

(1) Aunque *estoy* enfermo, sigo trabajando.
(2) Aunque *he estado* enfermo, he seguido trabajando.
(3) Aunque *estaba* enfermo, seguí trabajando.
(4) Aunque *estuve* enfermo, seguí trabajando.
(5) Aunque (por aquel entonces) ya *había estado* enfermo, seguí trabajando.
(6) Aunque (mañana) todavía *estaré* enfermo, iré a trabajar.
(7) Aunque (para esas fechas) ya *habré estado* enfermo dos o tres veces, no habré dejado de trabajar ni un solo día.
(8) Me dijo el médico que aunque para esas fechas todavía *estaría* enfermo, podría ir a trabajar.
(9) Me dijo el médico que aunque para esas fechas ya me *había curado,* me convenía guardar reposo.

Emilio ha utilizado en todos los casos indicativo (en presente, pretérito indefinido, imperfecto, etc., de acuerdo con los valores temporales normales de las formas del indicativo) tras AUNQUE. Emilio conoce su situación, la presenta como un hecho objetivo (en presente, pasado o futuro) y piensa que Enrique —con quien hace tanto tiempo que no habla— la desconoce, no sabe cómo se encuentra ni qué hace; por ello le informa.

En efecto, en las frases concesivas se usa indicativo cuando el hablante conoce (hecho real) la acción expresada por el verbo que sigue a AUNQUE y, de alguna manera o por alguna razón, piensa o presupone que su oyente la desconoce (o considera pertinente informarle). Con el indicativo tras AUNQUE se suministra información al oyente.

· Ahora imaginemos que Carmen y Eulalia son íntimas amigas, viven y han vivido siempre juntas y lo saben todo la una de la otra. Carmen podría decir estas frases a Eulalia:

(10)   Aunque *esté* enferma (ahora mismo), iré contigo al cine.
(11)   EULALIA: Ha dicho el médico que mañana estarás enferma todavía.
       CARMEN: Bueno, pues aunque mañana *esté* enferma, iré al cine contigo.
(12)   Aunque estos días *haya estado* enferma, he ido contigo al cine.
(13)   Aunque ayer *estuviera* enferma, fui al cine contigo.

Carmen ha utilizado subjuntivo tras AUNQUE. Ella es la que padece la enfermedad; por tanto, sin duda, conoce perfectamente bien la situación expresada por el verbo que sigue a AUNQUE. Pero, como Eulalia vive con ella, Carmen piensa o presupone que su amiga también conoce esa situación y no considera pertinente suministrarle información. Por ello ha utilizado subjuntivo.

Efectivamente, en las frases concesivas se usa subjuntivo cuando el hablante conoce (hecho real) la acción y, de alguna manera o por alguna razón, piensa o presupone que su oyente también la conoce (o no considera necesario informarle).

No son éstas las únicas circunstancias en las que aparece subjuntivo en las frases concesivas. Sigamos imaginando: Carmen y Enrique se han casado. Enrique le dice a Carmen:

(14)   (En la cama, antes de levantarse, con la persiana bajada.) Aunque ahora mismo *haga* buen tiempo, yo no me muevo de casa.
(15)   (Idénticas condiciones.) Aunque ahora mismo *hiciera* buen tiempo, no me movería de casa.
(16)   Aunque mañana *haga* buen tiempo, no me moveré de casa.
(17)   Aunque mañana *hiciera* buen tiempo (pero lo dudo, porque no para de llover), no me movería de casa.
(18)   Aunque esta mañana *haya hecho* buen tiempo (y yo lo ignoro, porque todavía no me he levantado de la cama), no me he movido de casa.
(19)   Aunque el mes pasado en Palencia *hiciera* buen tiempo (y yo lo ignoro, pero lo considero probable, porque estamos en verano), no se abrieron las piscinas.
(20)   Aunque esta mañana / ayer *hubiera hecho* buen tiempo (y yo lo ignoro, pero lo dudo, porque lleva quince días lloviendo), no me habría movido de casa.

Enrique, en todo caso, ignora si hace, hará o hizo buen tiempo y por ello ha usado subjuntivo.

Como se habrá podido observar a lo largo de los ejemplos (14) a (20), se emplea subjuntivo en las frases concesivas (además de cuando el hablante y el oyente conocen el hecho) en los casos en que el hablante desconoce la acción expresada por el verbo que va tras AUNQUE; se aplica el siguiente esquema:

— para referirse al presente o al futuro [64]:
   • de cumplimiento posible: forma de presente de subjuntivo;
   • de cumplimiento difícil en opinión del hablante: forma de imperfecto de subjuntivo;
— para referirse al pasado:
   • de cumplimiento posible: forma de pretérito perfecto o de imperfecto de subjuntivo;
   • de cumplimiento difícil en opinión del hablante: forma de pluscuamperfecto de subjuntivo.

Veamos, para terminar, estas últimas frases que intercambian Enrique y Carmen:

(21)   CARMEN: Está lloviendo a mares.
       ENRIQUE: A mí me da igual, porque aunque ahora mismo *hiciera* buen tiempo, yo no me movería de casa.
(22)   CARMEN: Ayer llovió a mares.
       ENRIQUE: A mí me da igual, porque aunque *hubiera hecho* buen tiempo, yo no me habría movido de casa.

Enrique ha vuelto a usar subjuntivo, pero ahora por una razón diferente:

Se usa imperfecto de subjuntivo para indicar que la acción en cuestión no se está cumpliendo en el presente; se usa pluscuamperfec-

---

[64] Con referencia al futuro, también es posible usar pretérito perfecto (hechos de realización no problemática posible) o pluscuamperfecto (hechos de realización problemática, improbable) de subjuntivo. Si la oración fuera independiente, en ambos casos usaríamos futuro perfecto. Véase:

Mañana a mediodía quizás habrán llegado a un acuerdo. De todos modos, se producirá la huelga.

→ Aunque mañana a mediodía $\begin{Bmatrix} hayan \\ hubieran \end{Bmatrix}$ *llegado* a un acuerdo, se $\begin{Bmatrix} producirá \\ produciría \end{Bmatrix}$ la huelga.

Véanse R. 2, R. 29 y R. 68.

to de subjuntivo para indicar que la acción expresada por el verbo no
se cumplió en el pasado.

Recapitulemos ahora lo dicho:

AUNQUE + *Indicativo:*

— el hablante conoce el hecho;
— el hablante presupone que el oyente lo desconoce;
— se proporciona información tanto en la principal (apódosis) como en la subordinada (prótasis; la de AUNQUE);
— ejemplos (1) a (9).

AUNQUE + *Subjuntivo:*

a) — el hablante conoce el hecho;
     — el hablante presupone que el oyente también lo conoce;
     — se proporciona información sólo en la principal (apódosis);
     — ejemplos (10) a (13).

b) — el hablante desconoce el hecho (hipótesis);
     — puede considerarlo como de cumplimiento posible (formas
       de presente para el presente y el futuro, y de pretérito
       perfecto o de imperfecto para el pasado) o de cumplimien-
       to muy difícil (formas de imperfecto para el presente y el
       futuro, y de pluscuamperfecto para el pasado);
     — ejemplos (14) a (20).

c) — el hablante sabe que el hecho no se está cumpliendo (im-
       perfecto) o no se cumplió (pluscuamperfecto);
     — ejemplos (21) y (22).

Con respecto a las formas verbales empleadas cuando la oración
subordinada (prótasis con AUNQUE) lleva el verbo en subjuntivo hemos de hacer algunos comentarios adicionales:

1.° Las formas de presente y de perfecto de subjuntivo tienen en
todo caso sus valores temporales generales (véase R. 2 y R. 3); lo
mismo sucede con las formas verbales que aparecen en la principal.

2.° Si el verbo subordinado está en pluscuamperfecto de subjuntivo, el verbo principal debe estar en condicional. Pero —en virtud de
lo que se dice en R. 5— puede hallarse también en pluscuamperfecto
de subjuntivo [65]:

---

[65] Para una excepción, véase nota 62 en la explicación de R. 68.

(23)   Aunque ayer *hubiera nevado,* yo *hubiera jugado* al fútbol.

3.º   Si el verbo subordinado está en imperfecto de subjuntivo, el verbo principal va en condicional cuando el hablante desconoce el hecho y éste es presente o futuro (caso *b* de arriba):

(15)   Aunque ahora mismo *hiciera* buen tiempo, no me *movería* de casa.
(17)   Aunque mañana *hiciera* buen tiempo, no me *movería* de casa,

o cuando sabe que no se está cumpliendo en este momento (caso *c*) [66]:

(21)   CARMEN: Está lloviendo a mares.
       ENRIQUE: A mí me da igual, porque aunque ahora mismo *hiciera* buen tiempo, yo no me *movería* de casa.

Algunos pocos verbos (véase R. 5) toleran en estos casos imperfecto de subjuntivo (en lugar de condicional) en la oración principal en estilo afectado:

(24)   Aunque mañana *nevara,* Julio *debiera* jugar al frontenis.

En el resto de los casos, es decir, cuando se trata de un hecho conocido pasado (tipo *a*):

(13)   Aunque ayer *estuviera* enferma, *fui* al cine contigo,

o de un hecho desconocido pasado de realización probable (tipo *b):*

(19)   Aunque el mes pasado en Palencia *hiciera* buen tiempo, no se *abrieron* las piscinas,

en la oración principal aparece cualquier forma del indicativo, de acuerdo con sus valores generales.

4.º   El lector ya habrá observado que cuando en las oraciones concesivas con AUNQUE se manejan hipótesis o hechos contrafactuales (casos *b* y *c* de arriba, respectivamente), el valor de las formas del subjuntivo es paralelo al que esas mismas formas tienen con OJALÁ (R. 33), con ASÍ (R. 75) o con QUIZÁ (R. 76).

---

[66] En ambos casos, la lengua coloquial tolera el uso de imperfecto de indicativo por condicional simple en la oración principal.

Vamos a finalizar esta explicación de R. 70 añadiendo algunos ejemplos de concesivas con nexos que obligan al uso del indicativo y que, por lo tanto, implican la voluntad por parte del hablante de informar al oyente sobre algo [67]:

(25) Nos dejaron solos *aun a sabiendas de que* nos *perderíamos* en aquel laberinto (≃ 'aunque sabían que nos perderíamos', 'aunque nos perderíamos'.

(26) *Aun a sabiendas de que ha copiado* en el examen, lo voy a aprobar ('aunque sé que ha copiado', 'aunque ha copiado').

(27) Se enfadó contigo, *y eso que* tú no *habías abierto* la boca.

(28) Se ha hinchado de vino, *y eso que* le *duele* la cabeza.

(29) No dimos con tu despacho, *si bien* un bedel nos *mostró* la dirección.

(30) Voy a llamarla por teléfono, *si bien* me *consta* que no quiere hablar conmigo.

R. 71

E.:   Oraciones concesivas.

R.:   En las encabezadas por AUN CUANDO o A PESAR DE QUE y en las construidas con las estructuras POR - *adverbio* - QUE o POR MÁS / MUCHO - *sustantivo* - QUE, la aparición de indicativo o subjuntivo obedece a las mismas normas dictadas para AUNQUE.

E.V.: Dependiendo de los casos concretos y de la situación, oraciones inaceptables o cambio de significado.

En efecto, son los dos factores mencionados en R. 70 los mismos que regulan el empleo de indicativo o subjuntivo en las oraciones concesivas citadas en R. 71:

---

[67] Que el oyente objetivamente puede conocer o no. En los siguientes ejemplos parece obvio que éste conoce las situaciones expresadas por los verbos subrayados:

Te has hinchado de vino, y eso que te *duele* la cabeza.
Aunque *eres* mi hijo, no pienso prestarte el dinero.

En estos casos, y en otros similares, el hablante usa indicativo para *recordar,* y por lo tanto para hacer presente una información que el oyente parece haber olvidado.

A) — Aporte de información al oyente, quien (según presupone el hablante) desconoce el hecho: indicativo.

— Voluntad de no suministrar información al oyente, quien (según presupone el hablante) conoce el hecho: subjuntivo.

B) — Presentación de un hecho real y conocido: indicativo o subjuntivo [según lo dicho en A) de aquí arriba].

— Presentación de un hecho hipotético, desconocido o contrafactual: subjuntivo.

El intercambio de indicativo o subjuntivo no es, como se ve, arbitrario, y provocará oraciones inaceptables en aquellos casos en que el contexto o la situación hagan imprescindible el uso específico de uno de los modos; y oraciones de significado diferente en aquellos otros casos en que el contexto o la situación toleren la presencia de indicativo o de subjuntivo. Por ejemplo, (1) es inaceptable, porque el contexto conduce inequívocamente al subjuntivo:

(1) * Juan no ha venido, pero $\left\{\begin{array}{l}\text{a pesar de que}\\ \text{aun cuando}\end{array}\right\}$ *había venido,* no lo habríamos dejado entrar.

(es necesario *hubiera venido*). En cambio, en (2) utilizar indicativo o subjuntivo provoca tan sólo un cambio de significado:

(2) $\left\{\begin{array}{l}\text{A pesar de que}\\ \text{Aun cuando}\end{array}\right\}$ Justo $\left\{\begin{array}{l}\text{dice}\\ \text{diga}\end{array}\right\}$ más de una tontería, es un chico listo.

Hagamos todavía algunas precisiones más:

1.ª Las oraciones introducidas por AUN CUANDO (con indicativo o con subjuntivo) pueden reinterpretarse como temporales (véanse R. 57 y R. 51), con el sentido de 'incluso cuando', 'incluso en los momentos en que'. Así sucede, por poner un caso, en:

(3) Aun cuando $\left\{\begin{array}{l}\text{estoy}\\ \text{esté}\end{array}\right\}$ enfermo, $\left\{\begin{array}{l}\text{voy}\\ \text{iré}\end{array}\right\}$ contigo al cine ($\simeq$ 'incluso en los momentos en que $\left\{\begin{array}{l}\text{estoy}\\ \text{esté}\end{array}\right\}$ ...' $\neq$ 'aunque $\left\{\begin{array}{l}\text{estoy}\\ \text{esté}\end{array}\right\}$ ...').

2.ª Las estructuras POR - *adverbio* - QUE y POR MÁS/MUCHO - *sustantivo* - QUE parecen no admitir, a diferencia de todos los demás nexos concesivos, ni futuro ni condicional en la oración subordinada:

con esas formas temporales del indicativo, que dan carácter informativo a la oración concesiva, los mencionados nexos no se emplean. Veamos estos ejemplos:

(4)   Aunque este verano *ahorraremos* una barbaridad, no podremos comprarnos el piso.
(4 bis)   Por mucho que *ahorremos* este verano, no podremos comprarnos el piso.

En (4) informo de nuestra voluntad de ahorrar; en (4 bis) no informo: ambas son, pues, diferentes. Por las mismas razones:

(5)   Aunque para esas fechas ya *habremos ahorrado* una barbaridad, todavía no podremos comprarnos el piso ≠ (5 bis). Por mucho que *hayamos ahorrado* para esas fechas, ...
(6)   Le dijimos a Juan que aunque este verano *ahorraríamos* una barbaridad, no podríamos comprarnos el piso ≠ (6 bis). Le dijimos a Juan que por mucho que *ahorráramos* este verano, ...
(7)   Le dijimos a Juan que aunque para esas fechas ya *habríamos ahorrado* una barbaridad, todavía no podríamos comprarnos el piso ≠ (7 bis). Le dijimos a Juan que por mucho que *hubiéramos ahorrado* para esas fechas, ...

3.ª POR POCO QUE (estructura del tipo POR - *adverbio* - QUE) presenta una fuerte tendencia a ser utilizada con el verbo en subjuntivo, quizá porque tiene un acusado valor condicional.

(8)   Por poco que *salga,* su padre le riñe.

4.ª Por el contrario, el empleo de A PESAR DE QUE, si bien es posible con el verbo en subjuntivo, parece más frecuente en aquellas situaciones que obligan a utilizar indicativo.

Y terminemos esta explicación con una tanda de ejemplos:

(9)   Ningún editor quiso aceptar mi libro, *aun cuando* yo *estaba* dispuesto a renunciar a los derechos de autor.
(10)   Sus éxitos son muy sonados, *aun cuando sean* efímeros.
(11)   *A pesar de que* me *tomé* la pastilla, no sentí mejoría.
(12)   *A pesar de que* se *ponga* colorado cuando ve a una mujer, no es un chico tímido.
(13)   *Por más que ha investigado,* no ha encontrado la fórmula.
(14)   *Por bien que haga* los exámenes, salgo preocupado.
(15)   *Por más que ayudaba* en lo que podía, nadie me lo agradecía.
(16)   *Por mucho que estudiara,* jamás conseguiría aprobar esa asignatura.
(17)   *Por más* investigaciones *que han realizado* en ese laboratorio, no han sido capaces de encontrar la fórmula.
(18)   *Por mucha* colonia *que* te *hubieras echado,* habrías seguido oliendo a perros muertos.

R. 72

E.:   Oraciones no subordinadas (expresión de mando).

R.:   En español el imperativo sólo dispone de formas propias para las personas *tú, vosotros,* y ello sólo en forma afirmativa.
En consecuencia, para órdenes y exhortaciones dirigidas a *usted, ustedes* y demás personas verbales, y para prohibiciones dirigidas a cualquier persona no puede usarse imperativo: Se usan las formas del presente de subjuntivo.
Si se trata de aserciones, la misma estructura lleva indicativo.

E.V.: Cambio de significado.

Para cualquier tipo de mando (orden, petición, exhortación, consejo incluso...) se usan las formas del imperativo si el mando en cuestión es afirmativo y se dirige a las personas *tú* o *vosotros* (segundas personas):

(1)   Sal temprano.
(2)   Salid temprano.

En las demás circunstancias (mando afirmativo dirigido al resto de las personas verbales; mando negativo (= prohibición) dirigido a cualquiera de ellas), el español exige el uso del presente de subjuntivo, como testimonian los siguientes ejemplos:

(3)   Salga usted temprano.
(4)   Salgan ustedes temprano.

  (5)   Salgamos temprano.
  (6)   No salgas tarde.
  (7)   No salgáis tarde.
  (8)   No salga usted tarde.
  (9)   No salgan ustedes tarde.
(10)   No salgamos tarde, que es peor.

En todos ellos es posible (presente de) indicativo, pero el significado es completamente distinto: con el indicativo no estamos ante un mando, sino ante una aserción.

Si el mando nos lo dirigimos a nosotros mismos (primera persona del plural) no se trata en realidad de una orden, sino más bien de una exhortación *(subjuntivo exhortativo)*. En estos casos, como hemos visto, también aparece el presente de subjuntivo; pero aquí hay una excepción importante referida al verbo *ir:* Si este verbo forma parte de la perífrasis *ir a + infinitivo* y ésta se halla en forma afirmativa, el sentido exhortativo se obtiene con el presente de indicativo, no con el subjuntivo, como sería esperable:

(11)   ¡Ea!, vamos a hacerlo entre todos.
(12)   Antes de tomar una decisión, vamos a discutir esa cuestión.
(13)   En fin, vamos a corregir los exámenes.

En estos casos la exhortación recae sobre el infinitivo (más o menos: *hagámoslo, discutamos, corrijamos)*. Ha de notarse que esta construcción no admite la forma negativa para este significado.

Si el verbo *ir(se)* no forma perífrasis —aun en los casos en que va seguido de infinitivo— o ésta no es de infinitivo, y se halla en forma afirmativa, el sentido exhortativo puede obtenerse con el subjuntivo (regla general) o con el indicativo (regla particular), el cual, por su parte (en otros contextos), expresaría una aserción:

(14)   Vamos / Vayamos a hacerlo entre todos.
(15)   Vamos / Vayamos a bailar todos juntos [a la discoteca].
(16)   Vamos / Vayamos [a la asamblea] a discutir esta cuestión.
(17)   Vamos / Vayamos al salón a fumarnos un purito.
(18)   Vamos / Vayamos haciendo las maletas.
(19)   Vámonos / Vayámonos al cine.
(20)   Vamos / Vayamos todos, y yo el primero, por la senda de la constitución.

En todos estos casos, la exhortación recae sobre *ir* (no sobre el infinitivo, donde hay infinitivo). Si negamos estas exhortaciones, el subjuntivo —según la regla general— vuelve a hacerse necesario para expresar el contenido que comentamos.

R. 73

E.: Oraciones no subordinadas (expresión de mando).

R.: Se utiliza el presente de subjuntivo con el pronombre *se* de agente indeterminado para dar —sobre todo por escrito— órdenes, consejos o instrucciones impersonales cuyo destinatario concreto se desconoce. El pronombre va pospuesto al verbo.

E.V.: Cambio de significado: El uso del indicativo, con la correspondiente anteposición del pronombre, supone una simple aseveración.

La estructura comentada se da casi con exclusividad en la lengua escrita y es especialmente frecuente en las instrucciones y recomendaciones de uso que acompañan a ciertos productos:

(1) Hiérvase durante ocho minutos *(en un paquete de tapioca).*
(2) Tómese con leche *(en una bolsa de cacao en polvo).*
(3) Manténgase en lugar fresco *(en una lata de anchoas).*
(4) Guárdese fuera del alcance de los niños *(en un medicamento).*
(5) Consúmase antes del 8 de abril *(en una botella de leche).*
(6) Caliéntese a fuego lento *(en una lata de tomates).*
(7) Véase la página 37 *(en un libro).*

R. 74

E.: Oraciones no subordinadas (expresión de deseo).

R.: El subjuntivo aparece (sin QUE) en una larga serie de fórmulas sociales más o menos estereotipadas (y generalmente exclamativas) de carácter desiderativo.

E.V.: Cambio de significado (pérdida del significado desiderativo). Con algunos verbos, secuencias extrañas o inaceptables.

Se recordará (*vid.* R. 12) que el mecanismo normal de las oraciones que expresan deseo sin verbo principal explícito es el uso de QUE como introductor. La construcción que ahora comentamos no lleva QUE. Ahora bien, no todos los verbos la admiten, ya que se trata en realidad de fórmulas o expresiones convencionales más o menos fijadas, frases más o menos hechas, con las cuales expresamos nuestro deseo de que algo suceda. Entre las más frecuentes se cuentan las siguientes:

(1)   ¡Maldita sea!, ya me han vuelto a engañar.
(2)   ¡Maldito seas!
(3)   ¡Benditos seáis!
(4)   ¡Viva (Zapata) (la República) (el salero)!
(5)   ¡Muera el tirano!
(6)   ¡Dios quiera! (que llueva pronto).
(7)   ¡Dios te oiga!
(8)   ¡Dios lo permita!
(9)   ¡Dios le ampare!
(10) ¡Dios te proteja! / ¡Los dioses te protejan!
(11) ¡Dios nos libre! (de caer en sus manos).
(12) ¡Dios te salve!
(13) ¡Dios te bendiga!
(14) ¡Dios te confunda!
(15) ¡Dios esté con vosotros!
(16) ¡Dios nos coja confesados!
(17) ¡Bienvenido(s) sea(n)!
(18) ¡Sea enhorabuena!
(19) Descanse(n) en paz.
(20) Con su pan se lo coma(n).
(21) ¡Allá se las componga(n)! / averigüe(n).
(22) Santificado sea tu nombre.
(23) Cúmplase tu voluntad.
(24) Séale la tierra leve.
(25) Vaya una cosa por la otra.
(26) Baste decir que no nos avisaron.
(27) Sea suficiente con informar que...
(28) ¡Ahí me las den todas!
(29) La paz sea con vosotros.

R. 75

E.:   Oraciones desiderativas con ASÍ.

R.:   Se construyen con el verbo en subjuntivo. Las formas verbales de este modo siguen las mismas pautas que con OJALÁ (véase R. 33).

E.V.:   Cambio de significado: Si ponemos el verbo en indicativo, ASÍ no indica deseo, sino modo.

ASÍ + *subjuntivo* expresa un deseo (generalmente exclamativo) que en la mayoría de los casos coincide con —o es cercano a— una maldición, o manifiesta la indiferencia malévola del hablante ante las adversidades de su prójimo [68]. No es una construcción de uso muy frecuente, pero la recogemos aquí y citamos los siguientes ejemplos:

A)   Deseos concebidos como de realización posible:

(1)   ¡Así te *parta* un rayo ahora mismo! (presente).
(2)   ¡Así se *maten* por esas carreteras! (futuro).
(3)   ¡Así lo *castigara* Dios por lo que nos hizo! (pasado)
(4)   ¡Así se le *hayan venido* abajo los planes! («pasado»).

B)   Deseos concebidos como de realización muy difícil o imposible, o claramente no realizados:

(5)   ¡Así se le *hundiera* la casa ahora mismo, a ver si escarmienta! (presente).
(6)   ¡Así *perdierais* hasta la niña de los ojos! (futuro).
(7)   ¡Así le *hubiera dado* un infarto! (pasado).

R. 76

E.:   Oraciones con adverbios de duda.

R.:   A LO MEJOR se construye siempre con indicativo. El resto de los adverbios de duda y posibilidad se construyen:
— con indicativo, si se posponen al verbo;
— con indicativo o subjuntivo, si se anteponen al verbo.
    La aparición de uno u otro modo está ligada al grado de incertidumbre o duda, o a la certeza acerca de la no-realización.
    Cuando se usa subjuntivo, el uso y valor de las formas temporales es similar al que observamos con OJALÁ (véase R. 33).

---

[68] Para otros sentidos de ASÍ + *subjuntivo* (valor concesivo), véase más arriba la R. 31.

> **E.V.:** Si el indicativo es obligatorio, secuencias inaceptables. Si indicativo o subjuntivo contrastan, ligero cambio de matiz en el significado.

Salvo A LO MEJOR, que, como hemos dicho, se construye siempre con indicativo, el resto de los adverbios de duda o posibilidad (QUIZÁ; QUIZÁS; TAL VEZ; ACASO; POSIBLEMENTE; PROBABLEMENTE; SEGURAMENTE) admite, según las circunstancias, modo indicativo o modo subjuntivo: Si van colocados detrás del verbo, el indicativo es obligatorio. Si van colocados delante, el uso del indicativo o del subjuntivo es casi indiferente y conlleva sólo ciertos matices de acentuación o no de la duda: el subjuntivo marca un mayor grado de incertidumbre que el indicativo.

El uso de los tiempos del subjuntivo es paralelo al que hemos estudiado con OJALÁ. Compruébese con estos ejemplos (utilizamos QUIZÁ en todos ellos, pero lo expuesto es aplicable a todos los demás adverbios tratados):

A) Grado menor de duda:

(1) Quizá nos *estén* esperando (presente).
(2) Quizá Pedro *gane* las próximas elecciones (futuro).
(3) Quizá le *hayan tocado* esta semana las quinielas («pasado»).
(4) Quizá le *tocaran* las quinielas la semana pasada (pasado).

B) Grado mayor de duda, duda muy acentuada, o hechos que no se produjeron:

(5) Quizá nos *estuvieran* esperando ahora mismo, pero seguro que se han marchado (presente).
(6) Quizá mañana ya no *estuviese* allí (futuro).
(7) Quizá les *hubiera convenido* tener más hijos (pasado).

(Para completar el estudio del uso de los tiempos del subjuntivo con estos adverbios deben consultarse las explicaciones de R. 2, R. 29, R. 33, R. 68 y R. 70.)

R. 77

E.: Oraciones independientes con VAYA y VENGA.

R.: *Venga a + infinitivo* expresa la repetición o la prolongación insistentes y molestas de una acción por parte de alguien. Es enfático y enérgico. Aparece preferentemente contrastando con otra acción, a la que se opone. *¡Vaya!* y *¡venga!* se usan en estructuras exclamativas con valor de interjecciones:

— *¡Venga!* sirve para pedir algo, para meter prisa, o para mostrar desacuerdo.
— *¡Vaya!* se emplea para expresar muy variadas impresiones (disgusto, desagrado, desilusión, sorpresa, énfasis, etc.).

E.V.: Si *venga a + infinitivo* tiene como sujeto una tercera persona, cambio de significado. En el resto de los casos, oraciones inaceptables.
Con *¡venga!* y *¡vaya!,* cambio de significado o secuencias inaceptables, según el contexto.

Unos ejemplos bastarán como aclaración de lo que acabamos de decir:

(1) Juan en la playa y yo, mientras tanto, *venga a* estudiar.
(2) Nosotros queríamos irnos y el hombre *venga a* decir que le compráramos el reloj.
(3) Ana limpiando la casa y el sinvergüenza de Eduardo *venga a* dormir.
(4) Vosotros *venga a* fumar y nosotros *venga a* protestar.

(5) ¡Venga, hombre!, eso no puede ser verdad.
(6) ¡Venga!, dame lo que tienes en las manos.
(7) ¡Venga!, deja de decir tonterías.
(8) ¡Venga!, termina de comer, que nos vamos.

(9) ¡Vaya!, ya están aquí otra vez esos pesados.
(10) ¡Vaya un pescado asqueroso que te han vendido!
(11) ¡Vaya (tela) con el niñito!
(12) ¡Vaya, hombre, nunca pensé que podías estar aquí!
(13) ¡Puff!, ¡vaya, peste!, ¿eh?
(14) ¡Vaya por Dios!, ¡qué desgracia!

EJERCICIOS

Valores de los tiempos

EJERCICIO 1 (R. 1 a R. 5)

Transforme las siguientes frases, negando el verbo principal y poniendo en subjuntivo el verbo subordinado, según el modelo:

Creo que *está* enfermo → No creo que *esté* enfermo.

1. Veo que estás guapa → No veo que...
2. He comprobado que la teoría es verdadera.
3. Han descubierto que Juan los ha engañado.
4. Creo que a las ocho habré terminado la tarea.
5. Observaron que destruías sus cartas.
6. Es seguro que ella se comió tu trozo de tarta.
7. Dijo que se fumaría doce puros el día de Navidad.
8. Es evidente que tendrás muchos hijos.
9. Es evidente que tienes muchos hijos.
10. Creo que regresarán temprano.
11. Parecía que se había portado mal con su familia.
12. Pensé que habrías hecho mal el trabajo.
13. Han informado de que todo funcionaba correctamente.
14. Manolo dijo que te habías comido todo el pavo.
15. Es cierto que ha dejado de drogarse.
16. Te aseguro que para las ocho y media me habrá llamado por teléfono.
17. Creí que me arreglarías la silla.
18. Es obvio que tú tuviste la culpa.
19. Luis creía que para esas fechas su hermano habría vendido todas las tierras.
20. Opinaba que con los profesores no se podía hablar.
21. Creo que llegó a tiempo.
22. Siempre dije que debíamos confiar en él.
23. El ministro ha comunicado que en 1990 entraremos en la organización.
24. Julián afirmó que Julita lo había abandonado.
25. Eso significa que te tomó el pelo.

EJERCICIO 2 (R. 5)

Todos los infinitivos que le ofrecemos pueden ser sustituidos por un condicional y también (con un valor equivalente) por formas del subjuntivo. Utilice estas últimas en vez de los infinitivos:

1. ¡Camarero! (Yo, querer) ——————— una copa de coñac.
2. (Yo, querer) ——————— saber si puedes acompañarnos.
3. (Yo, querer) ——————— recoger mis cosas (si no le molesta).
4. ¡Jacinto jamás (hacer) ——————— tal cosa! (si no lo hubieran empujado las malas compañías).
5. ¡Quién (pensar) ——————— que tú ibas a traicionarlo! (si eras su mejor amigo).
6. ¡(Ser) ——————— mejor haberlo hecho como tú dijiste! (pero lo hicimos de otro modo).
7. Más (valer) ——————— que hubiésemos avisado antes de llegar.
8. Más (valer) ——————— esperar un poco.
9. (Tú, deber) ——————— tener más cuidado con lo que dices.
10. Buenas tardes. (Yo, querer) ——————— un pantalón de la talla 42.
11. ¡Jamás (yo, poder) ——————— creer que tú ibas a engañarme! (pero me engañaste).
12. (Decirse) ——————— que todo estaba en calma (pero las apariencias engañan).
13. Nadie (creer) ——————— que os habíais casado (si no hubiéramos visto el libro de familia).
14. (Yo, querer) ——————— habérselo dicho, pero no tuve ocasión.
15. (Yo, haber querido) ——————— decírselo, pero no tuve ocasión.

Correspondencia de tiempos

EJERCICIO 3 (R. 6 a R. 10)

Sustituya los infinitivos que le ofrecemos por formas del subjuntivo apropiadas:

1. Dile a Antonio que (él, traerme) ——————— los cuadernos.
2. Ve a casa de Juan para que su madre (entregarte) ——————— la medicina.
3. Siempre se ha extrañado de que el año pasado (vosotros, tener) ——————— tantos coches.
4. Nos ha aconsejado que (presentarnos) ——————— antes de las tres.
5. No te preocupes: nadie habrá lamentado que por aquel entonces todos (ponerse) ——————— de acuerdo para denegarte la plaza.

6. Es increíble que (gustarte) ———————— tanto bañarte.
7. No creyeron que tu hermano (terminar) ———————— los estudios.
8. Le había gustado que, antes de devolvérsela, (yo, leer) ————————
   su novela.
9. Por él, yo habría hecho cualquier cosa que (ser) ———————— nece-
   saria.
10. Vinieron para que esta tarde (nosotros, poder) ———————— asistir
    a la cena de celebración.
11. Consideraría una vergüenza que, en el concurso realizado, el tribunal no
    (valorar) ———————— debidamente sus méritos.
12. Lamento que Juan (encontrarse) ———————— en esa situación.
13. Me enoja que ayer (tú, consumir) ———————— todos los folios.
14. Nos encontraremos cuando ya (nosotros, recorrer) ————————
    las tres cuartas partes del mundo.
15. He sentido mucho que tu padre (morir) ———————— hace
    unos días.
16. Ha dispuesto que todos (quedarse) ———————— en la capital.
17. Con ese decreto han conseguido que nadie (estar) ————————
    contento.
18. No esperaba que el presidente (darme) ———————— la razón.
19. Haría cualquier cosa que (estar) ———————— en mi mano.
20. Me habría alegrado que, el día de mi santo, los empleados (regalarme)
    ———————— alguna cosita.
21. Nos agradaría que a partir de hoy (vosotros, venir) ———————— a
    vernos todas las semanas.
22. Ordénales que (ellos, callarse) ————————.
23. Es conveniente que a las nueve ya (tú, arreglarte) ————————.
24. No temas: les parecerá bien que en agosto del año pasado ya (tú, ven-
    der) ———————— todas las acciones.
25. Nunca he dudado de que para 1964 ya (tener) ———————— lugar
    la catástrofe.

EJERCICIO 4 (R. 6 a R. 10)

*Sustituya los infinitivos que le ofrecemos por formas del subjuntivo
apropiadas:*

1. Esa ley pretende que los pobres nunca (pasar) ———————— de pobres.
2. Cuando se entere de lo que has hecho, el ministro te ordenará que (tú,
   dimitir) ———————— de tu cargo.
3. Insistía en que antes de comer todos (lavarse) ———————— las
   manos.
4. Sería interesante que para las ocho usted ya (arreglarme) ————————
   —— el reloj.

5. Te compré el vestido para que (tú, ponértelo) ——————— a partir de hoy.

6. Jamás aceptaría que mi hija (casarse) ——————— con ese vagabundo.

7. Necesito a alguien que (echarme) ——————— una mano.

8. Nunca he conocido a nadie que (hablar) ——————— húngaro.

9. Te habrá pedido, como a todos, que (tú, prestarle) ——————— dinero.

10. Querrá que para el lunes ya (tú, leerte) ——————— todos esos artículos.

11. He venido para que la monja no (sentirse) ——————— sola.

12. En la Facultad no había nadie que (creer) ——————— en las promesas del rector.

13. No me hizo gracia que todos (reírse) ——————— de mí.

14. Nos mandaron que (presentarnos) ——————— aquí a las doce.

15. Me habría contentado con que los alumnos (terminar) ——————— el trabajo.

16. Hoy en día nadie cree que el mes pasado Rafael ya (aprobar) ——————— las oposiciones.

17. Jamás he oído que en el siglo pasado los rusos (emborracharse) ——————— con tinto todos los días.

18. Cuando se haya difundido la noticia, todos se habrán extrañado de que el decano no (formar) ——————— parte de la comisión.

19. Me quedaré aquí hasta que las amapolas (ponerse) ——————— amarillas.

20. Nos había prohibido que (nosotros, ir) ——————— a los toros.

21. Me extrañaría que Julito no (echar) ——————— ya las cartas al buzón.

22. El Evangelio ordenó que todos nosotros (ser) ——————— hermanos.

23. Sería raro que tus hijas (perderse) ——————— cuando venían para acá.

24. Te veremos cuando todo (estar) ——————— ya resuelto.

25. Quiso que todos los días (vosotros, venir) ——————— a verlo.

o O o

Oraciones sustantivas

EJERCICIO 5 (R. 11, R. 39 y R. 45)

Transforme las frases que se le dan, según el modelo:

Le ordenó: «riega las flores» → Le ordenó que regara las flores.
Le dijo: «dormiré hasta las diez» → Le dijo que dormiría hasta las diez.

1. Nos aconsejaron: «llevad ropa de abrigo».
2. Me piden: «préstanos algún dinero».
3. Comunicaron al laboratorio: «necesitan pronto los análisis».
4. El presidente ha declarado a los periodistas: «la situación ha mejorado mucho».
5. Su padre le ha escrito: «prepárame las maletas».
6. Su padre le ha escrito: «llegaré el jueves».
7. Les advirtieron: «no juguéis con el fuego».
8. Cuando le mando hacer algo siempre murmura: «yo no voy».
9. Cuando le mando hacer algo siempre dice: «vete tú».
10. Su novia le susurró al oído: «quiéreme siempre».
11. Su novia le susurró al oído: «te querré siempre».

EJERCICIO 6 (R. 11, R. 13, R. 38 y R. 44)

Inserte la oración «los precios suben demasiado» en cada una de las que se le dan, siguiendo el modelo:

No es conveniente que...
No es conveniente que los precios suban demasiado.

1. Siento que...
2. No me gusta nada que...
3. Nadie quiere que...
4. ¡Lástima que...!
5. Nosotros opinamos que...
6. Sí, ya veo que...
7. Bueno, no es que...
8. Me parece imposible que...
9. Por fin os habéis dado cuenta de que...
10. Es indudable que...
11. No está probado que...
12. Ya mi abuelo sospechaba que...
13. Pronto todos sabrán que...
14. El año pasado no sucedió que...
15. Es el gobierno el que ha permitido que...
16. Cuando yo sea ministro evitaré que...
17. Sí, parece que...
18. Día tras día sueño que...
19. Sí, hay posibilidades de que...
20. Hace años no era normal que...
21. Con ese tipo de política han conseguido que...
22. Sí, admito que...
23. Tú imagina que...
24. Es seguro que...

25. ¿No estaba prohibido que...?
26. Siempre me ha fastidiado que...
27. Les recordaron que...

EJERCICIO 7 (R. 14, R. 16, R. 47 y R. 48)

Construya el verbo que va entre paréntesis con QUE + indicativo o con QUE + subjuntivo, o manténgalo en infinitivo según convenga:

1. La razón de (Pedro, comportarse) ——————— ayer así es que no tiene dinero.
2. Mi sobrina está ya en la edad de (ella, leer) ——— libros más serios.
3. Respetaron el deseo de Rodolfo de (aquellos muebles, quedarse) ——— ——————— en la casa.
4. Respetaron el deseo de Rodolfo de (Rodolfo, ser enterrado) ——— ——— en su pueblo natal.
5. Será muy perjudicial.para nuestros intereses el rumor de (el petróleo, bajar) ——————— en los últimos tiempos.
6. La afirmación de (el presidente, estar) ——————— enfermo resultó falsa.
7. La idea de (el chico, pasar) ——————— aquellas vacaciones en la sierra fue estupenda.
8. La idea de (ser) ——— posible cruzar el río con una tabla se le ocurrió a Jaime.
9. La conducta de Vicente siempre estuvo guiada por la ambición de (Vicente, tener) ——— mucho dinero.
10. —La radio ha dicho que hará buen tiempo.
    —El (haberlo dicho) ——————— la radio no es suficiente para mí.
11. El hecho de (nosotros, llevar) ——————— aquí media hora y (nadie, haber venido) ——————— indica que este negocio no marcha.
12. Eso de (el príncipe, fugarse) ——————— el año pasado con una actriz es difícil de creer.
13. Eso de (el príncipe, fugarse) ——————— el año pasado con una actriz escandalizó a las revistas del corazón.
14. Esto de (hacer) ——— calor siempre es insoportable.

EJERCICIO 8 (R. 15)

En las siguientes frases, ponga Laura donde dice Isabel y haga alguna modificación en la oración 2 si es necesario:

1. Laura desea que Isabel salga de casa.
2. Laura ha intentado varias veces que Isabel compre pocos pasteles.

3. Julio no ha conseguido nunca que Isabel compre pocos pasteles.
4. Laura dirá, como siempre, que Isabel es poco inteligente.
5. A Laura le basta con que Isabel escriba dos veces a la semana.
6. Me parece justo que Isabel gane tanto como yo.
7. Laura por fin había comprendido que Isabel estaba equivocada.
8. Laura confesó que Isabel había escrito aquella nota.
9. Laura oía a menudo que Isabel estaba demasiado delgada.
10. Laura considera posible que Isabel gane tanto como yo.
11. Laura se acordó de que Isabel tenía que asistir a clase.
12. Laura cree que Isabel tiene siempre razón.
13. A Laura le parecía evidente que Isabel no se había portado bien.
14. Laura había prometido que Isabel estudiaría más en el futuro.
15. Laura avisó a los periodistas de que Isabel iba a casarse.

EJERCICIO 9 (R. 11, R. 15, R. 38 y R. 39)

Una las oraciones que se le dan siguiendo el modelo a *y luego el* b *(a veces son posibles* a *y* b*; a veces sólo uno de los dos; a veces ninguno):*

Mi padre me permitió algo / Yo fui a la fiesta.

Mi padre me permitió { a. que fuera a la fiesta.
                       { b. ir a la fiesta.

1. El gobierno no deja a los ciudadanos algo / Los ciudadanos salen por la noche.
2. Nos obligaron a algo / Abandonamos el lugar.
3. El profesor pidió a los alumnos algo / Los alumnos estuvieron en silencio.
4. Le aconsejo algo / Él no hace ruido.
5. Está gritando algo / Él ha cogido el paraguas.
6. Le dijo algo a su amiga / La habían suspendido (a su amiga).
7. Os prohíbo algo / Vosotros tocáis la guitarra después de las doce.
8. La policía invitó a los manifestantes a algo / Los manifestantes se disolvieron.
9. No me es posible algo / Yo asistiré a la reunión.
10. Les manda algo / Ellos salen al pasillo.
11. Me aburre algo / Yo hago esas cosas.
12. ¿No te entristece algo? / Tú bebes así.
13. Mercedes descubrió algo / La vecina no tenía televisor.
14. Los concursantes sabían algo / Los concursantes no conseguirían aquel premio.

EJERCICIO 10 (R. 12)

Abajo aparecen una serie de expresiones que empiezan por QUE y que se dicen sin V₁ explícito. De los tres que se le dan para cada expresión, uno podría ser, en circunstancias reales de comunicación, ese verbo no explícito. ¿Cuál?:

1. $\left\{\begin{array}{l} \text{Pido} \\ \text{Ordeno} \\ \text{Preveo} \end{array}\right\}$ ¡Que no nieve mañana!

2. $\left\{\begin{array}{l} \text{Prohíbo} \\ \text{Mando} \\ \text{Creo} \end{array}\right\}$ ¡Que no se mueva nadie!

3. $\left\{\begin{array}{l} \text{Declaro} \\ \text{Quiero} \\ \text{He decidido} \end{array}\right\}$ ¡Que haya ganado mi equipo!

4. ¡Está bien! $\left\{\begin{array}{l} \text{estoy de acuerdo con} \\ \text{ocultaré} \\ \text{veré} \end{array}\right\}$ ¡Que haga ese viaje!

5. $\left\{\begin{array}{l} \text{Digo} \\ \text{Ignoro} \\ \text{Es normal} \end{array}\right\}$ ¡Que te vayas!

6. $\left\{\begin{array}{l} \text{Ordeno} \\ \text{No digo} \\ \text{No ordeno} \end{array}\right\}$ ¡Que se sienten!

EJERCICIO 11 (R. 11, R. 40, R. 41, R. 42 y R. 43)

Ponga el verbo que va en cursiva en forma negativa y diga si el V₂ PUEDE ir entonces en indicativo, en subjuntivo o en ambos modos según los contextos. Ejemplos:

- *Notaron* que había allí olores extraños.
  No notaron que *hubiera / había* allí olores extraños *(ambos modos)*.
- *Me alegro* de que te haya tocado la lotería.
  No me alegro de que te *haya* tocado la lotería *(sólo subjuntivo)*.

1. *Ha revelado* que se ha casado por segunda vez.
2. *Comunícale* que hemos matado al perro.
3. *Parece* una cosa rara que el chaval tenga tan triste la cara.
4. *Suponíamos* que nos iban a traer regalos.
5. Él *negará* que ha estado en la cárcel.
6. —¿Quieres manifestar tu opinión sobre Raúl?
   —Hombre, yo *digo* que Raúl es un mal compañero.

7. *Olvidará* con facilidad que lo insultaron.
8. *Había imaginado* que mi primo era imbécil.
9. *¿Crees* que debemos llamarlo?
10. Mis palabras *significan* que la odio.
11. *Ocúltale* que estás embarazada.
12. *Es* conveniente que le compres un abrigo más barato.
13. De aquellos ruidos *dedujo* que había ladrones en casa.
14. —¿Has visto mis pendientes?
    —*Creo* que están por aquí.
15. *Pongo en duda* que la niña quiera ir con vosotros.
16. *Hizo* que nos sentáramos a su lado.
17. *Confesó* que era uno de los hombres más ricos de la ciudad.
18. —¿Qué piensas de esa película?
    —*Me parece* que es buena.

EJERCICIO 12 (R. 11, R. 38, R. 39 y R. 45)

Teniendo en cuenta que el contenido de la frase es aproximadamente el que se da al final de cada una de ellas, ponga el infinitivo que va entre paréntesis en indicativo o subjuntivo:

1. Se empeñó en que (nosotros, acostarnos) —————— a las doce (= quería mandarnos a la cama a las doce).
2. Se empeñó en que no (haber) —————— luna (= en su opinión, no había luna).
3. Pretenden que (pagar) —————— nosotros la cena (= su idea es obligarnos a pagar la cena).
4. Pretenden que (nosotros, ser) —————— millonarios (= dicen que somos millonarios).
5. Lo convenció de que (dejar) —————— de escribir (= consiguió meterle la idea de que debía dejar de escribir).
6. Lo convenció de que (él, escribir) —————— muy mal (= consiguió meterle la idea de que escribía muy mal).
7. Hizo que los niños (guardar) —————— los juguetes en el armario (= obligó a los niños a guardar los juguetes en el armario).
8. Hizo que (irse) ——————, pero volvió (= actuó como si se fuera, pero volvió).
9. Ahora entiendo que ese cantante (gustarle) —————— a la gente (= ahora me parece lógico que ese cantante le guste a la gente).
10. Él entendió que (estar) —————— en el cajón de arriba (= creyó que le habían dicho que estaba en el cajón de arriba).
11. Sentía que (ella, pasarle) —————— suavemente los dedos por la piel (= percibía cómo los dedos pasaban por su piel).
12. Sintió que las cosas (ser) —————— de aquella manera (= tenía pena porque las cosas eran así).

13. Acordaron que sólo Fulgencio (estar) ———— cuerdo (= todos lle-
    garon a la conclusión de que sólo Fulgencio estaba cuerdo).
14. Hemos acordado que (tú, leer) ———— la carta (= nos hemos pues-
    to de acuerdo para que seas tú quien lea la carta).

EJERCICIO 13 (R. 42)

Utilizando el esquema V₁ - QUE - V₂ *y el verbo que se le da en cada
caso, construya una pregunta para cada respuesta.* Por ejemplo:

—¿Tú crees...?
—Sí, sí está en casa.
Respuesta: ¿crees que *esté / está / estará* en casa?

1. —¿Vosotros creéis...?
   —Naturalmente que tiene dinero.
2. —¿Han dicho...?
   —Sí, mañana tenemos que ir a trabajar como todos los días.
3. —¿Suponen ustedes...?
   —No, no es una estafa, pero se parece mucho.
4. —¿Se dieron cuenta de...?
   —Sí, se dieron cuenta de que estaban cerradas (las tiendas) y no salieron
   de casa.
5. —¿Vamos a irle a la policía con el cuento de...?
   —No, vamos a decirle todo lo contrario: que López *no* está en la ciudad.
6. —¿Se olvidó Alberto de...?
   —No, jamás se olvida (de mi cumpleaños).
7. —¿Les habéis explicado ya a los alumnos...?
   —No, no: decirles a los alumnos que el hombre desciende del mono está
   prohibido en este colegio.

EJERCICIO 14 (R. 38, R. 39, R. 40, R. 41, R. 42, R. 43 y R. 47)

Ponga el infinitivo del paréntesis en la forma adecuada:

1. ¿Por qué dices que nadie (quererte) ————?
2. Está tan sordo que no ha oído que el teléfono (estar sonando) ————
   ——— toda la tarde.
3. Nadie sabe todavía que en estos momentos la humanidad (correr) ———
   ———— un grave peligro: hay que decírselo a todo el mundo.
4. Es muy despistado: no se fijó en que (ellos, quitar) ———— la esca-
   lera y se rompió siete costillas.
5. Yo no niego que (él, ser) ———— inteligente: lo que niego es que
   (él, tener) ———— sentido práctico.

6. ¿Acaso he dicho yo alguna vez en esta clase que las ranas (tener) ——— —— plumas?
7. No le digas a nadie que no (gustarte) ——————— la música moderna.
8. He descubierto que mi padre (llevar) ——————— una doble vida.
9. Purita me ha jurado que en adelante jamás (ella, ir) ——————— a una discoteca.
10. No te prometo que (yo, conseguirlo) ———————, pero haré todo lo posible.
11. Un adivino ha predicho que el año que viene (ser) ——————— un año magnífico.
12. Nadie pone en duda que tú (estar) ——————— hace dos años en Marruecos.
13. Reconozco que (yo, estar) ——————— enamorada como una tonta.
14. No creas que (tú, engañarme) ——————— con esas lágrimas.
15. ¡Qué sed tengo! ¡Parece que (comerme) ——————— dos kilos de sal!
16. ¿No habían declarado a la prensa que España (ser) ——— un país neutral? Entonces, ¿por qué dicen ahora lo contrario?
17. Nos hemos enterado de que la vecina (dedicarse) ——————— al cine.

EJERCICIO 15 (R. 45, 46, 47)

Para cada frase de las que siguen se le dan a usted dos contextos. Diga cuál sería la forma del verbo que va entre paréntesis en cada uno de tales contextos:

1. Lo triste es que el carbón también (ser) ya muy escaso.
   a. La frase es dicha en una conferencia y los asistentes no saben nada acerca de las reservas de carbón.
   b. Los interlocutores están comentando lo que acaban de leer en el periódico: «Escasean absolutamente todos los recursos energéticos.»
2. Lo lamentable es que nadie (darse cuenta) de mi error.
   a. El profesor le está contando a un colega lo que ocurrió en clase cuando cometió un error importante.
   b. El profesor y un alumno, presente en la misma clase, están hablando de lo que pasó cuando el profesor se equivocó.
3. Me quejo de que (tú, estar) pisándome.
   a. El oyente está pisando intencionadamente al hablante y éste lo sabe.
   b. El oyente está pisando al hablante, pero éste se da cuenta de que el que lo pisa cree que está pisando un plátano.
4. Lo normal es (venir) mañana.
   (El adjetivo *normal* conduce a un único modo en cualquier contexto.)
5. Lo peor es que el próximo domingo (jugar) Santos.
   a. Un grupo de aficionados al fútbol está comentando la siguiente noticia de televisión: «Recuperado Santos, jugará el domingo.»

    b. Un grupo de aficionados está comentando la posibilidad —no confirmada— de que juegue Santos.

6. Lo ideal sería que (asistir) todo el mundo.
(Hay indicios de que se trata de una hipótesis y, por tanto, es innecesario especificar contexto.)

7. Voy a informarles ahora del hecho de que (existir) en vasco una construcción llamada «ergativa».
(El verbo *informarles* excluye uno de los modos.)

8. Lo que no puedo tolerar es que (él, reírse) de nuestros proyectos.
    a. El hablante no sabe aún si se va a reír o no.
    b. El hablante y sus interlocutores saben que se ríe de sus proyectos siempre que puede.

9. El hecho de que todos nosotros (estar reunidos) me llena de emoción.
(La posición de *el hecho de que* y el contenido entero de la oración llevan a un único modo.)

10. Le preocupa la idea de que Juan, tarde o temprano, (enterarse).
    a. El hablante alude a la posibilidad de que Juan se entere.
    b. El hablante está seguro de que Juan llegará a saberlo, y así se lo comunica a los interlocutores.

EJERCICIO 16 (R. 49)

Transforme las frases que se le dan, según el ejemplo:

¿Cuándo se fue? Dímelo → Dime cuándo se fue.

1. ¿Venden libros antiguos? Voy a preguntar.
2. ¿Cómo se hace esa comida? Tienes que explicármelo.
3. ¿Cuál es el pasatiempo favorito del presidente? No lo sé.
4. ¿Adónde iré? No lo sé.
5. ¿Cuánto dinero le debes? Confiésamelo.
6. ¿Qué compraré? No lo sé.
7. ¿Quién estará ahora en casa? No importa.
8. ¿Cuándo se había casado su suegra? Pepe lo adivinó.
9. ¿Se han divorciado tus amigos? No se lo digas.
10. ¿Cuál es su problema? No tengo ni idea.
11. ¿Tomo estas pastillas? No lo sé.

o O o

EJERCICIO I (R. 11 y R. 15)

Utilizando la estructura V_1 - QUE - V_2 o V_1 + infinitivo y el verbo que se le da entre paréntesis como V_1, ¿qué diría usted en las situaciones siguientes?:

Ejemplo:
Su hermano le dice que le duelen mucho los ojos
(ACONSEJAR)
Te aconsejo que no veas tanto la televisión.

1. Los niños están haciendo mucho ruido y no le permiten trabajar (PEDIR).
2. Un amigo suyo ha llamado «foca» a Luisa, persona muy querida por usted (QUERER).
3. Usted está muy mal de dinero y se encuentra con un amigo (ROGAR).
4. Usted es policía, y está hablando con un hombre que ha dejado el coche en medio de la calle (SER PRECISO).
5. Al examinar el recibo del teléfono se da cuenta de que debe pagar cerca de 50.000 pesetas (PARECER IMPOSIBLE).
6. El vecino le pide que le cuide el loro en su ausencia, pero usted se va a ir de vacaciones (SENTIR).
7. Usted dirige un consultorio sentimental y un estudiante le dice que se ha enamorado de su profesora (CONVENIR).
8. Alguien le pregunta qué pretende usted poniéndose tapones en los oídos (PRETENDER).
9. Usted está poniendo una puerta blindada en su casa y alguien le pregunta la razón (TENER MIEDO).
10. Usted no quiere que su hijo salga con su actual novia (PROHIBIR).
11. Usted es mecánico y alguien le pregunta qué puede hacer para que su coche le gaste menos gasolina (BASTAR).

EJERCICIO II (R. 15 y R. 46)

Todos sabemos ya que en el mundo han ocurrido u ocurren las siguientes cosas:

1. Los poetas ganan poco dinero.
2. Muchas playas están sucias.
3. Todos los países tienen demasiadas armas.
4. La mortalidad infantil ha disminuido.
5. El baloncesto se está convirtiendo en un deporte de masas.
6. El último campeonato de ajedrez ha sido muy largo.
7. Usted ha crecido dos centímetros.

De estas siete cosas, a usted una le parece normal, otra lamentable, otra una aberración, otra excelente, otra esperanzadora, otra una desgracia y otra lo/la deja indiferente. Distribuya estos juicios de acuerdo con el esquema que se le propone:

Lo que me deja indiferente es (que)...
Lo que me parece una aberración es (que)...

EJERCICIO III (R. 47 y R. 48)

Haga lo mismo, pero ahora de acuerdo con este otro esquema:

El hecho de (que)... me deja indiferente.
El hecho de (que)... me parece una aberración.

EJERCICIO IV (R. 11 y R. 15)

Supongamos que a usted no le convencen los calificativos que hemos dado para esos hechos en el ejercicio II. Júzguelos usted con otros, siguiendo el modelo de construcción siguiente:

No es bueno que los poetas ganen poco dinero.

EJERCICIO V (R. 46)

Un vecino le dice una serie de cosas. Usted le contesta que eso no le parece mal y que, en cambio, le alarmaría lo contrario. Así:

Vecino: Este ayuntamiento siempre está haciendo obras.
Usted: Lo que me alarmaría sería que no las hiciera.

1. Cada vez viene más gente a esta casa.
2. Sus hijos siempre están haciendo ruido.
3. Han prohibido fumar en lugares públicos.
4. La semana pasada limpiaron el portal con lejía.
5. Pronto cambiarán otra vez el ascensor.

EJERCICIO VI (R. 39 y R. 41)

Un familiar suyo le dijo que

1. Había ido de vacaciones a Portugal.
2. Habían tenido un tiempo excelente.
3. Portugal le parecía un país maravilloso.
4. El agua de las playas era transparente.

No dijo en cambio

5. Si habían comprado café.
6. Si habían tenido problemas con el tráfico.
7. Si Lisboa estaba muy animada.

Y por eso en principio usted cree que no.
Cuéntenos usted, utilizando en cada caso «dijo que» [frases (1)-
(4)] *o «no dijo que»* [frases (5)-(7)], *el veraneo de ese familiar suyo.*

EJERCICIO VII (R. 38 y R. 40)

*Usted tiene un hijo, y antes de que se enfrente con el mundo, va a
darle unos consejos. Elija tres de abajo y constrúyalos con «debes creer
que»; los cuatro restantes constrúyalos con «no creas que»:*

1. Hay mucha gente generosa.
2. Todo el mundo es bueno.
3. Es importante trabajar.
4. El dinero da la felicidad.
5. Los amigos te ayudarán siempre.
6. Es bueno decir siempre la verdad.
7. El coche es el mejor amigo del hombre.

EJERCICIO VIII (R. 12)

*Utilice fórmulas con QUE - V_2 (el V_1 no está explícito) en situaciones
como las siguientes:*

Ejemplo:
Alguien se va a la cama.
«Que duermas bien».

1. Una amiga suya va a hacer un examen.
2. Sus hermanos están en el tren que va a salir.
3. Es el cumpleaños de su hijo.
4. Es Nochevieja, y usted se encuentra con un conocido.
5. Varios compañeros suyos se disponen a ir a una fiesta.
6. Su $\begin{cases} \text{marido} \\ \text{mujer} \end{cases}$ se dispone a cocinar un plato nuevo.
7. Usted se despide después de visitar a un enfermo.
8. Su jefe le dice que ha comprado un número de la lotería.
9. Su $\begin{cases} \text{marido} \\ \text{mujer} \end{cases}$ va de pesca.
10. Se casa un familiar suyo.

EJERCICIO IX (R. 14, R. 16, R. 47 y R. 48)

Hay un ciudadano español llamado Juan Fernández, y este ciudadano:

1. *Desea* que todo el mundo lo llame «excelencia».
2. Ha *decidido* que no nos lavemos más de una vez al día.
3. *Acostumbra* a rascarse la oreja.
4. Es *posible* que plante un árbol.
5. *Cree* que todos los alemanes son rubios.
6. Ha *declarado* que la mujer es distinta del hombre.
7. Ha *insinuado* que la televisión es el mejor invento del mundo.
8. Ha tenido la *idea* de que vayamos a bailar.
9. *Proyecta* trabajar en una central nuclear.
10. Ha tenido el *capricho* de comprar un perro para su hijo.
11. *Teme* que lo ataque un ratón.

Haga usted un juicio de (1)-(11) de acuerdo con el siguiente esquema:

El deseo de Juan de que todos lo llamen «excelencia» es ridículo.

EJERCICIO X (R. 13)

Usted oye por la radio las noticias siguientes:

1. Ha disminuido el número de divorcios, lo que indica que la gente le tiene más amor al matrimonio.
2. Las mujeres son menos inteligentes que los hombres: muy pocas son ministros.
3. Muchas personas no comen caviar, lo cual quiere decir que no les gusta.
4. Suiza no es tierra de marineros porque los suizos se marean con facilidad.
5. En el desierto no hay hierba porque el terreno es poco fértil.
6. En los países árabes hay mucha gente pobre porque allí escasean los recursos.

Haga un comentario a cada noticia de acuerdo con este esquema:

No es que la gente tenga más amor al matrimonio; *es que* ahora los jóvenes apenas se casan.

EJERCICIO XI (R. 38)

Usted sabe que en el jardín de su casa ha aparecido un animal, pero sólo sabe de él que tiene cuernos. Utilizando verbos de «afirmación atenuada» como «creo que», «imagino que», «me parece que», «supongo que»... dé su opinión sobre la identidad del bicho. Por ej.:

Creo que es un caracol, creo que no es un cocodrilo, etc.

o O o

Oraciones de relativo

EJERCICIO 17 (R. 17 y R. 18)

Emplee la forma verbal adecuada en lugar del infinitivo que se le ofrece:

1. No hay quien te (aguantar) ————.
2. Prometieron que no comerían nada que les (hacer) ———— daño.
3. No hay hombre que (ser) ———— capaz de conseguir lo que él logró.
4. Por favor, no escriban nada que (poder) ———— ofender al profesor.
5. No me convence nada de lo que (tú, decir) ————.
6. Nunca he visto a nadie que (oler) ———— tan mal.
7. No conozco a ése que (estar) ———— hablando por la radio.
8. No prometas nada que no (tú, poder) ———— cumplir.
9. No puedo presentar ninguna prueba que (permitir) ———— demostrar mi inocencia.
10. Los pocos que (soportar) ———— ese castigo podrán explicarte cómo es verdaderamente.
11. Hace poco que Juan (residir) ———— en Valencia.
12. No aprendí nada que (valer) ———— la pena.
13. Apenas tenían ropas que (cubrir) ———— sus vergüenzas.
14. No existe casi ningún hombre que (ignorar) ———— la idea del bien.
15. Han llegado unos pocos alumnos que (querer) ———— ser recibidos por el director.
16. No hables con nadie que (imaginar) ———— quiénes somos.
17. No morirá nadie que (tomar) ———— este elixir maravilloso.
18. Nunca censuro nada de lo que (yo, ver) ————.
19. Reveló pocos secretos que no (ser) ———— detalles sin importancia.
20. Hay pocas noticias que (poder) ———— ser publicadas en la primera página.
21. No se divisaba ninguna nube que (presagiar) ———— la tormenta que se avecinaba.
22. No puedo soportar a los que (hablar) ———— a voces.
23. No efectúen ningún pago que (superar) ———— las mil pesetas.
24. No concedo crédito a nada de lo que me (él, contar) ————.
25. No acudió casi nadie que (reunir) ———— los oportunos requisitos.
26. Conozco a los pocos españoles que (saber) ———— hablar chino.
27. No cierres ninguna ventana de las que (dar) ———— al patio.

EJERCICIO 18 (R. 19)

Emplee la forma verbal adecuada en vez del infinitivo que se le ofrece:

1. Yo (hablar) ———— cuando (yo, hablar) ———— y (yo, comer) ———— cuando (yo, comer) ————.
2. (Tú, hablar) ———— como (tú, hablar) ————, la gente sabrá que eres andaluz.
3. (Él, venir) ———— con quien (él, venir) ———— siempre daba el espectáculo.
4. (Ser) ———— cuando (ser) ————, termina tu trabajo.
5. Me parecía una persona estupenda, (ella, hacer) ———— lo que (ella, hacer) ————.
6. (Yo, tomar) ———— lo que (yo, tomar) ———— porque casi todo me sienta mal al estómago.
7. (Yo, pintar) ———— como (yo, pintar) ———— porque no sé hacerlo de otro modo.
8. (Él, escribir) ———— lo que (él, escribir) ————, Juan parece un analfabeto.
9. (Tú, tener) ———— la edad que (tú, tener) ————, no aparentas más de veinte años.
10. (Ellos, llamar) ———— cuando (ellos, llamar) ————, avísame.
11. Nos pararemos en el primer restaurante, (nosotros, llegar) ———— donde (nosotros, llegar) ————.
12. (Ellos, opinar) ———— como (ellos, opinar) ————, hay que respetarlos.
13. (Ellas, perder) ———— cuanto (ellas, perder) ————, seguían siendo ricas.

EJERCICIO 19 (R. 50)

Sustituya los infinitivos por las formas verbales adecuadas:

1. No ha venido el que (nosotros, esperar) ————.
2. Regálame cualquier libro; cómprame el primero que (tú, encontrar) ————.
3. Los atletas en que (nosotros, poner) ———— nuestra confianza respondieron a lo que de ellos se (esperar) ————.
4. Tiene una muñeca que (vestir) ———— de azul.
5. No vayas por la primera calle que (tú, ver) ————, sino por la segunda.
6. El que (estar) ———— levantando el dedo es el peor alumno del curso.
7. El mes que (venir) ———— conoceré a los padres de mi novia.
8. Responderé a cualquier pregunta que ustedes me (formular) ————.
9. Por favor, que se acerque el que (poseer) ———— el boleto premiado.

10. Mira al que (estar) ———— allí, bebiendo cerveza.

11. Prefiero las verdades que (doler) ———— a las mentiras que (complacer) ————.

12. Prescindiremos de los servicios de aquellos que, en el futuro, no (actuar) ———— de acuerdo con las directrices de la empresa.

13. Aseguró que compraría el periódico que (dedicar) ———— más espacio a aquella noticia.

14. Repetía una y otra vez que no le gustaba el chico con quien (él, compartir) ———— su piso.

15. Voy a casarme con un hombre que no (saber) ———— cocinar, porque estoy gordísima y quiero perder peso.

16. Voy a casarme con un hombre que no (saber) ———— cocinar; es una persona maravillosa, pero no va a ayudarme demasiado, eso es verdad.

17. El lugar en que (nosotras, quedar) ———— con aquellos chicos era sucio y maloliente.

18. Voy a comprar ese cinturón que (nosotros, ver) ———— ayer en aquel escaparate.

19. Los hombres siempre han buscado cosas que les (hacer) ———— olvidar su pobre realidad.

20. De todas las canciones que (él, cantar) ———— esta noche, prefiero la última.

21. El gobierno perseguirá a partir de este año a los que (mentir) ———— en sus declaraciones de renta.

22. Necesito un ayudante que (dominar) ———— varios idiomas, sea español o extranjero.

23. Sé quién de ustedes es el que (pintar) ———— mi habitación de rosa.

24. El que (cruzar) ———— primero la meta debe haber sufrido mucho.

25. Éste es un experimento que (confirmar) ———— lo que todos nosotros (sospechar) ————.

26. Aunque sólo sean dos pesetas, dame lo que (tú, ganar) ———— ayer con la venta del coche.

27. El partido de fútbol que (nosotros, ver) ———— la otra tarde era el más importante de la jornada.

28. La política que (hacer) ———— aquel gobierno no fue buena para el país.

29. Todo lo que (tú, beber) ———— a partir de ahora va a hacerte daño.

30. Me gustaría conocer a un hombre que (tener) ———— mejor juicio del que (demostrar) ———— los que (yo, conocer) ———— hasta ahora.

31. Organizarán un concurso en un lugar en que (caber) ———— todo el público que (asistir) ————.

32. Entraremos en un café que (disponer) ———— de buena refrigeración, no importa cuál pueda ser.

33. Los que (perseguir) ———— al ladrón no eran policías.

34. Juan, que (ver) ———— todo lo que (suceder) ———— hasta aquel momento, no se dejó sorprender.

35. Pregunta la dirección al primer guardia que (tú, encontrar) ———— por la calle.

36. ¿Cuál es la mujer más fascinante que (tú, conocer) ————?

37. Las tiendas que (vender) ———— tabaco se llaman estancos.
38. Alcánzame el destornillador más grueso que (haber) ———— en esa caja de herramientas.
39. Harías bien en cuidar la exposición en las próximas fotografías que (tú, tirar) ————.

EJERCICIO 20 (R. 17 y R. 50)

Siguiendo los esquemas que se le ofrecen, haga frases con oraciones de relativo que recojan la información dada:

Hay restaurantes en esta ciudad, pero ninguno de ellos prepara hamburguesas.

→ Ninguno de los restaurantes que hay en esta ciudad prepara hamburguesas.
→ No hay ningún restaurante en esta ciudad que prepare hamburguesas.

1. Ana tenía varios perros, pero ninguno de ellos era cariñoso.
2. Había algunos pañuelos en la tienda, pero ninguno de ellos era de algodón.
3. Contrataré varios trabajadores, pero ninguno de ellos tendrá estudios superiores.
4. Compondré algunas canciones, pero ninguna de ellas será popular.
5. Ganó algunas batallas, pero ninguna de ellas resultó determinante para el resultado final de la guerra.

EJERCICIO 21 (R. 51)

Sustituya los infinitivos por las formas verbales adecuadas:

1. Luis leía cuanto (llegar) ———— a sus manos.
2. Hazlo según lo (tú, planear) ————.
3. Salió a la calle como Dios lo (traer) ———— al mundo.
4. Podrás ingresar en el club cuando nosotros lo (creer) ———— conveniente.
5. Actuaré cuando y como (ordenar) ———— las leyes vigentes.
6. No sé en qué momento se producirá el desembarco, pero el objetivo se alcanzará cuando (estar) ———— previsto.
7. Reúnanse con sus superiores cuando les (ellos, ordenar) ————.
8. En aquel tiempo, trabajaba donde me (contratar) ————.
9. Habrá huido en cuanto le (ellos, descubrir) ————.
10. Protegerá a los suyos como (poder) ————.

11. Grabarían el disco donde (tener) ———— oportunidad, si es que la tenían.
12. Estarán donde les (sorprender) ———— la tormenta; me imagino que a la altura de Valladolid o Palencia.
13. Era sorprendente: en cuanto te (dar) ———— la vuelta, te ponía a escurrir.
14. Mientras menos (yo, comer) ————, más engordo.
15. Aseguraba que, en cuanto (tomar) ———— dos copas, la cabeza le empezaba a dar vueltas.
16. Cuanto menos (él, estar) ———— en casa, mejor sería para sus hijos.
17. El arquitecto advirtió que cuanto mayor y más alto (ser) ———— el edificio, menor sería su seguridad.
18. Mientras más (él, estudiar) ————, menos asimilaba.
19. Cuanto más lo (explicar) ———— Carlos, más inverosímil resultaría.
20. Cuanto más tonto (tú, parecer) ————, menos posibilidades tendrán de descubrir tus manejos.
21. Mientras más lo (yo, pensar) ————, menos puedo creer lo que me estás contando.
22. Cuanto menos (tú, ver) ———— a tu novia, más la valorarás.

EJERCICIO 22 (R. 52, R. 50 y R. 51)

Sustituya los infinitivos por las formas verbales adecuadas:

No digas todo lo que (tú, saber) ———,
no creas cuanto te (decir) ———,
ni gastes cuanto (tú, ganar) ———,
porque el que (decir) ——— cuanto (saber) ———,
cree todo lo que (oír) ———
y gasta lo que (tener) ———,
habla cuando (ignorar) ———,
es engañado cuando (escuchar) ———,
pierde cuanto (poseer) ———.

EJERCICIO 23 (R. 52, R. 50 y R. 51)

Sustituya los infinitivos por las formas verbales adecuadas:

1. El que (beber) ——— demasiado es incapaz de distinguir un buen vino.
2. El que (esperar) ——— desespera.
3. Quien (desconfiar) ——— de mí a partir de este momento no tiene perdón de Dios.
4. El que (ahorrar) ——— una cerilla tiene fuego cuando lo (necesitar) ———.

5. Los que (viajar) ——— a ese país deben vacunarse contra el tifus.
6. Los que (estudiar) ——— la literatura leemos más ensayos que novelas.
7. Eso podría decirlo el que nunca (leer) ——— una novela rosa o una revista del corazón.
8. El que nunca (sentir) ——— miedo, que lo diga ahora mismo.
9. Quien (hacer) ——— un cesto, hace ciento.
10. El que (poder) ——— ayudarme, que me eche una mano.
11. Quienes (saber) ——— escoger, saben vivir.
12. El que (partir) ——— y (repartir) ——— lleva la mejor parte.
13. Las que (tener) ——— que dedicarse a las tareas domésticas no suelen estar satisfechas con su trabajo.
14. En aquella época, los que (poseer) ——— un caballo eran miembros relevantes de su comunidad.
15. Quienes (confiar) ——— en el prójimo son más felices que los que siempre (estar) ——— a la defensiva.
16. Cuando (llover) ——— y (hacer) ——— sol, aparece el arco iris.
17. Los que (conocer) ——— la tercera guerra mundial no podrán contársela a sus hijos.

EJERCICIO 24 (R. 53 y R. 50)

Sustituya los infinitivos por las formas verbales adecuadas:

1. Cualquiera que (probar) ——— la comida china repite la experiencia.
2. Dondequiera que (él, acudir) ——— encuentra las puertas cerradas.
3. Quienquiera que (ella, ser) ———, me parece una maleducada.
4. Se ajustarán a lo previsto en esta ley cualesquiera otras que (aparecer) ——— en el futuro.
5. Ven rápidamente, comoquiera que (tú, estar) ———.
6. No es periodista cualquiera que (escribir) ——— un par de artículos para la prensa.
7. Cualquiera que (entrar) ——— en ese local se daría cuenta de que representa un peligro para la salud pública.
8. Salamanca enhechiza la voluntad a cualquiera que (gustar) ——— de la apacibilidad de su vivienda.
9. Cualquier cosa que (tú, hacer) ——— sólo servirá para empeorar la situación.

EJERCICIO 25 (R. 17, R. 18, R. 19, R. 50, R. 51, R. 52, R. 53, R. 54, R. 55 y R. 56)

Sustituya los infinitivos, si es necesario, *por las formas verbales adecuadas:*

1. No había ningún vino que nos (gustar) ———.

2. La música que Andrés (componer) ———— llegó a ser conocida en toda la región.
3. No tengo nada que (ofrecerte) ————.
4. La próxima vez que (tú, venir) ———— no traigas ningún regalo que (costarte) ———— más de unos duros.
5. Tenemos poco que (poder) ———— resultarte útil.
6. Aquella lavadora sonaba como una máquina que (ser fabricada) ———— — en las calderas del infierno.
7. El que (desear) ———— algo debe hacer todo lo posible por conseguirlo.
8. Aquel libro era algo de lo que (sentirnos) ———— orgullosos.
9. Descubrí pocas cosas que (ser) ———— verdaderamente novedosas.
10. (Comer, tú) ———— lo que (comer, tú) ———— no vas a adelgazar.
11. Su padre, que en paz (descansar) ————, le dejó una fortunita con la que él (vivir) ———— cómodamente.
12. Por favor, buscad a alguien que nos (informar) ————.
13. Por favor, buscad algo con que (abrir) ———— esta puerta.
14. El año que (venir) ———— visitaré esa ciudad de que tú me (hablar) ————.
15. El que (tener) ———— algún motivo de insatisfacción, que lo declare inmediatamente.
16. No teníamos nada que (hacer) ————.
17. Apenas tenemos alumnos que (estudiar) ———— Física.
18. ¿Ves a aquel que (llevar) ———— una camisa rosa?
19. Que levanten la mano los que (preferir) ———— el frío al calor.
20. Su Santidad, a quien Dios (proteger) ————, se dirigió a la multitud que lo (vitorear) ————.
21. Iremos donde Ana (decidir) ————.
22. Encontramos algunos chicos con quienes (jugar) ————.
23. Dame cuanto (traer) ———— contigo.
24. Contesta a cualquiera que te (preguntar) ————.
25. A quien (madrugar) ————, Dios le ayuda.
26. (Oír, tú) ———— lo que (oír, tú) ————, no te detengas.

o O o

EJERCICIO XII (R. 50)

Usted quiere comprar un coche. No sabe por cuál decidirse. Diga qué características debería reunir, de acuerdo con este modelo:

Quiero comprar un coche
• que sea cómodo
• que ofrezca seguridad
• que corra como una bala

● que llame la atención
etc.

1. Quiero un coche...
2. Con el mismo modelo, hable del hombre o la mujer con quien le gustaría pasar seis meses en una isla desierta.
3. Con el mismo modelo, hable de la casa que le gustaría poseer.
4. Usted necesita un jersey (traje, vestido, camisa, etc.). Con el modelo dado, describa las características del que quiere comprar.
5. Usted es director de cine; con el modelo dado, describa usted la película que le gustaría realizar.

EJERCICIO XIII (R. 50 y R. 51)

Responda a las siguientes preguntas, usando EL QUE, LA QUE, LO QUE, LOS QUE, LAS QUE, QUIEN o QUIENES, según convenga, de acuerdo con el modelo:

—¿Qué equipo ganará el próximo campeonato mundial de fútbol?
   a. El que ganó el último.
   b. El que consiga meter más goles.
   c. El que tenga el apoyo del público.
   etc.

1. ¿Qué equipo ganará el próximo campeonato mundial de fútbol?
2. ¿Quiénes hablan polaco?
3. ¿Quién será el hombre más rico del mundo el próximo siglo?
4. ¿Con qué hombre / mujer iría usted al fin del mundo?
5. ¿Qué nación pondrá un hombre en Marte?
6. ¿Quién será el protagonista en la próxima película de Fellini?
7. ¿Quién le preparará mañana el desayuno?
8. ¿Quién recibirá el próximo premio Nobel de literatura?
9. ¿Quién será el próximo presidente de los Estados Unidos?
10. ¿Quiénes prefieren los gatos a los perros?
11. ¿A quién saludará usted esta tarde?
12. ¿Con quién cenará usted hoy?
13. ¿A quién llamará por teléfono la próxima vez que lo haga?
14. ¿Qué libro leerá usted cuando termine el que está leyendo?
15. ¿Qué tendrá usted mañana en los bolsillos / en el bolso?
16. ¿Qué comerá usted hoy?
17. ¿Con quién hablará usted esta tarde?

o O o

Oraciones adverbiales

Oraciones finales

EJERCICIO 26 (R. 20 a R. 22)

Utilice las formas verbales adecuadas en cada caso (si es preciso añada QUE):

1. La policía amenazó a los manifestantes con el objeto de (la policía, conseguir) ————— que éstos se disolvieran.
2. Por (nosotros, no mojarnos) —————, los vecinos nos prestaron un paraguas.
3. Acércate a la esquina a (tú, ver) ————— si están ahí.
4. Los dirigentes han dimitido a fin de (haber) ————— una nueva votación.
5. Cállate, que no (oírte) ————— mis padres.
6. Inés me ha llamado sólo para (Inés, decirme) ————— que está lloviendo.
7. Por (yo, estar) ————— contigo soy capaz de dar la vuelta al mundo.
8. Han avisado de la caja de reclutas para (tú, presentarte) ————— allí.
9. Dale la papilla al niño para (el niño, callarse) —————.
10. Tápate, que (ellos, no reconocernos) —————.
11. Para (nosotros, estar) ————— en Santurce a las doce, tenemos que salir a las siete.
12. Con objeto de (nadie, molestarme) ————— me encerré en mi despacho.
13. Salieron corriendo para (ellos, evitar) ————— que los detuvieran.
14. Vete al taller a (el mecánico, arreglarte) ————— el coche.
15. Pedimos una hipoteca a fin de (nosotros, poder) ————— pagar el piso.
16. Nos vamos ya, no (ser) ——— que Antonio (enfadarse) —————.
17. Recogimos todas las cosas, no (ellos, creer) ————— que somos unos desordenados.
18. Voy a avisar al fontanero, no (ir) ————— a ser que la cisterna (estropearse) ————— del todo.
19. Yo me callé, no (ellos, decir) ————— que me había ido de la lengua.
20. Vengo a (ustedes, repararme) ————— las piezas rotas de la máquina de coser.
21. Me recordó lo que tenía que hacer, no (ser) ————— que (olvidárseme) —————.
22. Tened cuidado, no os (ir) ————— a caer por esas escaleras.
23. Para (el niño, llorar) ————— de esa manera, el niño tenía que estar muy desesperado con los dientes.
24. Pon todas las cosas en su sitio, no (ir) ————— a venir María y (ella, descubrir) ————— que hemos registrado en sus cajones.

EJERCICIO 27 (R. 20 a R. 22)

Utilice la forma apropiada del verbo que le ofrecemos entre paréntesis. Si es preciso añada QUE:

1. Dales las gracias, no (ellos, pensar) ————— que somos unos desagradecidos.
2. Pondré un telegrama a mis padres, no (ir) ————— a ser que (ellos, estar) ————— preocupados.
3. Para (Isabel, prestarte) ————— su pluma, Isabel tiene que ser muy amiga tuya.
4. Para (Isabel, prestarte) ————— su pluma, tienes que ser muy amiga suya.
5. No te fumes sus puros, no (ser) ——— que el obispo (enterarse) ——— ——— y (castigarte) —————.
6. No te fumes sus puros, no (ir) ——— a enterarse el obispo y (castigarte) —————.
7. Voy a dejar de beber, no (ser) ——— que mañana (dolerme) ————— la cabeza.
8. No he venido a esta casa a (ellos, murmurar) ————— de mí.
9. Enciende la luz, que (nosotros, vernos) ————— bien las caras.
10. Yo ya te había avisado de que, para (todo, salir) ————— bien, teníamos que habernos puesto de acuerdo antes.
11. A fin de (ella, no quedarse) ————— embarazada, toma dos píldoras todos los días.
12. Con objeto de (el hereje, confesar) ————— la verdad, los inquisidores lo ataron al potro.
13. Para (yo, darte) ————— tu ración, tienes que cantarme antes «Bésame mucho».
14. Para (el sucesor, obtener) ————— la herencia, debió renunciar a sus derechos en esta empresa.
15. Para (las uñas, crecer) ————— fuertes y sanas, hay que cortárselas a menudo.
16. No lo confundas más, no (ellos, ir) ————— a suspenderlo.
17. Quitemos de ahí esos tornillos, no (ir) ————— a ser que el niño (metérselos) ————— en la boca.
18. Para (la música, sonarte) ————— bien, tiene que ser música celestial.
19. Para (esos pantalones, romperse) ————— han de estar muy desgastados.
20. Deja la puerta entreabierta, no (ellas, creer) ————— que estamos en la cama.
21. Para (un Rolls Royce, ir) ————— al taller, ha de tener muchos años.
22. Me enseñaron bien el camino, no (yo, ir) ————— a extraviarme y (yo, no encontrar) ————— la mansión.

Oraciones temporales

EJERCICIO 28 (R. 23, R. 24, R. 57 y R. 58)

Sustituya los infinitivos por las formas verbales adecuadas:

1. Cuando (ellos, divisar) —————— las torres de la ciudad, descabalgaron.
2. Acérquese cuando (usted, oír) —————— la señal.
3. Mis hermanas habrían ido cuando se las (necesitar) ——————, pero nadie llegó a sugerir nada.
4. No me permitió seguir estudiando cuando yo se lo (pedir) ——————.
5. Cuando el mundo (olvidar) —————— las guerras empezará a ser verdaderamente humano.
6. Cuando (nosotros, aterrizar) —————— besaré la tierra.
7. Aseguró que volvería a componer música cuando su público se lo (exigir) ——————.
8. Aportaba sus conocimientos cuando (ella, considerar) —————— que era imprescindible.
9. Cuando (tú, llegar) —————— a Madrid, voy a ponerte una mercería en Lavapiés.
10. Vuelve a hablar conmigo cuando realmente (tú, tener) —————— algo que decirme.
11. Los astronautas regresaron a la Tierra poco antes de que se les (terminar) —————— los víveres y el oxígeno.
12. Espera a que nos (él, servir) —————— el vino, por favor.
13. Aguardó a que (nosotros, estar) —————— en nuestros asientos para comunicarnos la noticia.
14. Espera hasta que yo (avisarte) ——————.
15. Esperó hasta que yo (terminar) ——————.
16. Los irá sacudiendo a medida que (ellos, salir) ——————.
17. Repararon las averías a medida que se (presentar) ——————.
18. A medida que los senadores (oír) —————— nuestras propuestas irán abandonando la sala.
19. Apenas (yo, conocer) —————— a tus padres les presentaré mis respetos.
20. Apenas (nosotros, comprar) —————— las entradas, cuando se nos (decir) —————— que se suspendía la sesión.
21. Apenas (tú, recibir) —————— el correo, llámame.
22. Cada vez que (subir) —————— un alpinista a esa montaña pondremos en guardia todos los servicios de rescate.
23. Por favor, recuerda mis palabras cada vez que lo (intentar, tú) ——————. —— de nuevo.
24. Conforme Ana (escuchar) —————— los argumentos de su adversario enrojecía de ira.
25. Conforme (ir) —————— llegando los suministros los entregaremos a la Cruz Roja.

26. Desde que (ellos, salir) ————— hasta que (llegar) ————— pasarán no menos de dos horas.
27. Desde que lo (yo, ver) ————— sentí una profunda inquietud.
28. El grupo actuó después de que ellos lo (presentar) —————.
29. Saldremos poco después de que (amanecer) —————.
30. Después de que (hablar) ————— el presidente, la oposición presentó sus protestas.
31. Romerales, pase a verme en cuanto (usted, enviar) ————— la correspondencia.
32. Seguro que robaron en cuanto (él, cerrar) ————— la cafetería.
33. En cuanto (ellos, oír) ————— tu voz melodiosa te contratarán.
34. En cuanto (yo, reconocer.) ————— aquel paisaje comencé a tirar fotografías.
35. En tanto que el color de tu rostro (ser) ————— ése,. no vuelvas a tomar el sol.
36. Estudiaba en tanto que (ella, tararear) ————— una canción.
37. No lo creeré hasta que no lo (yo, ver) —————.
38. Hasta que no (disminuir) ————— las desigualdades no habrá justicia en el mundo.
39. Luego que ellos (robar) ————— se comieron el jamón.
40. Luego que (tú, conocer) ————— a su suegra comprenderás su tristeza y amargura.
41. No bien (él, recibir) ————— el homenaje de su público, empezó a buscar las joyas que había perdido en el escenario.
42. No bien (usted, terminar) ————— el examen, pásese por mi despacho.
43. Tan pronto como (yo, decir) ————— aquello, me arrepentí.
44. Tan pronto como se (tranquilizar) ————— responderá a nuestras preguntas.
45. Una vez que el médico me (reconocer) —————, empecé a tomar los comprimidos.
46. Recuerde: una vez que se le (abrir) ————— la puerta, no desaproveche la ocasión y venda cuanto pueda.
47. Según (ustedes, ir) ————— terminando de rellenar los impresos, pasen a verme a mi oficina.
48. Siempre que (él, hablar) ————— causa inquietud.
49. Vendré siempre que tú me (llamar) —————.

EJERCICIO 29 (R. 25 y R. 59)

Donde dice Ana, *ponga usted* María *y, al mismo tiempo, haga los cambios que considere oportunos:*

María salió después de que Ana hubiera cenado → *María salió después de que María hubiera cenado → María salió después de haber cenado.

1. María salió después de que Ana hubiera cenado.
2. María lavó los platos después de que Ana desayunara.
3. María comenzó a escribir después de que Ana llamara por teléfono.
4. María falleció antes de que Ana hubiera hecho su testamento.
5. María estudiaba antes de que Ana se duchara.
6. María aguardó a que Ana saliera de casa para llamar por teléfono.
7. María esperará a que Ana llegue para recoger el correo.
8. María no protestó hasta que Ana agotó las demás posibilidades.
9. María trabajará hasta que Ana pueda comprar un' piso.
10. María corrió hasta que Ana perdió el aliento.
11. Luego de que Ana llegó, María comenzó a preparar la cena.

EJERCICIO 30 (R. 60)

Sustituya los infinitivos por las formas verbales adecuadas:

1. Juan siempre escuchaba música mientras (estudiar) —————.
2. Mientras (llover) ————— todo irá bien para la agricultura.
3. Mientras tú (terminar) ————— de hacer la estantería yo iré pintando las puertas.
4. El ministro respondía a las preguntas de los periodistas mientras algunos diputados (bostezar) ————— ruidosamente.
5. No entraré en esta habitación mientras tú (seguir) ————— fumando.
6. Come mientras (tú, tener) ————— algo que llevarte a la boca, que vendrán tiempos peores.
7. Yo seguiré pagando mis impuestos mientras el gobierno (ser) ————— verdaderamente democrático.
8. No vendrán mientras nosotros (mantener) ————— estas ideas.
9. Han entrado los ladrones mientras ellos (estar) ————— de vacaciones.
10. Mientras me (ellos, pagar) ————— yo seguiré trabajando.
11. Bailarán mientras (sonar) ————— la música.
12. Habían aprendido vasco mientras (ellos, vivir) ————— en San Sebastián.
13. Mientras la policía (poner) ————— multas a los coches mal estacionados, no sacaré el coche.
14. Aseguraba que no volvería a ver la televisión mientras (ellos, seguir) ————— poniendo unos programas tan malos.

o O o

EJERCICIO XIV (R. 23, R. 24, R. 57 y R. 58)

Conteste usted las siguientes preguntas usando como introductores algunos de los nexos enumerados en R. 24, según convenga. Por ejemplo:

—¿Cuándo sacará el dinero del banco?
  a. Cuando lo necesite.
  b. A medida que vaya gastando el que ahora tengo.
  c. Antes de que termine el mes.
  d. Apenas me paguen el sueldo.
  etc.

1. ¿Cuándo sacará el dinero del banco?
2. ¿Cuándo irá usted a la playa?
3. ¿Cuándo le salieron los primeros dientes?
4. ¿Cuándo se levantará usted mañana?
5. ¿Cuándo comenzó a estudiar la gramática española?
6. ¿Cuándo se afeita / se pinta los ojos usted?
7. ¿Cuándo se cambió la camisa?
8. ¿Cuándo se lava usted el pelo?
9. ¿Cuándo hace usted habitualmente los ejercicios de gramática?
10. ¿Cuándo se acostará usted?
11. ¿Cuándo irá usted al cine?
12. ¿Cuándo se compraría usted un yate?
13. ¿Cuándo tomará usted un cafetito?
14. ¿Cuándo podría acabarse con el hambre en el mundo?
15. ¿Cuándo verá usted la televisión?
16. ¿Cuándo habrá gastado usted todo el dinero que tiene ahora?

o O o

Construcciones excluyentes

EJERCICIO 31 (R. 26 y R. 61)

Sustituya los infinitivos por las formas verbales adecuadas:

1. Esperaremos aquí a menos que nos lo (ellos, prohibir) —————.
2. No podrás entrar en ese restaurante a no ser que (tú, usar) —————
corbata.
3. Consiguieron desvalijar la joyería sin que la policía lo (advertir) ———.
4. Lejos de que (nosotros, estar) ————— más seguros con la bomba
atómica, todo se nos complicaría.
5. En lugar de que los niños (llegar) ————— se presentaron sus padres.
6. En vez de que (ellos, tener) ————— que decírtelo todo, intenta tener iniciativas propias.
7. Podemos instalar nuevas industrias sin que por ello (aumentar) ———
—— demasiado la contaminación.
8. Recíbelos sin que (ellos, notar) ————— que no deseas su visita.
9. Lejos de que me (ustedes, molestar) ————— estaré encantado con
sus preguntas.

10. Construimos el barco sin que nadie (tener) ————— que dirigir nuestro trabajo.
11. Todo marcha perfectamente, salvo que (llegar) ————— mi suegra.
12. No solicitó nada, salvo que le (nosotros, entregar) ————— su pasaporte.
13. El coche está seguro, excepto que la policía municipal (ver) ————— dónde lo he dejado estacionado.
14. No escribiré nada salvo que me (ellos, firmar) ————— un nuevo contrato.
15. Lo comprendo todo excepto que ella nos (traicionar) —————.
16. Los montañeros están bien, salvo que alguno de ellos (estar) ————— un poco acatarrado.
17. No quiero nada aparte de que (tú, irte) ————— cuanto antes.

Oraciones causales

EJERCICIO 32 (R. 62 a R. 64)

Utilice indicativo o subjuntivo en lugar de los infinitivos. Justifique su elección:

1. Cállate, que no (nosotros, oír) —————.
2. Espérame un minuto, que sólo (yo, ir) ————— a recoger unos papeles.
3. No quiero que te molestes porque (nosotros, llegar) ————— tarde.
4. No cumplió lo prometido porque no (darle) ————— la gana.
5. Ya que todos mis argumentos (ser) ————— falsos, propón tú los verdaderos.
6. Puesto que aquí no (haber) ————— nada que hacer, me marcho.
7. Juan, como (ver) ————— que María estaba indecisa, se lanzó al ataque.
8. El cliente, ya porque los muebles (ser) ————— caros, ya porque no (gustarle) —————, se marchó sin comprar nada.
9. ¡Ojalá nos vendieran los derechos porque (ellos, no encontrar) ————— otro comprador!
10. Estáte tranquilo, que ahora (venir) ————— lo mejor.
11. No se ha casado contigo porque (ella, quererte) —————, sino porque sus padres (obligarla) —————.
12. Como (yo, ver) ————— que te quedabas callado, decidí intervenir en tu favor.
13. Ya que todos (estar) ————— juntos, celebraron el cumpleaños.
14. ¿Se quedó en casa porque (poner) ————— una película muy buena en la televisión?
15. Pedro no vino a la fiesta porque (tú, invitarlo) —————. Vino porque su novia (estar) ————— allí.
16. Dado que (tú, estudiar) ————— Farmacia, querrás instalar un laboratorio.

EJERCICIO 33 (R. 62 a R. 64)

Utilice indicativo o subjuntivo en lugar de los infinitivos. Justifique su elección:

1. Te ha devuelto tus cartas no sólo porque él ya no (quererte) —————, sino también porque (estar) ————— despechado.
2. ¿Te lo comerías porque mamá (pedírtelo) —————?
3. Jimena no estudia inglés porque (ella, necesitarlo) —————, sino porque (gustarle) —————.
4. Fuera porque los no fumadores (correr) ————— peligro, fuera porque (él, estar) ————— harto de tabaco, estuvo sin fumar durante toda la sesión.
5. Eso me lo dices porque (tú, querer) ————— conseguir algo de mí.
6. ¿Lo harás porque (interesarte) ————— el asunto?
7. Jamás la acompañaría sólo porque (ella, pedírmelo) —————.
8. Sea porque no (convenirnos) ————— el puesto, sea porque (ellos, tenerlo) ————— ya ocupado, el caso es que nos despidieron con buenas palabras.
9. Como todos (estar) ————— descontentos de su actuación, lo pusieron de patitas en la calle.
10. No quedé con Jorge porque, de todos modos, él no (presentarse) ————— a la cita.
11. ¿Acaso lloras porque (tú, estar) ————— triste?
12. Pásate por casa, que (yo, querer) ————— devolverte tus libros.
13. Quiero acostarme porque (yo, estar) ————— muerto de cansancio.
14. ¿Vas a creer esa mentira sólo porque tu profesor (decirla) —————?
15. Pasaba las noches fuera de casa no porque (él, ir) ————— de juerga, sino porque (él, ser) ————— sereno.

EJERCICIO 34 (R. 62 a R. 64)

Utilice la forma apropiada del verbo que le ofrecemos entre paréntesis:

1. No tiene derecho a golpearte (sólo) porque (él, ser) ————— más fuerte que tú.
2. Nos dijo que, ya que (tú, ir) ————— a Madrid, podías llevarlo.
3. Como (yo, saber) ————— que te gustan, te he comprado una lata de espárragos.
4. No asustes a los niños, que luego no (ellos, dormir) —————.
5. Como no (haber) ————— ningún voluntario, escogieron a dos soldados a la fuerza.
6. Lea usted este artículo, que (ser) ————— muy interesante.
7. Yo seguí bebiendo, pues el vino de Málaga siempre (gustarme) —————.

8. Voy a dejar de fumar, porque (dolerme) ――――― la garganta.
9. Ya que (tú, atacarme) ――――― con la espada, me defenderé con este puñal.
10. Dado que los romanos (ser) ――――― politeístas, adoraban a muchos dioses.
11. No le dieron la custodia del niño, pues (él, ser) ――――― un irresponsable.
12. No tiene la piel curtida porque (él, tomar) ――――― mucho el sol.
13. No se fía de ti porque (tú, ser) ――――― inteligente, sino porque (tú, ser) ――――― su hijo.
14. Ojalá me dieran un crédito porque (yo, tener) ――――― un buen sueldo y no porque mi padre (ser) ――――― el presidente del banco.
15. No controla a los empleados porque (él, disfrutar) ――――― con eso. Lo hace más bien porque ése (ser) ――――― su oficio.

EJERCICIO 35 (R. 62 a R. 64)

Una con el nexo PORQUE cada elemento de A (efecto) con su correspondiente de B (causa ofrecida), según el modelo. (Tenga en cuenta que en algunos casos una de las soluciones es absurda):

A. He ido al bar.   B. Yo tener sed.

He ido al bar porque tenía sed.
No he ido al bar porque tuviera sed (sino porque había quedado allí con unos amigos).

A	B
1. He ido al bar.	1. Yo tener sed.
2. Encendió un cigarro.	2. Él estar nervioso.
3. Está lloviendo.	3. Ser de noche.
4. Me despierto.	4. Haber ruido.
5. Hace viento.	5. El cielo estar azul celeste.
6. ¿Llorarás	6. Juana abandonarte?
7. Juan colecciona sellos.	7. Juan ser rubio.
8. Se le han roto las gafas.	8. Las gafas ser viejas.
9. Luisa escribió dos libros.	9. Luisa ser francesa.
10. ¿Se fue a vivir contigo?	10. Su familia abandonarlo?
11. Inglaterra tiene muchos habitantes.	11. Inglaterra ser una isla.
12. Se ha roto la vajilla.	12. La vajilla ser de color verde.

Oraciones consecutivas

EJERCICIO 36 (R. 27, R. 28 y R. 65)

Sustituya los infinitivos por las formas verbales adecuadas:

1. Es tu cumpleaños, conque (tú, deber) ———— invitarnos a merendar.
2. El suelo está mojado, luego esta noche (llover) ————.
3. No resulta tan antipático que (ser) ———— desagradable hablar con él.
4. Nunca estudió tanto que (él, dejar) ———— de divertirse.
5. Tenía un sueño horrible; de ahí que me (meter) ———— tan pronto en la cama.
6. Nos conoce muy bien, y por eso (él, saber) ———— prever nuestras maniobras.
7. No era tal su generosidad que (él, despilfarrar) ———— lo poco que poseía.
8. Carlos habla de manera que todos le (creer) ————.
9. Instalaré la lámpara de modo que su luz no (molestar) ————.
10. No viajaba tanto que (él, olvidar) ———— dónde había nacido y crecido.
11. Entramos en la discoteca, de modo que (ellos, vernos) ————.
12. Entramos en la discoteca de modo que todos nos (mirar) ————
13. No estará tan enfermo que no (él, poder) ———— recibirnos.
14. No es tan grande que no (ser) ———— posible transportarlo.
15. Quizá comió tanto que le (sentar) ———— mal.
16. ¿Tenía tantos problemas que no (él, darse) ———— cuenta de que le apoyábamos todos?
17. Estaba tan loco que (salir) ———— desnudo a la calle.
18. No somos tan incompetentes que no (distinguir) ———— lo bueno de lo malo.
19. No era tal su soberbia que no (él, adivinar) ———— los riesgos con que había de enfrentarse.
20. Probablemente conducirá de manera que todos (ellos, sentir) ———— terror.
21. Habéis cobrado el sueldo y la gratificación; por lo tanto, (vosotros, poder) ———— estar satisfechos.
22. Su habilidad era tal que la policía no (conseguir) ———— detenerlo.
23. Ojalá nos explique el tema de forma que nosotros lo (comprender) ————.
24. No era tan ingenuo que (ignorar) ———— lo que sus primos estaban tramando.
25. El correo funciona últimamente muy mal; de ahí que (yo, preferir) ———— telefonearte.
26. Debes caminar de manera que tu espalda (ir) ———— bien recta.
27. Resulta muy atractivo; tan es así que las mujeres se lo (disputar) ————.

28. No había engordado tanto que no (poder) ——————— ponerse la ropa antigua.

Oraciones comparativas

EJERCICIO 37 (R. 66 y R. 67)

Sustituya los infinitivos por las formas verbales adecuadas:

1. Actuará igual que lo (hacer) ——————— su abuelo si aún viviera.
2. Andrés y Ana se habrán vestido como se les (señalar) ——————— en la invitación.
3. Nunca vendrán más estudiantes de los que (nosotros, recibir) ——————— este próximo verano.
4. Su casa será construida tal como ustedes (desear) ———————.
5. Este año trabajaré más de lo que me (exigir) ——————— mi profesor.
6. Una novela es tan interesante como lo (ser) ——————— la historia que cuenta.
7. Estaba comiendo como lo (hacer) ——————— los animales.
8. Aquella canción era la más estridente que yo (oír) ——————— jamás.
9. Siempre gastará más de lo que (él, ganar) ———————.
10. Su salud era mejor de lo que (prever) ——————— los médicos.
11. Haremos el dibujo como tú (preferir) ———————.
12. Estoy seguro de que Julio beberá más de lo que (poder) ——————— aguantar.
13. Juan duerme más que (vivir) ———————.
14. Habrán ido como (ellos, poder) ———————.
15. Ha sido el mejor alcalde de cuantos (tener) ——————— esta ciudad.
16. Su voz era como un trueno que (surgir) ——————— de la profundidad del mar.
17. Poseía ya un tocadiscos mejor que el que Ana le (regalar) ———————.
18. Era tan inteligente como nosotros (imaginar) ———————.

o O o

EJERCICIO XV (R. 66)

Haga comparaciones siguiendo alguno de los esquemas que se le ofrecen a continuación:

Entre el dinero que ganará el próximo año y el que gastará.
— Gastaré más dinero del que gane.
— Ganaré más dinero del que gastaré.
— Ganaré tanto dinero como gastaré.
etc.

1. Entre el dinero que ganará el próximo año y el que gastará.
2. Entre las cartas que escribirá y las que probablemente recibirá.
3. Entre los cabellos que se le caen y los que le nacen.
4. Entre la forma en que canta y la forma en que baila.
5. Entre los libros que próximamente comprará y los libros que leerá.
6. Entre las copas a las que le invitarán y las que beberá.
7. Entre los días que se tomará de vacaciones y los que le gustaría tener.
8. Entre los regalos que hará y los que recibirá.
9. Entre el número de personas que ha conocido y que conocerá.
10. Entre los viajes que ha hecho y los que hará.

o O o

Oraciones condicionales

EJERCICIO 38 (R. 29)

Transforme las secuencias siguientes de manera que la pregunta se convierta en una condicional construida con el introductor que se le da. Ejemplo:

¿Vas a Cádiz? En ese caso voy contigo.
(EN CASO DE QUE.)
En caso de que vayas a Cádiz, voy contigo.

1. ¿Se cortará Cándido el pelo? En ese caso estará más guapo.
   (EN CASO DE QUE.)
2. ¿Nos dará dinero papá? En ese caso nos compraremos la bufanda.
   (SIEMPRE QUE.)
3. ¿Ha escrito ese artículo? En ese caso lo han metido en la cárcel.
   (COMO.)
4. ¿Comió aquellos pasteles? En ese caso seguro que está enfermo.
   (EN EL SUPUESTO DE QUE.)
5. ¿Habrás terminado a las tres? En ese caso te iré a buscar.
   (A CONDICIÓN DE QUE: póngase la condicional detrás de la o. principal.)
6. ¿Les regalan caramelos? En ese caso mis sobrinas harán cualquier cosa.
   (CON TAL QUE.)
7. ¿Habéis trabajado un poco? En ese caso tendréis lo suficiente para comer.
   (CON QUE.)
8. ¿Habían entrado los ladrones en su casa? En ese caso seguro que lo encontraron todo desordenado.
   (COMO.)
9. ¿No es una locura? En ese caso estoy dispuesto a hacerlo.
   (MIENTRAS.)

10. ¿No jugaréis con el fuego? En ese caso podéis quedaros aquí.
    (SIEMPRE Y CUANDO.)
11. ¿Será niño? En ese caso lo llamaremos Eduardo.
    (SUPONIENDO QUE.)

EJERCICIO 39 (R. 29)

Imagine ahora que las condicionales que ha construido se formulan en situaciones absolutamente hipotéticas, de forma que no tienen posibilidades de suceder. Cambie los tiempos verbales tanto en la condición como en la o. principal.

EJERCICIO 40 (R. 68)

Construya ahora con SI todas las condicionales de los ejercicios 38 y 39.

EJERCICIO 41 (R. 29)

En las oraciones siguientes, sustituya las palabras que van en cursiva por uno de los nexos que se le dan a continuación: CUANDO, PUESTO QUE, EN CASO DE QUE, PERO, de forma que el significado siga siendo aproximadamente el mismo:

1. *Como* estoy débil de salud, no viajo demasiado.
2. *Siempre que* no surjan contratiempos, el libro estará listo en marzo.
3. Tiene cualidades para desempeñar bien el trabajo, *salvo que* habla demasiado poco.
4. *Como* no te calles, te encierro en tu habitación.
5. No te preocupes: *mientras* no se ponga insolente no le haremos nada.
6. *Salvo que* no encuentre la pieza que necesito, hoy a las siete tendrás arreglado el televisor.
7. *Siempre que* nieva, los jardines se llenan de niños.
8. Lo llamaron por teléfono *mientras* estaba en la cama.

EJERCICIO 42 (R. 30)

Transforme las secuencias que se le dan, siguiendo el modelo:

¡Cómo baila! Parece que está borracho →

Baila $\left\{ \begin{array}{l} \text{como si} \\ \text{igual que si} \\ \text{lo mismo que si} \end{array} \right\}$ estuviera borracho.

1. ¡Cómo gritaba! Parecía que estaba loco.
2. ¡Cómo tengo la cabeza! Parece que acabo de salir de la ducha.
3. ¡Cómo va la gente! Parece que tuviera prisa.
4. ¡Cómo salta! Parece que le hubiera tocado la lotería.
5. ¡Cómo estudia! Parece que le gustara la asignatura.
6. ¡Cómo comía! Parecía que no había probado el chorizo en su vida.
7. ¡Cómo habló! Parecía que por su boca hablaba Demóstenes.
8. ¡Cómo aplaudían! Parecía que nunca hubieran oído hablar del tema.

EJERCICIO 43 (R. 68)

Todas las frases que siguen responden a la pregunta «¿terminaremos el libro en febrero?». Elija una de las dos formas que se le dan, o diga si son posibles las dos:

1. Si Pepe $\left\{\begin{array}{l}\text{está} \\ \text{estuviera}\end{array}\right\}$ en Salamanca sí, pero está en Estepa.

2. Si $\left\{\begin{array}{l}\text{trabajamos} \\ \text{trabajáramos}\end{array}\right\}$ de firme, sí.

3. Si $\left\{\begin{array}{l}\text{habíamos} \\ \text{hubiéramos}\end{array}\right\}$ empezado un poco antes, sí.

4. Si $\left\{\begin{array}{l}\text{podemos} \\ \text{pudiéramos}\end{array}\right\}$ reunirnos todos los días, sí.

5. Si $\left\{\begin{array}{l}\text{tiene} \\ \text{tuviera}\end{array}\right\}$ 100 páginas, sí, pero van a salir 500.

6. Si Emilio $\left\{\begin{array}{l}\text{hubiera} \\ \text{haya}\end{array}\right\}$ venido ya de Canarias, sí.

7. Si $\left\{\begin{array}{l}\text{tenemos} \\ \text{tuviéramos}\end{array}\right\}$ suerte, sí.

8. Si, como parece probable, el profesor Ruiz nos $\left\{\begin{array}{l}\text{exime} \\ \text{eximiera}\end{array}\right\}$ de dar clase, sí.

EJERCICIO 44 (R. 29, R. 68 y R. 69)

Ponga el infinitivo del paréntesis en la forma que corresponda:

1. Dentro de un rato (yo, sacar) ————— de paseo a tu hijo a cambio de que tú a mí (lavarme) ————— la ropa.
2. Julia no volverá a casa, excepto que tú (escribirle) ————— mañana mismo y (pedirle) ————— perdón.
3. Si no me (tú, estar escuchando) ————— ¿cómo vas a entender lo que digo?
4. ¿Tú también vas hacia la Plaza? Bueno, pues si no (tardar) ————— (yo, esperarte) —————.

5. A poco que mis hermanos (ayudarme) ——————, terminaremos la casa en octubre.
6. Casi con seguridad el eclipse no es hoy, pero llevaré los cristales por si (yo, estar) —————— equivocado. No quiero quedarme sin verlo.
7. —Si te (gustar) —————— más las fiestas, esta casa no (ser) —————— tan aburrida.
   —Y si tú (callarte) —————— más a menudo, esta casa no (parecer) —————— un manicomio.
8. Si alguien (querer) —————— preguntar algo, ahora es el momento de hacerlo.
9. Tendrá en cuenta tus sugerencias en la medida en que tú (tener) ————— en cuenta las suyas.
10. Yo no le (aconsejar) —————— a nadie que visitara aquello, más que si (él, ser) —————— Supermán.
11. Si alguien (preguntar) —————— por mí, haga usted el favor de decirle que estoy en una reunión.
12. Si mis padres no (insistir) —————— en hacer aquel viaje, yo no (conocerte) —————— en aquel avión y ahora tú no (estar) —————— conmigo.
13. Julia no volverá a casa, excepto si tú (escribirle) —————— mañana mismo y (pedirle) —————— perdón.
14. Si ya (vosotros, debatir) —————— suficientemente la cuestión, podemos pasar a votar.
15. Mira, no ha entrado nadie en casa. Si (ellos, entrar) —————— (verse) —————— las pisadas.
16. Ni siquiera en el caso de que (tú, ser) —————— tan gracioso como Charlot (tú, conseguir) —————— un papel en esa película. ¡Así que con lo soso que eres...!
17. España jamás habría llegado a ser una potencia mundial. Ni siquiera si los reyes (terminar) ————— en el siglo xv con los privilegios de la nobleza.
18. Si no os (gustar) —————— las lentejas, comed sólo la carne.
19. No sé dónde ha aprendido eso, pero si (él, aprenderlo) —————— en el colegio, lo (llevar) —————— a otro inmediatamente.
20. Apenas si (él, tener) —————— ocho años y ya está pensando en casarse. ¡Imagínate si (él, tener) —————— dieciocho!
21. No sacaba el perro de casa, a menos que (hacer) —————— un tiempo espléndido.
22. Si (ella, informarme) —————— a tiempo, ahora la cuestión ya (estar) —————— solucionada. La (solucionar) —————— yo mismo.
23. ¡Atención! Si el objetivo (estar) —————— sucio, las fotos (salir) —————— defectuosas. Limpie su cámara con frecuencia.
24. Todo el mundo sabe que los trenes llegan con retraso sistemáticamente. Si esto (ser) —————— así, ¿por qué no le ponen remedio?

o O o

EJERCICIO XVI (R. 68)

Complete los diálogos utilizando la construcción con SI y los verbos que se le sugieren. Por ejemplo:

—Estoy aburrido.
(Traer un libro.)
—Si hubieras traído un libro no estarías aburrido.

1. —Rosa está harta de tanto ruido.
    (No comprar el televisor.)
2. —Tengo frío.
    (Llevar una falda más larga.)
3. —Aquí se ve muy poco.
    (Encender la luz.)
4. —Tienen ustedes mal aspecto.
    (Dejar dormir.)
5. —¿Qué te parece mi novia?
    (Peinarse de otra forma.)
6. —¿Te gustan los perros?
    (No ensuciar tanto.)

EJERCICIO XVII (R. 69)

Utilizando una construcción con POR SI, conteste a las siguientes preguntas:

1. ¿Para qué llevas el paraguas?
2. ¿Por qué has comprado esa crema bronceadora?
3. ¿Pongo el televisor?
4. ¿Has dejado una nota en la puerta?
5. ¿Le digo a Marina que vamos a ir al campo?
6. ¿Nunca dejas solos a los niños?

EJERCICIO XVIII (R. 29)

Utilice amenazas con COMO en las situaciones siguientes:

1. Un amigo suyo va a poner un disco del cantante que usted más odia.
2. El alcalde de su ciudad quiere convertir su parque favorito en una industria de jabón.
3. El perro de su vecino gruñe y mira hacia usted con aspecto hostil.
4. Su hermano está hablando continuamente mientras usted trata de escuchar su programa de radio favorito.

5. Un compañero suyo le comunica que ha decidido darle dos bofetadas al jefe.

6. Un antiguo conocido le saca la lengua cada vez que usted se cruza con él por la calle.

EJERCICIO XIX (R. 29 y R. 68)

A usted le hacen peticiones, y usted pone condiciones para concederlas. Por ejemplo:

—¿Me prestas mil pesetas?
—Te las presto a condición de que me las devuelvas en seguida.

(Puede emplear también otros nexos: SIEMPRE QUE, SI, SIEMPRE Y CUANDO.)

1. ¿Quieres bailar conmigo?
2. Por favor, dejadme ir con vosotros.
3. Quisiera que me diera usted permiso para no venir a trabajar el sábado.
4. ¿Puedo ponerme tu camisa?
5. Cuéntame un cuento.
6. Pague sus impuestos.
7. Dime qué te contó Anita.
8. ¿Juegas conmigo al ajedrez?
9. Utilice usted los transportes colectivos.

o O o

Oraciones concesivas

EJERCICIO 45 (R. 31, R. 32 y R. 70)

Utilice indicativo o subjuntivo, según convenga:

1. El mariscal perdió la batalla, si bien (él, pelear) ————— ardientemente en ella.
2. (Tú, ir) ————— a la escuela o (tú, no ir) ————— a la escuela, aprenderás a leer.
3. Te obligará a beber ese líquido sucio aun a riesgo de que (tú, coger) ————— una enfermedad.
4. Este cerdo no engorda así (tú, cebarlo) ————— con maíz.
5. Aun a sabiendas de que la gente (morir) ————— de inanición, el gobierno dejó de mandar alimentos.
6. Destaca entre sus compañeros; y eso que (él, ser) ————— medio tonto.

7. Lo castigarán, si bien (nosotros, no considerarlo) ———— culpable.
8. Aun a riesgo de que (nosotros, agraviarlo) ————, debemos pedirle una explicación de su comportamiento.
9. La vaca no daba leche así (ella, beberse) ———— setenta litros de agua.
10. La actriz estaba hecha una momia, por muy guapa que (ella, ser) ———— en su juventud.
11. (Oler) ———— como (oler) ————, yo no pienso entrar en ese cuarto.
12. Todavía no ha aprendido a tocar la flauta; y eso que (ella, tener) ———— un profesor particular.
13. Te mandaré interno a un colegio, si bien (constarme) ———— que eres incorregible.
14. Daban saltos por los bancos aun a riesgo de que el profesor (expulsarlos) ———— de clase.
15. Por bueno que (presentarse) ———— el tiempo, nunca salía de casa.
16. No te muevas de aquí (pasar) ———— lo que (pasar) ————.
17. Las gallinas se han salido del corral; y eso que (yo, cerrar) ———— bien la puerta.
18. La llevaban a diario al hospital, si bien todos ellos (saber) ———— que tenía una enfermedad incurable.
19. No te voy a montar en el coche por muy pesado que (tú, ponerte) ————————.
20. Jamás como galletas; y eso que (ellas, ser) ———— muy alimenticias.
21. Dame otra copa: por muy malo que (ser) ———— ese coñac, me voy a beber la botella entera.
22. Compró acciones aun a sabiendas de que el gobierno ya (nacionalizar) ———— las empresas privadas.
23. (Presidir) ———— quien (presidir) ————, el conserje nunca cumplía con sus obligaciones.
24. Por afilada que (parecer) ————, la espada no cortaba nada.

EJERCICIO 46 (R. 70)

Un profesor, en sus explicaciones de clase, proporciona las siguientes informaciones a los alumnos. Use indicativo o subjuntivo:

1. Aunque las ballenas (ser) ———— mamíferos, tienen aletas como los peces.
2. Aunque desde el siglo pasado hasta hoy (haber) ———— diversas revoluciones en Europa, ninguna de ellas ha afectado a nuestro país.
3. Aunque los romanos (conseguir) ———— crear un gran imperio, fueron derrotados fácilmente por los bárbaros.
4. Aunque, con toda seguridad, en el futuro, el hombre (llegar) ———— a Marte, eso no mejorará las condiciones de vida de los pueblos subdesarrollados.

5. Aunque la raíz cuadrada (ser) ――――― una operación matemática fácil, al principio todos os confundiréis un poco.
6. Aunque la semana próxima (nosotros, tener) ――――― un examen, nadie debe estudiar estos días en casa.
7. Aunque la Constitución (permitir) ――――― las nacionalizaciones, todos han protestado por la reciente expropiación de esas empresas.
8. El director del colegio dijo ayer que aunque la semana próxima (haber) ――――― obras, tendremos que seguir viniendo a clase.

EJERCICIO 47 (R. 70)

Use indicativo o subjuntivo, según convenga, en sustitución de los infinitivos:

1. —¿Salieron bien las cosas?
   —¡Bah!, aunque todo (salir) ――――― a pedir de boca según los organizadores, nadie quedó satisfecho.
2. —Ahora mismo no hay nadie en la casa.
   —Bueno, pues aunque no (haber) ――――― nadie, yo no (pensar) ――――― entrar a robar.
3. —Ahora mismo hay mucha gente en la casa.
   —A mí me da igual: aunque no (haber) ――――― ni un alma, yo no (entrar) ――――― a robar.
4. —Ayer no se presentaron los albañiles.
   —¡Estupendo!, aunque (ellos, presentarse) ―――――, (ellos, no cobrar) ―――――.
5. —Lamento llegar tarde, pero es que he estado de compras.
   —Pues aunque (tú, estar) ――――― de compras, (tú, tener) ――――― que haber sido puntual.
6. —Dice tu novio que te esperará en la estación hasta las siete.
   —Todo es inútil: aunque (él, esperarme) ――――― toda la vida, yo jamás (volver) ――――― a su lado.
7. —No traigo la tarea hecha porque ayer no vine a clase.
   —Aunque ayer (tú, no venir) ――――― a clase, tienes las mismas obligaciones que el resto de tus compañeros y, por ello, te quedarás castigado.
8. —El futurólogo afirma que no habrá guerra nuclear.
   —Aunque (haberla) ―――――, yo no pienso participar en ella.
9. —Todos sabemos que su estancia entre nosotros ha sido feliz.
   —Aunque no (serlo) ―――――, yo (estarles) ――――― muy agradecido.
10. —Tengo ganas de ir al servicio.
    —Pues aunque (tú, tener) ――――― ganas, vas a tener que aguantarte hasta que llegue el recreo.
11. Dudo mucho que terminen el estadio para el año que viene, pero aunque lo (terminar) ―――――, los futbolistas no (querer) ――――― jugar en él la próxima temporada.

12. Yo no (aceptar) ———————— a ese chico ni siquiera aunque ahora mismo lo (ellos, coronar) ———————— rey.

13. ¡Oye!, espérame aunque (tú, tener) ———————— prisa, que tengo que hablar contigo.

14. —¿Habrán llamado por teléfono?
    —¡Qué sé yo!; de todos modos aunque (ellos, llamar) ————————, seguro que no han solucionado nada.

15. —¿Estarán en casa ahora mismo?
    —No sé, pero aunque (ellos, estar) ————————, yo no (visitarlos) ————————.

16. —Nadie sabe si anoche con la tormenta se les destrozó la cabaña a los pastores.
    —¡Qué más da!, hombre, aunque (destrozarse) ————————, ellos (volver) ———————— a construirla en un periquete.

17. Quiero informaros de dos cosas: primera, de que a partir de mañana seré el jefe; y segunda, de que aunque a partir de mañana (yo, ser) ———————— el jefe, podréis seguir tuteándome.

18. —¡Oye!, ¿las maderas del suelo crujen?
    —No lo sé, pero tú no te preocupes: aunque (ellas, crujir) ————————, el suelo no (hundirse) ————————.

19. —Nunca me hiciste ningún favor.
    —Y me alegro: aunque (yo, hacértelo) ————————, tú nunca (agradecérmelo) ————————.

20. —¿Te gusta la comedia que están representando?
    —Aunque no me (gustar) ————————, tendría que aguantarme.

21. Begoña nos anunció que aunque (ella, aturdirse) ———————— en el concierto de rock, nos acompañaría.

22. Aunque el Sol (tener) ———————— sólo cinco planetas, (él, ser) ———————— una estrella importante.

23. Aunque no (existir) ———————— los griegos, la civilización occidental (desarrollarse) ————————, si bien todo (ser) ———————— de una manera diferente.

24. Aunque en el cielo no (haber) ———————— luna ni estrellas, la noche (ser) ———————— un tiempo agradable para conversar con los amigos.

EJERCICIO 48 (R. 70)

Usted dirige las siguientes frases con AUNQUE *a las personas que se le indican. Utilice indicativo o subjuntivo en la(s) forma(s) apropiada(s):*

1. (A su amante.) Aunque (tú, no ser) ———————— mi esposo, yo (tratarte) ———————— como si lo fueras.

2. (A su esposo.) Aunque (tú, no ser) ———————— mi esposo, yo (tratarte) ———————— como si lo fueras.

3. (A un extraterrestre.) Aunque (yo, ser) ——————— andaluz, no (gustarme) ——————— el cante flamenco. (Usted efectivamente es andaluz.)

4. (A un extraterrestre.) Aunque (yo, ser) ——————— andaluz, no (gustarme) ——————— el cante flamenco. (Usted nació en Madrid.)

5. (A cualquiera.) Aunque John Huston (proponerme) ——————— hacer
una película con él, yo no (entrar) ——————— en el mundo del cine.

6. (A un no-fumador.) Aunque (tú, fumar) ——————— 60 cigarrillos dia-
rios, no (pasarte) ——————— nada.

7. (A cualquiera.) El tren llegó a su hora, pero aunque (llegar) ———————
con retraso, no (darme) ——————— tiempo a cogerlo.

8. (A cualquiera.) Aunque (caer) ——————— otro diluvio universal, ese
incrédulo no (creer) ——————— en las historias de la Biblia.

9. (A su amigo Jorge, que ayer se marchó a las 9,30 de la fiesta.) Aunque
ayer (tú, marcharte) ——————— inmediatamente después de cenar, nadie (echarte) ——————— de menos.

10. (A un extraterrestre.) Aunque en la Tierra (haber) ——————— muchas
doctrinas filosóficas sobre la felicidad a lo largo de la historia, el caso
(ser) ——————— que el ser humano nunca ha alcanzado ese estado.

11. (A una persona bajita.) Aunque (tú, ser) ——————— un gigante, no
(poder) ——————— jugar en el partido de baloncesto de mañana.

12. (A un amigo suyo, que ayer lo insultó a usted.) Aunque ayer (tú, llamarme) ——————— imbécil, yo no (guardarte) ——————— rencor.

13. (A cualquiera.) Aunque Salvador Perales (ganar) ——————— el próximo trofeo, yo jamás (apostar) ——————— por él.

14. (A cualquiera.) Felizmente ayer no llovió, pero aunque (llover) ———
—— (nosotros, ir) ——————— al campo a merendar.

EJERCICIO 49 (R. 71)

Use indicativo o subjuntivo, según convenga:

1. —¿Te diste mucha prisa?
—Sí, pero por mucha prisa que (yo, darme) ———————, yo no (conseguir) ——————— llegar a tiempo.

2. En este lago no hay patos, pero aun cuando (haberlos) ———————, los
guardianes no (dejarnos) ——————— cazarlos.

3. —¿Está contento Manolo con el parto?
—Sí, a pesar de que (él, tener) ——————— quintillizos.

4. Dale algún dinero a ese pobre: por poco que (tú, darle) ——————— le
vendrá bien.

5. Por poco que (trabajar) ——————— la imaginación, era difícil aburrirse
en aquel centro cultural.

6. Jamás se emborrachaba, por mucho vino que (él, beber) ———————.

7. —Yo siempre hago bien mi trabajo.
—Ya lo sé, hombre, pero el bestia de tu jefe nunca te felicitará por muy
bien que (tú, hacerlo) ———————.

8. Sigue habiendo fraude fiscal a pesar de que Hacienda (tomar) ———— medidas severas.

9. ¿Otra vez fumando? Te he dicho mil veces que por poco que (tú, fumar) ————, el tabaco te hace daño a los pulmones.

10. —Nieves se conserva muy joven.
    —Sí, aun cuando (ella, llevar) ———— una vida muy ajetreada.

11. Aun cuando (yo, querer) ———— ayudarte, no podría: me lo ha prohibido el capitán.

12. —Estás engordando.
    —Sí, por poco que (yo, comer) ———— no paro de engordar.

13. No sé cuánto dinero tiene, pero por mucho que (él, tener) ————, yo no me voy a dejar avasallar.

14. —Me ha dicho el médico que tengo que ponerme gafas.
    —No te preocupes, mujer; aun cuando (tú, llevar) ———— gafas, seguirás siendo la más guapa del pueblo.

15. Dijo el comisario que por mucho que (ellos, investigar) ———— sobre aquel crimen, jamás habrían encontrado al asesino.

16. —Estás muy delgado.
    —Sí, y no lo entiendo: por más que (yo, comer) ———— no consigo poner ni un kilo.

17. A pesar de que el juez (declararlos) ———— inocentes, estoy seguro de que ellos son los culpables de nuestra desgracia.

18. Mira hijo: por mucho que (tú, llorar) ———— no te vamos a comprar ese juguete.

19. A pesar de que don Antonio (disfrutar) ———— con las encuestas, nunca laś hacía.

20. A pesar de que Eduardo (ser) ———— un individuo díscolo y soberbio, tenía muchos amigos.

o O o

Oraciones independientes y no subordinadas

EJERCICIO 50 (R. 33 y R. 34)

Ponga el verbo en la forma adecuada:

1. ¡Ojalá luego Petrita (pasarse) ———— por aquí y (traernos) ———— los tomates!

2. Ojalá en el sorteo del sábado pasado (tocarme) ———— la lotería, porque estoy sin un duro.

3. Ojalá (ellos, casarse) ———— el mes próximo.

4. ¡Quién (poder) ———— llegar a catedrático!

5. Ojalá el decanato (contestarnos) ———— ayer.

6. ¡Ojalá Lucía (estar) ———— en misa ahora mismo!

7. —¿Tú crees que pondrán «Supermán» en el cine del pueblo?
    —Puff, ojalá (ellos, traer) ————— esa película, pero con lo misera-
    ble que es este pueblo.
8. Ojalá (operarte) ————— el doctor Ramos. Pero no quiere hacerlo.
9. ¡Quién (estar) ————— ahora con ella!
10. Ojalá cuando volvamos (cambiar) ————— ya la programación de
    televisión.
11. ¡Quién se (beber) ————— aquella espléndida jarra de cerveza!
12. ¡Ojalá (ellos, confirmar) ————— ayer la noticia!

EJERCICIO 51 (R. 36)

*Use construcciones alternativas que sustituyan a las siguientes frases
(realizando los cambios pertinentes). Siga los modelos:*

Aunque no te guste, nos vamos a la playa →
Te guste o no te guste, nos vamos a la playa.
No importa quién lo haya hecho, nos castigarán a todos →
Lo haya hecho quien lo haya hecho, nos castigarán a todos.

1. Tanto si hay un terremoto como si hay una inundación, saldremos de
    vacaciones.
2. No importa lo que le digas, te mirará con cara de bobo.
3. Aunque en la reunión estuviera el presidente, tú debiste decir lo que
    pensabas.
4. Tanto si dice usted su nombre como si se lo calla, no me preocupa: aca-
    baremos sabiéndolo de todos modos.
5. No importa cómo lo trates, te lo perdonará todo.
6. Aunque María no bailara con él, Pepe no podía renunciar a su amor
    por ella.
7. No importa cuándo lo despidieras, él siempre te guardó rencor.
8. Tanto si le compras los patitos como si no se los compras, seguirá siendo
    hijo tuyo.
9. Nunca estaba satisfecho, ni siquiera aunque bailara con la más guapa.

EJERCICIO 52 (R. 37)

Sustituya los infinitivos por indicativo o subjuntivo:

1. Que nosotros (saber) ————— aquí no ha venido nadie preguntando
    por ti.
2. Eso sucedió en enero de 1981, que yo (recordar) —————.
3. Que tú (saber) —————, ¿quiénes fueron los traidores?
4. Nadie ha venido en calzoncillos, que yo (ver) —————.

5. Que yo (saber) —————, Antoñita no se separó de su marido.
6. ¡Y no bebe apenas que (nosotros, decir) —————!
7. ¡Y no es listo el tío ése que (nosotros, decir) —————!
8. No ha tenido muchos hijos, que (nosotros, decir) —————.
9. No gasta tanto dinero, que (nosotros, decir) —————.

EJERCICIO 53 (R. 72)

Dirija estas órdenes a «usted» o «ustedes», según corresponda:

1. Ven a casa esta tarde.
2. Haced pronto las maletas.
3. Recoge las cartas del buzón.
4. Escuchadme todos.

EJERCICIO 54 (R. 72)

Construya prohibiciones, según el modelo:

Fastidia → No fastidies.

1. Enciendan ustedes los cigarros.
2. Volved tarde.
3. Avise usted a los bomberos.
4. Atended a vuestro profesor.
5. Haga usted lo que yo le digo.
6. Comeos toda la papilla.
7. Bébete la botella entera.
8. Pasen ustedes por la zona prohibida.

EJERCICIO 55 (R. 72)

Imagine que usted es un policía. Ordene o prohíba (con «tú», «vos-otros», «usted», «ustedes») hacer las siguientes cosas:

1. Armar escándalo.
2. Fumar marihuana.
3. Ayudar a una anciana a cruzar la calle.
4. Molestar a los ciudadanos.
5. Interrumpir el tráfico.
6. Pedir limosna por la calle.
7. Jugar al tenis en la calle.

8. Quitar el coche de un lugar donde está prohibido aparcar.
9. Colaborar en las tareas de salvamento.
10. Llamar al alcalde.

EJERCICIO 56 (R. 72)

Anime o exhorte a sus amigos a hacer las siguientes cosas con usted:

Hablar con la dueña de la casa donde viven →
→ Hablemos con la dueña de la casa.
→ Vamos a hablar con la dueña de la casa.

1. No discutir ya más de ese asunto, por favor.
2. Ir al teatro.
3. Levantarse de los asientos y marcharse.
4. No ir esta tarde a visitar a sus padres.
5. Ir a la cocina a coger un poco de fruta.
6. Salir de excursión.
7. Tratar con tranquilidad de la situación del país.
8. Ir preparando el equipaje.
9. No vender la televisión.
10. Quedarse en casa oyendo la radio.
11. Regalar todos los libros viejos.
12. Irse a dormir.
13. Contarle una mentira a Lalo.
14. No jugar ya más a las cartas.
15. Tener la fiesta en paz.
16. No honrar la memoria del prócer.

EJERCICIO 57 (R. 73)

Dé instrucciones de carácter general, siguiendo el modelo:

Abrir con precaución *(en una caja de cartón)* → Ábrase con precaución.

1. (Conservarse) ————— en el refrigerador *(en una bolsa de merluza congelada).*
2. (Taparse) ————— bien *(en un bote de especias).*
3. (Dejar) ————— reposar durante diez minutos *(en un paquete de flan).*
4. (Agitar) ————— antes de usarlo *(en un frasco de limpiamuebles).*
5. (Consultar) ————— los trabajos del profesor Borrego Prieto *(en un libro de lingüística).*
6. (Verse) ————— los capítulos 8 y 12 *(en un ensayo).*

EJERCICIO 58 (R. 74)

Exprese en cada caso un deseo y una aseveración:

1. (Vivir) ————— la Pepa.
2. Dios te (bendecir) —————.
3. (Él, descansar) ————— en paz.
4. Así (tú, morirte) —————.
5. Así (pillarlo) ————— el tren.
6. Así (tú, caerte) ————— al pozo.

EJERCICIO 59 (R. 33, R. 74 y R. 75)

Elija indicativo o subjuntivo en cada contexto:

1. —He dejado el grifo abierto.
   —¡Así se te (inundar) ————— la casa!
2. —No ha querido hacerme el favor que le pedí.
   —¡Así se le (inundar) ————— la casa!
3. —Yo me lavo la cabeza con vinagre.
   —¡Así se te (caer) ————— el pelo!
4. —Ese tipo me robó la cartera.
   —¡Así se le (caer) ————— el pelo!
5. —Juanita regaló todo lo que tenía.
   —¡Así (ella, quedarse) ————— sin nada!
6. —Nos fastidió todo lo que pudo.
   —¡Así (él, quedarse) ————— sin nada antes de morir!
7. —Yo rezo todos los días el rosario.
   —Claro, por eso Dios te (oír) —————, y te (hacer) ————— favores.
8. —¡Ojalá te toque la lotería!
   —¡Dios te (oír) —————!
9. En esta casa tú siempre (ser) ————— bienvenido.
10. —Ya están aquí.
    —¡Bienvenidos (ellos, ser) —————!
11. Hasta mañana si Dios (querer) —————.
12. ¡Dios (querer) ————— que mañana amanezcamos temprano!

EJERCICIO 60 (R. 76)

Use indicativo o subjuntivo, según considere conveniente:

1. A lo mejor (llover) ————— esta tarde.
2. Probablemente a las ocho ya (ellos, llegar) —————.

3. (Ellos, venir) ————— cinco, quizá.
4. Acaso yo esta tarde (escuchar) ————— música si estoy aburrido.
5. Seguramente (ellos, estar) ————— viendo una obra de teatro ahora mismo.
6. Tal vez (yo, presentarme) ————— a esas oposiciones.
7. (Yo, presentarme) ————— a esas oposiciones, tal vez.
8. A lo mejor tus hijos (invitarnos) ————— a su casa de campo.
9. Quizá (ellos, venir) —————, pero no los hemos visto.
10. Ayer (ellos, terminar) ————— el libro, seguramente.
11. Tal vez el año pasado ya (ellos, dejar) ————— el tabaco.
12. (Ellos, esperarte) —————, quizá y luego se marcharon.
13. Posiblemente el mes que viene ya (yo, venirme) ————— de la isla.
14. Probablemente (nosotros, personarnos) ————— en comisaría.
15. Quizás a partir de ahora (yo, dedicarme) ————— a fabricar boinas.
16. A lo mejor (él, ser) ————— pintor y no lo sabemos.
17. Acaso no (tú, atreverte) ————— a sacarlo a bailar.
18. Seguramente (ellos, salir) ————— del cine para esa hora.

EJERCICIO 61 (R. 77)

En las siguientes frases ponga en subjuntivo el verbo que está en cursiva y trate de aclarar el nuevo sentido de la frase:

1. Y el tipo aquél, *viene* a darle a la manivela.
2. Mientras tú descansabas, nosotros *veníamos* a charlar.
3. Aquello era un desbarajuste: Josefa *venía* a cantar, Julia *venía* a pintarse y vosotros, mientras tanto, *veníais* a beber y a fumar.
4. ¡*Ven*, que tenemos prisa!
5. ¡*Ven*, que te quedas sola!
6. ¡*Vamos*, hombre, tenías que haber sido tú!
7. ¡*Ve* con la peliculita!
8. ¡*Vete*, llaman por teléfono!

o O o

EJERCICIO XX (R. 33 y R. 34)

Manifieste su deseo con OJALÁ o QUIÉN en las siguientes circunstancias:

1. Usted no ha hecho la tarea. Desea haberla hecho.
2. Usted desea ser tan alto como su amigo Roberto.
3. Usted desea que sus amigos no tengan averías con el coche recién estrenado.

4. Usted desea que sus amigos no tengan averías con un coche viejo y que funciona mal.
5. Usted desea que la bombilla que puso ayer no se funda esta noche.
6. Usted desea sacar habitualmente tan buenas notas como su hermano.
7. Usted desea y espera que todo se haya solucionado.
8. Usted desea que su amigo, que lo destroza todo, no haya roto el traje que le prestó la semana pasada.
9. Usted desea, pero duda, que el profesor haya corregido ya su examen.
10. Ayer llovió mucho. Usted desea que no hubiera llovido.
11. Usted desea estar en este momento con su novio(-a) en la playa.
12. Usted desea que su hijo (que es muy feo) sea tan guapo como usted.

EJERCICIO XXI (R. 35)

Replique ante las siguientes intervenciones de su interlocutor:

1. —Santiago pretende que nos creamos las mentiras que cuenta.
   —¡Ni que...!
2. —Cree que siempre tiene razón.
   —¡Ni que...!
3. —Está todo el día gritándonos.
   —¡Ni que...!
4. —Tienes que ir a que el médico te haga un reconocimiento.
5. —Marisa guarda todas sus cosas en una caja fuerte.
6. —¡Lleva el coche al taller inmediatamente!
7. —Quieren llevarlo a la cárcel.
8. —Pídele perdón y te dará la comida.
9. —Están almacenando alimentos en su refugio nuclear.

EJERCICIO XXII (R. 33, R. 34, R. 74, R. 75 y R. 12)

Manifieste su deseo en las siguientes ocasiones:

1. Usted ha perdido la cartera.
2. Usted teme que los enemigos le cojan prisionero.
3. Usted odia al dictador.
4. Usted está en un entierro con un familiar del muerto.
5. Su amigo X le ha hecho a usted un gran favor.
6. Su enemigo Y le ha negado a usted un gran favor.
7. Usted desea que a alguien se le caiga la casa encima.
8. Usted desea haber tenido quintillizos.
9. Usted desea que a alguien le hubiera engañado su pareja.
10. Usted desea que a alguien se le haya roto su cámara fotográfica.
11. Usted desea que alguien se arruine.

Recapitulación

EJERCICIO 62 (todas las reglas)

Ponga el infinitivo del paréntesis en la forma adecuada:

1. Voy a decirle que (yo, querer) ———— que (él, darme) ————
   mi parte del dinero.
2. Haremos el dibujo como tú (preferir) ————.
3. Subiremos a que el doctor (hacerte) ———— un reconocimiento general.
4. Entonces no era habitual que la gente (pasar) ———— hambre.
5. Superará todas las dificultades que se le (presentar) ————.
6. A las once apagaremos la luz, no (ir) ———— a ser que los amigos de
   mi hijo (aparecer) ———— por casa y (quedarse) ———— hasta
   las tantas.
7. Empujado por la necesidad de que todo el mundo (escucharlo) ———
   ——, fundó un periódico.
8. No hay quien (convencer) ———— a Carlos para que (él, dejar) ——
   ———— el coche en casa.
9. No nos han admitido la solicitud porque (faltar) ———— una póliza.
10. A Laura le fastidia que Isabel (ir) ———— a ese tipo de reuniones.
11. Consígueme un televisor que no (averiarse) ————.
12. Antonio, como (terminar) ———— antes de lo previsto, cogió sus
    bártulos y se marchó.
13. No veo que (vosotros, terminar) ———— los ejercicios.
14. No me opondré a sus propuestas mientras ellos (apoyar) ———— las
    mías.
15. Julián no contradice a su padre así (ellos, matarlo) ————.
16. Lo convenció de que (ser) ———— mejor que (él, dejar) ————
    aquel trabajo.
17. Cuando Andrés (ver) ———— una buena película, se transformaba.

EJERCICIO 63 (todas las reglas)

*Sustituya los infinitivos que van entre paréntesis por una forma de
indicativo o subjuntivo:*

1. Por astutos que (ellos, ser) ———— jamás pudieron engañarnos.
2. Lo que me indigna es que (ellos, poner) ———— la radio a tanto
   volumen cuando estoy durmiendo.
3. Estacionaré el coche donde (yo, poder) ————.
4. —Dale esé trabajo de cargador, hombre, que es un chico muy corpu-
   lento.
   —No, no se lo doy, porque, aunque (él, ser) ———— muy corpulen-
   to, no tiene fuerza ni para cargar ese saco.

5. Juega al tenis como si (él, nacer) ————— con la raqueta en la mano.
6. Se parecía mucho a tu hermano; de ahí que (yo, confundirme) —————.
7. No me atrevo a confesarle mi amor a pesar de que (yo, quererla) ————— mucho.
8. Si ustedes, señores diputados, (nacer) ————— en una isla perdida del hemisferio sur, ahora (ustedes, andar) ————— corriendo con un taparrabos.
9. Hay luz en la ventana, así que (ellos, deber) ————— de estar en casa.
10. No lo mató, pero ojalá (él, matarlo) —————; seguro que ahora teníamos menos problemas.
11. Alberto (ser) ————— capaz de tirarse a un pozo con tal de que Raquel (amarlo) —————. *(Ninguno de los dos verbos se refiere al pasado.)*
12. Ven antes de que (finalizar) ————— el programa de televisión.
13. —Avasalla a todo el mundo con su coche.
    —¡Ni que (él, tener) ————— un Mercedes!
14. —¿Pintamos la casa?
    —Mientras no (tú, obligarme) ————— a mí a pintarla, haz lo que quieras.
15. Salvo que el sargento (ordenar) ————— lo contrario, hoy no dormiremos en el cuartel.
16. Posiblemente (nosotros, tomar) ————— tierra a las 12,30.

EJERCICIO 64 (todas las reglas)

Sustituya los infinitivos que le ofrecemos por las formas adecuadas del indicativo o del subjuntivo:

1. Para que le (reñir) ————— a su hijo, Pedro tenía que estar hasta las narices.
2. —¡Cállate!
   —Pero...
   —¡Te digo que (tú, callarte) —————!
3. Aquí no podrá entrar cualquiera que lo (desear) —————.
4. No le han concedido el Nobel porque (él, ser) ————— sueco. Hay otras razones más profundas.
5. Le comunicó al profesor su intuición de que la enfermedad (ser) ————— producida por un virus.
6. Cuando tú me (prestar) ————— el reloj podré saber la hora.
7. Aun a sabiendas de que su padre (castigarlo) —————, Pedrito rompió todos los cristales.
8. —¿Es verdad que han aplazado el examen?
   —Sí, parece que el profesor (decidir) ————— aplazarlo.

9. El que se (enfrentar) ————— a su jefe debe saber calcular los riesgos.
10. —Desde aquí no veo bien el espectáculo.
    —No importa, aunque (tú, verlo) —————, no (gustarte) —————.
11. Es falso que todas las películas españolas (hacerse) ————— con poco dinero.
12. Habrán arreglado la avería como Dios les (dar) ————— a entender.
13. ¡Ojalá no (venir) ————— esta tarde nadie a visitarnos! Pero seguro que se presenta Pili.
14. Si Marte (tener) ————— vida, ¿no contaríamos ya con pruebas indudables?
15. ¿Existe verdaderamente esa mujer de que (tú, hablarme) —————?
16. Tal vez en ese momento (él, decidir) ————— expulsarte de casa; no lo recuerdo bien.
17. Como (tú, comprar) ————— ese gato, mañana mismo (yo, irme) ————— de casa.

EJERCICIO 65 (todas las reglas)

Utilice en cada caso la forma adecuada del indicativo o del subjuntivo:

1. No bien (él, reparar) ————— en el estado del coche, decidió no comprarlo.
2. Dale garbanzos duros, que (caérsele) ————— los dientes.
3. Hemos llegado a la conclusión de que Felipe no (ser) ————— inocente.
4. En cuanto (yo, atrapar) ————— a ese gamberro, voy a darle su merecido.
5. Ya que (él, molestar) —————, por lo menos que sea discreto.
6. El gobernador pidió a los ciudadanos que (ellos, estar) ————— preparados.
7. Carlos nos ayudó sin que (nosotros, tener) ————— que pedírselo.
8. —¿Vendrán mañana tus amigos alemanes?
   —No sé, pero aunque (ellos, venir) —————, yo no (alterar) ————— mis planes.
9. —¿Te has dado cuenta por fin de que no (convenir) ————— ser tan ingenuo?
   —Yo siempre he sabido que la ingenuidad no (ser) ————— buena.
10. Si te piden algo, dales lo que (tú, tener) —————.
11. Aun cuando (él, leer) ————— muy pocos libros en su vida, Felipe tiene una cultura amplísima.
12. Si los días (tener) ————— treinta horas, quizá (nosotros, terminar) ————— este trabajo para el mes que viene.
13. Cuando los pueblos (olvidar) ————— su historia repiten sus errores.

14. (Tú, andar) ————— con quien (tú, andar) —————, a tu madre no le hace gracia.
15. Si, como sabes muy bien, 2 × 8 (ser) ————— 16, ¿cuántas son 8 × 2?
16. No vi a mi novio hasta que me (tropezar) ————— con él.

EJERCICIO 66 (todas las reglas)

Sustituya los infinitivos por las formas verbales adecuadas:

1. Me parece una vergüenza que los precios (subir) ————— tanto.
2. Estoy convencido de que fumar no (ser) ————— tan malo.
3. La orden de que (nosotros, cruzar) ————— el río nos llegó un poco tarde.
4. Por las tardes, mi mujer se marcha de casa para que (yo, poder) ————— fregar tranquilo.
5. ¿Tenemos que aguantarnos con esta humillante dominación sólo porque ellos (invadir) ————— nuestro territorio?
6. Agapito, sea porque (trabajar) ————— demasiado, sea porque (tener) ————— mucha suerte, sea porque (hacer) ————— la pelota a los profesores, siempre saca sobresaliente.
7. Buscaré tu regalo tan pronto como (yo, poder) —————.
8. Estrenarán la obra más pronto de lo que nosotros (pensar) —————.
9. Ha terminado el tiempo; por consiguiente, (nosotros, deber) ————— abandonar la sala.
10. ¡Adiós! ¡Buen viaje! ¡Que (vosotros, pasarlo) ————— bien en Zaragoza!
11. No le digas que su marido la (estar) ————— engañando.
12. El hecho de que todos los días (yo, regalarle) ————— flores a Lolita no significa que (yo, estar) ————— enamorado de ella; significa que (yo, estar) ————— enamorado de la florista.
13. Se presentó voluntario aun a riesgo de que el coronel (enviarlo) ————— al Sáhara.
14. No conseguimos mover el coche; y eso que el freno de mano (estar) ————— quitado.
15. —¿Ha escrito Luis una novela?
    —Sí, y aunque (ser) ————— estupenda, ningún editor ha querido publicarla.
16. Beberé cuanto (venirme) ————— en gana.
17. (Buscar, usted) ————— lo que (buscar, usted) —————, no lo encontrará.
18. Presentará su proyecto de modo que nadie (descubrir) ————— sus fallos.

EJERCICIO 67 (todas las reglas)

Sustituya los infinitivos por las formas verbales adecuadas:

1. No es que estas diversiones (parecerme) —————— inmorales, pero prefiero que mis hijos (quedarse) —————— en casa.
2. Hoy (yo, lavarme) —————— bien por si (yo, encontrarme) —————— con Adelaida.
3. Si ahora (llover) —————— o hace poco (llover) ——————, no jugaremos con la cometa.
4. Aunque Lisboa no (tener) —————— puerto, (ser) —————— una ciudad maravillosa.
5. Es muy susceptible: por poco que (tú, decirle) —————— en seguida se ofende.
6. —Le han tocado veinte millones en la lotería.
   —¡Ay! ¡Quién los (pillar) ——————!
7. No podemos soportar al que nos (enviar) —————— esta mañana estas cartas.
8. A medida que (él, ir) —————— creciendo, va comprendiendo mejor a los demás.
9. Prepárame una comida que no (ser) —————— demasiado fuerte.
10. —¿Aceptarás ese cargo?
    —Sólo lo (yo, aceptar) —————— en el caso de que (ellos, pagarme) —————— mucho más dinero en el futuro.
11. —¿Me invitas a una copa?
    —Sí, siempre que luego (tú, irte) —————— a casa y (tú, dejarme) —————— trabajar.
12. (Ellos, invitarlo) —————— o no, Ciriaco irá a la fiesta.
13. Os lo aconsejo: no (vosotros, pasar) —————— por aquella puerta.
14. Supongo que habrá pocos que (necesitar) —————— más bocadillos.
15. Los que (desear) —————— venir, que se apunten ahora mismo.

CLAVE DE LOS EJERCICIOS

Advertencias para la consulta de esta Clave

1.ª Cuando se dan dos o más formas separadas por comas, todas nos parecen igualmente idóneas.

2.ª Cuando se dan dos o más formas y alguna va entre paréntesis, ésta nos parece válida, pero menos normal (o incluso rara) en el contexto que la frase sugiere.

3.ª Cuando se dan dos o más formas separadas por guiones, cada una corresponde a uno de los «blancos» de la frase en cuestión.

4.ª Salvo que se advierta lo contrario, toda forma de subjuntivo en -ra es sustituible por la correspondiente en -se.

5.ª Cuando son posibles varias formas temporales, pero todas son del mismo modo, *ofrecemos sólo una de ellas,* salvo que se practiquen precisamente los valores o las correlaciones de los tiempos.

6.ª Las respuestas correspondientes a los ejercicios señalados con números romanos (que, como se recordará, permiten mayor libertad de construcción) van todas juntas al final de esta clave. Tales respuestas, como es lógico, sólo pretenden servir de modelo y no agotan las imprevisibles posibilidades de este tipo de ejercicios.

EJERCICIO 1.—1. estés; 2. sea; 3. haya engañado; 4. haya terminado; 5. destruyeras; 6. comiera; 7. fumara; 8. tengas; 9. tengas; 10. regresen; 11. hubiera portado; 12. hubieras hecho; 13. funcionara; 14. hubieras comido; 15. haya dejado; 16. haya llamado; 17. arreglaras; 18. tuvieras; 19. hubiera vendido; 20. pudiera; 21. llegara; 22. debiéramos; 23. entremos; 24. hubiera abandonado; 25. tomara.

EJERCICIO 2.—1. quisiera; 2. quisiera; 3. quisiera; 4. hubiera hecho; 5. hubiera pensado (pensara); 6. hubiera sido; 7. hubiera valido, valiera; 8. valiera, hubiera valido; 9. debieras; 10. quisiera; 11. hubiera podido; 12. dijera, hubiera dicho; 13. hubiera creído (creyera); 14. quisiera, hubiera querido; 15. hubiera querido.

EJERCICIO 3.—1. traiga; 2. entregue; 3. tuvierais (hubierais tenido); 4. presentemos; 5. pusieran, hubieran puesto; 6. guste; 7. terminara, hubiera terminado; 8. hubiera leído; 9. hubiera sido (fuera); 10. pudiéramos (podamos); 11. hubiera valorado, valorara (haya valorado, valore); 12. encuentre, haya encontrado (encontrara); 13. consumieras; 14. hayamos recorrido; 15. haya muerto, muriera; 16. queden; 17. esté; 18. diera; 19. estuviera (esté); 20. hubieran regalado; 21. vinierais (vengáis); 22. callen; 23. hayas arreglado; 24. hubieras vendido; 25. hubiera tenido.

EJERCICIO 4.—1. pasen; 2. dimitas; 3. lavaran, hubieran lavado; 4. hubiera arreglado (haya arreglado); 5. pusieras (pongas); 6. casara (case); 7. eche; 8. hable (hablara); 9. prestes; 10. hayas leído; 11. sienta; 12. creyera, hubiera creído; 13. rieran, hubieran reído; 14. presentáramos (presentemos); 15. terminaran (hubieran terminado); 16. hubiera aprobado; 17. emborracharan; 18. haya formado, forme (formara); 19. pongan, hayan puesto; 20. fuéramos; 21. hubiera echado (haya echado); 22. seamos, fuéramos; 23. hubieran perdido, perdieran (hayan perdido); 24. esté; 25. vinierais (vengáis).

EJERCICIO 5.—1. nos aconsejaron que lleváramos ropa de abrigo; 2. me piden que les preste algún dinero; 3. comunicaron al laboratorio que necesitaban pronto los análisis; 4. el presidente ha declarado a los periodistas que la situación ha mejorado mucho; 5. su padre le ha escrito que le prepare las maletas; 6. su padre le ha escrito que llegará el jueves; 7. cuando le mando hacer algo siempre murmura que él no va; 8. cuando le mando hacer algo siempre dice que vaya yo; 9. su novia le susurró al oído que la quisiera siempre; 10. su novia le susurró al oído que lo querría siempre.

EJERCICIO 6 *(Sólo se da la forma del verbo SUBIR).*—1. suban; 2. suban; 3. suban; 4. suban (suben); 5. suben; 6. suben; 7. suban; 8. suban; 9. suben; 10. suben; 11. suban, suben; 12. subían; 13. suben; 14. subieran; 15. suban; 16. suban; 17. suben (suban); 18. suben; 19. suban; 20. subieran; 21. suban; 22. suben (suban); 23. suben (suban); 24. suben; 25. subieran; 26. suban (suben); 27. suben.

EJERCICIO 7.—1. que Pedro se comportara así; 2. leer; 3. que aquellos muebles se quedaran; 4. ser enterrado; 5. que el petróleo ha bajado; 6. que el presidente estaba; 7. que el chico pasara; 8. que era; 9. tener; 10. que lo haya dicho *(admisible, pero no indispensable,* haberlo dicho); 11. que llevemos - no haya venido nadie; 12. que el príncipe se fugó, se fugara; 13. que el príncipe se fugara; 14. que haga.

EJERCICIO 8 *(Figura sólo la oración del V₂).*—1. salir de casa; 2. comprar pocos pasteles; 3. que Laura compre pocos pasteles; 4. que es poco inteligente; 5. escribir dos veces a la semana; 6. que Laura gane tanto como yo; 7. que estaba equivocada; 8. que había escrito aquella nota *(cabe* haber escrito, *pero no es necesario);* 9. que estaba demasiado delgada; 10. ganar tanto como yo; 11. que tenía que asistir a clase; 12. que tienen siempre razón *(cabe* tener, *pero no es necesario);* 13. que no se había portado bien; 14. que estudiaría más en el futuro *(cabe* estudiar, *pero no es necesario);* 15. que iba a casarse.

EJERCICIO 9

1. El gobierno no deja a los ciudadanos *a.* que salgan por la noche.
                                         b. salir por la noche.
2. Nos obligaron a *a.* que abandonáramos el lugar.
                   b. abandonar el lugar.
3. El profesor pidió a los alumnos *a.* que estuvieran en silencio.
                                   b. (no es posible).
4. Le aconsejo *a.* que no haga ruido.
               b. no hacer ruido *(pero esta posibilidad no la admiten todos los hablantes).*
5. Está gritando *a.* ·*(no es posible en subjuntivo).*
                 b. (no es posible).
6. Le dijo a su amiga *a. (no es posible en subjuntivo).*
                      b. (no es posible).

7. Os prohíbo *a.* que toquéis la guitarra después de las doce.
   b. tocar la guitarra después de las doce.
8. La policía invitó a los manifestantes a *a.* que se disolvieran.
   b. disolverse.
9. No me es posible *a. (no es posible).*
   b. asistir a la reunión.
10. Les manda *a.* que salgan al pasillo.
    b. salir al pasillo.
11. Me aburre *a. (no es posible).*
    b. hacer esas cosas.
12. ¿No te entristece *a. (no es posible).*
    b. beber así?
13. Mercedes descubrió *a. (no es posible en subjuntivo).*
    b. (no es posible).
14. Los concursantes sabían *a. (no es posible en subjuntivo).*
    b. (no es posible).

EJERCICIO 10.—1. pido; 2. mando; 3. quiero; 4. estoy de acuerdo con; 5. digo; 6. ordeno.

EJERCICIO 11.—1. había, hubiera; 2. hemos matado; 3. tenga; 4. iban, fueran; 5. ha estado (haya 'estado); 6. sea; 7. insultaron; 8. era, fuera; 9. debemos (debamos); 10. odie *(cabe también* odio *en ciertos contextos, pero es mucho menos normal);* 11. estás; 12. compres; 13. había, hubiera; 14. estén; 15. quiere, quiera; 16. sentáramos; 17. era, fuera; 18. sea.

EJERCICIO 12.—1. acostáramos; 2. había; 3. paguemos; 4. somos; 5. dejara; 6. escribía; 7. guardaran; 8. se iba; 9. le guste; 10. estaba; 11. le pasaba; 12. fueran; 13. estaba; 14. leas.

EJERCICIO 13 *(Sólo figura el verbo 2 de la pregunta).*—1. tiene, tenga; 2. tenemos, tengamos; 3. es, sea; 4. estaban cerradas; 5. está; 6. era; 7. desciende.

EJERCICIO 14.—1. te quiere; 2. ha estado; 3. corre; 4. habían quitado; 5. sea, es - tenga (tiene); 6. tengan, tienen; 7. te gusta; 8. lleva; 9. irá; 10. lo consiga; 11. será; 12. estuviste, estuvieras; 13. estoy; 14. me engañas; 15. he comido, haya comido, hubiera comido; 16. era; 17. se dedica.

EJERCICIO 15.—1a. es; 1b. sea; 2a. se dio cuenta; 2b. se diera cuenta *(según en qué circunstancias, cabría* se dio); 3a. estés (estás); 3b. estás; 4. venga; 5a. juegue (juega); 5b. juegue; 6. asistiera; 7. existe; 8a. se ría; 8b. se ría; 9. estemos; 10a. se entere; 10b. se enterará.

EJERCICIO 16.—1. voy a preguntar si venden libros antiguos; 2. tienes que explicarme cómo se hace esa comida; 3. no sé cuál es (sea) el pasatiempo favorito del presidente; 4. no sé adónde iré, no sé adónde ir (vaya, fuera) (ir, vaya, fuera *suponen deliberación);* 5. confiésame cuánto dinero le debes; 6. no sé qué compraré, no sé qué comprar (compre, comprara) (comprar, compre, comprara, *suponen deliberación);* 7. no importa quién está, esté ahora en casa; 8. Pepe adivinó cuándo se había casado su suegra; 9. no le digas si se han divorciado tus amigos; 10. no tengo ni idea de cuál es (sea) su problema; 11. no sé si tomo estas pastillas *(la continuación podría ser:* «o si las mías son de otra marca»), no sé si tomar (tome, tomara) *(deliberación).*

EJERCICIO 17.—1. aguante; 2. hiciera; 3. sea; 4. pueda; 5. dices; 6. huela; 7. está; 8. puedas; 9. permita; 10. soportaron, soportaran; 11. reside; 12. valiera; 13. cubrieran; 14. ignore; 15. quieren; 16. imagine; 17. tome; 18. veo; 19. fueran; 20. pueden, puedan; 21. presagiara; 22. hablan; 23. supere; 24. cuenta; 25. reuniera; 26. saben; 27. dan, den.

EJERCICIO 18.—1. hablo-hablo-como-como; 2. hables-hables; 3. viniera-viniera; 4. sea-sea; 5. hubiera hecho-hubiera hecho; 6. tomo-tomo; 7. pinto-pinto; 8. haya escrito-haya escrito; 9. tengas-tengas; 10. llamen-llamen; 11. lleguemos-lleguemos; 12. opinen-opinen; 13. hubieran perdido-hubieran perdido.

EJERCICIO 19.—1. esperábamos; 2. encuentres; 3. pusimos-esperaba; 4. viste; 5. veas (verás); 6. está (esté); 7. viene; 8. formulen; 9. posea, posee; 10. está; 11. duelen-complacen; 12. actúen; 13. dedicara, dedicaba; 14. compartía; 15. sepa (sabe); 16. sabe; 17. quedamos; 18. vimos; 19. hicieran, hacen; 20. ha cantado; 21. mientan (mienten); 22. domine; 23. ha pintado; 24. cruzara, cruzó; 25. confirma-sospechábamos; 26. ganaras, ganaste; 27. vimos; 28. hizo; 29. bebas; 30. tuviera-han demostrado-he conocido; 31. quepa, cabrá-asista (asistirá); 32. disponga; 33. perseguían; 34. había visto-había sucedido; 35. encuentres; 36. has conocido; 37. venden; 38. haya, hay; 39. tires.

EJERCICIO 20.—1. ninguno de los perros que tenía Ana era cariñoso; Ana no tenía ningún perro que fuera cariñoso; 2. ninguno de los pañuelos que había en la tienda era de algodón; no había ningún pañuelo en la tienda que fuera de algodón; 3. ninguno de los trabajadores que contrataré, contrate tendrá estudios superiores; no contrataré a ningún trabajador que tenga estudios superiores; 4. ninguna de las canciones que compondré, componga será popular; no compondré ninguna canción que sea popular; 5. ninguna de las batallas que ganó resultó determinante para el resultado final de la guerra; no ganó ninguna batalla que resultara determinante para el resultado final de la guerra.

EJERCICIO 21.—1. llegaba, llegara; 2. has planeado, hayas planeado; 3. trajo; 4. creamos; 5. ordenan, ordenen; 6. haya sido, ha sido; 7. ordenaron, ordenaran; 8. contrataban, contrataran; 9. descubrieran (descubrieron); 10. pueda; 11. tuvieran; 12. haya sorprendido; 13. dabas, dieras; 14. como (coma); 15. tomaba; 16. estuviera; 17. fuera; 18. estudiaba (estudiara); 19. explicara; 20. parezcas; 21. pienso; 22. veas.

EJERCICIO 22.—sabes, sepas-dicen, digan-ganas, ganes-dice, diga-sabe-oye-tiene-ignora-escucha-posee.

EJERCICIO 23.—1. bebe; 2. espera; 3. desconfíe; 4. ahorra-necesita; 5. viajan, viajen; 6. estudiamos; 7. haya leído, ha leído; 8. haya sentido (ha sentido); 9. hace; 10. pueda; 11. saben; 12. parte-reparte; 13. tienen; 14. poseían, poseyeran; 15. confían; 16. llueve-hace; 17. conozcan.

EJERCICIO 24.—1. prueba (pruebe); 2. acude (acuda); 3. sea; 4. aparezcan; 5. estés; 6. haya escrito, ha escrito; 7. entrara; 8. gusta, guste; 9. hagas.

EJERCICIO 25.—1. gustara; 2. componía; 3. ofrecerte; 4. vengas-te cueste; 5. pueda; 6. hubiera sido fabricada; 7. desea, desee; 8. nos sentíamos; 9. fueran; 10. comas-comas; 11. descanse-vivía (viviera); 12. informe; 13. abrir (abramos); 14. viene-hablas; 15. tenga (tiene); 16. hacer; 17. estudien; 18. lleva; 19. prefieran, prefieren; 20. proteja-vitoreaba; 21. ha decidido, haya decidido; 22. jugar, jugaremos; 23. traigas, traes; 24. pregunte; 25. madruga; 26. oigas-oigas.

EJERCICIO 26.—1. conseguir; 2. que no nos mojáramos; 3. ver; 4. que haya; 5. te oigan; 6. decirme; 7. estar; 8. que te presentes; 9. que se calle; 10. no nos reconozcan; 11. estar, que estemos; 12. que nadie me molestara; 13. evitar; 14. que el mecánico te arregle; 15. poder; 16. sea - se enfade; 17. creyeran; 18. vaya - se estropee; 19. dijeran; 20. que me reparen; 21. fuera - se me olvidara; 22. vayáis; 23. llorar, que llorara; 24. vaya - descubra.

EJERCICIO 27.—1. piensen; 2. vaya - estén; 3. prestarte, que te haya prestado; 4. que Isabel te preste; 5. sea - entere - te castigue; 6. vaya - te castigue; 7. sea - me duela; 8. que murmuren; 9. nos veamos; 10. que todo saliera; 11. no quedarse; 12. que confesara; 13. que te dé; 14. (obtener), que obtuviera; 15. que crezcan; 16. vayan; 17. vaya - se los meta; 18. sonarte, que te suene; 19. (romperse), que se rompan; 20. crean; 21. (ir), que vaya; 22. fuera - no encontrara.

EJERCICIO 28.—1. divisaron; 2. oiga; 3. necesita, necesitara; 4. pedí; 5. haya olvidado; 6. aterricemos; 7. exigiera; 8. consideraba; 9. llegues; 10. tengas; 11. terminaran; 12. sirvan; 13. estuviéramos; 14. avise; 15. terminé; 16. salgan; 17. presentaban; 18. oigan; 19. conozca; 20. habíamos comprado-dijo; 21. recibas; 22. suba; 23. intentes; 24. escuchaba; 25. vayan; 26. salgan-lleguen; 27. vi; 28. presentaron, presentaran; 29. amanezca; 30. habló, hablara; 31. haya enviado; 32. cerró, cerrara; 33. oigan; 34. reconocí; 35. sea; 36. tarareaba; 37. haya visto; 38. disminuyan; 39. robaron, robaran; 40. hayas conocido; 41. recibió; 42. haya terminado; 43. dije; 44. haya tranquilizado; 45. reconoció; 46. abra; 47. vayan, van; 48. habla; 49. llames.

EJERCICIO 29.—1. María salió después de haber cenado (MUCHO MENOS RECOMENDABLE: María salió después de que hubiera cenado); 2. María lavó los platos después de desayunar (MUCHO MENOS RECOMENDABLE: después de que desayunara); 3. María comenzó a escribir después de llamar por teléfono (MUCHO MENOS RECOMENDABLE: después de que llamara por teléfono); 4. María falleció antes de hacer testamento; 5. María estudiaba antes de ducharse; 6. María aguardó a salir de casa para llamar por teléfono; 7. María esperará a llegar para recoger el correo; 8. María no protestó hasta agotar, hasta que agotó las demás posibilidades; 9. María trabajará hasta poder, hasta que pueda comprar un piso; 10. María corrió hasta perder, hasta que perdió el aliento; 11. luego de llegar, de que llegó, María comenzó a preparar la cena.

EJERCICIO 30.—1. estudiaba; 2. llueva; 3. terminas; 4. bostezaban; 5. sigas; 6. tengas (tienes); 7. sea; 8. mantengamos; 9. estaban; 10. paguen; 11. suena, suene; 12. vivían; 13. ponga; 14. siguieran.

EJERCICIO 31.—1. prohíban; 2. uses; 3. advirtiera; 4. estuviéramos; 5. llegaran; 6. tengan; 7. aumente; 8. noten; 9. molesten; 10. tuviera; 11. ha llegado, haya llegado; 12. entregáramos; 13. ha visto, haya visto; 14. firmen; 15. haya traicionado; 16. esté; 17. te vayas.

EJERCICIO 32.—1. oímos; 2. voy; 3. hayamos llegado, hemos llegado; 4. le dio; 5. son (sean); 6. hay; 7. vio (viera); 8. eran, fueran - gustaban, gustaran; 9. hayan encontrado, han encontrado; 10. viene; 11. quiera - la han obligado; 12. vi (viera); 13. estaban; 14. ponían, pusieran; 15. invitaras - estaba; 16. has estudiado.

EJERCICIO 33.—1. quiera, quiere - está; 2. pidiera, pide; 3. lo necesite - le gusta; 4. corrían, corrieran - estaba, estuviera; 5. quieres; 6. interesa, interese; 7. pidiera; 8. convenía, conviniera - lo tenían, tuvieran; 9. estaban (estuvieran); 10. habría presentado; 11. estás, estés; 12. quiero; 13. estoy; 14. diga; dice; 15. fuera - era.

EJERCICIO 34.—1. sea, es; 2. ibas; 3. sé; 4. duermen; 5. había (hubiera); 6. es; 7. había gustado; 8. duele; 9. me atacas; 10. eran; 11. era; 12. tome, toma; 13. seas - eres; 14. tengo, tuviera - es, sea; 15. disfrute - es.

EJERCICIO 35.—1. he ido al bar porque tenía sed; no he ido al bar porque tuviera sed (sino porque el camarero es amigo mío); 2. encendió un cigarro porque estaba nervioso; no encendió un cigarro porque estuviera nervioso (sino simplemente porque tenía ganas de fumar); 3. no está lloviendo porque sea de noche (los motivos de la lluvia son otros); 4. me despierto porque hay ruido; no me despierto porque haya ruido (sino porque tengo ganas de ir al servicio); 5. no hace viento porque el cielo esté azul celeste (los motivos de que haga viento son otros); 6. ¿llorarás porque Juana te ha abandonado?, ¿llorarás porque Juana te haya abandonado?, ¿no llorarás porque Juana te ha abandonado?, ¿no llorarás porque Juana te haya abandonado?; 7. Juan no colecciona sellos porque sea rubio (sino porque tiene afición a la filatelia); 8. se le han roto las gafas porque son viejas; no se le han roto las gafas porque sean viejas (sino porque se le han caído desde un tercer piso); 9. Luisa no escribió dos libros porque fuera francesa (los motivos son otros); 10. ¿se fue a vivir contigo porque su familia lo abandonó?, ¿se fue a vivir contigo porque su familia lo abandonara?, ¿no se fue a vivir contigo porque su familia lo abandonó?, ¿no se fue a vivir contigo porque su familia lo abandonara?; 11. Inglaterra no tiene muchos habitantes porque sea una isla (sino por otras razones); 12. no se ha roto la vajilla porque sea de color verde (sino porque tú la tiraste al suelo).

EJERCICIO 36.—1. debes; 2. ha llovido; 3. sea; 4. dejara; 5. metiera; 6. sabe; 7. despilfarrara; 8. creen, crean; 9. moleste; 10. hubiera olvidado; 11. nos vieron; 12. miraran, miraron; 13. pueda; 14. sea; 15. sentó, sentara; 16. daba, diera; 17. sabía; 18. distingamos; 19. adivinara; 20. sientan, sentirán; 21. podéis; 22. conseguía; 23. comprendamos; 24. ignorara; 25. prefiera; 26. vaya; 27. disputan; 28. pudiera.

EJERCICIO 37.—1. haría; 2. señala, señale; 3. recibiremos, recibamos; 4. desean, deseen; 5. exige, exija; 6. sea (es); 7. hacen; 8. había oído, hubiera oído; 9. gana, gane; 10. habían previsto; 11. prefieras, prefieres; 12. puede, pueda; 13. vive; 14. hayan podido; 15. ha tenido, haya tenido; 16. hubiera surgido (surgía); 17. había regalado; 18. imaginábamos.

EJERCICIO 38.—1. en caso de que Cándido se *corte* el pelo, *estará* más guapo; 2. siempre que papá nos *dé* dinero, nos *compraremos*...; 3. como *haya escrito* ese artículo, lo *han metido*...; 4. en el supuesto de que *comiera* aquellos pasteles, seguro que *está* enfermo; 5. te *iré* a buscar a condición de que *hayas terminado* a las tres; 6. con tal que les *regalen* caramelos, mis sobrinas *harán*...; 7. con que *hayáis trabajado* un poco, *tendréis*...; 8. como *hubieran entrado* los ladrones en su casa, seguro que lo *encontraron*...; 9. mientras no *sea* una locura, *estoy* dispuesto...; 10. siempre y cuando no *juguéis* con el fuego, *podéis*...; 11. suponiendo que *sea* niño, lo *llamaremos* Eduardo.

EJERCICIO 39.—1. costara - estaría; 2. diera - compraríamos; 3. hubiera escrito - habrían, hubieran metido; 4. hubiera comido - estaría; 5. iría - hubieras terminado; 6. regalaran - harían; 7. hubierais trabajado - tendríais; 8. hubieran entrado - encontrarían; 9. fuera - estaría; 10. jugarais - podríais; 11. fuera... llamaríamos.

EJERCICIO 40.—Las condicionales con si correspondientes al ejercicio 38 mantienen invariables los verbos de la apódosis, esto es, de la oración principal o condicionado. Las formas de la condición son: 1. corta; 2. da; 3. ha escrito; 4. comió; 5. has terminado; 6. regalan; 7. habéis trabajado; 8. habían entrado; 9. es; 10. jugáis; 11. es. Las condiciones con SI correspondientes al ejercicio 39 llevan idénticas formas que con las otras conjunciones, es decir, las dadas en la clave del citado ejercicio 39.

EJERCICIO 41.—1. puesto que; 2. en caso de que; 3. pero; 4. en caso de que; 5. en caso de que; 6. en caso de que; 7. cuando; 8. cuando.

EJERCICIO 42.—1. gritaba como si estuviera...; 2. tengo la cabeza como si acabara de salir...; 3. la gente va como si tuviera...; 4. salta como si le hubiera tocado...; 5. estudia como si le gustara...; 6. comía como si no hubiera probado...; 7. habló como si por su boca hablara...; 8. aplaudían como si nunca hubieran oído...
En todas ellas pueden aparecer los otros nexos de la regla: IGUAL QUE SI, LO MISMO QUE SI, CUAL SI (afectado o arcaico).

EJERCICIO 43.—1. estuviera; 2. las dos; 3. hubiéramos; 4. las dos; 5. tuviera; 6. hubiera; 7. las dos; 8. exime.

EJERCICIO 44 *(No tenemos en cuenta las sustituciones coloquiales por formas de indicativo).*—1. saco, sacaré - me laves; 2. escribas - pidas, escribieras - pidieras; 3. estás escuchando; 4. tardas - te espero, esperaré; 5. me ayuden; 6. estuviera (estoy); 7. gustaran - sería - te callaras - parecería; 8. quiere (quisiera); 9. tengas, hayas tenido; 10. aconsejaría - fuera; 11. pregunta, preguntara; 12. hubieran insistido - te habría, hubiera conocido - estarías; 13. escribes - pides, escribieras - pidieras; 14. habéis debatido; 15. hubieran entrado - se verían; 16. fueras - conseguirías, habrías conseguido, hubieras conseguido; 17. hubieran terminado; 18. gustan, gustaran; 19. ha aprendido - llevaré, hubiera aprendido - llevaría; 20. tiene - tuviera; 21. hiciera; 22. me hubiera informado - estaría - habría solucionado, hubiera solucionado; 23. está - saldrán, salen; estuviera - saldrían; 24. es.

EJERCICIO 45.—1. peleó; 2. vayas - no vayas; 3. cojas; 4. lo cebes; 5. moriría; 6. es; 7. lo consideramos; 8. agraviemos; 9. se bebiera; 10. hubiera sido; 11. huela - huela; 12. tiene; 13. consta; 14. expulsara; 15. se presentara; 16. pase - pase; 17. cerré; 18. sabían; 19. te pongas; 20. son; 21. sea; 22. había nacionalizado; 23. presidiera-presidiera; 24. pareciera.

EJERCICIO 46.—1. son; 2. ha habido; 3. consiguieron; 4. llegará; 5. es; 6. tendremos; 7. permite; 8. habrá.

EJERCICIO 47.—1. salió; 2. haya - pienso; 3. hubiera - entraría; 4. hubieran presentado - habrían cobrado, hubieran cobrado; 5. hayas estado - tendrías; 6. esperara - volvería; 7. vinieras; 8. haya, hubiera; 9. hubiera sido - estaría; 10. tengas; 11. terminaran - querrían (terminen - querrán); 12. aceptaría - coronaran; 13. tengas; 14. hayan llamado; 15. estén - visitaré (estuvieran - visitaría); 16. hubiera destrozado - volverían, habrían vuelto; 17. sea; 18. crujan - se hundirá (crujieran - se hundiría); 19. hubiera hecho - habrías agradecido, hubieras agradecido (hiciera - agradecerías); 20. gustara; 21. se aturdiera (aturdiría); 22. tuviera - sería; 23. hubieran existido - habría desarrollado, hubiera desarrollado - sería; 24. hubiera - sería.

EJERCICIO 48.—1. seas - trato; 2. fueras - trataría; 3. soy - me gusta; 4. fuera - me gustaría; 5. me propusiera - entraría; 6. fumaras - te pasaría; 7. hubiera llegado - hubiera dado, habría dado; 8. cayera - creería (caiga - creerá); 9. marcharas (marchaste) - te echó; 10. ha habido - es; 11. fueras - podrías; 12. llamaras - te guardo; 13. ganará - apostaría, gane - apostaré (ganará - apostaré); 14. hubiera llovido - habríamos ido, hubiéramos ido (iríamos).

EJERCICIO 49.—1. me di - conseguí; 2. los hubiera - nos dejarían, habrían dejado, hubieran dejado; 3. ha tenido; 4. le des; 5. trabajara; 6. bebiera, hubiera bebido; 7. lo hagas; 8. ha tomado (haya tomado); 9. fumes; 10. lleva (lleve); 11. quisiera, querría; 12. coma (como); 13. tenga; 14. lleves; 15. hubieran investigado; 16. como (coma); 17. ha declarado (haya declarado); 18. llores; 19. disfrutaba (disfrutara); 20. era.

EJERCICIO 50.—1. se pase - nos traiga, se pasara - nos trajera; 2. tocara, hubiera tocado; 3. se casen, se casaran; 4. pudiera, hubiera podido; 5. contestara, hubiera contestado; 6. esté, estuviera; 7. trajeran; 8. te operara; 9. estuviera (con cambio radical de sentido: está); 10. haya cambiado, hubiera cambiado; 11. hubiera bebido (con cambio radical de sentido: bebió); 12. confirmaran, hubieran confirmado.

EJERCICIO 51.—1. pase lo que pase (haya un terremoto o haya una inundación); 2. digas lo que digas; 3. estuviera o no el presidente; 4. diga usted su nombre o no lo diga; 5. lo trates como lo trates; 6. que bailara o que no bailara María con él; 7. lo despidieras cuando lo despidieras; 8. le compres o no le compres los patitos; 9. ni que bailara con la más fea, ni que bailara con la más guapa. (Estas respuestas son orientativas y, naturalmente, también caben otras construcciones alternativas).

EJERCICIO 52.—1. sepamos; 2. recuerde; 3. sepas; 4. haya visto; 5. sepa; 6. digamos; 7. digamos; 8. digamos; 9. digamos.

EJERCICIO 53.—1. venga; 2. hagan; 3. recoja; 4. escúchenme.

EJERCICIO 54.—1. no enciendan; 2. no volváis; 3. no avise; 4. no atendáis; 5. no haga; 6. no os comáis; 7. no te bebas; 8. no pasen.

EJERCICIO 55.—1. arma (imperativo); armad (imperativo), arme (subjuntivo), armen (subjuntivo), no armes (subjuntivo), no arméis (subjuntivo), no arme (subjuntivo), no armen (subjuntivo). Todas las demás frases del ejercicio se deben construir con este mismo esquema.

EJERCICIO 56.—1. discutamos; 2. vamos, vayamos, vamos a ir; 3. levantémonos - marchémonos, vamos a levantarnos - marcharnos; 4. no vayamos; 5. vamos, vayamos, vamos a ir; 6. salgamos (vamos a salir); 7. tratemos, vamos a tratar; 8. vamos, vayamos, vamos a ir; 9. vendamos; 10. quedémonos, vamos a quedarnos; 11. regalemos, vamos a regalar; 12. vámonos, vayámonos; 13. contémosle, vamos a contarle; 14. juguemos; 15. tengamos, vamos a tener; 16, honremos.

EJERCICIO 57.—1. consérvese; 2. tápese; 3. déjese; 4. agítese; 5. consúltense; 6. véanse.

EJERCICIO 58.—1. viva; vive; 2. bendiga; bendice; 3. descanse; descansa; 4. te mueras; te mueres; 5. lo pille; lo pilla; 6. te caigas; te caes.

EJERCICIO 59.—1. inunda (deseo: inunde); 2. inunde; 3. caerá (deseo: caiga); 4. caiga; 5. se quedó; 6. se quedara; 7. oye - hace; 8. oiga; 9. serás; 10. sean; 11. quiere; 12. quiera.

EJERCICIO 60.—1. llueve; 2. habrán llegado, hayan llegado; 3. vendrán; 4. escuche, escucharé; 5. estén, están; 6. presente, presentaré; 7. presentaré; 8. invitan; 9. hayan venido, hubieran venido, habrán venido; 10. terminaron; 11. hubieran dejado, habían dejado; 12. esperaron; 13. haya venido, habré venido; 14. personemos, personaremos; 15. dedique, dedicaré; 16. es; 17. atreviste, atrevieras, atreverás, atrevas; 18. habrán salido, hayan salido.

EJERCICIO 61.—1. venga: repetición enojosa; 2. venga: prolongación insistente de la acción; 3. venga - venga - venga: repetición molesta; 4. venga: premura; 5. venga: premura; 6. vaya: disgusto; 7. vaya: desagrado; 8. vaya: contrariedad.

EJERCICIO 62.—1. quiero - me dé; 2. prefieras, prefieres; 3. te haga; 4. pasara; 5. presenten (presentarán); 6. vaya - aparezcan - se queden; 7. lo escuchara; 8. convenza - deje; 9. falta; 10. vaya; 11. se averíe; 12. terminó (terminara); 13. hayáis terminado; 14. apoyen; 15. lo maten; 16. era - dejara; 17. veía.

EJERCICIO 63.—1. fueran; 2. pongan; 3. pueda; 4. sea; 5. hubiera nacido; 6. me confundiera; 7. quiero; 8. hubieran nacido - andarían; 9. deben; 10. hubiera matado; 11. es - ame; sería - amara; 12. finalice; 13. tuviera; 14. me obligues; 15. ordene; 16. tomemos, tomaremos.

EJERCICIO 64.—1. riñera; 2. te calles; 3. desee; 4. sea (es); 5. era; 6. prestes; 7. lo castigaría; 8. ha decidido; 9. enfrenta, enfrente; 10. lo vieras - te gustaría; 11. se hagan - se hacen; 12. diera; 13. viniera; 14. tuviera, hubiera tenido; 15. me hablas; 16. decidió, decidiera; 17. compres - me voy.

EJERCICIO 65.—1. reparó; 2. se le caigan; 3. es; 4. atrape; 5. molesta (moleste); 6. estuvieran; 7. tuviéramos; 8. vengan - alterará, vinieran - alteraría; 9. conviene - es; 10. tengas (tienes); 11. ha leído (haya leído); 12. tuvieran - terminaríamos, termináramos; 13. olvidan; 14. andes - andes; 15. son; 16. tropecé.

EJERCICIO 66.—1. hayan subido; 2. es; 3. cruzáramos; 4. pueda; 5. han invadido, hayan invadido; 6. trabaja, trabaje-tiene, tenga - hace, haga; 7. pueda; 8. pensamos; 9. debemos; 10. lo paséis; 11. estás; 12. le regale - esté, estoy - estoy; 13. lo enviara; 14. estaba; 15. es; 16. me venga; 17. busque-busque; 18. descubra, descubrirá.

EJERCICIO 67.—1. me parezcan - se queden; 2. me he lavado - encuentro, encontrara; 3. llueve - ha llovido; 4. tuviera - sería; 5. le digas; 6. pillara; 7. ha enviado (haya enviado); 8. va; 9. sea; 10. aceptaré, aceptaría - me paguen, me pagaran; 11. te vayas - me dejes; 12. lo hayan invitado; 13. paséis; 14. necesiten (necesitan); 15. deseen (desean).

*   *   *

EJERCICIO I.—1. os pido que os *calléis;* 2. quiero que le *pidas* perdón; 3. te ruego que me *prestes* algo de dinero; 4. es preciso que *retire* usted el coche; 5. parece imposible que no *haya* un error; 6. siento no *poder* hacerlo; 7. conviene que *cambie* usted de carrera; 8. pretendo no *oír* las tonterías de la gente; 9. tengo miedo de que me *roben;* 10. te prohíbo que *salgas,* te prohíbo *salir* con esa chica; 11. basta con que *conduzca* usted a menos velocidad.

EJERCICIO II.—Todas se construyen con subjuntivo, excepto quizá *usted ha crecido dos centímetros* (n.º 7): al coincidir el sujeto *usted* con el sujeto psicológico *me* aquí lo normal es el infinitivo: *me parece excelente haber crecido dos centímetros.* El resto sigue este modelo: *me parece lamentable que muchas playas estén sucias.*

EJERCICIO III.—Sucede lo mismo que en el ejercicio anterior, es decir, el modelo general es

el hecho de que las playas estén sucias me parece lamentable

Sólo en el n.º 7 la coincidencia de sujetos puede llevar al infinitivo: *el hecho de haber crecido dos centímetros me parece excelente.*

EJERCICIO IV.—Con cualquier calificativo el verbo que sigue a QUE va en subjuntivo.

EJERCICIO V.—1. lo que me alarmaría sería que no *viniera;* 2. lo que me alarmaría sería que no lo *hicieran;* 3. lo que me alarmaría sería que no lo *hubieran prohibido;* 4. lo que me alarmaría sería que no lo *hubieran limpiado;* 5. lo que me alarmaría sería que no lo *cambiaran.*

EJERCICIO VI.—1. digo que había ido...; 2. dijo que habían tenido...; 3. dijo que Portugal le parecía...; 4. dijo que el agua de las playas era...; 5. no dijo que hubieran comprado...; 6. no dijo que hubieran tenido...; 7. no dijo que Lisboa estuviera...

EJERCICIO VII.—Tanto con *debes creer que* como con *no creas que* el verbo 2 va en indicativo, es decir, aparecen las mismas formas que ya figuran en el ejercicio.

EJERCICIO VIII.—1. ¡que tengas suerte!; 2. ¡que tengáis buen viaje!; 3. ¡que cumplas muchos más!; 4. ¡que tengas un buen año!; 5. ¡que os divirtáis!; 6. ¡que te salga bien!; 7. ¡que te mejores!; 8. ¡que le toquen un montón de millones!; 9. ¡que piquen mucho!; 10. ¡que seas feliz!

EJERCICIO IX.—1. el deseo de Juan de que todos lo llamen «excelencia» es...; 2. la decisión de Juan de que no nos lavemos más de una vez al día es...; 3. la costumbre de Juan de rascarse la oreja es...; 4. la posibilidad de que Juan plante un árbol es...; 5. la creencia de Juan de que todos los alemanes son rubios es...; 6. la declaración de Juan de que la mujer es distinta del hombre es...; 7. la insinuación de Juan de que la televisión es el mejor invento del mundo es...; 8. la idea de Juan de que vayamos a bailar es...; 9. el proyecto de Juan de trabajar en una central nuclear es...; 10. el capricho de Juan de comprar un perro para su hijo es...; 11. el temor de Juan de que lo ataque un ratón es...

EJERCICIO X.—El verbo que sigue a *no es que* va en subjuntivo y el que sigue a *es que* en indicativo. Es decir, todas las frases se ajustan al esquema modal del ejemplo ofrecido en el ejercicio.

EJERCICIO XI.—Todas sus opiniones, como en los ejemplos dados, deben llevar el V_2 en indicativo, a menos que coloque el *no* delante del V_1.

EJERCICIO XII.—1. que sea cómodo, que ofrezca seguridad, que corra mucho, que resulte vistoso, que sea capaz, que sea bonito, que no gaste mucha gasolina, que haya sido fabricado en España, etc.; 2. que fuera cariñoso(a), que tuviera ojos azules, que me comprendiera, que fuera inteligente, que supiera cocinar, que hubiera tenido varios hijos, que hubiera estudiado ingeniería naval, etc.; 3. que estuviera céntrica, que tuviera cuatro cuartos de baño, que resultara acogedora, que dispusiera de jardín, etc.; 4. un jersey que dé calor, que esté hecho de lana; un traje que cause sensación, que me siente bien; un vestido que fuera importado, etc.; 5. que fuera de acción, que tuviera como protagonista a Michael Caine, que transmitiera un mensaje, que produjera envidia a los demás directores, que recibiera un oscar, etc.

EJERCICIO XIII.—1. el que juegue mejor, el que todos sabemos...; 2. los que han nacido en Polonia, los que lo han (hayan) estudiado...; 3. el que domine el mundo de las finanzas, el que nazca en la familia más rica...; 4. con una que me comprendie-ra, con uno que tuviera los ojos azules, con el(la) que yo me sé...; 5. la que tenga mejor tecnología, la que llegó primero a la Luna...; 6. el que Fellini desee, el que protagonizó su última película...; 7. el que quiera de ustedes, el que me lo preparó ayer...; 8. el que menos pueda uno imaginarse, el que todos estamos pensando...; 9. el que decidan los americanos, el que lo ha sido estos últimos años...; 10. los que prefieren los animales limpios, los que nunca han conocido lo malo que es un gato...; 11. a quienes me encuentre, a aquellos con los que estoy citado...; 12. con quien tenga oportunidad, con quien cené ayer...; 13. a quien sea necesario, a la que me está esperando...; 14. el primero que vea, el que compré la semana pasada...; 15. lo que tengo hoy, lo que necesite...; 16. lo que me hayan preparado, lo que compré ayer...; 17. con quien me encuentre, con quien hablo todos los días...

EJERCICIO XIV.—1. cuando pueda, cuando lo tenga...; 2. cuando tenga vacaciones, antes de que termine el curso...; 3. cuando tenía un año, antes de que empezara a hablar...; 4. en cuanto suene el despertador, cuando me levanto habitualmente...; 5. cuando tenía catorce años, antes de que empezara a estudiar inglés...; 6. siempre que tengo demasiada barba, cada vez que voy a salir a la calle...; 7. cuando vi que estaba sucia, cuando la manché con vino...; 8. cuando se ensucie, en cuanto tenga tiem-po...; 9. cuando tengo ganas, después de que me explican cómo hacerlos...; 10. cuando sienta sueño, antes de que me quede dormido de pie...; 11. cuando pongan una buena película, en cuanto tenga ocasión...; 12. en cuanto tuviera dinero suficien-te, cuando me lo vendiera un armador griego...; 13. apenas encuentre una cafetería, tan pronto como llegue a casa...; 14. cuando desapareciese la injusticia, en cuanto los hombres fuéramos solidarios...; 15. cuando pongan buenos programas, desde que llegue a casa hasta que me quede dormido...; 16. en cuanto salga de compras, antes de lo que usted se imagina...

EJERCICIO XV.—1. ganaré más dinero del que gaste; ganaré tanto dinero como gastaré...; 2. escribiré muchas más cartas de las que reciba, recibiré; escribiré tantas cartas como reciba...; 3. se me caen muchos más cabellos de los que me crecen, tantos como me crecen, menos de los que me crecen...; 4. canto igual que bailo; canto mejor que bailo; canto peor que bailo...; 5. compraré más libros de los que lea (leeré); leeré tantos libros como compre...; 6. beberé más copas de las que me invi-ten; beberé tantas copas como me inviten...; 7. me tomaré menos días de vacaciones de los que me gustaría tener; tantos días como me gustaría tener...; 8. haré más regalos de los que reciba (recibiré); tantos regalos como los que reciba (recibiré)...; 9. he conocido a menos personas de las que conoceré...; 10. he hecho más viajes de los que haré; he hecho tantos viajes como los que haré...

EJERCICIO XVI.—1. si no *hubiera comprado* el televisor, no *habría* tanto ruido en casa; 2. si *llevaras* más ropa, no *tendrías* frío; 3. si *encendieras* la luz, *verías* más; 4. si nos *hubieran dejado* dormir, *tendríamos* mejor aspecto; 6. si no *ensuciaran* tanto *tendría* varios en mi casa.

EJERCICIO XVII.—1. lo llevo por si llueve, lloviera; 2. por si vamos, fuéramos a la playa; 3. ponlo, por si televisan, televisaran el partido; 4. sí, la he dejado por si viene, viniera Emilio; 5. sí, díselo por si quiere, quisiera acompañarnos; 6. no quiero dejarlos, por si les da, diera por jugar con los enchufes.

EJERCICIO XVIII.—1. como *pongas* ese disco, me voy; 2. como *pongan* ahí esa industria, no vuelvo a lavarme; 3. como me *muerda* le doy una patada en la boca; 4.

como no te *calles*, te echo de aquí; 5. como se las *des*, te despiden; 6. como me *vuelvas* a sacar la lengua te parto la cara.

EJERCICIO XIX.—Las frases construidas con SIEMPRE QUE, A CONDICIÓN DE QUE y SIEMPRE Y CUANDO deben llevar subjuntivo; las de SI pueden construirse con ambos modos, pero guardando la correlación temporal. En nuestras soluciones vamos alternando los nexos: 1. bailaré a condición de que no me *pises;* 2. te dejamos ir siempre que no se lo *digas* a nadie; 3. le doy a usted permiso, si el lunes *trabaja* de firme (o le *daría...*, si *trabajara*); 4. póntela, siempre y cuando no me la *rompas;* 5. te lo cuento a condición de que luego te *vayas* a la cama; 6. los pagaría si los *pagara* todo el mundo (o los *pagaré*, si los *paga...*); 7. te lo diré siempre y cuando no lo *cuentes* por ahí; 8. juego siempre que no te *enfades* si *pierdes;* 9. los utilizaría si *estuvieran* más limpios.

EJERCICIO XX.—En todos los casos debe usted usar subjuntivo. Le ofrecemos aquí una de las respuestas posibles: 1. ¡quién la hubiera hecho!; 2. ¡quién fuera tan alto como Roberto!; 3. ojalá no tengan (tuvieran) averías; 4. ojalá no tuvieran averías; 5. ojalá no se funda y nos dure mucho; 6. ¡quién sacara tan buenas notas como mi hermano!; 7. ojalá todo se haya solucionado; 8. ojalá no me haya roto (hubiera roto) el traje; 9. ojalá lo hubiera corregido ya; 10. ojalá ayer no hubiera llovido; 11. ¡quién estuviera ahora con mi amor en la playa!; 12. ojalá fuera tan guapo como yo.

EJERCICIO XXI.—Debe usted usar en todos los casos *ni que* seguido de imperfecto o pluscuamperfecto de subjuntivo. A continuación damos una de las múltiples respuestas posibles: 1. ¡ni que fuéramos imbéciles!; 2. ¡ni que fuera infalible como el Papa!; 3. ¡ni que estuviéramos sordos!; 4. ¡ni que yo tuviera ochenta años!; 5. ¡ni que hubiera inseguridad ciudadana!; 6. ¡ni que fuera tuyo!; 7. ¡ni que hubiera cometido un crimen!; 8. ¡ni que me muriera de hambre!; 9. ¡ni que hubiera amenaza de guerra!

EJERCICIO XXII.—Usted puede usar cualquiera de los procedimientos de expresión de deseo que se estudian en las reglas señaladas. Las respuestas posibles son, por ello, innumerables. Le ofrecemos solamente una de las esperables: 1. ¡maldita sea!; 2. que no me encuentren, ¡Dios mío!; 3. Dios quiera que se muera pronto; 4. descanse en paz; 5. ¡bendito sea!; 6. ojalá las cosas cambien y tenga que ponerse de rodillas delante de mí; 7. así se le caiga la casa encima; 8. ¡quién hubiera tenido quintillizos!; 9. ojalá le hubiera (haya) engañado su pareja; 10. ¡así se le haya roto la cámara por hacernos aquella foto!; 11. ¡así se quede en la miseria!

RELACIÓN ALFABÉTICA
DE NEXOS Y PARTÍCULAS

A cambio de que	Condicional	Subj.	R. 29
Acaso	Duda	Ind. o subj.	R. 76
A condición de que	Condicional	Subj.	R. 29
Además de	(Excluyente)	Ind. o subj.	R. 61
A fin de que	Final	Subj.	R. 20 (R. 21)
A lo mejor	Duda	Ind.	R. 76
A medida que	Temporal	Ind. o subj.	R. 57
A menos que	Excluyente	Subj.	R. 26
	Excluyente	(Ind. o subj.	R. 61)
A no ser que	Excluyente	Subj.	R. 26
	Excluyente	(Ind. o subj.	R. 61)
Antes (de) que	Temporal	Subj.	R. 23 (R. 25)
Aparte de que	Excluyente	Ind. o subj.	R. 61
Apenas	Temporal	Ind. o subj.	R. 57
Apenas si	(Condicional)	Ind.	R. 69
A pesar de que	Concesiva	Ind. o subj.	R. 71
A poco que	Condicional	Subj.	R. 29
A que	Final	Subj.	R. 20 (R. 21)
	Temporal	Subj.	R. 24 (R. 25)
Así	Concesivo	Subj.	R. 31
	Desiderativo	Subj.	R. 75
Así pues	Consecutivo	Ind.	R. 65
Así que	Consecutivo	Ind.	R. 65
	Temporal	Ind. o subj.	R. 57
(Aun) A riesgo de que	Concesivo	Subj.	R. 31
(Aun) A sabiendas de que	Concesivo	Ind.	R. 70
Aun cuando	Concesivo	Ind. o subj.	R. 71
Aunque	Concesivo	Ind. o subj.	R. 70
Cada vez que	Temporal	Ind. o subj.	R. 57
Como	Relativo	Subj.	R. 32; R. 36; R. 17 - R. 19
	Relativo	Ind. o subj.	R. 50 - R. 51 (R. 54)
	Condicional	Subj.	R. 29
	Causal	Ind.	R. 62
	Causal	Subj.	R. 64
	Comparativo	Ind. o subj.	R. 66
Cómo	Interrogativo	Ind. o subj.	R. 49
	Interrogativo	Ind.	R. 51
Como si	Condicional-comparativo	Subj.	R. 30; R. 66
Comoquiera	Relativo	Subj. (o ind.)	R. 53

RELACIÓN ALFABÉTICA DE NEXOS Y PARTÍCULAS

Con (el) fin de que	Final	Subj.	R. 20 (R. 21)
Con (el) objeto de que	Final	Subj.	R. 20 (R. 21)
Con (el) propósito de que	Final	Subj.	R. 20 (R. 21)
Conforme	Temporal	Ind. o subj.	R. 57
Con (la) finalidad de que	Final	Subj.	R. 20 (R. 21)
Con que	Condicional	Subj.	R. 29
	Otros valores	Ind.	R. 29
Conque	Consecutivo	Ind.	R. 65
Con tal (de) que	Condicional	Subj.	R. 29
Cual	Comparativo	Ind. o subj.	R. 66
Cuál	Interrogativo	Ind. o subj.	R. 49
	Interrogativo	Ind.	R. 51
Cualquiera	Relativo	Subj. (o ind.)	R. 53
Cual si	Condicional-comparativo	Subj.	R. 30; R. 66
Cuando	Relativo	Subj.	R. 19; R. 32; R. 36
	Relativo	Ind. o subj.	R. 50 - R. 51 (R. 54)
	Temporal	Ind. o subj.	R. 57 - R. 58
	(Condicional)	Ind.	R. 68; R. 29
Cuándo	Interrogativo	Ind. o subj.	R. 49; R. 58
	Interrogativo	Ind.	R. 51
Cuanto	Relativo	Subj.	R. 19; R. 32; R. 36
	Relativo	Ind. o subj.	R. 50 - R. 51 (R. 54)
Cuanto(-a,-os,-as)	Relativo	Subj.	R. 19; R. 32; R. 36
	Relativo	Ind. o subj.	R. 50
Cuánto	Interrogativo	Ind. o subj.	R. 49
	Interrogativo	Ind.	R. 51
Cuanto más / menos..., más / menos...		Ind. o subj.	R. 51
Cuyo (-a,-os,-as)	Relativo	Ind. o subj.	R. 50
	Relativo	Subj.	R. 17 - R. 19
Dado (caso) que	Condicional	Subj.	R. 29
Dado que	Causal	Ind.	R. 62
De ahí que	Consecutivo	Subj.	R. 28
De aquí que	Consecutivo	Subj.	R. 28
De forma que	Consecutivo	Ind.	R. 65
De manera que	Consecutivo	Ind.	R. 65
De modo que	Consecutivo	Ind.	R. 65
De (tal) forma que	Consecutivo	Ind. o subj.	R. 65; R. 22
De (tal) manera que	Consecutivo	Ind. o subj.	R. 65; R. 22
De (tal) modo que	Consecutivo	Ind. o subj.	R. 65; R. 22
Desde que	Temporal	Ind. o subj.	R. 57
Después (de) que	Temporal	Ind. o subj.	R. 57 (R. 59)
Donde	Relativo	Subj.	R. 32; R. 36; R. 17 - R. 19
	Relativo	Ind. o subj.	R. 50 - R. 51 (R. 54)
Dónde	Interrogativo	Ind. o subj.	R. 49
	Interrogativo	Ind.	R. 51
Dondequiera	Relativo	Subj. (o ind.)	R. 53

RELACIÓN ALFABÉTICA DE NEXOS Y PARTÍCULAS

El (la, los, las) cual(-es)	Relativo	Ind. o subj.	R. 50
En caso de que	Condicional	Subj.	R. 29
En cuanto	Temporal	Ind. o subj.	R. 57; R. 58
			(R. 51)
(En el) caso de que	Condicional	Subj.	R. 29
En el supuesto de que	Condicional	Subj.	R. 29
En la hipótesis de que	Condicional	Subj.	R. 29
En la medida en que	Condicional	Subj.	R. 29
	Otros valores	Ind.	R. 29
En la suposición de que	Condicional	Subj.	R. 29
En lugar de que	Excluyente	Subj.	R. 26
	Excluyente	(Ind. o subj.	R. 61)
En tanto que	Temporal	Ind. o subj.	R. 57
Entretanto que	Temporal	Ind. o subj.	R. 57
En vez de que	Excluyente	Subj.	R. 26
	Excluyente	(Ind. o subj.	R. 61)
Excepto que	Excluyente	Ind. o subj.	R. 61
	Condicional	Subj.	R. 29
Excepto si	Condicional	Ind. o subj.	R. 69; R. 61
Hasta que	Temporal	Ind. o subj.	R. 57 (R. 59)
Igual que	Comparativo	Ind. o subj.	R. 66
Igual que si	Condicional-comparativo	Subj.	R. 30; R. 66
Lejos de que	Excluyente	Subj.	R. 26
Lo mismo que	Comparativo	Ind. o subj.	R. 66
Lo mismo que si	Condicional-comparativo	Subj.	R. 30; R. 66
Luego	Consecutivo	Ind.	R. 65
Luego (de) que	Temporal	Ind. o subj.	R. 57 (R. 59)
Más... que / de...	Comparativo	Ind. o subj.	R. 66; R. 67
Menos... que / de...	Comparativo	Ind. o subj.	R. 66; R. 67
Mientras (que)	Condicional	Subj.	R. 29
	Temporal	Ind. o subj.	R. 57; R. 58; R. 60
	Contrastivo	Ind.	R. 60
Mientras más / menos..., más / menos...		Ind. o subj.	R. 51
Ni que	Concesivo-condicional	Subj.	R. 35
No bien	Temporal	Ind. o subj.	R. 57
No ir (en subj.) a + infinitivo	Final		R. 22
No.·. más que si	Condicional	Ind. o subj.	R. 69
No sea / fuera que	Final	Subj.	R. 22
Ojalá (que)	Desiderativo	Subj.	R. 33
Para que	Final	Subj.	R. 20 (R. 21)

RELACIÓN ALFABÉTICA DE NEXOS Y PARTÍCULAS

Por + adverbio + que	Concesivo	Ind. o subj.	R. 71
Por consiguiente	Consecutivo	Ind.	R. 65
Por eso	Consecutivo	Ind.	R. 65
Por (lo) tanto	Consecutivo	Ind.	R. 65
Por más / mucho + sustantivo + que	Concesivo	Ind. o subj.	R. 71
Por (muy) + adjetivo + que	Concesivo	Subj.	R. 31
Porque	Causal	Ind. o subj.	R. 62; R. 63
	Final	Subj.	R. 20 (R. 21)
Por si	Condicional	Ind. o subj.	R. 69
Posiblemente	«Duda»	Ind. o subj.	R. 76
Probablemente	«Duda»	Ind. o subj.	R. 76
Pues	Consecutiva	Ind.	R. 65
	Causal	Ind.	R. 62
Puesto que	Causal	Ind.	R. 62
Que	En oraciones sustantivas	Subj.	R. 11 - R. 16
	En oraciones sustantivas	Ind. o subj.	R. 38 - R. 48
	Relativo	Subj.	R. 17 - R. 19; R. 32; R. 36
	Relativo	Ind. o subj.	R. 50; R. 52 (R. 54); R. 55; R. 56
	Final	Subj.	R. 22
	Consecutivo	Ind. o subj.	R. 65
	Correctivo	Subj.	R. 37
	Causal	Ind.	R. 62
	Comparativo	Ind. o subj.	R. 66
Qué	Interrogativo	Ind. o subj.	R. 49
Quien	Relativo	Subj.	R. 17 - R. 19; R. 32; R. 36
	Relativo	Ind. o subj.	R. 50; R. 52 (R. 54); R. 55; R. 56
Quién	Interrogativo	Ind. o subj.	R. 49
Quién	Desiderativo	Subj.	R. 34
Quienquiera	Relativo	Subj. (o ind.)	R. 53
Quizá(s)	Duda	Ind. o subj.	R. 76
Salvo que	Excluyente	Ind. o subj.	R. 61
	Condicional	Subj.	R. 29
Salvo si	Condicional	Ind. o subj.	R. 61; R. 69
Según	Relativo	Ind. o subj.	R. 50; R. 51
	Temporal	Ind. o subj.	R. 57
Seguramente	«Duda»	Ind. o subj.	R. 76
Si	Interrogativo	Ind. o subj.	R. 49
	Condicional	Ind. o subj.	R. 68
Si bien	Concesivo	Ind.	R. 70
Siempre que	Condicional	Subj.	R. 29
	Temporal	Ind. o subj.	R. 57

RELACIÓN ALFABÉTICA DE NEXOS Y PARTÍCULAS

Siempre y cuando	Condicional	Subj.	R. 29
Sin que	Excluyente	Subj.	R. 26
Supuesto que	Condicional	Subj.	R. 29
Tal... como... `	Comparativo	Ind. o subj.	R. 66
Tal... cual...	Comparativo	Ind. o subj.	R. 66
Tal... que...	Consecutivo	Subj.	R. 27
	Consecutivo	Ind. o subj.	R. 65
Tal vez	Duda	Ind. o subj.	R. 76
Tan pronto como	Temporal	Ind. o subj.	R. 57
Tan(to)... como...	Comparativo	Ind. o subj.	R. 66
Tan(to)... cuanto...	Comparativo	Ind. o subj.	R. 66
Tan... que...	Consecutivo	Subj.	R. 27
	Consecutivo	Ind. o subj.	R. 65
Tan(to)... que...	Consecutivo	Subj.	R. 27
	Consecutivo	Ind. o subj.	R. 65
Una vez que	Temporal	Ind. o subj.	R. 57
Y eso que	Concesivo	Ind.	R. 70
Ya que	Causal	Ind.	R. 62
	Causal	Subj.	R. 64

BIBLIOGRAFÍA

ALCINA, J., y J. M. BLECUA, *Gramática española,* Ariel, Barcelona, 1975.

BEJARANO, V., «Sobre las dos formas del imperfecto de subjuntivo y el empleo de la forma en *-se* con valor de indicativo», *Strenae,* Salamanca, 1962, págs. 77-86.

BELLO, A., *Gramática de la lengua castellana destinada al uso de los americanos,* ed. crítica de R. TRUJILLO, Tenerife, 1981.

BOLINGER, D., y otros, *Modern Spanish. A project of the Modern Language Association,* 2.ª ed., Harcourt, Brace & World, New York, 1966.

BORREGO, J.; J. G. ASENCIO, y E. PRIETO, *Temas de gramática española. Teoría y práctica,* Ed. Universidad de Salamanca, Salamanca, 1983, 2.ª ed.

BULL, W. E., *Time, Tense and the Verb. A Study in Theoretical and Applied Linguistics with particular attention to Spanish,* Univ. de California Publications in Linguistics, Berkeley y Los Angeles, 1960.

BULL, W. E., *Spanish for Teachers. Applied Linguistics,* Willey and Sons, New York, 1965.

CARLSSON, L., «Sur l'usage des modes après *(me) parece que* en castillian et *(em) sembla que* en catalàn», *Studia Neophilologica,* 42, 1970, págs. 405-432.

COSTE, J., y A. REDONDO, *Syntaxe de l'espagnol moderne,* Sedes, París, 1965.

DALBOR, J., «Temporal distinctions in the Spanish Subjunctive», *Hispania,* 52, 1969, págs. 889-896.

DÍAZ VALENZUELA, O., *The Spanish Subjunctive,* David McKay, Philadelphia, 1942.

EBERENZ, R., «Las conjunciones temporales del español. Esbozo del sistema actual y de la trayectoria histórica en la norma peninsular», *BRAE,* LXII, 1982, págs. 289-385.

ESPINOSA, J. E., *The Spanish Subjunctive, with Examples,* The Thrift Press, Ithaca, 1936.

FENTE, R.; J. FERNÁNDEZ, y L. G. FEIJOO, *El subjuntivo,* SGEL, Madrid, 1972. De este mismo libro ha aparecido en 1984 una «sexta edición refundida y ampliada», firmada únicamente por J. FERNÁNDEZ ÁLVAREZ, Edi-6, Madrid.

FERNÁNDEZ RAMÍREZ, S., «*Como si* + subjuntivo», RFE, XXIV, 1937, págs. 372-380.

GILI GAYA, S., *Curso superior de sintaxis española,* Vox, Barcelona, 1970, 9.ª ed.

GROSS, M., «Correspondance entre forme et sens à propos du subjonctif», *Langue Française,* 39, 1978, págs. 49-65.

HERNANZ CARBÓ, M.ª L., *El infinitivo en español,* Publicaciones Universidad de Barcelona, Bellaterra, 1982.

LORENZO, E., «Notas sobre el verbo español», en *El español de hoy, lengua en ebullición,* Gredos, Madrid, 1971, 2.ª ed., págs. 108-126.

MANTECA, A., *Gramática del subjuntivo,* Cátedra, Madrid, 1981.

---

* La presente nómina de trabajos dista de ser exhaustiva. En ella se han incluido aquellos libros y artículos de los que nos hemos servido con mayor frecuencia y de los que el lector interesado por el tema puede obtener información adicional. Los utilizados para cuestiones concretas aparecen en nota en el lugar correspondiente.

MARÍN, D., «El uso moderno de las formas en *-ra* y en *-se* del subjuntivo», BRAE, LX, 1980, págs. 197-230.

MELLO, G. DE, *Español contemporáneo,* Harper & Row, New York, 1974.

MOLINER, M.ª, *Diccionario de uso del español,* Gredos, Madrid, 1983.

NAVAS RUIZ, R., «Bibliografía crítica sobre el subjuntivo español», *Actas del XI Congreso internacional de lingüística y filología románicas,* CSIC, Madrid, 1968, vol. IV, págs. 1823-1839.

RAMSEY, M. M., *A textbook of Modern Spanish* (1894); revisado por R. K. SPAULDING; Holt, Rinehart & Winston, New York, 1956.

REAL ACADEMIA ESPAÑOLA, *Gramática de la lengua española,* Nueva edición reformada, Espasa-Calpe, Madrid, 1931.

REAL ACADEMIA ESPAÑOLA, *Esbozo de una nueva gramática de la lengua española,* Espasa-Calpe, Madrid, 1974.

RIDRUEJO, E., «Notas sobre las oraciones optativas», en *Serta Philologica Fernando Lázaro,* Cátedra, Madrid, 1983, vol. I, págs. 511-520.

RIDRUEJO, E., «*Como* + subjuntivo con sentido causal», en *Logos semantikos (Studia Linguistica in honorem E. Coseriu),* Gredos-W. de Gruyter, Madrid-Berlín, 1981, vol. IV, págs. 315-326.

RIVAROLA, J. L., *Las conjunciones concesivas en español medieval y clásico,* Max Niemeyer, Tübingen, 1976.

RIVERO, M.ª L., «El modo y la presuposición», en *Estudios de gramática generativa del español,* Cátedra, Madrid, 1977, págs. 37-68.

ROJO, G., «La correlación temporal», *Verba,* 3, 1976, págs. 65-89.

SANTOS, L., «Reflexiones sobre la expresión de la causa en castellano», *SPhS,* 6, 1981, págs. 231-277.

SECO, M., *Gramática esencial del español,* Aguilar, Madrid, 1974.

SECO, M., *Diccionario de dudas de la lengua española,* Aguilar, Madrid, 1976, 3.ª ed.

SECO, R., *Manual de gramática española,* Aguilar, Madrid, 1967, 9.ª ed.

SOLANO-ARAYA, J. M., *Modality in Spanish: An Account of Mood,* Ann Arbor, Michigan, Univ., Mic. I, 1984.

SOLÉ, Y., y C. SOLÉ, *Modern Spanish Syntax. A Study in Contrast,* D. C. Heath and Co., Lexington, 1977.

SPAULDING, R. K., *Syntax of the Spanish Verb,* Univ. Press, Liverpool, 1958.

STOCKWELL, R. P.; J. D. BOWEN, y J. W. MARTIN, *The Grammatical Structures of English and Spanish,* Univ. of Chicago Press, Chicago, 1965.

SUÑER, M., «El principio de la *concordantia temporum* en la gramática generativa», RLA, 17, 1979, págs. 7-17.

TARR, F. C., y A. CENTENO, *A graded Spanish Review Grammar with Composition,* 2.ª ed. revisada por P. M. LLOYD; Prentice-Hall, Inc., Englewood Cliffs, New Jersey, 1973.

TOGEBY, K., *Mode, aspect et temps en espagnol,* Munksgaard, Copenhague, 1953.

VALLEJO, J., «Notas sobre la expresión concesiva», RFE, IX, 1922, págs. 40-51.

WOEHR, R., «Grammar of the Factive Nominal in Spanish». *Language Sciences,* 36, 1975, págs. 13-19.

ÍNDICE

MY MOTHER'S RING

A Holocaust Historical Novel

DANA FITZWATER CORNELL

Disclaimer

While specific characters in this novel are historical figures and certain events did occur, this is a work of fiction. All other characters and events, including the protagonist, are the author's creation. Any resemblance to actual events or persons, living or dead, is entirely coincidental.

Copyright © 2013 Dana Fitzwater Cornell
All rights reserved.
Editing by Todd Barselow
Thank you to Brent Cornell for his love and support
during the completion of this book.

ISBN: 1490311483
ISBN-13: 9781490311487

Library of Congress Control Number: 2013909941
CreateSpace Independent Publishing Platform, North Charleston, SC

DEDICATION

To all of those voices that never had a chance to be heard.
And for all of those who suffer in silence.

PROLOGUE

I have kept my secret silent for far too long. I have neither acknowledged nor shared my past, my former life. I have buried it deep down; afraid to unearth even a segment of it for fear that it would cause everything to sink in around me, suffocating my present existence.

It's easier to ignore the tattoo on my arm, ignore the limp in my step, and ignore the disrupted sleep of my nights. But, here I am sixty-eight years later, feeble and nearly removed from this earth. If I don't write all of this down, my story will fade into the darkness like the eleven million other stories that never had a chance to be told. It is for them, for their memories and for the lives they were cheated out of, that I write this book.

Nearly seven decades have passed and I have likely forgotten exact dates and locations, even some situations, but these are not as important as the material that I have to unfold. The passage of time may have distorted my memories, but no amount of time can erase my emotions. The vivid events that I lived through have remained imprinted in my mind just as if they were sewn into my existence. I have purposely omitted certain names and other specifics, for I felt that their inclusion might detract from rather than enhance the story. The millions of us affected by the Nazi regime were of different faiths, lived in various countries, had diverse educational backgrounds, and were of different socioeconomic classes—and yet we were all impacted.

Much like a police report documenting witnesses' testimonies of an accident, each person who writes about this period of history will focus on specific aspects. Each story, each unique observation, brings an enhanced dish to the table of knowledge.

My goal in writing this memoir is to attempt to capture the emotion—the fear, the uncertainty, the desolation—of that time. It is my intention to send the overarching message about what life was like from my perspective, as I remember it, during the tumultuous years of the Holocaust.

I understand that my story may be difficult for some people to swallow. For this reason, don't treat my book as a breezy beach read—something you can pick up and absorb lightly racing through to the last page. Read this in small doses, taking time to reflect. You will come across graphic and disturbing descriptions that may stir up uncomfortable images and feelings, but these are part of my story; they are also representative of what other victims experienced.

It is my hope that after digesting my words you will have developed a greater appreciation for the world around you, for your life, for your family, and for everything that is significant to you. During stressful times know that you are the captain of the course of your life, maybe not in what cards you are dealt, but in how you choose to arrange them.

Please read on as I retell my experiences—my hellish encounters—during this war-torn period of our world's history.

CHAPTER 1

My life as I had always known it ended at the age of seventeen. Or maybe it would be more appropriate to say that my life was put on hold for six years soon after I turned seventeen. No, I didn't suffer from an intense illness and lapse into a coma, only to miraculously awake years later and continue on where I left off. Instead, I had to feel every moment, every ache, of the devastation the Nazis imposed on my family and millions of others like us during World War II. I wish I could say that the pains ceased when the war stopped, but that would be a lie. Some aches never disappear.

I am just one of many Holocaust survivors, and although my story is no more important or interesting than anyone else's, stories like mine must be told before there are none of us left to tell them.

Perhaps I should start from the beginning by relaying the seventeen years I lived on this earth before the chaos really took its toll:

My name is Henryk Frankowski and I was born into a middle class family on the outskirts of Warsaw, Poland on

August 26, 1922. My parents, Stefan and Helena, provided my brother Mendel (born eighteen months after me) and my much younger sister Blima (born in 1938) and me with a comfortable, stable life. My father worked hard establishing his name amongst the array of local shoemakers in the city while my mother, like so many other mothers during that time, stayed at home attending to the details required to care for the household.

Mother was rather short, no taller than 160 cm (5'3") and had wavy, coarse, dark chestnut hair and rich, chocolate-colored eyes. Her skin was clear and fair and her white cheeks reminded me of cumulus clouds when she smiled, although they turned into flushed apples when she was anxious or upset. She was a stunning, sensitive, petite woman who respected the fashions of the time, sewing skirts and dresses to keep in style. With a kind heart and a nurturing personality, she was born to be a mom.

Father, on the other hand, stood taller than 183 cm (6 feet), and had rich, black hair and intense hazel eyes. A cigarette pressed between his lips like it was an extension of his mouth; his thoughts always appeared to be resting in another world. He had a domineering presence but a quite reserved personality except when he was angered. He took life very seriously and focused more so on being a good provider than on being an attentive dad, or so it seemed to me at the time.

We lived in a fairly old neighborhood, in what I believed to be one of the most marvelous cities in the world, which was always animatedly alive with the happy shrieks of clusters of children playing in the alleyways. Our apartment was reasonably sized; not what I would describe as large, but it was sufficient to meet our needs. Located on the ground floor of a four-story apartment building, it consisted of three bedrooms, a small kitchen and attached dining room, and a perfectly proportioned living/lounging area.

Our home was adequately furnished, mostly with various hardwood pieces. Our prized kitchen table, a wedding gift from one of my father's wealthy friends, was made from beautiful reddish-brown mahogany. My mother was fond of spending every Sunday afternoon leisurely rubbing oils into the wood to make it shine. The other chore she reserved for Sundays was cleaning laundry. Up until I reached my school-aged years, this was my favorite activity to help her with. She would sing fragments of happy tunes as she went about her work, teaching me how to hum and sing along so that together we filled the air with our joyous music. After she finished scrubbing each garment thoroughly with a bar of thick, creamy soap, checking for stains, she would pile them all together into a well-used wicker basket. Once the basket was overflowing, she would lift it from its resting place, cuing me to stand up from my stool next to the sink and follow her outside. She would hand me a paper bag full of rounded clothespins and after she smoothed out each individual garment and positioned it on the clothesline, my important job was to slip the clothespins into place. It seems rather silly, thinking back, that this simple task provided me with so much joy. It made me feel as though I had a sense of purpose, that I was helping my mother with her duties and that, for the first time, I had something of value to offer to another person.

Once a month she would wash the handmade, half-length linen curtains that adorned every window; there must have been at least a dozen of them. On these occasions, mother's Sunday chores took well into the evening. I treasured these days the most because it meant additional time assisting my mother with the cleaning of the charming window furnishings I found so fascinating. I recall how the curtains floated in and out, sometimes even fluttering out to the sides like nimble ballerinas, on windy days. The unpredictable rhythm of their dancing soothed my spirit. I'd oftentimes sit on the floor with my legs stretched out in front of me staring up at the windows as people walked by, watching as the linens danced, entirely entranced.

Through these windows the heavenly, sweet smells of my mother's daily baking drifted outside so that even before Mendel and I opened the door we knew what we would be having for dinner and dessert. Sometimes I thought maybe she cooled her tarts close to the kitchen window just to tantalize our senses so much so that my brother and I would be lured inside of our own accord, thereby willingly capping off our evening outdoor playtime without a fuss. It worked so well that our friends were known to follow us inside to share in the pleasure of enjoying mother's delicacies. There was always something baking in the oven—rye breads, pastries, and meat dishes were her specialty.

Just as most children would describe their childhood as being carefree, so would I. I would even go so far as to refer to that time as idyllic. To me, Warsaw was a city of endless pockets of magic. I didn't fully appreciate the intrinsic beauty of the historic architecture until I was an adolescent, but as a young boy my imagination told me that the cathedrals, churches, and synagogues were palaces in which kings and princesses resided. Every time I walked past one of these magnificent structures I would inch up to it and then lean my head all the way back, looking up to the pinnacle of the roof. The palaces would seem to rise up to greet the clouds. I would then close my eyes and pretend I was a knight ready to save a distraught princess. Sometimes I would stand there for hours, always hoping that a princess would appear and cry out to me, fulfilling my fantasy. When I returned home at night my mother would ask me where I had been that afternoon, but I would never tell her about my journeys to the palaces. I always had a detailed prepared excuse to offer her, usually involving visiting my friends or sitting on the sidewalk across from a coffee house listening to the clanging of china, adult gossip, and accordion music. She'd smile at me like she knew I was hiding something, but she never made me unlock my chest of secrets.

My mother, like mothers tend to do, somehow discovered my fascination with fairy tales, because the first time I brought home a report card full of high marks she took me to see a real palace. "When you excel, you get rewarded," she told me, and so we visited the Royal Castle in the Old Town area of Warsaw. She explained to me how although the president now lived there, monarchs used to reside in it. The grand clock tower stood far taller than the rest of the immense building, and was what I was most fond of. Making our way around the building, mother pointed out the gorgeous architecture, which she said was influenced by several different architects each with their own style. The breathtaking structure was enormous and the rows of windows housed in its walls seemed to go on forever. After seeing it, my imagination was fueled even further.

I did have a handful of close-knit friends, but I never invited them on my superhero themed excursions. Instead, the humble gang of us would spend the majority of our time together riding our corroded bicycles around the cobblestone roads, thudding over every cobble. Along a fairly secluded road there was a stretch of huge stones covering a path close to a hundred meters long. My buddies and I would make a contest out of riding along this rough patch, racing and trying to see who could recite the most of a generic sentence out loud without screaming or braking. Admittedly, though I enjoyed it, I was never very good at this game. Twice I backed out before I started, and once I toppled off my bike, scraping my knee and bruising my elbow. Perhaps for this reason I spent a majority of my childhood alone, lost in a fantasy world.

Birthdays came and went, and as I got older, I would at times invite my younger brother on my outings with friends, sometimes by choice and sometimes by my parents' command; but he was more of an annoyance to the group than anything else. Mendel would nag and whine so much that there were many times I was forced to leave the group's adventures and take him home. The cause for his complaining was not self imposed, however. My friends and I would play tricks on him, such as pretending we were talking out loud to each other and then calling him "deaf" when he didn't know what we were saying. We'd move our lips and gesture wildly so it looked like we were actually involved in interesting conversation and then laugh and laugh when Mendel would pull and shake his ears. He would get a terrified look on his face and demand he could really hear. We also made fun of the rust-colored birthmark on his left cheek which looked like a clover. Mocking him, we'd call him "shamrock" as we threw freshly plucked clovers at him. Ultimately, these tricks would end in him breaking down in a mess of tears, crying for mother. When you're in your pre-teenage years you do what you can to fit in with your peers, and I felt that his misery was worth it if it meant keeping me in my current social circle and standing. Looking back, however, I feel pangs of guilt for my immature acts. My behavior was regrettable.

While I don't have many early memories of Blima, I do recall the day she was born. It was a rainy July morning when the midwife delivered her in my parents' bedroom. Father was at his shop at the time. A plump woman who lived above us assisted with the birthing process; she stood at mother's bedside holding a tub of warm water, mopping her forehead as mother gave birth to an almost lifeless child. I wasn't allowed to be in the room, so I watched my mother sweating and screaming by peeking in her window until the ordeal frightened me. I remember how Blima had colic so severe that Mendel and I would stuff toilet tissue into our ears at night to muffle her unceasing, heartbreaking sounds. I can picture her sweet, plump pink cheeks and her dark amber hair. Aside from her crying, she was handsome, just like a perfectly stitched doll.

If only our innocent lives could have stayed that way…

CHAPTER 2

My mother and I had a very close bond, a deep connection to each other that has remained unparalleled throughout my life. One of my first recollections is of her rocking me on her knee, calling me "her little angel." I was never told what my first word was, but I would like to think that it was "mama." A love like the love she conveyed to me must be rare.

Every day after school she'd be standing at the door of our apartment waiting for Mendel and me to return home. Mendel would rush into the kitchen to consume a still warm freshly baked pastry while I would run up to my mother, my dearest friend, to tell her every small detail since we'd parted that morning. We'd wander outside, walking once— twice if I was lucky—around the street as we talked about both mundane and interesting topics. We mostly spoke in Polish, with only rare instances when we spoke in Yiddish. She'd gently nudge me to elaborate so that she could understand my feelings about certain issues from time to time, always expressing interest in the current events shaping my life. As we walked, she tended to mindlessly move her wedding band from side to side as it remained on her finger, revealing a narrow path of worn away skin. Twisting her ring as we talked, she never seemed to be completely at ease even though her face remained relaxed. Many people have nervous tics, something they automatically do when worried, and so I let her keep hers without asking questions that might make her feel uncomfortable. Years later I came to understand the root of her uneasiness (as I'll explain later).

On a dreary, overcast afternoon when a storm was brewing just to the south, mother walked slower than usual despite the impending tumultuous weather. The wind billowed rapidly, as growls of thunder became more distinct. She slowed her pace even further, and I looked over at her, noticing that she was lost in thought, stroking her ring with affection, her eyes watery. She followed my eyes to her right hand (in accordance with Polish tradition she wore her ring on her right hand), breathed in deeply, and smiled shyly. "I almost didn't get one of these," she told me. "Your father was too poor to afford a wedding ring but we were young and impatient; we wanted to get married right away. Do you know what I did? I went to the jeweler without him knowing and picked out and paid for this ring. Your father was so embarrassed that he wanted to march me right back to the jewelry store to return my ring. After I convinced him that this was a ridiculous suggestion, he relented. He was ashamed that he couldn't provide for me, but I didn't marry him because I wanted him to buy me nice things. I married him because I love him. I hope you can find that kind of love one day, too."

As streams of rain began to mix in with mother's tears, I nodded my head in agreement, continuing to gaze at her wet ring like it was the first time I had seen it. It wasn't much to look at actually, just a simple, fairly small gauge gold band with a slight sheen to it, but to her it meant the start of a joined life with my father. It was a symbol of her commitment to him and it was the only piece of jewelry she ever wore.

After that conversation, my mother elaborated on her courtship with my father—how he used to pick her flowers because he couldn't afford to buy her a bouquet and how he was so nervous around her parents the first time he had dinner with them that his trembling hands caused him to miss his mouth and spill his wine all over his nicest shirt— sharing details of how much she treasured her ring because of the family it represented. I never fully understood why she placed so much value on a small, gilded circle until later in life.

CHAPTER 3

My father, on the other hand, was more reserved. Conversing with him about any topic deeper than superficial issues proved to be a delicate task. From what I gather, he was brought up in an impoverished home in the countryside, the only child of uneducated peasants. His days were spent raising and slaughtering goats for both consumption and for profit; this was the family's sole livelihood. Details of his childhood remain hidden since he refused to discuss his past in any amount of detail. I assume he wasn't raised in a happy or a supportive household.

He met my mother before his twenty-first birthday when he was on a trip to the city selling his butchered livestock. As the story goes, he confidently walked up to her, kissed her hand, and told her, "I'm going to make you my wife one day." And he did. After their romance blossomed, much to the chagrin of his parents, whom I never met, he apprenticed with a shoemaker and then worked furiously to excel at the trade. Less than five months after their first encounter, my mother and father were married. I came into this world eleven months later.

Although my father was introverted and reticent, spending most of his time at his workshop downtown, I do have several meaningful childhood memories involving him. One entails a much anticipated visit to the zoo. I must have been about twelve years old at the time. Out of the blue, father announced the upcoming outing one evening. He briefly extracted the cigarette from his mouth to call my brother and me to gather around him. Perplexed, we joined him at the table.

"How would you like to see giant animals up close, right in front of your noses?" he asked as a cloud of smoke swirled around us.

Mendel and I expressed our strong desire to see them and so father told us a month from then he would take us to see all of the amazing animals at the Warsaw Zoo. He then replaced his cigarette into his mouth letting it dangle from his bottom lip, pleased with our response and with himself for initiating such an unexpected fieldtrip, and walked back to the bathroom to wash up for dinner.

Over the next month, Mendel and I grew increasingly enthusiastic about our planned outing. Thirty days is a lifetime to a child. Why father made us wait for so long, I don't know. Perhaps he wanted to bask in our youthful, innocent anticipation. Every day we built up the story about what types of animals we might see so that by the time the appointed day arrived we were convinced that we'd see dinosaurs and dragons.

Even before sunrise on the morning of the big day, Mendel and I were brimming with so much excitement that we paced the kitchen like wild cats until my father finished with his bath. Circling around the table, we were giddy with enthusiasm. Mother insisted she pack take-along lunches for us, but my father wouldn't hear of it. It was our superb adventure and he would treat us to lunch at a restaurant, and that was that.

I wore a new pair of leather shoes that had a strap connected to a knobby button that my father had fashioned for me just for the occasion. Mendel wore a new woolen cap. My father proudly funneled us out the door as my mother smiled, coolly shaking her head at us, telling us to behave and to have fun. We took the local trolley, a rather bulky vehicle with a metal frame and rows of open seats. As we stepped onto the trolley, I felt a sense of pride, as if the vehicle was my own private ride. We rumbled along the streets, pausing at random intervals to collect other passengers, making our way to our destination.

Approaching the zoo, Mendel and I locked our eyes on the entrance, willing the trolley to halt. It was like nothing I had ever experienced before. It was, after all, my first time visiting a zoo, although I had read about such places before in books. The humongous, delicate giraffes and hefty, robust elephants were like something straight out of my fantasy novels. We walked along looking at all of the cages, turning our heads left and right, afraid to miss anything. Father helped us break through the crowds and boosted us up high so that we could see over the railings; he was uncharacteristically in tune with us and our needs. It was truly a perfect afternoon, including lunch at an outdoor cafe. By the end of the day, both Mendel and I dreamed of growing up to be zookeepers, but the idea buzzed around in our impressionable minds for about as long as it took us to come up with.

That day I learned for the first time how much my father loved us even though he could never find the words to tell us.

CHAPTER 4

Mother stressed the importance of being what she referred to as "culturally well-rounded." Simply put, she wanted her children to have an appreciation for various types of arts including music, theatre, literature, etc. She made sure we routinely explored the artistic exhibitions housed in museums such as the National Museum and the Ethnographic Museum. Numerous afternoons were spent sitting outside in the park listening to an overly emotional amateur poet recite his latest creative work.

Although mother wished we could attend the theatre and symphony, we didn't have the resources to do so. There was one occasion, however, when she scraped together enough money to take Mendel and me to the symphony. We sat in the back of the grand performance hall, dressed in our finest clothing, eager for the music to start. By the time the lights dimmed and the red velvet curtain opened I was already mesmerized. The sparkling of jewels and the floral aroma of perfume tingled my senses as wealthy couples walked past me to find their seats in the front of the room.

The diverse sounds of the instruments blended together harmoniously, hypnotizing me.

I also remember the time when my mother went so far as to convince the local newspaper editor to give our family a tour of the publishing building just so we could see how the printed media was produced. Even though I became queasy because of the strong smell of fresh ink and even though we could barely hear our tour guide because of the squeaky machinery, it was still exciting. When my mother did something bold like that, quite a common occurrence, I was never embarrassed. In this way I learned a tremendous amount about the cultural richness that Warsaw had to offer, provided you had a willingness to seek it out, which my mother most certainly did. I must admit that I enjoyed the visits to the libraries most of all; I went there each week to check out and return my fantasy novels.

Another segment of my childhood that always comes to mind has to do with happenings during the summer. The interim between the end of and the start of the school year was about more than a break from school; it was a time to vacation with my maternal grandparents. My favorite occasions were the times when my mother would ride the train with us, spend a day with her parents, and then let Mendel and me enjoy a few weeks alone with our grandparents. Grandmother and grandfather were kind souls; they never reprimanded us or made us feel like we were an inconvenience. They always seemed happy to see us and had bowls of hard candies and other sweet treats ready to share with us.

I recall them always talking to us like we were small adults, not like naïve children as many adults tend to do. They went out of their way to make sure we felt comfortable. I treasured this time because it meant staying for weeks on end in the countryside splashing around in the lake, listening to stories about what life was like prior to my birth. Grandfather loved to spend hours at a time rocking on the front porch rehashing such stories, and I was an attentive listener, pleased to absorb every word that materialized from his mouth. He never talked down to me, for he was of the belief that doing so would stunt my growing intelligence, and I respected that. If he mentioned a word or a topic I was unfamiliar with he would happily explain it to me until I understood. I cherished our conversations even more so as they turned to adult topics when I entered adolescence.

The greenery in this area always smelled sweeter than sugar, far removed from the dirt and noise polluted air in the city. There were makeshift ponds with carp to observe and ducks to feed, rope swings to jump on and off from, and savory cabbage and meat dumplings to eat. There were even horses to brush and pastures to ride them in. Trees lined the horizon, making it seem like they were part of the sky. During the evenings, twinkling fireflies zipped around, obliviously entertaining us. Brisk, southwestwardly breezes gave flight to our crudely made kites. We could walk for half the day in any direction and not reach a main road.

Treasuring the seclusion of my grandparents' house, I liked to put a book under my arm and walk barefoot through the tall grass, the gentle wind blowing in my hair, to the field of apple trees just past the lake. My toes would sink into the muddy ground as the soft blades of grass and harmless insects tickled my feet. I'd sit under one of the trees and read, munching on apples, until I couldn't see the words on the pages; that's when I knew it was time for dinner. Sometimes I'd leave the apple trees while it was still light out so that I could pick berries from the fields—using my shirt as a bowl—for my grandmother to make us a pie.

Life was perfectly carefree and absolutely enjoyable.

CHAPTER 5

Children don't have the same set of worries as adults do. They aren't burdened with regrets from the past and fears for the future; they're infinitely more concerned with the present. They don't yet understand the fragility of life and what the future may bring.

As children, the world around us seems so fresh and new; it's seemingly impossible to hone in on the notion that at any moment our heart can stop beating and we will no longer exist in our human form. Parents are faced with the decision of sheltering their children from this reality or spoiling their innocent view of the world with truths about how none of us are immune to our ultimate fate. They teach their children to be safe and careful: "Don't run into the street before looking both ways," and "Don't talk to strangers," they warn. But do children, young children, really acknowledge why they are told these things? Or are they just words spoken from their parents' lips that are so drilled into their brains that they just follow them verbatim?

I would say that I lived a sheltered life from my infancy through my boyhood years, roughly until I was twelve or thirteen. For me, my biggest fears were doing something so naughty that it would send my father into a whirlwind of fury. On these occasions, he'd narrowly squint his eyes, storm into his bedroom, grab his thick, oxblood leather belt with the enormous square buckle and chase after me. If my brother had been involved in the mischievous deeds I would feel blessed because it meant that my father would only have a fifty percent chance of catching me. Mendel and I would split up; we'd run out the door headed in different directions. My father would scream and make all kinds of noise, terrifying us. We truly thought if he caught us then that would be it. But he never did. Thinking back, I don't think my father would ever have whipped us. It was more of a scare tactic, one designed to instill terror in us, to make our hearts drum in our bodies, making us so scared that we would never repeat whatever it was that we had done. I know this because the last time my father pulled out his belt I had an injured muscle in my leg and could barely hobble out of his sight, much less run. He walked slowly towards me, the belt hanging limply at his side, and looked directly into my eyes—almost through them and into my soul—and simply said, "Be a man, Henryk. Be a man."

It was right around this time that I began to actually feel like a man. Trivial childhood fears and games made way for serious conversations and concerns. My voice changed and a new set of desires and feelings emerged, which I devised embarrassing methods to control.

Glasses became an extension of my face, much like cigarettes were an extension of my father's mouth. It must have been sometime near my thirteenth birthday when I noticed that other children at school could read words from the chalkboard with ease, but I could barely make out the blurry shapes of the letters. Before this, I always thought I was seeing what I was supposed to be seeing. I wondered what other things I couldn't see. For this reason, I suggested that my mother take me to the doctor to have my sight analyzed. She was hesitant at first, telling me that she and father had no vision problems and I probably didn't either. But, she humored me. After a thorough examination, the doctor diagnosed me with nearsightedness. My mother promptly apologized to me. A week later I received a pair of glasses with thin metal frames that poked the sensitive skin behind my ears. With a few minor tweaks, the glasses fit securely and without pain. Up until that point, they were the best gift I had ever received. To me, they represented a new way of viewing, and therefore of appreciating, the world. Before, when I looked at the trees from afar they just looked like masses of green blobs that swayed with the breeze, but now I could see every separate leaf and branch. Street lights seemed to me like halos shooting out in all directions beforehand, but now I could see that they cast out very specific rays of light. My eyes had been deceiving me. My new spectacles in place, I wondered what it would be like to live in a world without luxuries such as glasses. How did people function before they were invented? I imagined that if my vision had gotten severely worse and glasses didn't exist, I would probably have to stay cooped up in my house like a recluse, blind to and fearing the unseen dangers around me.

I felt proud to wear my new glasses and my classmates agreed that they made me look intelligent. Therefore, I was eager to show them off to my parents' friends, as well. Once a week my parents invited a small group to our house for card playing. Some of the people were Jewish and some were Christian; my parents intermingled with both. These game nights were the highlight of my parents' week. As the wine flowed, so did the gossip. My enjoyment stemmed from the abundant food that accompanied the guests.

Even though my parents had a circle of friends they enjoyed spending time with, my mother greatly missed her dear friend, Hanna, who lived in Berlin. They had grown up together in Warsaw but when Hanna's husband received an impressive job offer in Germany in the 1920s, my mother bid Hanna farewell and they promised each other that they would continue their friendship through letters, which they did.

This written correspondence would prove to be a valuable source of information for my family, especially in the 1930s. It was during this time that I began to realize the instability of the world around me, both in my personal life and in life in general.

CHAPTER 6

After I completed my secondary studies, I was faced with the decision of whether to continue on with my schooling or to apprentice with my father and train to become a shoemaker; any other line of work was out of the question as far as my father was concerned. I had never been one of those types of children who begged to spend the day with their father at work, grinning from ear to ear with fascination as they watched their father labor. My father was never the type of man who much cared to have anyone watch him work, either. And so, without knowing what the day-to-day activities of a shoemaker were, but feeling an obligation to my father, I chose the latter route. Since Poland was facing an economic hardship and there were limited job prospects, I felt reasonably confident in my decision. Moreover, I knew that my parents couldn't afford to pay for additional education since secondary school had strained their wallets enough, despite my mother's encouragement to further my studies because she'd "find a way to pay for it somehow."

Many of my friends, really more colleagues than friends by this point since I had become fairly introverted, had also decided to learn a craft rather than to continue with their education, although a few of them moved with their families to places where there were more job opportunities, like France and Italy, so that they could pursue careers.

I wasn't a child anymore and I didn't want to keep living in my fantasy world. Although I would have loved to stay in school, I wanted my father's acceptance even more. I was ready to act like a man. Plus, I would be gaining experience and doing *something* with my life. So it was final, I would become a shoemaker. "Good," he responded. "We're going to finally have another skilled tradesman in the family, one who's hopefully even handier than me!" He rubbed my shoulders with approval as he beamed with pride. I nodded, just to please him. In truth, I was less than enthusiastic.

He proved to be a focused master, preferring to limit our conversations to work-related issues when we were in his shop, which I very much enjoyed since talking about anything else with him seemed awkward to me. I wasn't too far into my newly established career path, however, when my father's dreams for me crumbled (as I'll explain shortly). Stretching leather and hammering soles didn't turn out to be my forte anyway—my bruised thumbs would agree—despite my aggressive attitude to succeed. The work didn't come naturally to me the way it seemed to for my father. I only wish that I had learned the trade earlier so that I would have had an easier time becoming competent at it. It would have helped me down the road.

Why aren't we blessed with foresight?

CHAPTER 7

One snowy, bleak day in December of 1938 I was at home ill with a coughing spell when our mail carrier handed my mother a letter that caused her face to fall and her skin to flush, as if she were the one who was sick, not me. She stood in the doorway leaning on the doorframe for support, slowly shaking her head, her cheeks reddened. She didn't seem to notice the snowflakes that were finding their way onto her hair. Right away, it was clear that mother had received unsettling news.

"Is everything okay?" I asked her with hesitation, my eyelids heavy from the recent shot of vodka mother had given me to quiet my cough.

"No, Henryk, it's not," she sniffled.

Then she slipped past me and went into her bedroom, leaving me without answers, wrapped up in a cocoon of blankets on the sofa. I must have fallen asleep, because the next thing I remember is seeing my mother and father hunched over the letter at the kitchen table. I remember how somber the mood felt and how dimly lit the room was. The only lamp they had turned on was the smallest one in the room; it provided barely enough light to illuminate the brown paper of the smudged letter.

Mendel must have been spending the night at one of his friend's houses, as he frequently did, because I can't recall him being in this memory. I felt like a small child as I tried to remain as still as possible under the mask of my blankets, barely opening only one of my eyes so that I could see what was unfolding in the adjacent room. Had Mendel been there, he would have done the same thing. Ever since we were young, we always pretended that we were asleep when we wanted to listen in on our parents' conversations. Now that I think about it, I bet they always knew that we were faking it. I'm sure our whispers gave us away.

Words like "Nazis," "Jews," and "regulations" were mentioned frequently during my parents' discussion. These words caught my interest, so I held my breath and swallowed back coughs, continuing to lay as still as possible, all the while begging my ears to cancel out all the sounds other than the ones coming from the kitchen. Despite my best efforts to remain undetected, several minutes into my eavesdropping I made the mistake of reaching my hand out to the side table for my glass of water. I miscalculated how far away it was from my fingertips, which resulted in it cascading to the floor. *Damn*, I thought. *So much for being slick.* My cover had been blown.

My father, still dressed in his dark overcoat, seemed oddly happy that I was awake. He called me over to the

table, told me to leave the glass on the floor, and pulled out a chair for me. I sat down, and my mother gave me a worrisome smile. They then read me the letter and gently described in detail what it meant. They explained that this was not the first such letter Hanna had sent, but it was the most disconcerting.

"Do you understand what we are telling you, Henryk?" my father asked.

I looked at both of my parents, stunned, unsure of what to think.

My father tried to pacify me. "We called you over because we're upset that your mother's friend is in serious trouble. Bad things are happening over in Germany. We're worried about her and the other Jews living there. It's horrible what's happening and you're old enough to know about it. We're really scared for them, but there's no reason for you to fear for our safety. I know we're Jewish, too, but we don't follow Jewish customs. Besides, we live in Poland not in Germany. We can't let events in distant places consume our thoughts. We have nothing to worry about here."

At this point I suppose it's important to tell you that I was born into a nontraditional Jewish family. We were Jewish on paper, but I never actually felt as though I was Jewish growing up. My family didn't attend synagogue, follow ritual customs, or celebrate most of the high holidays. My family came from a long line of Jews but we respected all religions. In fact, although we observed Hanukkah, we also celebrated Christmas. As a child, being Jewish wasn't something I really thought about. Just like you don't choose your height or your hair color, you don't choose what religion you are born into. However, when the war broke out, a nonissue became a paramount issue.

Unlike father, mother was unconvinced of our security. Her nervous tic of twisting her ring made an appearance during our discussion. She cast her gaze downwards at her hand movements and let out a deep breath, gathering her thoughts. After a few brief, heavy moments she began to speak. I don't remember her words literally, but when I piece together the threads of my recollection, her soliloquy was similar to this:

"My letters to Hanna have been my one source of privacy. We treasure our correspondence and we confide in each other; some things we don't even tell our husbands. Over the years she has shared trivial details of her life as well as deep-rooted secrets. For the past five or six years her letters have depicted an underlying somber mood. I assumed maybe she was suffering from malaise, but it turns out it's something far more serious—something outside of herself that is the source of her sadness. Up until this letter she would lightly write about changes occurring within Germany that were displeasing to her, but changes that didn't seem to be too taxing to assimilate to or to overcome. The situation has progressively gotten worse. It began with new laws and has now escalated into violence. It's a very dangerous time for the Jews in Germany. You'd never know it if you just listened to the radio and read the newspapers.

I've been concerned for quite some time because of Hanna's letters, but other neighbors are getting letters from their friends in Germany, too, and now we're very worried. Hanna said that the maltreatment started out slowly. When Hitler came to power Germany rejoiced. As time went on he became more and more powerful, becoming Chancellor and establishing the secret police force, the Gestapo. Soon after, he started his systematic attack against the mentally ill and physically incapable. New laws were put into place that outlawed all existing political parties except for the Nazis. People were incarcerated. The Nazis consider the Jewish race to be inferior. Now the Jews have to register and carry identification cards and women have to add "Sara" to their name and men have to add the name "Israel." The Jews are discriminated against in public places and it's challenging for them to find work as they can no longer keep their businesses. It is incomprehensible to me, but Hanna said a new subject is being taught in schools that is about comparing the physical traits of Aryans to those of the Jews. Her children were humiliated because they were forced to stand up in the front of the classroom as their teacher placed a ruler on their faces and measured the angles and lengths of their features as the other children insulted them, laughing as they pointed to them and then to the pictures in their textbooks. During breaks at school the children play board games, including one where the goal is to force Jews out of the country. At other times, the teacher reads to the class from anti-Semitic picture books. Exaggerated caricatures are being drawn of the Jews and the propaganda is everywhere. The other children tell them that they are 'Christ killers' during Christian holidays. Can you imagine how they must feel? It's beyond horrible. The Jews can't even have bank accounts without declaring how much they have, which is very limited. And now, the latest news is that in the beginning of November there was a massive attack on Jewish synagogues, businesses, and houses. Buildings were burned to the ground. Mobs of people entered Hanna's apartment complex, trashing Jewish homes. They even tore apart her bedding, sending feathers flying all over her bedroom for no reason other than spite. Thousands of Polish-born individuals have already been expelled from Germany. Hanna's husband can no longer maintain ownership of his tailoring business and her children have now been forbidden from attending school. Even valuables that they have collected over the years are not safe from Nazi confiscators. The nation is in pandemonium. Jews have been the target of deadly attacks and public hangings in the streets. Hanna and her family are living in fear for their lives. She doesn't know how they will pay for food or rent. She, like so many others, never believed that a nation could turn and stab its citizens in the back. But it did happen; it's happening right now to people just like you and me. And to make matters worse, she spent months fighting to get the necessary papers for her family to emigrate, but she couldn't get permission to enter another country because so many others were filing at the same time that quotas had already been filled. She had hoped to go to Palestine or America, but she looked into going to many other countries, as well. However, even if her paperwork had been approved, she hadn't amassed enough money to leave Germany. Her family is trapped in a country that doesn't want them."

Following this lengthy, emotionally charged explanation, which I'm convinced must have included many more details concerning the grim situation in Germany, my mother began to cry. She was certain that Hanna was in imminent danger and that we might be, too. I knew that Poland bordered Germany, but I didn't believe that Hitler cared about Poland. Why should he?

My father expressed nonchalant viewpoints about the issue and sent my mother to bed with cooing noises and a glass of warm milk. He always found it easier to skirt around sensitive issues than to confront them straight on.

I soon learned that my mother's fears were justified.

That was the last letter we ever received from Hanna. We never heard from her or her family again. Those three sheets of paper with her grave words, along with a desk drawer full of letters, were all my mother had left of her, and even those crumbled and decomposed over time.

CHAPTER 8

Within months of receiving Hanna's letter, I noticed a sharp rise in anti-Semitic behaviors in my town. The social climate was changing rapidly all across Poland. Hostility was increasing. I became scared.

In an attempt to preserve our normal day-to-day routine, father devised an ever-stricter list of rules to contain us. Errands were combined and pre-approval to leave the house was required. Our routes to and from the house were carefully plotted such that we would avoid notoriously bad problem areas around the city where Jews were frequently hassled. While my father's minor changes were annoying, I considered them to be reasonable, at least in the beginning. However, he soon forbade us from listening to the radio or spending unnecessary time away from the house altogether. He became consumed in his own thoughts. When he wasn't in his workshop, he spent the entire time we were gone staring out the front window—chain smoking and mumbling to himself—waiting for us to return home. We went from gathering together in the living room around our precious Philips tabletop radio soaking up the entertaining programs and news broadcasts for hours on end each night, to turning it on for only a few minutes every couple of days, to not listening to it at all. As far as father was concerned, radios had mutated from family-friendly appliances to propaganda delivering devices. He warned us about the dangers of listening to such nonsense, which he said had one goal: to evoke fear.

Despite father's warnings, mother couldn't help herself from tuning in and listening. I caught her with her ear pressed to the speaker, the volume barely audible, more than a few times. When she realized that she was being watched, she would casually sweep her hands across the walnut finish, complaining about how dusty it had become from lack of use. Father must have gotten wind of her cleverness because one day the radio was gone. The living room seemed empty without it. In response to our questions about its disappearance, father answered us with silence.

By the spring, when anti-Semitic posters were plastered all over the city and Poles were declaring their disdain for goods offered in Jewish stores, he even limited my time at his shop, insisting on teaching me from our home on most days. When our Jewish neighbors invited us to attend private roundtable discussions about the changing political and social climate, he declined their invitations while mother stood by, her lips parted, eager to protest, but she never did. Father didn't want to believe that our lives were in danger and he certainly didn't want us to discuss hypothetical situations with "irrational" individuals. His aim was to keep us as sheltered from the outside world as possible, thereby limiting our exposure to the mounting anti-Semitism around us. Like a turtle, he wanted us to tuck our heads into our shells and drown out the hateful stares, the malicious jibes, and the vicious actions. What he didn't know was that by forcing us to live in a dreamland he ultimately cheated us out of the ability to react to the changing landscape. By failing to react, we weren't able to adapt, and by not adapting, we were unprepared for the future.

At some point, the invites stopped.

When friends and neighbors began pouring out of the area, we remained cowered together in our home. Because my mother respected my father's role as the head of our household, she eventually gave up pleading with him to address her concerns. I wish she had listened to her own intuition and stood up to him, telling him that despite his eternal optimism—or more aptly, despite his eternal stubbornness—we had to flee the country. The only occasion when my parents ever interacted with others was when their friends dropped by for card night. But it wasn't the same jovial, relaxed gathering it used to be. Father insisted that conversations be kept to light-hearted banter; couples who broke this rule, mostly by mentioning Nazi-related worries, were shown to the door and banned from returning. Tempers flared as the violators, usually the men, with their voices cracking from disgust, yelled phrases of warning as the door slammed behind them, such as: "You can shut me out, but you can't shut out reality!" and "Damnit, Stefan! Wake up and look around," and "Make your preparations to leave before it's too late!" The wives would clutch their purses looking embarrassed and apologetic as they followed behind their husbands. Mother remained seated at the table, nervously rubbing her fingers or fanning her cards. Father would suck on his cigarettes as if everything was on an even keel. By that point, the frequency of these get-togethers had decreased and, for obvious reasons, eventually no longer took place. When we began receiving letters from friends who had already left Poland, my father tore them up and put them in the trashcan before my mother had a chance to read them. We became even further secluded from the outside world.

In quiet moments when my brother and sister were asleep and my father wasn't around, my mother continued to confide her concerns to me. During these encounters she spoke to me as if I were her peer, her ally, and told me to always fight for survival no matter how difficult. She wanted to leave Poland like her friends advised us, but she didn't want to question father's judgment.

My mother became ever more concerned about our safety after our local baker was found murdered in the alley behind his store. She was unrelenting in her belief that our family would be faced with life or death situations in the near future. I sipped up her words of advice like tea.

She became obsessed with our survival.

"If given the chance, always choose life," she admonished one night. "Even if all around you people are giving up and giving in to the easier path, you must continue fighting. Pain is temporary, death is permanent."

Why couldn't she talk to father the same way she spoke to me? Would it have made a difference? Why didn't I confront him?

I had never heard her speak like that. It frightened me. It still baffles me how my mother knew what words and advice I would need to hear then in order to pull me through situations in the future where I would stare death in the eyes and say "no." I promised her that I would survive no matter what the future held. In truth, I was unconvinced of my self-survival skills; but I told her what she wanted to hear.

Her words made me think about the capabilities of my body. That night I tossed the topic over in my head, thinking about how much pain I could endure, how much stress I could deal with, and how much heartache I could tolerate before I crumbled and cracked under the pressure. I had no idea what my body's limitations and thresholds really were. On a pain scale of one through ten, I'd probably only experienced a two, maybe a three. However, during the following years I would find out what a ten felt like. Beyond that, the pain was immeasurable.

Even so, to sit here and blame my father for our fate would be indecent of me. He loved us and he did what he thought was best for us. Based on his later actions, I believe that he was aware, to some degree, of what was to come.

Ultimately, he just wanted to keep us from panicking. If we panicked, perhaps he would have, too. Did he make the right decision? It's impossible to know. How could any of us have known the true horror that would transpire? The idea that millions of us were in danger just didn't seem plausible, much less possible. No, I can't fault my father for our fate.

I'm still haunted by the fact that we could have left Poland before the war, but so much was clouding our minds at the time. Even though people were leaving, so many others were staying.

By the time father changed his mind on the issue, it was far too late. Hitler's wrath had paralyzed the approximately three million Jews as well as other "inferior" groups in our country.

CHAPTER 9

The day my mother had predicted—the day that irreversibly changed my family's life—arrived on September 1, 1939 when Germany unleashed its military manpower on Poland in a series of well thought out attacks. The Nazis rapidly advanced along the countryside via the air, land, and water. A new type of fighting unlike anything the world had seen before was introduced—lightning warfare, or "blitzkrieg." From kilometers away bombs and shellfire could be heard. The Polish Army scrambled to fight the invading Germans, but without adequate artillery to annihilate the Nazis, they ultimately fought a losing battle, though they fought valiantly nonetheless. The Nazis flew on reconnaissance missions, which aided them in attacking strategic locations. In fact, when the bridge over the Vistula River (a body of water bisecting Warsaw) was destroyed, rather than being deterred, the Germans utilized their men to repair it and then to cross over it. While living through the horror, I wasn't aware of such details; I learned of them only later. All I knew at the time was that Germany was blasting away at my dear hometown, attempting to destroy it and its citizens.

As the bombs continued to fall and the explosions thundered louder towards Warsaw as the days wore on, my family grew increasingly fearful. The artillery shells exploded one after another like a disjointed firework display. As the shells fell, they shook the earth in waves. It felt like simultaneously experiencing an endless earthquake and a continuous firestorm. There wasn't a safe place to hide, at least not for us, the Jews. When the sirens sounded and the air raids started, we were excluded from the air raid shelters. We learned about this discriminatory rule the hard way. As shell fragments hit the building across from ours and the sirens blared, my family raced out of our home and towards the safety of the shelter. Debris rained down on us, and sparks narrowly missed our bodies as smoke burned our eyes. A child swirled about in the street, lost and stunned. Mother grabbed his arm and pulled him along towards the shelter. Once there, we were forced to step aside so that others could enter. Father yelled, fighting for protection for our family, but to no avail. Mother let go of the child and watched him slip into the safe house where his mother and father were screaming for him. Although the building was packed, five more people could have easily squeezed inside it. Two families we knew begged the others to let us join them. "There's room! Let them in! Let them in!" they insisted. But, their efforts were in vain. A chubby old man yanked the steel door closed, sealing us out. It was cruel and unfair. My family carefully, yet quickly, ran back to our apartment, nearly falling over as shock wave after shock wave vibrated the ground.

Many times we huddled together in our apartment praying, hoping that we would not be harmed. I wish I had the words to convey how we felt during those raids. It seemed as though time concurrently rushed by quickly and crawled by slowly. Our actions were fast but our minds worked deliberately to carefully analyze which room to dart to next. Sometimes we hunkered down in our bathtub away from the windows, and at other times we hid underneath our kitchen table. We formed a tight ball, squeezing our arms around each other, as pictures crashed to the floor, as bookshelves shook, as our pulses raced. During the bombardment, my thoughts drifted to the animals I had visited at the zoo for the first time five years prior. I envisioned the terrified monkeys shrieking madly, unable to comprehend the actions taking place. I imagined the elephants, the gentle giants that had nearly touched their trunks to our faces, stomping around, alarmed, with nowhere to run. What would happen to the animals? Did anyone care about them? Why was I so worried about the animals?

Smoke filled the air, suffocating the sky. Our city was heavily bombed on Yom Kippur, a solemn high holiday reserved for fasting and atoning. Even though my family didn't celebrate most of the Jewish holidays, we always made an effort to observe Yom Kippur. That year, however, we spent the day riding out the attack, fearing for our lives, begging to be spared.

Explosions, gunfire, the humming of airplanes and the rumbling of tanks called out in all directions. Fires spread rapidly, fueled by the substantial number of German incendiary bombs landing on the unusually dry vegetation. The German Luftwaffe, complete with hundreds of modern dive-bombers and fighter planes, quickly dominated and defeated the outdated aircraft units and smaller front put up by our Polish Air Force. During the night, flames engulfed structures and poured out of windows, lighting the skyline. When a series of bombs detonated just a few meters away from our apartment complex, I experienced short-term deafness. All around me shells were scattering and deep craters were forming in the street, but all I could hear was a low humming reverberation. Maybe it was better than hearing the devastation, I don't know. I thought my hearing was gone forever. My mother cradled Blima, who was just over a year old, and did the best she could to calm her shrill screams. Mendel, my father, and I kept watch at the window ready to call out our next tactical move.

At one point I saw a group of neatly dressed German Waffen-SS soldiers showboating in front of a video camera, most likely recording propaganda for future use. Their uniforms were impressive with distinctive white and black symbols on their left elbows and shiny, well-made leather boots on their feet. I found myself admiring their uniforms, in particular the rounded brim of their combat helmets, but at the same time hating myself for it. They were laughing as they ruined my beloved city. It was sheer torture seeing the place I had grown up—my fantasy world—being destroyed, particularly after seeing what a mockery the Nazi soldiers were making while doing it.

CHAPTER 10

By the time Poland surrendered to Germany about three weeks after the initial attack, Warsaw was in shambles and Polish government officials, as well as many Jews, had fled the city. Giant craters littered the cobblestone streets and whole sides of buildings had sloughed off. Without walls to provide privacy, I could see people walking around inside their houses; I saw people sleeping in their bedrooms and eating dinner in their kitchens.

Smoking embers smoldered for days. Nothing was immune from the devastation. It didn't matter if you were Jewish, Christian, wealthy or poor, no group of people was spared from the terror. Dozens of mothers who had given birth in one of the largest hospitals in the area crowded together on the floor in the basement with their newborns after the maternity ward was bombed. Churches, apartments, monuments, stores, and even public utilities were obliterated. Nearly everything was reduced to rubble.

Women and men alike took part in the cleanup; in fact, men still dressed in their designer business suits would grab a shovel and remove debris on their way to and from work. An effort was organized to repair the rails of the trolley cars that had been ripped apart. Those citizens who were lucky enough to be able to relocate used horses and buggies to transport their most precious items to other locations. Others, who had no place to go, were left homeless. Children wandered about in the streets surveying the wreckage with their innocent, wide eyes. Livestock roamed about, unsure of what to make of the situation. My family's apartment was only mildly damaged, but we helped those who were less fortunate.

As a result of the German occupation, Jewish schools were forced to close and a series of increasingly oppressive laws were introduced. Just as my mother predicted, Hanna's fate in Germany had become our fate in Poland.

The year that followed brought harsh changes to the fairly stable world I had known before the war started. Had I not been so sheltered, maybe the changes wouldn't have come as such a shock. German soldiers adulterated the landscape, standing on every street corner, monitoring everything. Due to commands from the Nazis, a council of Jewish leaders was established to maintain order, called the Judenrat. A man named Adam Czerniakow was put in charge of the organization. The Germans pressured him and the rest of the Judenrat to carry out German commands while at the same time projecting a degree of normalcy in the city so that residents didn't become alarmed because of the occupation. But, they didn't fool us; we *were* alarmed.

Strict decrees were introduced right away. The most humiliating to me was the requirement that all Jews twelve years old and older had to wear an identifying marker on the outermost garment of their right arm. The specifications required that it be a plain white band with a blue Star of David in the center. From then on, anyone could identify us as Jews no matter where we went. After that, it seemed that people would go out of their way to taunt me. Little children teased me or knocked packages out of my hands when I walked while the older generation stung me with racial slurs. It took all of my willpower not to rip the goddamn armband off and burn it or punch my tormentors square in the face. I had to keep reminding myself that I could act however I wanted in my daydreams but in real life I had to follow orders and let insults roll off my back. To be fair, there were many Poles who did not take part in the persecution. Not everyone was a prejudiced participant. Some people continued to converse with me, however they only did so when the Nazis, or even their friends, were well out of sight.

Pogroms, or small organized attacks, against groups of Jews played out in all areas. People's true colors were revealed. Jewish property was confiscated and businesses were defaced. Demeaning, disgusting graffiti soon covered every Jewish-owned storefront in the area. It was only a matter of time before my father's store was among the vandalized.

One afternoon, father and I were working in the backroom of his shop hammering the heel into a particularly handsome pair of men's dress shoes when we heard the bang of the front door as it was ripped from its hinges. The heavy, regular clomping of SS boots made its way towards us. The hollowness of the thin floorboards became apparent. I was holding a hammer in one hand and one of the shoes in my other when they entered our workspace, yelling. Their spit rained down on us like a sprinkler as they shouted at us. Sitting there with three rifles pointed at my forehead, I was terrified. The mustiness of the dark space became distinct. I lost control of my body. The hammer slipped out of my hand and punctured the floor. I clung to the shoe like it was some sort of security blanket. Father, however, was unmoved by the situation. He removed his cigarette from his lips, blew a large cloud of smoke in the men's direction, and calmly unfolded his license along with a few other papers and passed them over to the men. They examined the documents, which elicited more shouting. Then, just as soon as the men entered, they left. They pivoted in unison and clomped out of the room. Father stood and followed them.

Curious to see what would happen next, I ran after them. Outside, other SS soldiers were standing around, holding paintbrushes and cans. Most of the Jewish-owned businesses on either side of the street had already been vandalized by the multicolored paint. Father ran in front of one of the soldiers, screaming for the men to stop until a young soldier struck him in the face with the butt of his rifle, bloodying his nose and causing him to become momentarily disoriented. While my father collected himself, the soldier swiped a diagonal black line across his chest. The soldiers laughed, firing off insults. Father became irate. That spurred the soldiers to continue on with their heckling. I stood there stunned, feeling too weak to intervene. I wanted to hide inside the store, but my feet wouldn't let me move. I just watched as my father was painted across the face and neck with a lopsided Star of David. The watery scarlet-colored paint dripped down his skin and onto his shirt. His face was flushed both from anger and embarrassment. Another soldier picked up a paintbrush saturated with yellow, primed to follow suit. But, my father reacted quickly. He crushed his cigarette beneath his feet, furrowed his brow, grabbed the brush from the soldier, and finished painting the store windows on his own. The soldiers watched as he drew a perfect Star of David and the word "Jude." They were taken aback by his gesture. By reacting in the manner he did, my father took the "fun" out of the situation for the men so they walked away and moved on to hassle another Jewish store owner. Father turned to me and said, "No one ruins my storefront except for me." His words said it all. Defacing his store was torture for him, but he wasn't willing to die over it. By defiling it himself, the experience wasn't as traumatic for him. I can understand that.

A few minutes passed and I could do little to ease the awkwardness of the situation so I stood there mute, still holding the leather shoe, and robotically nodded. Father grabbed it from me and sent me home. The cumulative, noxious wet paint fumes made me feel lightheaded as I made my way back to our apartment.

When I walked into his shop the following morning, father was asleep at his workbench—his hair was sticking up in all directions and glossed in a waxy film as if he had been pulling at it with his polish-coated fingers—and the pair of shoes we had been working on when we were interrupted was laced and tagged for pickup.

CHAPTER 11

Non-Jewish owned businesses ostracized us by posting humiliating signs, insinuating that we were on the same hierarchical level as dogs, barring us from entering. Jewish customs and rituals were also strictly limited or outlawed altogether. We had to tip our hats to the Germans whenever we saw them. Clusters of aggressive Polish teenagers unleashed random, violent attacks on the Jewish population without fear of reprisal or reprimand. When a German was killed, one hundred Jewish lives were threatened and taken. The city that was my entire world became a place I no longer recognized.

I felt as though I wasn't even safe in my bedroom.

Information was strictly slanted and controlled, especially since the Nazis forbade Jewish newspapers and the ownership of all radios (I suppose my father had been just a little ahead of the game in getting rid of ours). Even so, underground political groups were organized in attempts to defy the occupiers. Through them newspapers were printed and limited information was shared.

Food was in short supply, so Jewish ration cards were stamped with a "J" and hours of shopping were restricted. There were times when we would stand in line for more than an hour waiting for our ration of bread only to be told our attempts at subsistence were in vain when the supply ran out. Getting our hands on such items as milk or chocolate was even trickier, if not impossible. Only once did my family obtain milk and that was during a crisis when Blima was sick. My mother was under the impression that milk acted as a natural healing remedy and therefore she always gave it to us when we weren't feeling well. She did what I believe any mother with little money and an ill child to care for would have done had she been in the same situation. She heatedly negotiated with a woman who was selling milk until an agreement was reached. In the end, my mother grunted as the seller pushed a glass bottle across the counter to her. I watched as mother pulled her silk dress over her head, smoothed down her hair, and handed the dress to the other woman. Fortunately for her, she was wearing a full-length cotton slip underneath her dress, but that didn't prevent other shoppers in the outdoor market from stealing glimpses of her and making remarks. Mother grabbed the milk and led me out of the market, her head held high so as to not let the other customers think that their stares affected her. "Don't turn around, Henryk. Let them think what they will think. Their thoughts don't have any impact on the way we feel," she told me. Her words of wisdom always poured out so naturally. Exchanges like that would become commonplace as the German occupation continued.

Even non-Jews were not immune from the wrath of the Nazis, however. Non-Jewish women who slept with Jewish men were shamed for their "inappropriate," illegal deed. These women were paraded through the streets wearing signs around their necks proclaiming their "misjudgment." How did the Nazis know the intimate details of our lives? I wondered if we were all being secretly monitored.

Ever-changing curfews were established that if broken resulted in ruthless penalties, including death. The few friends I still had stopped agreeing to see me. The circle of my parents' friends dwindled, as well. In this new situation, we were all becoming isolated from those we had considered our companions.

You couldn't even walk down the street without getting harassed for being Jewish. In fact, we were banned from walking on the sidewalks, resulting in many of us being hit by cars as we toddled in the streets. Cars zipped past us, seemingly swerving sharply to run into us. We, as Jews, were like the mice and they, as Germans and Nazi supporters, were like the cats; no matter where we went or what we did, they would find us and make us their prey.

Just before dusk one day, I encountered a couple of German soldiers who were ripe for stirring up trouble. I tried my best to maneuver around them without catching their attention. I knew they wanted to mess with me. Lengthening my stride as I walked towards them, I kept getting closer.

There was no way around them; they had already seen me from thirty meters away. If I changed course they would approach me for sure. Then I was ten meters away. Then I was less than three meters away. Then one of them grabbed me by the arm. At the same time, another soldier tackled a man I didn't even know was behind me. They pulled the two of us up against one another and ordered us to give the "Heil Hitler!" salute. As Jews, we were forbidden from giving this salute; if Nazi supporters saw us doing so, which we would only do to ridicule the stupid greeting, it was an invitation for a beating. I hesitated. Why would I honor the very man who had put us in such a wretched position? I shook my head "no." The scraggily man beside me reacted by looking down at his feet. The soldiers again ordered us to make the salute. Shaking, I looked at the man next to me, and he stared back. Even though it was paradoxical for us to salute Hitler, we did. We had to. I knew it was a lose-lose situation, but what choice did we have? As soon as we did, one of the soldiers clobbered us with a baton. I was struck behind my knees and across the small of my back as the soldiers laughed and a few curious onlookers gawked. I dragged myself home feeling totally disgraced.

There were other acts of violence for no apparent reason, which resulted in the death of innocent lives. Jewish men, particularly the more Orthodox ones, were publicly shamed for their facial hair. The SS singled out such a man with a long beard and equally long "peyots," or sideburns, and called over people to shout obscenities as they hacked

off the man's hair with pleasure. I saw a Nazi soldier gun down an elderly man simply because he was wearing traditional Jewish attire. Following the gunshot, I stopped in my tracks and visualized myself melting and blending into the pavement. Attempting to make a stealthy escape—trying to remain undetected—I crouched down as I turned to walk away and out of the corner of my eye I saw a row of bodies hanging by ropes on lampposts.

At that moment, I craved the lighthearted daydreams and the innocent existence of my childhood.

CHAPTER 12

Over time as the situation in Warsaw grew bleaker, our fate continued to become more uncertain. Polish street signs were destroyed and replaced with German ones. This change brought about feelings of outrage inside me. Streets I had walked down my whole life were defaced with German names I couldn't even pronounce. Red, white, and black swastika flags were hung out of windows, on top of buildings, and from lampposts. Everything about Warsaw looked alien to me.

People gathered in small groups, discussing what the future might hold and what could be done to combat it. Some people thought it was best to go along with the regulations while others felt it would be better to struggle against them. It was impossible to avoid partaking in the conversations; and my father couldn't stop me because I wouldn't let him. I just couldn't ignore them like I did before the war broke out. I had to know what was going on around me.

It seemed like my whole world was changing, but I was only seventeen and Warsaw was the only place I had ever known. I couldn't fathom how my parents or my grandparents, who had called Poland their home for decades, must have felt. We were living in a ruined city amongst combative, racist strangers from Germany who were seeking to ever condense our rights.

During this year my father broke down in despair and never fully regained his composure. One day, sensing something horrific was about to take place, he told me to leave his shop soon after I arrived, only to return home himself an hour later. He had barely walked through the doorway when he slumped down into a kitchen chair without bothering to take off his hat.

"They took my business away," was all he said to us as he untucked his shirt and loosened his tie. "They took my business away."

My mother attempted to console him, but nothing could be done to make the situation right. We didn't dare to ask him questions. We all knew what had happened. From that point on, all of the life seemed to have been drained from him as he went through the motions of daily existence without consciously experiencing them. I've always wondered if he felt a tremendous sense of guilt for forcing us to live such a sheltered lifestyle prior to the war—for not coordinating plans for us to leave Poland while we still had a chance of escaping before the Nazis restricted our movements. I would refer to that as the day my father's soul died, even though his heart was still beating.

Luckily, my father had earned enough money the previous year to sustain us, at least for a few months. Heeding the warning from Hanna, he had withdrawn our money from the banks and had stashed it in a tin can buried beneath some old rags in the bathroom closet. Because of that action, I know that he was more alert to the painful reality of the situation than he ever let us believe. Others weren't so fortunate and when they were laid off they had to resort to taking their meals at local soup kitchens organized by groups like the Jewish Mutual Aid Society.

When the construction of brick walls around Warsaw began in the latter part of 1940, our fears as a Jewish community quickly multiplied. When I walked past these construction sites I saw Jewish men, not German soldiers, laying the red and brown bricks. *Now they're making us build our own prison?* I asked myself in disbelief.

Meanwhile, Jews who had friends and family living in other parts of Poland spread the rumor (later confirmed) of a newly built quarantine area in Lodz. Could that be our fate as well, I wondered?

CHAPTER 13

By November of 1940, the construction of the walls was completed and our fears had come to fruition. Loudspeakers and posted notices with detailed maps announced the creation of a ghetto for the surrounding Jewish population. However, the German's hesitated to use the term "ghetto" because of the negative context it implied so they simply referred to it as a "resettlement area" or a "Jewish quarter," but all of us absolutely knew what it was.

We were given little notice, perhaps a week, of the impending eviction from our homes, and this resulted in incredible anxiety. My mother became the family's source of strength during this time since my father was so troubled. However upset she was with my father for preventing us from emigrating, mother never slapped my father in the face with the phrase "I told you so". She let him keep his dignity.

Mendel and I assisted mother in gathering together important items to carry with us to our new lodging. Blima, a small toddler by this time, luckily or unluckily depending on how you see it, remained oblivious to the world around her. As long as she had her favorite fuzzy brown and white stuffed bear, she was content. Hugging her, I wished I could be happy with so little, too.

What would we need in our new home? That was a question everyone asked one another. Neighbors wanted to know what we planned to take along with us and we did the same. Some people naively thought that everything we would need would be provided for us. They only packed a few clothes and some food. Others felt that the apartments would be barren and even the basics would be needed.

One brutally cold night, a couple from my parents' card group stopped by after curfew with their eleven-year-old daughter, eight-year-old son, and newborn baby girl. The wife was wearing a headscarf but strands of blonde escaped from the sides of it, blowing in the wind. She was dressed stylishly but her tidy, clothed appearance betrayed her inner feelings. Her eyes were bloodshot and her makeup was smeared. Her eldest daughter stood stoically, as if lost in a trance-like state; her once black hair was bleached a snowy white and pleated into two long pigtails tied off with light blue ribbons. The middle child, always bubbling with pizzazz, appeared to be drugged as well. His hair had been grown out so that it fell below his ears and his usually mas-culine clothing had been replaced with a green dress and ruffled socks. The husband looked sallow and had aged a decade since the last time I had seen him; he wore a dowdy pair of pants and a wrinkled shirt. He was holding his infant

daughter in his arms like she was simply a sack of potatoes, or a bag of groceries, something that was just another
object, nothing special. Neither he nor his wife wore their
armbands. The atmosphere was engulfed in a bizarre feeling; everything about the situation seemed out of place.

"Janine will be staying with non-Jewish friends of
ours, outwardly hidden in their home, posing as a distant
cousin," the woman said to us in a previously rehearsed
manner. "We have made other arrangements for Levi, who
will be staying with another family, disguised as a little girl,
the family's orphaned niece."

Occasionally, Jewish parents would dress their sons as
daughters in order to protect them from Nazis who conducted searches to check for male circumcision. Mendel and
I were too old to pose as females; our Adam's apples were
too defined and our voices were too deep.

Swallowing forcefully and exhaling deeply the man
then presented the baby to my mother. As he spoke his wife
trembled, "I want you to take Rivka. We can't find anyone
else willing to take her. Families we thought we could count
on have already agreed to shelter more people than they can
support. I know you've always been good with children.
You're her last hope. She won't survive our journey. She's
just a baby. It's too cold and dangerous for her to come with
us. We had hoped for a different course of action, but our
papers…they failed to go through in time."

An empathetic word leapt from my mother's lips and her
nurturing hands gravitated towards the sullen woman. My

mother gathered that the couple was going into hiding. We knew others who had done the same thing recently, including both sets of my grandparents, so their decision was not unexpected. We had even discussed the possibility of doing so ourselves. Although father never participated in these conversations, the rest of us weighed the pros and cons with heavy hearts for weeks. What was the best thing to do? Blima was still too young to understand the dire situation at hand and it would be complicated to coach her to comply with a bizarre set of new rules. Even though my mother's parents pleaded with us to hide with them on a friend's remote farm, we were unconvinced of the need to do so. In the end, we denied the pleas of those around us and decided it would be far too risky for all of us to be concealed together and we didn't want to have to part. Some of my female "Aryan-looking" Jewish friends had been separated from their families when they were taken in by non-Jewish families who had offered to shelter them during the war. Mother said that those families probably wanted to utilize the girls as maids to help with the housework; she assumed that it would be more complex for Mendel and me to find an equivalent placement, especially since we did not "look Aryan." After careful consideration, my family felt that it was better to be all living together in the same home out in the open than to be split apart between separate rooms and closets in clandestine places. We were a family and we were going to remain as an undivided unit.

Leaving a baby in someone else's care, on the other hand, was not as common, although it did remind me of a horror story a friend had told me about a family living in Germany. Whether it was real or made up I had no way to verify, but it seemed plausible. The family—a man, a woman, a child, a baby, and two elderly relatives—was hiding under the ground floor of their home in a hollowed out area disguised by an area rug because the man was being summoned to Dachau, a concentration camp originally built to contain political and criminal enemies of the Nazi party. Word quickly spread about the nature of Dachau since in the beginning of its creation men were sent there for a few months and then returned home and spoke about their experiences, although they were warned not to. Through the confessions from former Dachau prisoners, we learned that the men were tortured in the freezing cold while being forced to perform pointless, repetitive physical exercises only to be set free when they made promises about emigrating or giving up their businesses; they returned home physically and mentally broken. The man in this case was a widely known Communist and therefore he was a threat to the Nazi regime. As the story goes, when he was required to report for deportation he never showed up at the meeting area. When Gestapo agents went to his residence to look for him, they overturned every table and bed, went through every closet, and could not find the man or his family. Sensing something was amiss, they remained in the house all night, waiting for any sign that would reveal the family's whereabouts. The family waited it out pressed against one another in the dirt-covered space, holding their breaths, cautious not to make a sound. After awhile, the baby began to quiver and then it started to open its mouth to cry. There wasn't time to see if it just needed to breastfeed; even the second it would have taken for the man to hand the baby to his wife and have her lift her shirt would have been too long. At that moment, the man had to make an immediate decision to risk the lives of his entire family by letting the infant cry or to stifle the cries before they began.

What would I have done in that situation? What would any of us have done? In the end, the man chose the welfare of the group rather than the individual and so he suffocated the baby, his own flesh and blood. By doing so, he spared the lives of his wife, daughter, parents, and himself. He escaped deportation to Dachau. I often wonder how his wife responded to the incident. Did she stay married to the man who squeezed the life out of her child?

Thinking about this, I tuned back in to the conversation my mother was having with the family at our door. The couple was persistent in their desire to hand over their baby. I couldn't imagine how awful they must have felt for making that decision. If Rivka was anything like Blima, her crying would reveal the couple's location almost as soon as they were concealed. They knew that she would be a hindrance to their survival. But what would we do with a baby? How could we afford to feed another mouth when we were barely able to sustain the five of us?

"I'm so sorry about your papers," my mother replied. "Of course we'll take her." She didn't hesitate in her response nor did she ask where the couple was stowing away. When people went into hiding they were cautious about who they told for fear that their secret would be exposed and their lives would be endangered. Even sincere friends found it difficult to trust each other; the reward offered by the Gestapo for selling out someone consisted of items like sacks of sugar or money, which made it far too tempting given the depressed economy. My family had looked on as pairs of Jews were snatched from homes, ratted out by friends they had confided in. As they were being ripped away from their homes by the Nazi soldiers, they looked back at their so-called friends with looks of betrayal, their facial muscles tense with disbelief. It was a time when most people could only rely on their own immediate family, or at least they hoped they could.

That was it. After a round of emotional embraces, the couple kissed us goodbye and as I watched them disappear from view I couldn't help but stare at the woman clinging to her husband's chest, staggering awkwardly as she wailed. There was a moment when she pushed away from him and turned her body back towards our apartment, the veins in her forehead raised and her mouth opened as wide as it could open, and she screamed. Her husband then covered her mouth with his hands and pulled her back in the opposite direction, but her legs had gone flaccid and the top of her feet dragged along the ground. I felt as though I was witnessing a private moment, the moment when she realized that there would forever be a void in her heart that nothing would ever be able to fill. It struck me as a particularly poignant sight.

Once they faded from my field of vision, I turned my focus back on the newest addition to our family. She was so tiny and fragile and she would never remember her real mother. It was a sad reality. My father, who had remained quiet throughout the ordeal, walked into the living room and reclined in a chair. Without a word, he pulled his silver cigarette case from his shirt pocket, struck a match, and settled into his nightly routine of thinking, smoking, and rolling cigarettes. He kept his hands particularly busy that night as he fumbled with Herbewo wrappers.

We hurried to gather together the items we deemed important enough to take with us to the ghetto while my father sat in his chair. My mother, meanwhile, attended to the needs of baby Rivka and young Blima while at the same time carefully packing the significant articles of our home. She had made arrangements with a neighbor to keep an eye on our apartment while we were away. The neighbor agreed to water our plants in exchange for the use of our oven, which was more modern than hers. Mother also handed this neighbor some of our finer items for safekeeping, like the bronze statues and paintings she and my father had collected over time but wouldn't need in the ghetto, in case, in our absence, our home was vandalized. We made calculated plans for our possessions but not for ourselves. How naïve it was of us to view property damage as our biggest concern.

My father was still in a state of shock, unable to be of any assistance to us. He wandered in and out of the apartment, intermediately joining us for a meal. Despite this, when he was home he worked tirelessly, bent over his worktable in the corner of his bedroom in utter silence, carefully crafting each of us a new pair of shoes. The only time he spoke to us was when he called us into his room for fittings. I offered to help him with this project more than once, but he always denied my assistance, preferring to work alone. When his work was complete, he made a production out of revealing them to us. The shoes he gave to each of us, even little Blima, were of exceptional quality with either sturdy buttons or thick laces. Father continued to hold onto Blima's pair, admiring them with a pleased little half smile. Adorned with two small hearts burnt into the outer sides of each and etchings of butterflies on the inner sides, they appeared to be several sizes too large for her tiny feet. It was apparent that father had spent the most time on Blima's shoes, even making sure that they would only need to be closed by one button each rather than by a string of laces. All of the shoes were made of thick, well-groomed leather, and durable soles. The familiar smell of leather wafted through the air, covering up even the smell of the doughy potato and cheese pierogies mother had just cooked. During the presentation of these shoes, he gave a short speech about how shoes were "essential" to our survival.

"With shoes you can walk and work, and therefore you can live to see another day," he said. He went on to tell us that shoes were a necessity, not a luxury. We slyly smiled to each other as my father continued to talk about shoes. I would soon learn how right my father was about their true importance.

When we had finished packing the night before we left, a large pile of items filled the entryway of our apartment: our silver cutlery, a few choice family heirlooms, mounds of clothing, cookware, a kitchen table, linens and bedding, and other personal items. We then sat at the table running through our list of items, making sure nothing had been forgotten. I didn't sleep at all that night. Tossing and turning, I feared what life would be like in my new home. Would it even *feel* like a home? I contemplated running away and dragging my family with me, but I had nowhere to go but to the ghetto.

The next morning—clad in our new shoes—we moved.

CHAPTER 14

Mother insisted we leave the house spotless so that when we returned we wouldn't have to fuss with tidying up. With a flick of her wrist, she told us to make our beds and put the dishes away before we departed. Even the grandfather clock was wound up and double checked for accuracy. The few framed pictures we had were left perched in their usual places. Mother and father's wedding picture, housed in a delicate silver frame, remained resting in its prominent spot in the middle of the mantle. I wanted to bring along our most recent family portrait, the one that smiled back at me from my nightstand that I loved for its imperfectness—Mendel was mid-sneeze and Blima was pulling at mother's hair—but mother wouldn't allow me to take it. She was afraid that one-of-a-kind photographs would get damaged or lost during the transition. Plus, we didn't have room to jam additional delicate items into our sacks. "Keep them here so they'll be safe," she told us. Those photos encapsulated who we were in the millisecond it took for the camera to flash. I loved them because they captured the raw emotion from one moment and displayed it forever. Obeying my mother, I reluctantly put the picture back, never to see it again. Even after all of these years, I can still visualize every detail of the circumstances surrounding that photo. How we arrived late because mother ran around the apartment looking for her purple purse and then realized she didn't even own a purple purse—it had gotten ruined the winter before and she had thrown it away—and how father scorched a cigarette hole in his jacket when he was swatting away a fly. That was the last time we were relaxed as a family. We didn't hone in on the details of the day like we usually did. We just went with the flow. Thinking back, I suppose the photos weren't as important as the memories they represented. Maybe if I still had that family photo I'd overanalyze it and find flaws with it anyway, whereas without it I just focus on the happy experience I remember. In any case, it doesn't matter.

As we closed the door to the home where I had spent my entire life, an unsteady feeling stirred deep in my being. I knew that I would never spend another night there. I'm not sure how the rest of my family felt, because not a word was said as we inched away. Our neighbors peered out of their windows from the slits in their curtains as we left, but they didn't have the decency, or perhaps the courage, to bid us farewell.

Making our way to the street, our bedrolls and other items in a heap on the back of a push wagon, we saw that every avenue was cluttered with families and their giant bundles of belongings. I looked around trying to examine the faces of the other people, attempting to catch a glimpse into what they were feeling. There was little talk on the roads that day; everyone seemed to move along like zombies. We were all walking or moving in horse-drawn carriages and rickshaws, none of us knowing what we would find when we reached our destination. As we walked, non-Jewish Poles passed by us with their shopping baskets in their hands, strolling along with their friends, sharing stories as if nothing unusual was taking place.

Entering the ghetto, I wanted to turn and run backwards. In my mind I was. But, I knew that I had to deal with it and do what was required. Father's words from my adolescence echoed in my mind, challenging me to be courageous: "Be a man Henryk. Be a man."

Blima held my hand and her teddy bear tightly, excited to be in a new place. Rivka was asleep in my mother's arms and Mendel and my father were ahead of us, walking side by side. The walls that encircled the ghetto must have been nearly four meters high and were topped with intimidating looking jagged barbed wire. If life inside the walls was unbearable, there would be no way for us to escape. Realizing this, we began regretting not taking more of our treasures with us.

We were going to be locked away in a slum. Yes, a slum. That is really the most accurate word to describe the ghetto; but we didn't know that then. Looking closer, I saw signs posted on the outside of the walls warning of infection inside. Presumably, the Germans equated us to disease and vermin.

When we finally reached our pre-assigned apartment, it looked architecturally like a diminutive version of our home. Instead of having three bedrooms, it only had two. Two unadorned, thick-paned windows, grimy from neglect, were our only light to the outside. There were holes in the walls where pictures had been carelessly removed. The drab, beige paint was peeling in places, revealing an older layer of white. The wooden floors were dull and scratched, but they appeared to be repairable with a good polishing. Dirty dishes were stacked in the sink and laundry was overflowing from hampers. The decoration was lacking and the ambiance was filthy, but I was convinced that it could have been worse.

"Where did they all go?" Mendel whispered from one of the two bedrooms.

We found out later that the non-Jewish occupants living in the area that became our ghetto were relocated to other areas, mostly within Poland. With little warning, they were forced out of their homes. They left behind massive quantities of household items, just like we had. I felt guilty for being the cause of another family's expulsion. I felt sorry for them even though I, having also just been evacuated from my home, was in the same boat as them. What I didn't realize at the time was that I was in a worse position than they were.

The ghetto was in the center of the city; it wasn't in a secluded location in the middle of nowhere. Directly outside the ghetto walls we could see the surrounding buildings towering higher than the walls. At night when the lights were on in those buildings we could see the people moving around inside them. Sometimes they looked back at us, but mostly they disregarded us.

Mother wasted no time in cleaning up the place and putting away the few valuables that we had brought with us. Later that night we met some of our neighbors and exchanged pleasantries.

Maybe it won't be so bad here, I told myself. I could not have been more wrong. "So bad" were words that I wished it was, for in fact it turned out to be "absolutely horrific."

CHAPTER 15

Disease, death, hunger, and poverty are words that come to mind when I think of my twenty-two months in the Warsaw Ghetto. Coupled with overcrowding, the lack of sanitation led to the rapid spreading of disease. The dreadful conditions also choked the vegetation, blocking it from the nutrients it needed to thrive. As a result, the trees and greenery were sparse.

The longer we spent in the ghetto the more compacted our living space became. Our two bedrooms shared amongst the six of us soon became two bedrooms shared amongst eleven people when the Pusniak family (strangers to us) appeared at our door with suitcases in hand. Therefore, we shifted our belongings once again. My entire family moved into one bedroom so that the Pusniaks could have their own room. Sleeping within an arm's length of an infant, a toddler, a teenager, and my parents, privacy was nonexistent. Privacy was not a word the ghetto knew.

Living so close to my relatives, I often became irritated. I felt like there was no space to even brush my teeth or to change my clothes. We were constantly knocking in to each other. But, to complain would have been useless. Everyone was unhappy.

Life outside of the apartment was no better than life inside it. Legitimate, profitable jobs were hard to come by. Since not many people found work, creative ways of making money were introduced. Bartering and trading were commonplace activities on the streets of the ghetto; they were the only ways most people could compensate for the lack of a steady income. Negotiations were made with the Poles outside of the ghetto; they mingled around the gates waiting for us to appear. We couldn't cross through the gates, but we could reach our hands out towards them. The guards tended to turn a blind eye to these interactions. The people on the other side of the gates were more than happy to rip us off. They relished cheating us out of our valuable items. Even so, hungry Jews lined the gates, jewelry in hand, ready to barter for food.

Mendel and I found our niche in selling the Star of David armbands mother sewed. It was a competitive market for people our age. Cute, young children easily sold their daily handfuls. We only sold two or three a day unless Blima joined us, which wasn't often. In any case, the money from those sales helped to put food on the table for our family. Father, still in a haggard stupor, was our main source of revenue. He made and sold shoes until people could no longer afford to buy them. I offered to help him, but he declined.

Soon after, the Germans cleverly devised ways to exploit the inhabitants of the ghetto. Forced labor was introduced, meaning that we were now indentured servants for our enemy—working for little or no pay. This resulted in the roundup of Jews without warning at all hours of the day. Men were pulled from their homes and off the streets in order to fulfill quotas for laborious construction and war effort projects. No one knew when or if he would be chosen to participate.

When I was standing in bread lines or walking along the streets, the roundups occurred only a few meters away from me. Pairs of smartly dressed Nazis riding along in a truck would slam on the brakes, rush out of the vehicle, and grab a man or group of men by the arms and hustle him/them into the truck. It didn't matter where the men were headed before this encounter; they were now headed to work for the Germans. Those who dodged the guards or who committed crimes were taken away and led to an interior brick wall. The area containing this wall was soundproofed, but I could hear the muffled gunfire as the men raised their arms over their heads and faced the wall, submitting to their execution. Following these executions, signs listing the names of those who had been killed were posted; it was as if we were being warned that our name could very well end up on the list if we failed to comply with the orders of the Germans. After a new list was posted, father would take short, quick drags on his cigarette as he led Mendel and me over to it. He would tap his finger on the names of people he had known and simply shake his head. "Don't you ever wind up on these lists," he would caution us.

You didn't get used to observing terrorizing events like that. At least, I never got used to them. My heart would sprint inside my chest and my blood pressure would boil. I knew that there was nothing stopping me from being chosen next. I only hoped that they were looking for older, broader men. By that time I was eighteen but short for my age, with arms lacking any defined muscle tone. My physical appearance surely saved me from each of those haphazard roundups.

Since those situations led to massive panic amongst the population of Jews in the ghetto, the Judenrat negotiated with the Germans to create a more efficient system of management. Over time, men and women alike, even those usually deemed too young to work, were required to formally enroll as possible workers. As a result, limitations on the number of days we were required to work were imposed and we were informed about the dates in advance. Gone was the feeling of uncertainty associated with forced labor.

My father and I were soon drafted. We joined thousands of other Jews from the ghetto who were dispersed in factories on the outskirts of Warsaw. The both of us took up temporary residence in front of sewing machines. Ten to twelve hours a day we worked in inhospitable conditions hunched over these machines—crammed next to the people beside us, our elbows nearly touching—running fabrics through our needles to make German uniforms. Dozens of us were packed together in one small room. There was no movement of air on humid days and no source of heat on frigid days. Upon arrival, the sweat would quickly bead up on my face and stream down my back, drenching it.

How was I able to do the work when I knew nothing about sewing? I don't know. Sometimes our bodies just automatically know what to do. Father fumbled awkwardly with the materials at first, but he quickly learned the ropes. Those who didn't had to experience the wrath of our overseers. All day it was like this with only a collective break for mealtime at noon. Lunch, provided by the factory, was the highlight of our day. When we were in the factory we didn't have to worry about where our next meal would come from like we had to in the ghetto. It was mundane work in a dreadful, stuffy environment for little monetary compensation. We were more fortunate than many others; in some factories the workers didn't receive any wages.

Mendel carried on selling armbands while I spent most of my days being yanked around like a puppet by the Germans. On my days off I joined my brother on the street corners, continuing our joint effort to provide what we could for our family. Father spent his free time cutting leather and molding together shoes, as was his passion.

Everyone did what they could to survive. Long gone were the days of coming home to the mouthwatering smells of sweet confections. In their place were variations of soup—turnip soup, cabbage soup, soup with potatoes or just potato peels—and if we were lucky, then maybe some subpar bread made with moldy flour and butter. The best dinners were when my mother acquired smuggled meat from a stranger on the street. Smuggling food into the ghetto, although prohibited, was commonplace. Meat, a former food staple, became a luxury oftentimes only obtainable through the black market. When we returned home after a long day of work, the excitement of what was cooking in the kitchen no longer existed. We rapidly learned to lower our standards and to adjust to new and unappetizing tastes; anything to fill our bellies and stave off the nearly ever present gnawing hunger pains.

We tried to keep our spirits up when we were at home, especially during dinner. I can't say that every day was miserable. We found joy in playing games together, like cards and chess. Mother believed that if we gave in to the negativity imposed on us by the world around us then we would be doing a disservice to ourselves. The Germans wanted us to feel worthless, she told us, but we couldn't let them know that their tactics were working.

She became a different woman in the ghetto; whereas at home she was scared of everything and focused on the worst in every situation, in the ghetto she advocated positivism. "We should count our blessings," she'd tell us. "Negativity spawns more negativity. Don't wallow in your sadness." And so she devised a rule that every day we each had to tell her one good thing about our life. There were many days when I would tell her "nothing" or "please, mom, not today," but she always pressured me to think about it and to come up with something. On particularly dismal days, the only thing I felt truly thankful for was that my blood was still pumping. Too many hearts beat for the last time in the ghetto.

During times of adversity my mother reiterated the phrase: "Even though things are bad, even though we've had our freedom taken away, we can still choose to live and put forth a positive attitude."

I'm baffled how mother remained so collected during this time when so many people around her were emotionally and psychologically distraught. Without complaining, she used her creativity to prepare dinners out of the little food we had. She was no less affected by the conditions in the ghetto than the rest of us, but she never let her spirit die. Through it all, she helped keep our family afloat with her positive outlook and innovative coping mechanisms. In fact, I never before realized how eloquent my mother was until our confinement in the ghetto. She effortlessly blended words together into verbal masterpieces, revealing an untapped talent to all of us; even she seemed surprised by her new-found creative expressions. Her poems, which always centered on themes related to endurance, empowered us to persevere. They aided in blocking out the evil around us. Trivial though it may seem, I memorized several of her poems, mentally carrying them with me throughout the war. Later, as the war intensified, I would recite them to myself again and again until I was revitalized.

The first poem she shared with us was the one that I loved the most. I oftentimes heard her singing it to Blima as she was bathing her:

We are but stones in the ocean.

Wall construction begins, the tide rolls in.
Stores close, the sea breeze blows.
Rations diminish, the ocean floor is blemished.
Challenges arise, the waves intensify.
Tempers heighten, the current strengthens.
Conditions turn dire, the swells become higher.
Illnesses shake, the storm clouds break.
Fighting for each day, an undertow tries to pull us away.

Calm seas comfort us, making us feel whole.
Rough seas polish us, smoothing out our soul.

In order to make sure none of us lost our sense of individual worthiness, she insisted that we celebrate birthdays, making sure they were full of lively rejoicing. Birthdays, like other milestones, became much more momentous in the ghetto because they reminded us that we were still living.

Although my mother couldn't afford to make us separate sugary birthday cakes, she always drew handwritten cards for the person we were celebrating. In the beginning of our entrapment in the ghetto, she somehow managed to obtain a small portion of jelly which she spread onto a piece of bread, making a basic, simple cake. Filling the apartment with upbeat singing, we danced around the table, acting silly and immature. Our displays of silliness might have filled us with just enough hope to go on while others gave up. Those days, life seemed to have meaning; life seemed to be worth living. They motivated us to continue to fight for the ability to live to see another birthday. I still cherish those memories, especially when my mother turned forty and father surprised her with a small piece of chocolate, about a three centimeter by three centimeter square. I had never seen mother's eyes light up as they did in reaction to that romantic gesture. Chocolate, such a rare delicacy, was like a forbidden treat. Father had risked his life to provide the woman he loved with a present. You must understand that we lived in a distorted world where gifts of jewelry and fur coats, though they could be traded for other items, meant nothing compared to gifts of food. It was the equivalent of father giving mother a priceless, flawless diamond if we had been somewhere far from the ghetto.

We pulled together to make sure the Pusniak family was able to celebrate birthdays, as well. The family—a mother, a father, and their three school-aged children—was worse off than we were. We felt a desire to assist them when they didn't have enough food to go around, stirring up mixed feelings of jealousy and guilt. Mother never let her composure reveal the stress this caused her at mealtime. We all sat down together for dinner, the adults at the mahogany table and the children on the floor. We became a single unit fighting for survival.

Mendel demonstrated his newly acquired love of children by gathering Blima and the Pusniak children together each night after dinner. He devoted this time to wiping away the ghetto and the occupation from the children's minds. He came up with stories to educate as well as to spark imagination, using a portion of these sessions to teach arithmetic and other elementary subjects. Once Mendel established these daily lessons, the children wouldn't let him skip a day. They were thrilled to have an escape from the outside world and looked forward to having a degree of normalcy inside their home. Even when he was tired from working on the streets all day trying to make a profit, he still found ample zest to exude to the children at night.

Using a small chalkboard, he brought the world of numbers and letters into the lives of four curious souls. He used analogies to teach about new and unfamiliar topics so that the children would understand. He even made up songs for them to sing as an outlet for their cooped up energy. Since the schools were closed in the ghetto, this was the only education most children received aside from underground schooling movements led by former teachers. Sometimes when the children were ripe for answers to their numerous questions, these sessions lasted well into the night. That didn't bother Mendel in the least; he treasured those nights most of all.

After one particularly long lesson, Mendel climbed into bed and turned to me. A glow radiated from him when he told me that he had decided to become a teacher once the ghetto was closed. I congratulated him on this news, offering him words of encouragement, telling him that I thought he would make an excellent educator.

As I fluffed my pillow, I couldn't help but wonder if we would be around to see the day when the ghetto no longer existed.

CHAPTER 16

The Warsaw Ghetto was like a big city enclosed in a small area. Trolley cars and other vehicles continued to cross through the ghetto and non-Jews were even pushed right on through its gates in fancy two-seater strollers. The world continued to move on around us as we tried to make the best of what we had in our little space.

With so many talented people inside the ghetto, cultural life prevailed. Theater and literary groups emerged, spearheaded by various Jewish organizations. We were able to see musicals and plays. Attending these events, we were exposed to brief bursts of enjoyment in our otherwise coarse lives. Orphanages for stranded children were created. Anti-establishment movements flourished, as well. We received our news from underground newspapers and by word of mouth. For a while, we were even able to send packages and letters outside of the ghetto.

Youth movements brewed thoughts and stockpiled weapons for possible uprisings. I had no desire to associate with or even to learn about these groups. Mendel, on the other hand, dabbled in these organizations for awhile, taking part in exchanging household items for ammunition in the cracks that activists secretly carved in the ghetto walls; but he slipped out of them when my mother admonished him for his "risky involvement."

I found out later that these groups led an armed revolt against the Germans in the spring of 1943 when the ghetto was about to be liquidated. Although the ghetto inhabitants ultimately lost the battle, they held out for nearly a month before being captured, killed, or deported. A few of them somehow managed to survive by hiding. A year later, Polish resistance organizations consisting of both male and female fighters and the Polish Home Army carried out another attack against the Germans, rebelling against the occupation of Warsaw. The two-month assault resulted in thousands of casualties, heavy on the Polish side, including many civilians that were caught in the crossfire and executed in retaliation.

Meanwhile, as the conditions inside the walls of the ghetto declined as they became more crowded with a steady influx of transports, father felt increasing pressure to provide for our family. At its height, more than four hundred thousand people swelled inside its walls, spilling out into the streets, significantly straining the slim supply of available resources. Reports circulated of enclosed areas in other parts of Poland, such as in Lubin and Lodz. Knowing that we were not alone in our misery did nothing to comfort us. In fact, it made us realize that if we somehow escaped, there would be nowhere to go. While we did hear spotty, hush-hush morsels of information about Jews throughout Poland narrowly avoiding capture by slipping into forests, we viewed such talk as unreliable gossip. In our current circumstances it seemed improbable that people could find safety anywhere, especially in the open air amongst trees. We should have fled the country when we had the chance years beforehand. Perhaps we should have gone into hiding when so many others were encouraging us to do so. Had we made the wrong decision?

The reality was that our caloric consumption had plummeted to starvation levels. Only a few hundred calories, sometimes as little as fewer than two hundred, were all my family could scrape together for each person each day including the food provided by the soup kitchens, which we had come to rely on. Even though local farmers waited at the front gates of the ghetto every morning, eager to exchange their crops and meats with the Jews, my family had nothing left to offer them, although we had made use of their willingness to trade during the first few months after our arrival.

Death was at the forefront of our minds. We knew that the Nazis hoped none of us would make it out alive. Every day we had a little less energy to fight this uphill battle.

The lack of bathing facilities and running water resulted in residues of sweat and dirt building up on our bodies. The ghetto was washed in a mix of unpleasant smells. But, there came a day when the smells seemed to disappear. That was perhaps even more alarming than the day when we first noticed the odors. It meant that we had become used to living in our substandard environment; it meant that we had become accustomed to ghetto life, and it made us worry about what other miseries we'd have to adjust to in the future.

Groups of forlorn children started walking around barefoot in the street, begging for anything and everything, with disheveled clothing that was tattered and too small for their growing frames. Every time I walked past a barefoot child I thought of my father's warning about how shoes were the lifeblood of survival. If so true, then I pitied the unfortunate people who didn't have long to live. I felt confident that as long as I held onto my shoes I would remain breathing. A small part of me did have feelings of guilt for having such finely made shoes, but on the other hand, I saw people walking around who were far better off than I was. I didn't expect those who had more of an advantage to assist me or to feel bad about their advantageous situation in the ghetto, so I reasoned that I shouldn't either. And so I didn't.

On a humid, cloudless spring night, I was taking my time walking back home after work, kicking stray rocks along a well traversed path. My thoughts were circling around the whereabouts of my childhood friends when I came across an impoverished child, probably no older than six years old, wearing nothing to cover his feet and ripped, soiled clothing, walking in the direction of one of the walled ends of the ghetto. Deciding I was in no hurry to go home since I had my work papers in my pocket, which I could use as protection if questioned, I followed him. I didn't want to scare the poor child away or to reveal his cover to the guards, so I kept my distance as he walked closer to the wall. I had heard about small children squeezing through the cracks in the brick walls in order to smuggle food back and forth between the enclosed world and the free world, but I had never before witnessed it. I watched as he tiptoed up to the wall when the guards were engaged in a rowdy, alcohol-induced debate, looked both ways, and then removed a pre-loosened portion of bricks less than a meter above the ground. He pushed his body through the opening and landed on the other side of the wall, replacing the bricks as he walked away. With that, I turned and shifted my focus towards home, shaking my head at the strange world I was a part of. I had no doubt that his parents had sent him on a mission to find food. To send a young child on such a dangerous errand was representative of the appalling circumstances we all faced. Had Blima been a little older, I wonder if mother would have sent her through the walls.

At this point, father turned his forever business-driven mind to the population of shoe wearers located outside of the ghetto. He had already made business arrangements with the non-Jewish workers who entered the ghetto daily, working as laborers and clerks dealing with the administrative duties; but when those connections ran out, he needed to find new customers. Instead of riding the trolley car reserved for Jews, which was adorned with a yellow Star of David, father would somehow catch the tram that the Poles took. The tram crossed through and out of the ghetto, but did not make stops inside the walls of the ghetto, probably so non-Jews would not be exposed to our unhealthy living conditions and diseases. He would carefully remove his armband and sneak onto the trolley with the other riders. Poles willingly bought from skilled Jewish craftsmen even though these associations were frowned upon because they missed the talented handiwork that the Jews provided. Once the ghetto was created, the surrounding population worked to establish a network of trade with those craftsmen confined inside its walls. These networks were mutually beneficial to both groups.

But, the penalty for being caught removing an armband, riding on a trolley outside of the ghetto, exchanging goods with non-Jews, and being outside of the ghetto without consent, was death. In fact, even the non-Jews were punished if caught during these types of business transactions. Everyone was well aware of the consequences, but they became so desperate that they had to take the risk. Some people were able to justifiably abuse the system for longer than others, especially those who were able to bribe the guards. As prices inside the ghetto became inflated and the supply of food decreased, my father began seeking customers farther away from the ghetto. Mother could do nothing to deter him. The animal-like instinct for survival burns inside each of us and some of us are willing to take more risks than others. In his compromised mental state, father believed that our family would only survive if he pushed the limits of his illegal bartering. That would prove to be his downfall.

In January of 1942 father never came home. It had snowed the previous afternoon and a dusting covered the streets. He must have been so focused on making a trade that he failed to recognize the trail of footprints he was leaving behind. It was by following his tracks that I believe my father was hunted down. Killed for trying to sell his shoes for food; it's incomprehensible. A neighbor who worked as a messenger for the post office, a legal position the Nazis established, knocked on our apartment door that next morning and told mother the news. She was inconsolable. She clasped her hands over her face and broke down in tears as she made her way into the bedroom. After I no longer heard her sobs, I walked up to her with a glass of weak tea and a tiny piece of bread I had bartered, attempting to offer her a commiserative ear. She leaned her head on my shoulder, giving me an appreciative smile, and closed her eyes while pressing her fingers up and down over the small bump of her ring.

Naturally, we were all devastated upon learning about my father's death. It's much different when a tragedy hits so close to home that it involves someone in your own household. We had seen the daily collection of the deceased each morning. Those who had died overnight were removed from homes in cloth stretchers and piled onto awaiting wooden pushcarts to be buried in mass graves. We had seen countless bodies in the streets with loved ones clinging on to them as they expired. We had seen SS guards ruthlessly beat and shoot innocent people for no reason right before our eyes. This was the first time, however, that one of our family members whom we had loved so dearly would be carted away from us in a collection wagon. Yet it would not be the last time.

CHAPTER 17

So there we were in the middle of the winter without my father. We, like everyone else, couldn't even provide him with a proper burial. We briefly mourned for him but we selfishly returned our attention to ourselves. We felt how awful the situation had become. In the days following his death, we traded his beloved cigarettes for food. Unfortunately, we were only able to obtain one loaf of bread and a few handfuls of potato peels before the supply ran out. The last of his possessions to go was his fancy, silver cigarette case, for which we acquired a cupful of dirty flour.

The Judenrat implemented regulations regarding the rationing and organizing of food, but the amounts to be disseminated were not enough. The hundreds of food distribution sites as well as the dozens of bakeries were unable to provide enough ingredients for the increasing demand. Hunger—constant hunger—was an all-consuming feeling. The starvation went hand in hand with the malnutrition; everyone was lacking in the uptake of essential vitamins and minerals. Rumors circulated that the reason for such a shortage of food in the ghetto was because the Polish farmers were forced to export their grains, fruits, and vegetables to Germany for the enrichment of German diets. Not only were we suffering in Poland, but as we were starving the Germans were feasting. We were dying so that the people in Germany could indulge.

Over time, I noticed a physical change in young women, most likely attributed to vitamin deficiencies, compounded by emotional stress. Adolescent girls began to grow patches of facial hair. It wasn't the typical hormone-induced hair patterns I was used to seeing, either. When I ran into one of my former female schoolmates, I was slightly taken aback by her complexion but steered our conversation away from the ghetto to days gone by when we were happy. She kept trying to scurry away from me as I spoke, no doubt because she was self-conscious, but I kept trying to engage her. Connecting with her brought me outside of the lowly existence of the ghetto; it was thrilling for me. But, she didn't view the encounter in the same way. She was short with me and kept her hands cupped over her jaw as I spoke. I wanted to tell her that she looked beautiful and had nothing to be embarrassed about, and I should have, but I didn't have the right words to comfort her. In another life I might have courted her, but dating was so low on my list of priorities that it didn't even make it on my radar. Who had the time to date at a time like that? I certainly didn't. It would have detracted from my family and I wasn't willing to compromise my family for the sake of my own pleasure. And to be honest, I hadn't even dated prior to the war. A piece of me feared that I might never be given the chance to sweep a woman off her feet. Before I had the chance to ask her where she was living, she was gone. Like just any other person I passed on the street, she broke up the monotony of my life for an instant and then never crossed paths with me again.

I also overheard rumors that menstruation was ceasing and miscarriages were increasing. I often asked myself if the toll on women was greater than the toll on men. Whenever I thought about this, though, I chastised myself. There was no comparison, everyone felt the effects. Men, women, children—we were all suffering, we were all in pain, no one was immune, we all felt the horrors in different ways.

The ghetto hospitals and health centers became overrun with the infirm. Disease spread rapidly since everyone was smashed together in apartments and it was problematic to keep our bodies and our homes clean despite the five public bathhouses offered to us. This led to the initiation of quarantine centers, but they were of little use to such a large problem. Lice and rats spread bacteria, resulting in many people becoming infected with typhoid fever, dysentery, meningitis, scabies, and tuberculosis, among other ailments. The infestation of lice resulted in my family having to disrobe when we entered our apartment. We tried various tactics to keep the lice from attaching to us, such as tying our pant legs with strings, thinking that this would keep them from climbing up our legs. Our efforts didn't do much to curb the bugs from getting on us, but it made us feel as though we were at least trying to avoid them.

Courageous souls risked their lives to smuggle much needed medicines into the ghetto, but the supply was insufficient. Each morning, collection carts and open-roofed trucks were full with those who had passed away over night. There were so many deaths inside the ghetto that corpses lined the streets. Mothers, possessed by a hazy twilight, continued to embrace the limp bodies of their children. Walking back and forth to the soup kitchens, I saw these scenes frequently. I did my best to avert my eyes, but it was no use. Your eyes couldn't focus anywhere without seeing despair.

I found that it was much easier to cope by telling myself that the mounds of bodies in the carts and trucks were life-sized dolls, not formerly living, breathing humans. I told Blima and Mendel to do the same, although Blima was at an age where asking questions regarding "why" consumed the majority of her vocabulary. Mendel took it upon himself to distract her when she asked questions about unpleasant topics.

Rivka, the tender infant we graciously promised to care for who couldn't even sit up on her own yet, became a victim of the ghetto. Dysentery engulfed her body without warning, sending her into violent fits of vomiting and diarrhea. We questioned if she would have been better off with her parents. Mother did her best to ward off the disease, but her condition rapidly declined. With nothing available to trade for medicines on the black market, we doubted Rivka would make it. Mother kept a constant vigil by her bassinet nonetheless. She wiped the tears first from Rivka's eyes and then from her own. In the short time mother had cared for her, she had become her daughter. Within two weeks, she lost her battle with death. As she took her last breath, I felt a stillness I hadn't before felt in the apartment. Time stood still and not a word was spoken. Maybe we were thinking about which one of us would be next? Maybe we were strangled by unspoken fears?

The next morning during the daily, unceremonious collection of bodies, mother swaddled Rivka in a pink cotton blanket, kissed her eyelids, and placed her on the top of the heap. The rest of us chose to watch from the apartment window, deeming it more appropriate to let mother handle the situation in her own way.

CHAPTER 18

Without a baby to care for or a husband to provide for her, my mother did what so many other women were forced to do. Though she hadn't worked outside of the home since I was born, she went in search of employment. I begged her to stay home with Blima—she had enough on her plate already—instead of working, but she pushed my words aside. Mendel and I weren't making enough to support the family, and for that we felt ashamed. We wanted to contribute more but our options were so limited and the competition was so fierce. The population of finely tuned skilled workers was abundant. We had nothing unique to offer anyone; we didn't stand out. Selling armbands eventually cost my mother more in materials than we profited from selling them. The days I worked in the factory I brought in nearly nothing. The factory just inhibited my ability to focus on earning a real income. I threw around the idea of selling shoes, but I had made only a few ill-formed pairs myself—under the guidance and careful direction of my father—during my apprenticeship and had none of the necessary supplies.

Mendel had no hands-on crafting experience whatsoever. Those who had spent their lives perfecting a trade had the advantage in the ghetto. Those who didn't, like us, became scavengers.

Mother began mending clothing for our neighbors for a meager profit. Most residents were destitute, so she mainly received potatoes and bread for her work. Food is what we needed more than money though, so it was well-received. Meanwhile, Blima was growing up and moving freely around the house. Since she was so young when we moved, she believed we had always lived in our cramped apartment with the Pusniaks. Although she was skinny, she thrived in the ghetto. Mendel loved showing her the world through his imaginative eyes. He told her grand lies about everything around us, portraying the ghetto as a paradise, so that she would grow up somewhat carefree.

The Pusniak family lived alongside us for close to two years, and yet I don't have many recollections of them. The reason for this clouded lapse in memory, I can't explain. While flashes of my consciousness flicker back to social interactions with longtime companions and family friends, those images aren't burned inside me very deeply. I was too focused on myself and on my family.

CHAPTER 19

Very clear to me, however, is the summer of 1942 during which our world was turned upside-down yet again. The Germans had decided to begin transporting thousands of us out of the ghetto. We were told we would find work in new places; and for many of us, the news, though unexpected, filled us with hope since our current circumstances were so bleak. Adam Czerniakow, leader of the Judenrat, was in charge of making sure quotas were filled for deportation. Throngs of Jews signed up to be the first to leave—bundles of belonging in tow—but the volunteers soon dwindled and the Judenrat, under pressure from the Nazis, found a new way of finding recruits. They used messengers to deliver notices of forced deportation. We came to view these people as "angels of death" when we realized deportations might mean death sentences. Those who were previously shipped out in work details didn't correspond with loved ones and never returned. We anticipated a similar fate. We didn't know what would greet us at our next location.

At the end of July, Adam Czerniakow broke down with guilt after learning that he had blindly sent thousands to their deaths. His negotiations with the Nazis to spare groups of Jews from deportation failed, impelling him to swallow a widely distributed suicide capsule—a cyanide pill. Following suit, countless other desperate Jews, including widowed women, took their own lives. I asked myself how I could survive if even the leadership was crumbling.

Mother called Mendel, Blima, and me to our bedroom that evening and spoke to us about the need to remain strong and to continue finding the good in our situation despite the actions taking place around us.

"Don't give in to the easier route," she advised while twisting her wedding band nervously. "When your life seems to be at its worst and drowning is easier than fighting for air, than that is the time to pull yourself together and focus every one of your senses on surviving. These are the moments that define you. Without living through these experiences you don't know what kind of person you really are."

Just as I had promised her years beforehand, I told her I would always choose survival. Mendel sheepishly acknowledged that he had fought off thoughts of eternal rest over the past three years, but he vowed to never let his negative thoughts overpower him. Blima, still too young to understand, smiled and sang "life, life, life!" over and over again. With this, my mother was convinced that the three of us would not take our own lives. Promises are so easy to make and then not keep, though.

In August, our fears were realized when we learned the truth about the deportations. Always, it seemed, our worst fears were exceeded. A group of recently deported men made their way back to the ghetto in part by hiding on trains transporting clothing to Germany. The clothing was former deportees' clothing, the very outfits they had worn when they were shipped out of the ghetto. The men spread horrific, seemingly unrealistic, stories about events taking place at a camp about one hundred kilometers northeast of Warsaw called Treblinka—the place where the cattle cars were unloaded. It wasn't a work camp, they said, but an extermination camp. They described the layout of the facility, including the flowerbeds and cheerful reception areas that disguised gas chambers and burial pits. "We aren't being sent to work," they warned. "We are being sent to die."

With this news, a dreadful, sinking feeling came over the ghetto. While some of us refused to believe these men, many of us knew they had spoken the truth. Now when the "angels of death" appeared, they were greeted with cries of hysteria. No one wanted to leave the ghetto. The Judenrat had to take a more active role in the expulsion process. The Nazis pressured them to meet quotas by threatening to transport their families. In order to protect their own families, the Judenrat sent the rest of us to the meeting area where caravans of cattle cars departed. I looked on as entire orphanages of innocent children were sent away. Hundreds of unaware children rolled away still clutching their dolls and favorite toys. The SS soldiers barked orders, pushing groups of Jews into wagons, resulting in the separation of parents from their children. Romani, more commonly referred to as gypsies, another group quarantined inside the ghetto, were also rounded up and whisked away. Words are not adequate to describe these scenes—the agony, the desperation, the rage. I remember thinking: *How can this be real?*

Everyone scrambled to find work, thinking that workers would be less likely to be removed from the ghetto. Those with money bought their places onto workshop and factory employee directories. Unfortunately for my family, we did not have enough money for this. In fact, my name was bumped from the factory list altogether.

Because everyone was so afraid of the deportations, people dodged them. Therefore, the SS devised scams to lure uncooperative residents out of hiding. A common trick they used involved loading the collection wagons with everyone who showed up for deportation and then driving the wagons until they were just out of sight. Simultaneously, the hunting through apartments for violators ceased and it would appear that the dodgers had been spared. But this was just a trap that enabled the guards to have the advantage so that they could lure the violators in; they offered the dodgers tempting and oftentimes irresistible rewards, not punishments, if they came out of hiding. I remember hearing them running through the streets yelling: "Food! Food for all of those who come out of hiding!" In this way, several of us succumbed to the hands of the enemy.

No, we were not "led like sheep to the slaughter" as many people have implied that we were. We fought for our survival, attempted to undermine the regime through underground movements, and we did what we could to resist our fate; but we could only do so much with the resources we had. We were a people who were starving and beaten down. When push came to shove, some of us made the choice to reach out for the hope of receiving food—which meant having enough calories to go on another day—even if it meant risking deportation. Holding onto the hope of living to see tomorrow even if it brought nothing but pain seemed like a better course of action than continuing to live within the confines of the ghetto.

Was the unknown—the unconfirmed destination of the transports—better than our current situation in the ghetto?

CHAPTER 20

The last week of August, a "messenger of death" arrived at our door. The news, although not surprising, was earth shattering. It flattened our hearts, grated our spirits, and contorted our hopes. It tested our resolve. It beat us around like we were a fish on the end of a hook. We had been chosen and there was no way around it. Hook, line, and sinker, we were headed for the frying pan. No one said a word that night.

I thought about the home where I had grown up, about the familiar smells and much cherished items it contained. The photographs we had left behind on the mantle, the quilts we had so carefully folded, might never be held again. I pushed out memories of the curtains I had so loved as a child, pushed back visions of myself sitting on the stool on laundry day, even cast aside thoughts of my mother's savory baked goods. I couldn't let myself think back to life before our imprisonment, for if I did so I would be overrun with emotions that would do nothing to help me. I willed myself to focus on the events that were unfolding in the moment, to focus on reality.

We were to report for deportation on September 3, a date that is so etched in my memory that even at my age I can't forget it. September 3, 1942: the day we were to depart from the ghetto and whittle down all of our belongings yet again and set off to another unknown destination—maybe to the so-feared Treblinka camp—with fears of an even worse existence than our current one wrestling around in our heads.

CHAPTER 21

Early in the morning on September 3, mother, Mendel, Blima, and I awoke to sounds of commotion. SS soldiers and other uniformed Germans were stomping through the streets, preparing for ghetto residents to swarm the sidewalks. Apparently we were a part of a colossal deportation. We had prepared a list of items we wished to bring with us. Mendel stood at the entrance to our bedroom calling out items and checking them off the list as we stuffed them into cloth sacks. Each of us would take a sack with us, my mother had decided, because suitcases would be too heavy if we had to carry them for long distances. She suggested we pack both summer and winter clothing in case we remained at our new home long enough for both seasons to cycle through. We had inspected our shoes for signs of wear the night before and I clumsily replaced the soles in all of them so that we would start our journey with functionally new shoes, as father would have wanted. Mother told us to leave behind large, heavy, and cumbersome items. To my surprise, she wasn't at all upset about her beloved mahogany table not making the list.

Since we had arrived, though, she had altered her priorities and stopped her Sunday tradition of rubbing it with oils. It amazed me how the things we had placed the most value on prior to the war had the least value in the ghetto. They became inanimate objects that were functional, yet not practical or even tradable.

On the "to take" list were various assortments of heavy and lightweight clothing, shoes, leftover scraps of food, a pocket watch, items to clean and swaddle Blima, blankets, and our everyday tableware. While other people urged us to take our larger valuables with us, mother thought it was best to travel with only essential items so that we wouldn't be weighed down by heavy cargo. Although Mendel and I understood her concerns, we were swayed by the advice from those around us; but in the end, mother won the debate.

Per instructions, we wrote our names on the outside of our sacks in white paint so that if we became separated from them they could be returned to us. We were told that we would be transported to a place where we could "start a new life." I was skeptical. I didn't want to "start a new life." What I wanted was to return to my old life.

When it was time to leave our apartment, we bid good-bye to our roommates. They weren't required to depart because of the selective work group the father belonged to. We lined up at our front door, each of us with our bundles of belongings swung over our shoulders. Even little Blima carried a small bag.

Watching us pick up our bundles, the Pusniak children begged us not to leave. They bounced around and grabbed Mendel by the wrist, telling him not to go. Mendel faked a laugh, made a joke, and told them that he was leaving "just for a little while" and that they shouldn't worry because he would meet up with them again before they even have a chance to miss him. He stepped away from them and went into the kitchen where he took a chipped milk bottle from the counter and placed it onto the table. He then began shredding pieces of the most recent edition of the ghetto newspaper into strips. Looking on, I inquisitively tilted my head. He paid me no mind as he scrawled phrases onto the scraps and then dropped them inside the bottle. When he was satisfied, he walked back into the front room and handed the jar to the children, telling them it was a magical jar, full of wishes and dreams, and that they should shake it and pour out a few of the scraps when they were scared. The idea of a magical milk bottle intrigued them.

I played along with his ruse, patting one of the youngsters on the back soothingly. The adults told a host of lies that morning. The kids—the sight of the kids waving and jumping as we left was simply sad. Blima climbed onto my shoulders and wept goodbye to her playmates. Mrs. Pusniak pulled a lacy, linen handkerchief from her apron pocket and patted at my sister's tear ducts; she did the same for our mother. Then she removed the red ribbon from her own hair and tied it around the neck of Blima's so loved stuffed animal. Blima ran her small fingers over the smooth ribbon and smiled at Mrs. Pusniak, her dimples showing. The youngest Pusniak child dashed into his bedroom and ran back out carrying a colorful drawing in his tiny hands that he gave to Mendel with a sob. Looking over at it, I saw that it was a picture of all of us inside the apartment except Mendel was bigger than the rest of us and was holding a book and a chalkboard. Mendel thanked the child and gently stuffed the drawing into his bag, choking back tears.

Then it was time to go. Out the door we went to where we had been sent.

We opened the door and made our way to the street, a familiar feeling. Once there, we saw that the Germans had cordoned off our entire block and were herding everyone in the direction of the meeting area. They were beating those who couldn't keep up, including many Jews who were leaning on canes, limping. "Hurry! Hurry!" they yelled, rifles in hand. As I watched the infirmed and the elderly being hurled from windows into collection carts, I begged my eyes to close—to not see the sickening sights taking place—but they wouldn't stop looking at the atrocities going on around me. Some Jews, perhaps the more well-to-do—though not for long—rode along with their bundles of belongings in wagons pulled by horses. Mendel squeezed my hand as we hurried along on foot. Blima was holding onto my mother's hand, her small sack in the other with her favorite stuffed animal's head peeking out of it. We flocked to the meeting place with thousands of others. Our goal was to make it to our destination without being hassled along the way.

Once we arrived to the meeting area, we saw hundreds of other people already milling around the open area. Children were playing as parents pushed through the crowds looking for friends. Suitcases and sacks with white letters adorning them dotted the dirt-rich ground like postage stamps. We could only guess what the others had packed in their bags. We began to question if we had brought the appropriate items. Like it or not, there was no possibility of returning to the apartment to alter our luggage. Mother shushed our worries even before we could voice them.

We found an unoccupied portion of grass to put down our things while we rested until everyone arrived. As we waited, I cast my gaze from one side of the area to the other, observing as much as I could. I noticed women wearing heeled shoes and fancy fur coats and dresses, men in handsome, expensive suits, old men and women wearing their finest hats and overcoats even though it wasn't cold, and children dressed in holiday-like attire. It seemed that many of us had dressed as if they were going to some place nice, some place where looking good would be important. Most, however, were dressed in nothing but rags; some were even barefoot and covered with grime. I noticed that one emaciated man was without a shirt— he probably couldn't afford one—but he was wearing his armband on his bare arm. His appearance seemed sinister. Looking down at my family, we seemed to be a mix of the two. We were dirty and we were outgrowing our ripped clothing, but we had richly made shoes and mother had a nice, fashionable hat. Would our choice of clothing have an impact on our survival?

Meanwhile, Mendel, Blima, and I came up with ways to entertain ourselves as the minutes turned into hours and the hours turned into days. As the guards looked on with satisfaction, we waited for one and a half days. Floodlights lit up the darkness so that night turned into day seemingly without the night ever making an appearance. We were blind to the reason for the delay but we were sensitive to the consequences it had on us. Mothers with infants in carriages pushed them back and forth automatically, doing what they could to calm their babies while at the same time trying to comfort themselves. Those unfortunate souls who were already sick when they arrived grew more ill as time went on. Many slipped away as ailments intensified and spread. The longer we waited, the worse the area smelled. Thousands of people were grouped together without facilities to relieve themselves, resulting in urine and fecal matter littering the landscape, invading our noses. Food and water were limited to what each person brought with them. Mother rationed our provisions—a wise decision that I'm still thankful for today—so that we had vital sources of nourishment during our trip. People without these items staggered around in search of them, receiving handouts from those generous enough to share.

Mother, fearing that she might lose sight of us, forced us to remain within a few meters of her the entire time we were waiting. She kept Blima perched in her lap like she was still a baby. Despite the lengthy delay, Blima kept in good spirits, happy to monitor the actions taking place around her. Mendel and I split the time chitchatting and nodding off. We watched others moving about and conversing freely, but we hardly fidgeted at all.

Finally, on the second day, we departed. When the orders were given to group together at the foot of the railway tracks, chaos once again ensued. Families that had become separated during the waiting period scrambled to locate one another. Mothers and fathers yelled for their children. A middle-aged woman dressed in a half-length coat and a flowing skirt stood in place repeatedly screaming violently for her son until her sounds were extinguished by those crushing in around her, moving towards the railway. The mob inadvertently knocked her down and trampled her. I watched, shocked, waiting for her to stand. A few moments later, she rose, rattled and dazed, but relatively unharmed. She brushed the dirt from her skirt and continued her cries for her son. "Jozef! Jooozef! Jooozeeeefff!" she screamed, her voice hoarse. I felt my heart sink into my chest as I listened to her pleas. The sun's setting rays penetrated my eyes and I had to squint to look at her. Throwing her head in all directions looking for her son, I became dizzy just from watching her. As I turned to walk ahead with my family, I watched as a young boy appeared from the shadows. From his toes to his hair, he was plastered in muck. Shaking and confused, he tiptoed up to his mother and extended his mud-covered hand to her. The woman pulled him tightly into her and squeezed him with tears of relief dripping down her cheeks. As she wiped away the dirt from his skin, welts and bruises emerged. Watching them, the hairs on my arms stood on end and I shivered.

We had no choice but to overlook the doubts consumed by our minds. We had to follow the orders we were given. If we didn't, we knew what the consequences would be. We had all seen what had happened to dissenters during previous deportations. So, we moved in a fast-forward pace, rushing to the railroad tracks where cattle cars, not commuter cars, were standing idle waiting for us to board. During the massive surge forward, the elderly, the ill, those pushing baby carriages, and families that were delayed trying to find each other, fell behind. This "purposeful delay" was unacceptable to the Germans. A few people dropped their bundles or kicked them along if they were too heavy to carry. Looking behind me, I saw guards thrusting their batons and their fists across the backs of many such stragglers. A woman with snow-white hair curling out of her shawl and skin painted with wrinkles scooted along dragging her suitcase on the ground, her back hunched from osteoporosis. She looked to be a very gentle spirit, someone I imagined I would have enjoyed having as a grandmother. She was moving as fast as she could, probably faster than she had moved in decades, but the guards considered her pace to be too slow. As she scooted up to one guard, becoming level with him, he pulled his baton from the holster around his belt, reached it upwards, and thrust it across the poor woman's shoulders. She wilted from the pain and fell to the soil, motionless. I scrunched my eyes closed and said a silent prayer for her. Ruthless, that is what the guards were.

When the pack of the thousands of us reached the rail yard, we saw rows of about fifty cattle cars resting on the tracks, awaiting their passengers. That was a moment of disbelief for all of us. In the Nazis' made-up hierarchy, we realized just how insignificant we were. They thought us to be no better than farm animals. We were on the bottom level of their totem pole of worthiness.

My family and I were near the back of the crowd, lending us the ability to observe the pattern of movements playing out ahead of us. Everything happened quickly: First the guards shouted for the deportees to quickly run to the mouth of the cattle car as they made forward movements with their arms while brandishing their whips and their guns. Next, the deportees ran forward and formed a bottle neck around the opening due to the delays caused by boarding the car. After that, one or two people who had already boarded assisted with the boarding of others. As people struggled to climb onto the car, others had to help pull them inside, which was difficult for the very old and the very young. Then, the guards would inevitably use their weapons or their German shepherds to physically abuse those who slowed the process by questioning the capacity of the car. Finally, after about seventy to one hundred and twenty people and their luggage were packed into each small cattle car, the guards would close the heavy door. Sometimes they used white chalk to write a number corresponding to the number of occupants inside. I presumed that they would conduct random quantity checks when the cars reached their destination.

"This can't be happening," I told my mother. She brought her hand into mine and told me, "I wanted a better life for my babies than this. Stay strong. Remember to always stay strong." I nodded in approval and looked down at helpless little Blima; she was twirling around so that her skirt would balloon out as she held onto mother. I thought about how she had never experienced summers at our grandparents house, trips to the zoo with our father, or imaginative daydreams as she strolled the streets of formerly beautiful Warsaw. I felt sorry for her and for the other young children like her.

My thoughts were abruptly broken apart when I was shoved from behind. It was time for us to run forward and board the train. As my family made our way to the cattle car, Mendel caught his foot in a rut in the ground and fell in my direction. I steadied myself and pushed him upright before the Germans could unleash their anger on him. It was a close call. I was the first from my family to board the wooden car. Standing at the doorway, I pulled up mother, Blima, and Mendel. After we were all inside, more people continued to stream in and mother made sure we remained on the perimeter of the group so that we didn't get smothered inside. When close to one hundred people were crammed into the cattle car, an SS soldier slammed the door shut, shrouding us in darkness. It took several minutes for our eyes to adjust to the lack of light inside the car, during which time we were shoulder-to-shoulder amongst strangers. Sweat bathed my body, but it wasn't my own. I cringed. Warm, stale breaths hit my face. I heaved.

When my eyes had adjusted, I tilted my neck to look at the faces of those trapped inside with me. One hundred Jewish faces ranging in age from less than one to greater than ninety looked back at me. No one was sitting regardless of age due to the lack of space. Those in the middle of the car appeared to be struggling to breathe, but from human compression or from the heat, I couldn't tell. The temperature inside the car rose quickly, causing the enclosed space to act like a sauna. The elderly and the very young experienced side effects first, followed shortly thereafter by the rest of us even before we began moving. Saturated with sweat and fanning ourselves with our caps, we must have waited an hour before we felt the car lurch forward. Instinctively, mother wrapped her arms around Blima to prevent her from falling, although there was no open space for her to fall into. Mendel pointed for me to look over at the corner of the car. When I did, I saw two metal ten-liter buckets, one full of water and one empty. Both of the buckets were misshapen and didn't sit flush with the floor, causing them to wobble as we moved.

"That one next to the water is our bathroom," Mendel said. I nodded and replied, "That's sickening, but I'm more concerned about the lack of water. We must conserve the water."

As we rolled along, the empty bucket soon became full of fecal matter and urine, causing the car, already stinking of perspiration, to reek of excrement. The mingling of smells emanating from each body was suffocating. Mixing in the coughing from ill passengers as well as the weeping from infants and adults alike, the atmosphere was deplorable. My family talked amongst ourselves at intervals but we found it easier to pass the time when we were silent, absorbed in our own thoughts. I made several attempts to get the attention of everyone in the car so that I could enact a conservation method for our pail of water before it was empty. I was able to silence everyone long enough to offer up the suggestion that we pass the bucket around and each take one two-second gulp and then save the rest. The sick would drink last to limit contamination to the healthy. Aside from a few grumbles, my suggestion was well received and so the bucket was passed. As it made its way around the car, we monitored its movements, making sure that each gulp was uniform. "Careful!" we all yelled when someone tilted the pail back too fast causing the liquid to slosh over the rim. After it made its way to everyone, we placed it back in the corner—still one-third full—by the waste bucket. But that was the flaw of the system; because not thirty minutes later a child mistook the water bucket for the waste bucket and so our water became waste. A few people berated the boy, criticizing him as he clung to his mother crying. Mother gently told them, "At least we all had one sip." That was the last sip we had for three days.

We must have traveled through most of the night when we came to an abrupt halt. Through a slit between rotted wooden slats, I observed a sliver of the moon and a sprinkling of stars. From their light I saw a sign marked with the word "Malkinia" in a clearing in the distance between groups of trees. We were at the Malkinia transfer station on the rail line waiting for what we didn't know. We didn't realize that we were just a few kilometers away from the so-feared town of Treblinka. Various thoughts crossed my mind: Would we be getting out? Would we be continuing on to Treblinka? Should we try to escape?

As I contemplated these questions, a piece of trash wedged in between two wooden slats caught my attention. Boredom caused me to stick my fingernails into the slats and pick at the balled up piece of garbage until it came loose. I had nothing else to entertain me. When my index finger finally caught the corner of the discarded object, it flicked at my face. I grabbed it and looked at it. It was just a piece of paper folded over and over until it was no bigger than the buttons on Blima's shoes. I tossed it above my head like a ball and then I unfolded it, thinking I could maybe make a paper airplane with it. But as I was doing so, Mendel took it from me, wanting to be the one with something to tinker with. He started folding the corners on one side and when he turned it over he started shaking. I snatched it back from him, annoyed. My paper airplane plans were dashed when I saw seven menacing words scrawled on the paper: "The rumors about the camps are true." What did it mean? Who wrote it? Was this a warning from a prior passenger? I showed the piece of paper to the rest of my family with mixed reactions. Mother refolded it and wedged it back between the slats. Who would be the next to find it?

As we waited, people began to go crazy with fear, thinking that we were in fact headed to Treblinka. All attempts possible were made to separate the wooden planks from the car, to force our way out. When every effort failed, some people collapsed from exhaustion, having exerted themselves too far. In the midst of the panic, the waste containers were knocked over, sending contaminated debris across the floor of the car. Those unfortunate enough to be standing near the buckets were freckled in waste. Pleas for water and food came from the people in the cattle cars connected to ours. Across the darkness, we all tried to communicate, yelling questions to one another, trying to find out any information that we could. From one of the cars, a hysterical man kept asking if anyone had seen his wife, Esther. Eventually his cries were drowned out by others. Did he ever make contact with his wife? I don't know. Mother was right; it was better that we were together. The longer we sat there on the tracks, the worse our situation became. Occupants who had brought food with them began to unwrap it from their bundles, resulting in jealousy and the pressure to share. Some people kindly broke their bread and portioned other provisions out to those who needed something to eat, while others shooed away the beggars. In another time, in another place, if food was not so hard to come by, we all would have shared. But this was not an ordinary situation. My mother, a woman who had taught us the value of helping a friend in need when we lived in our home in Warsaw, urged us not to share. Under the cover of darkness, she carefully unwrapped a handful of potato slices inside her bag and cupped them in her palm as she grasped each of our hands. We slipped the starchy pieces into our mouths and chewed with our heads down and away from the group so that no one would notice.

When we finally started moving again, it was not in the same direction we had been traveling in. Was it possible that we were not headed toward Treblinka? The car became full of chatter as we discussed where we might be going. Some people thought we were going back to the ghetto while others said we were headed to another camp. Mother remained mute, massaging her ring finger, still clutching on to Blima. I didn't believe that the Germans would send us back to the ghetto—we had seen too much already. No, they would never have mercy on us and let us live in peace. They would play this deadly cat and mouse game with us as long as they occupied Poland.

We rolled along for another two days during which time the speculation intensified and the situation inside the car grew increasingly more disgusting. I chastised myself for the loss of our drinking water; I should have devised a better system to make sure it wasn't confused with the waste pail. I felt personally responsible as I watched as a handful of occupants took their last breath and I listened as the mood of the car turned from frantic to quiet. During these additional two days, people grew weaker with every passing hour.

Suddenly, the hypnotic thundering sounds of the train ceased. The forward sensations stopped. We had come to a standstill on the tracks. The events that unfolded next happened as quickly as the movement of dominoes falling.

CHAPTER 22

J ust as quickly as we came to a stop, we were whisked out of our cattle car. The door was slid open with one swift tug and, at the same moment, two strange looking men without hair wearing thin, striped cotton suits and matching caps extended their arms to force us out of the car. Rows of tall, uniformly spaced floodlights lit up the night. Strings of train tracks crisscrossing through paths laden with rocks were all around. SS guards were milling about our train, holding on to leather leashes attached to angry, barking German shepherds. Quarantine areas were enclosed by electrified barbed wire fences with equidistantly spaced taller guard towers. I didn't know where we had arrived. There were no signs above the gates. Confusion and fear set in. An unusual smell tickled my nose; a mix of sweet and smoky that caused me to reflexively gag and throw up.

I took in all of these new sights, sounds, and smells as I was yanked out of the car. We were poured out onto a large platform. The oddly dressed guards spoke different languages but we could extrapolate what they were telling us to do by their gestures. We were to leave all of our belongings; they would be taken to us after we checked in. Wouldn't it make more sense for us to just take our things with us? I wondered.

After my family jumped down from the car, we were made to follow the drove of people already forming into lines from the other cattle cars. As always, I couldn't resist looking back. Forgotten unpaired shoes littered the car along with a hundred or more bags and suitcases. Five motionless people—three men, one woman, and an infant boy—were left behind. I looked on as the striped-suit men offloaded them, placing them into a pile along with the deceased from the other cars. Maybe if they had more water or food they might have made it. Maybe if the journey had lasted one fewer day they would have made it. Maybe if the trip had lasted longer I, too, would have ended up in the pile.

Mother scooped up Blima so that she wouldn't get crushed by the masses of people clustering together. I stayed right behind her with Mendel at my side, the four of us moving forward to meet the end of the two lines that had formed. As we approached the lines, we saw men were standing in one line while women and children were standing in the other. The guards wearing striped suits begged us to give them any items we had in our pockets, telling us everything would be taken away from us anyway; but my family had nothing to give them and even if we did we wouldn't have given it to them. They also demanded our shoes. There was no way I was going to hand over my shoes. Why were they so eager to take our things?

Guards stood every few meters along the length of the platform. I felt a dizziness take hold of me. My intuition was telling me not to let mother stay with Blima. My uneasiness was confirmed when one of the striped-suit-wearing men began walking down the line whispering to women with small children. Many of the women shooed him away, telling him that he was crazy. When he walked past my mother, in a foreboding tone he told her, "Save yourself. Give the child to an old lady."

With this, mother stared at Mendel and me not knowing what to make of the comment but not disregarding it either. She had only a few minutes to decide what to do with Blima. As we continued to move forward, now in separate lines five people wide with Mendel and me in one line and mother and Blima in a different line, we looked at least a hundred meters ahead of us to the front of the lines. A small group of guards was pointing people from both lines to either the right side or to the left side. Those who were pointed to the left appeared to be the very old or the very young, while those chosen to walk to the right were just the opposite. All of the women who were holding babies or who were pregnant, even if they appeared to be in their twenties or thirties and healthy, were sent to the left along with their children. Some women were gripping a child in each arm as they walked to the left. A few of them even had one or two attached to their legs, dangling and dragging along in the dirt as they struggled to proceed. The children didn't want to let go of their mothers just as the mothers didn't want to let go of their children. Simultaneously, SS soldiers were walking back and forth along the line containing women and children. They were yelling: "Twins! Step forward if you have twins!" Some of the women pushed their twin children forward, while others shielded or tried to separate theirs. The soldiers led the twins away to a separate area. Was it good to be a twin or was it bad?

In the moment, I hoped that the women and children sent to the left would receive special care in the camp. But, I quickly retracted that thought. The Germans had always valued capable workers in the past and carelessly disregarded the needs of women and children. I knew in my gut that mother would not survive if she approached the guards holding Blima. No one could make that decision for mother—only she could. Just then, I looked over at her line and watched as she kissed Blima and her teddy bear on the forehead and said something to her with a smile as she handed her to a frail woman two rows ahead of her. Blima kicked and screamed, and mother looked away. Satisfied yet sickened, I also looked away.

The line moved rapidly forward, meaning that the selections were probably taking place without discussion or thorough examination. Thinking back, it seems like we scooted ahead in silence with our three-day-old sweat and excrement covered clothes clinging to us, our conversations drowned out by the barking of the dogs and the thumping of our terrified hearts. With no indication of where we were, what we were in line for, or how long we would be there, we were all trying to detangle the web of questions we had. The further I moved ahead, the more chaotic the surrounding scene became. I looked on as families were torn apart. I saw couples running toward each other from separate lines, hoping to steal one last kiss before they parted for an unknown length of time, only to be shot in the midst of their reunion. I watched as mothers wailed as infants were torn from them and haphazardly thrown aside. I looked on as siblings were divided, their hands reaching towards each other as they were pushed apart. Gunshots and thwacks from whips startled me at unpredictable intervals. The worst, for me, was standing near the front of the line and seeing Blima crying for mother as she sat in the arms of a strange gray-haired woman and was led away to the left side. I looked on as Blima's short, wavy ponytail bounced away. I stood staring as the knot tying the red ribbon on her stuffed animal loosened and fluttered to the ground. I simply watched as her maroon and green plaid dress and her heart-adorned leather shoes seeped into the darkness of the group forming at the left side of the platform.

Most people, it seemed, were being sent to the left. Half of the floodlights on the left side of the platform had burnt out, sending me the encoded message that the people sent to this side would not make it through the night. I had a strong feeling that when the sun finally awakened, the people sent to the left side would not.

During the selection, mother was sent to the group formed to the right. Though she was in her early forties, her

133

smooth, unwrinkled skin made her appear to be about ten years younger. As she turned to walk to the right, I saw that her face was dripping with tears as she looked once more to the left and blew a kiss to her youngest child and then covered her face in her hands and continued running to the right. None of us would ever be able to kiss Blima again. Four years of life were all that Blima was given. In those four years she had lived through a multitude of events that most children can't even create in their nightmares. Four years, and then just like that, she was gone.

My mother made what is possibly the most painful decision a parent can make. Many would judge her harshly for her decision to save herself rather than to remain with her child until the bitter end. Is it more honorable to die along with your child so that you are both bonded together in death? Or is it better to save yourself—if you know that you would die if you stayed with your child—so that at least one of you remains alive? There is no correct answer. In my heart I know that mother made the right decision, given the alternative.

Standing there in that moment, though, we only knew that Blima was probably not going to the same place as the rest of us who were sent to the right. Only later did we find out that everyone sent to the left side was immediately led to the gas chamber and killed. Within a matter of minutes, the lot of us, including one hundred faces I had spent three days breathing the same recycled air with, was separated.

When it was my turn to step to the front of the line, I saw that a refined young man with neatly slicked back hair was sitting at a small table leading the selection process. He was not the type of man I had expected to see. He had a gap between his teeth and was wearing a spotless uniform with black, shiny boots and white gloves. I stood there trembling for the roughly three seconds he took looking me up and down. I wished I had relieved myself before that point, because even my nerves were shaking. I held my breath as he sternly pointed to the right. As I was walking in that direction, Mendel came up behind me, having also been sent to the right. Hearing him, I felt a sense of relief. Wherever we were, at least I had my brother beside me.

Mother was already far ahead of us. Mendel and I were propelled forward by the guards and were led off to yet another unknown place. As we marched, I looked around to get a better feel for where we were. We passed through a metal chain link gate and walked past dozens of wooden and brick buildings. Large groups of peculiar looking individuals swarmed about in the same striped outfits as the people who had helped unload us from the train. None of them had any hair and most of them were so slender their outfits fit them like dresses. Their eyes were huge in proportion to their faces, making them looking like human owls. Who were these people? I felt as though I had landed on another planet, one in which children were taken from their parents, bizarre outfits were necessary uniforms, and crazy, animal-like people terrorized new arrivals in the middle of the night. Where were we?

The odd world I had found myself in would soon become incorporated into my very existence.

CHAPTER 23

A fter walking for about a kilometer, we came to a brick building. Two Germans stood at the door and instructed us to wait. We stood there in the heat for two, maybe even three hours before we were allowed to enter. Another group from our transport had entered minutes before us. Standing there in silence, I prayed for Blima and for mother. I looked up to the sky, searching for at least one star to wish on, but there were none. Not even the moon was out that night. It was as though this new place we had been brought to was so dreadful that even the celestial beauties avoided it.

Finally, we were shepherded into the building. Mendel and I entered along with roughly five hundred other men. Inside the building we saw undecorated white concrete walls and rows of hundreds of brass hooks with small pieces of wires on them nailed into the walls. We all begged for water to moisten our parched mouths. Though we were famished from lack of food, our thoughts zoned in to quenching our thirst. We could almost feel the cells in our body shriveling as the moisture in our skin and bloodstream dehydrated.

But, we were given neither food nor water that night. We had to continue to suffer until the following morning.

Breaking through our pleas for water, the guards ordered us to be quiet. While we didn't understand German very well, we had for the most part by then—because of our time in the ghetto—learned the basic commands. The language barrier only added to our fear. They told us to fully undress immediately, using the pieces of wire to hang our clothes. Our shoes were to be placed neatly on the floor under our hooks with the laces tied together so that the pairs wouldn't become separated. All jewelry, watches, and other personal effects were to be removed. I had not seen my brother naked since he was a baby, nor did I want to, but there was no time to think about modesty. We had to disrobe rapidly and orderly. I carefully removed my clothes and only reluctantly removed my handmade leather shoes, the only physical reminder I had of my father. Not everyone complied. Some of the more Orthodox Jews hesitated, pulling at their shirts and pants, not wanting to expose their bodies. For their delay, they were clubbed as punishment. Finally, when everyone had hung up their garments and removed their shoes, we were instructed to walk into the next room and stand in rows of ten while the guards—ungloved—explored every crevice of our bodies for hidden belongings. The only item we were allowed to keep was eyeglasses. Having become so dependent on mine, I felt grateful at least for this. I repositioned them on my nose, pressing them close to my forehead, protectively. Standing there completely vulnerable, waiting for our body cavity searches, we were also told to open our mouths for the extraction of our gold fillings. I panicked, thinking of the filling in my bottom molar. I bobbed my head up and down, nervously. Since there were so many of us, the guards performed random searches. No one knew if they would be chosen. The uncertainty was awful. We kept our heads glued to the floor, our thoughts someplace else. When I felt a pair of eyes focus on me, I froze. The guard turned me around, but his hands did not abuse me. My face flushed and I held my breath as he looked over me. When he finished with my body, he focused on my mouth. Risking retribution, I covered my filling with my tongue, praying that it would go undetected. I felt childish as I did so. I kept my mouth opened wide, my tongue firmly planted, and closed my eyes. Somehow, I was lucky. He moved away from me without gouging me. I closed my mouth and exhaled. My heart bled for those individuals, including Mendel, who were prodded and maimed. There was nothing I could do to comfort them, not even my own brother. All I could do was stand there as fingers and rusty pliers violated countless men. The room was awash in screams of pain. With no anesthetics and no way to stop the bleeding, the victims were expected to carry on with the rest of us as if nothing unordinary happened in that room. The truth is that nothing *ordinary* happened in that room.

Searches completed, we were moved along. Still stark naked, we were forced to run outside for several meters and then into another building. I used my hands to shield my most private area from the group, just as the rest of us did. None of us wanted to avert our eyes from the space on the ground directly below ourselves. Entering the room, we saw a long row of wooden stools with men—in the same striped uniforms we had seen before—standing behind them. The first dozen people each walked up to a stool and sat down; it took less than a minute for the striped-uniform men to take a straight razor and remove their hair. As the men rose to leave the stool, their pubic hair was also removed, after which a careless swipe of disinfectant was applied. Small pools of blood formed in this delicate area. Watching the men walk away, I saw gashes on their heads where the razor had bitten down too close to their scalps. I had no strong attachment to my hair, but I was not prepared to have it so hastily sheared from me, either. Mendel and I took our turn going through this painful defacing process and emerged from the chair both bleeding and burning from the effects of the razor. The "barbers" remained silent while they shaved us, as if the razors had removed their tongues just like our hair.

Following this, we were herded into a sterile, cement-floored room with multiple rows of shower heads hanging from the ceiling. We were pushed inside so that we had to stand shoulder to shoulder to fit. Being naked so close to hundreds of strangers felt more than uncomfortable. We waited for a few minutes for the showers to turn on, quivering both from fear and from the coldness of the room.

When the water was turned on, dribbles of icy water fell from the shower heads. We opened our mouths to welcome droplets of water, but we were only able to catch enough to dampen our lips. There certainly wasn't enough water to clean our skin, especially since we weren't given soap. Within a few minutes of this ridiculous shower we were led into yet another room, this time a much smaller one, where we were rushed through as a strong smelling chemical was sprayed onto us. Put simply, we were disinfected much like an insect infested house would be. I made the mistake of removing my glasses during this process, choosing to hold them in my hands as I ran, but this resulted in the chemical entering my eyes, causing them to sting in pain.

Putting my glasses back on, I saw that we were being taken into another room, one with a long wooden table running the length of it. We were given registration cards in which we had to write information like our names, home addresses, and next of kin. We were branded with numbers which would become our new names. No longer would I be called "Henryk"; from this point forward I would only be referred to by my number. Again, the striped-uniform men were the ones degrading us. I wanted to ask them who they were and why they were treating us so unkindly, but we were enclosed in a silent bubble in which no one dared to talk. When I reached the table, one of these men instructed me to hold out my left arm and place it on the table. I did as I was told, resulting in a dab of alcohol making contact with my upper forearm, followed by the etching of a long needle attached with an inkwell digging into my skin. The pain was pronounced. Excess ink ran down my arm and stained my skin. When the man was finished, a five-digit number and a tiny triangle were embedded into the surface of my arm. Just like a farmer marks his livestock, I too had been branded. My number was recorded on a ledger and on my card and then the card was filed away. I looked past the tall stack of cards and saw four cameras sitting on another table. Would we have our pictures taken, too? It turns out that since we had arrived in such a gigantic transport we would not be photographed. Part of me was disappointed in this. If we were photographed at least if something happened to us we would be easily identifiable. Our name on a flimsy card did nothing to document what we looked like especially if the skin around our tattoos was somehow removed. I thought: *Why am I thinking so morbidly? Has this depressing place already polluted me with its venom?*

At that moment, I stood naked, hairless, and burning with pain from my head, crotch, forearm, and eyes. It was the most dehumanizing moment in my life. From the look Mendel was exuding, he was suffering from overwhelming pain. I looked at him, empathetically, and he looked back at me, his eyes welled up with tears. Cautious of appearing vulnerable to the Germans, he blinked them away. My thoughts drifted to my mother, surely as a woman she didn't also have to go through the same experiences. Little Blima—safe in the group with the children and the elderly— most definitely wasn't being exposed to such hatefulness. I hoped that wherever she was, she was blissfully unaware of the torment my group was facing. I hoped she was playing with her teddy bear, happy and waiting for mother to reunite with her.

My thoughts were forgotten when Mendel nudged me to continue walking forward. Walking forward into the unknown—it seemed like that is what I had been doing since we arrived. When I did so, this time I was not poked and scraped apart, instead I was handed a bundle of clothing. Picking through it, I saw that I was given the same uniform as the men who had just persecuted us. But, I wasn't like those men. I was normal. It didn't make sense to me. Shaking my head, I sifted through my pile, noticing that underwear was not in it. Surely there had been a mistake. I ignored the lack of this necessity for the moment while I put on a white undershirt, a gray-blue striped button-up coarse cloth shirt and matching long pants, striped cap, and a pair of unpadded wooden clogs. I was also handed two strips of white cloth about 15 cm (6 inches) in length with my tattoo number on both of them and two canary-colored triangles superimposed to form a star beside the numbers. I stood in line as one of these was sewn onto the left breast of my shirt and the other was sewn onto the cuff of my right pant leg. The uniform was too large for my frame, but I reckoned too large was more advantageous than too small. Mendel's clothes appeared to be sized better than mine, although his shoes were mismatched. Our clothing fit us far better than it did for the portly men; they were already pulling downward on shirts whose edges barely caressed the curvature of their bellies. Some of the men shouted, asking to exchange their items, but their pleas were unanswered. Because our numbers—our new identities—had been sewn into our clothing, we couldn't trade, at least not then. Later we would find ways to do so. Questions regarding the clothes we had arrived in were disregarded. Quite simply, we were left to accept the cards we were given.

Looking at myself and at the men huddled around the room, it was apparent that the crazy men we had seen walking around the camp in striped uniforms were not crazy at all—they were ordinary men just like us. I wondered how many other people had gone through this same initiation. Shifting my feet into my ill-fitting shoes, I thought back to father's comment about good shoes equating to life. If his reasoning was true, then I wouldn't be alive for long with such useless, uncomfortable shoes.

As we approached the backside of the building, we were given one final item—a round tin bowl. We didn't know it at the time, but this bowl would become our most precious commodity; having it meant that we could eat, without it meant that we would starve. We would come to protect this bowl with every ounce of our being. We would do the same with our shoes. Our bowl and our shoes, those were two items we couldn't live without.

The next step of our registration process was to be assigned a place to sleep. All five hundred or so of us were assigned to one building, which we later learned was one of many quarantine buildings. Packed into the enclosure, we could barely breathe as we waited for further details. The prisoner workers, who we had up until then mistaken for guards, read numerically from a list, calling out our numbers as they assigned us numbers corresponding to beds. An eruption of confusion filled the gloomy space as many of us failed to catch our assignments—we had not yet memorized our numbers and could barely read our tattoos. Without windows, the brick building was wrapped in total darkness. Three-story wooden bunk beds framed the edges of the building with a thin wooden bench running across the length of the floor. To one side I saw a couple of dirty metal buckets, much like the ones we had traveled with in the cattle cars. They were to be our waste containers once we were locked inside for the night. Mendel and I had been assigned the same number. We were on the middle level of a bunk along with two other men, with four people sharing the top and four people sharing the bottom, so that twelve of us filled the three levels. I don't know the measurement of these bunks, but they were so small that each of us had to sleep head to toe, scrunched up so that we were reclining on our sides. Only a scratchy 2.5 to 5 cm (about 1 or 2 inch) mattress covered the hard, blistered boards. There were no pillows to cushion our heads from the rigid planks and only one paper-thin blanket too small to stretch across our shoulders and feet at the same time. Rolling over required awkward coordination because the lack of space required us to all move in unison; if one of us wanted to switch from our right or left side we all had to switch sides. The first night, however, we were so exhausted that we immediately fell into a deep sleep with our tin bowls in our hands and our wooden clogs on our feet.

CHAPTER 24

The next morning, well before the sun made its appearance, we were roused awake when a domineering prisoner wearing a green triangle beside his number unlocked our door. We learned that he was a criminal prisoner from Poland named Jakob who had lived in the camp for over a year. He was to be our building leader, but we were to refer to him as our "block" leader from then on. Although SS guards were typically in charge of new prisoners, he said an exception had been made for our transport since many of the guards were on leave temporarily working to establish camps in other areas of the country. Their absence, I figured, was probably to our advantage; a Polish civilian would relate to us and treat us more humanely than German soldiers. After all, we were from the same motherland. We spoke the same tongue. We had maybe even walked down the same streets and shopped in the same stores. No, he would not harm us; it would be like harming himself.

Therefore, I was alarmed when he barked for us to make our beds, emphasizing the need to tuck our blankets tightly under our mattresses, making sure they rested smoothly on top of the straw. Accomplishing such a task was incredibly trying given the inadequate space to manipulate our bedding. The lowest level bunk was the easiest to make because the men could stand on the floor while they folded their blankets. Those of us on the upper bunks had to balance like ducks in a squatted position on the wooden frames while we beat the rough, lumpy mattresses until they were somewhat level. We all got in each other's way as we worked that first morning. All the while we were told, "Quickly, quickly!" Everything we did in the camp, every movement, had to always be performed at a sprint. Beds in order, he then told to use the restroom in the building across the way and meet back in five minutes. We ran over to the building, eager to be as near the front of the line as we could, afraid to wind up in the back of the line and waste all of our time waiting without having a chance to go. Once there, we saw two rows of toilet seats embedded into long wooden benches, surrounded by semi-darkness. Pressured along, twenty of us at a time relieved ourselves. I whimpered as my pubic area screamed with pain; an infection had arisen in one of the gashes stemming from the previous night. Agonizing cries filled the room. With no antibiotics or creams to help, we had to endure the pain, hoping it would vanish on its own, although in reality many of us developed puss-filled sores in these areas that lingered for weeks. Some of them never went away.

Once we had all gathered together, we were led to an open, gravel-filled area where we were to stand at attention as we were counted. Standing there, I could hear musical notes floating to my ears from another area of the camp. I wondered if a speaker system was transmitting the sounds, and if so why. Music in such a desolate area seemed remarkably out of place. I tuned it out that first day, partially thinking I had imagined it. My mind was inserting the pleasing sounds of the world's universal language into that moment, perhaps to cover up the constant cacophonous commands I was already sick of hearing. My mind was doing its best to energize me. My body had been through many changes in the days leading up to that point so it seemed feasible that my mind was beginning to lose grip on reality. But, it wasn't. Not yet anyway.

This counting process was repeated at least twice a day for the remainder of my stay, no matter what the weather was like. The procedure sometimes took hours as the guards counted and recounted, verifying that their numbers were correct. If there was a discrepancy, we were all forced to remain standing for the duration of the counting as the numbers were sorted out. If someone had attempted to escape the previous night, we had to stand for an entire day as the escapee was hunted down and returned. If the prisoner was not found, the block from which he had escaped was reprimanded. One person was not punished for the wrongdoings of one prisoner—instead, ten or more prisoners were punished. The punishment was not trivial; it was oftentimes death by hanging or shooting. During our first roll call, we stood unaware of the process, learning about it as time went by. Fortunately for us, we only had to stand and be counted for less than an hour—a short period of time that was thereafter always exceeded. Afterward, we were led away to obtain our breakfast.

I fell into line and wandered over to a table decorated with an enormous metal pot. Two men were scooping into the pot, dolling out spoonfuls of a hot, thick liquid to each prisoner. From my place in line I couldn't tell what we were being served. Was it food? Was it drink? I didn't know. It wasn't until it was my turn to hold out my bowl that I was able to look at the liquid up close. I peered into my bowl and saw some type of dark colored fluid inside. It smelled like a mix between tea and coffee but it didn't look like any beverage I was accustomed to. Exposing it to my mouth, I swallowed it. It filled my mouth with bitterness, a taste altogether revolting, but I was so thirsty that I gulped it down without further thought. Having emptied my bowl, I was unsure of what I should do with it. I contemplated returning to my block to put it on my bunk for use later; but Jakob showed me how to tie it with the string holding up my pants so that it rested next to my leg. "You must not part with it," he warned me, glancing down at his own bowl, which was tied around his pants. Following his lead, the rest of the group also hung their bowls next to their thighs.

Pausing for a moment to converse with Mendel, I watched as the other prisoners were making their way to another table where pieces of bread were being distributed. *Food at last*, I thought to myself as I made my way over to the table. When I picked up my ration, I pressed it to my lips almost in a kissing fashion. I began devouring it until it disappeared. After it was gone, I realized I had just eaten what must have been a combination of sawdust and coarse flour. It was like no other bread I had ever eaten. It lacked the yeasty richness of the breads my mother had baked in our home in Warsaw, of course, but it was even worse than the bread we had eaten in the ghetto. It left my mouth dry, but I had nothing left to drink. Lesson learned. I told myself that I would eat before I drank at our next meal.

In the short span of time we were given to eat our breakfast, I looked around at my surroundings. Though it was not yet light, I could see that thousands of prisoners were milling around—in uniforms just like mine, though much more frayed—all throughout the complex. Rows and rows of blocks filled the landscape. Barbed wire was an abundant commodity—a fundamental object—throughout the camp, dividing the area into separate sections. Wherever we were, we knew that we were expected to stay.

It was during breakfast that my fellow block prisoners, sitting or sprawled this way and that in the dirt, began to ask questions about their loved ones. Everyone wanted to know where their wives, mothers, fathers, grandparents, and children were. A common question was: "Where are all of the women?" Not one of us had an answer for the other, so we asked Jakob and other seasoned prisoners. The responses they gave were chilling: "If you saw them go to the left, then they went through the chimney," they all said, making vanishing motions with their hands. What did such an odd statement mean, we wondered? The answers we received seemed unbelievable at the time. We questioned how people could "go through the chimney." Nothing we heard made sense to us. People did not stand in chimneys; they did not disappear into smoke and they definitely did not spontaneously turn into ash, we told them. We pushed the other prisoners and laughed at their jokes, applauding their cleverness. We told them they were witty to come up with such farfetched nonsense about our loved ones. They were not amused. We thought they were trying to scare us since we were new to the camp. We wished they were, but they weren't. A few days later, we learned the truth. Well, really, a few days later we accepted the truth. Those hardened prisoners had been honest with us during our first breakfast. All of our loved ones who were sent to the left during the selection process were gassed and cremated upon arrival. Little Blima was dead. So many infants were dead. Most of our family members were dead. We were living in a camp surrounded by the ashes of our relatives. There's no way we could have digested such a crude reality during our first breakfast, which is why we didn't believe it. It was easier for us to swallow such a jagged pill of information when we learned that the women who were sent to the right side during the selection process — like we had been — were alive in the women's section of the camp. Hearing this, the married men were filled with hope. They plotted out scenarios in which they would see their wives and looked forward to happy reunions with them. I anticipated seeing my mother again.

But, let me take you back to that first morning in the camp. Back to when we were oblivious to the truth about our loved ones. The topic shifted away from our relatives and onto slightly more trivial topics once we became agitated with arguing with the other prisoners. Some of my companions began to worry about their luggage. I hadn't even thought about mine since we arrived, not until they mentioned it. Then it was at the forefront of my mind. I tried to imagine the items I had packed: clothes, toiletries, and a comb. Yes, it would be nice to have my things. Surely our suitcases would arrive to our blocks later that day—the guards would have had plenty of time to match our names on our bags to our registration numbers by then. But no, Jakob shook his head at us. He quieted our excited voices, telling us that our luggage had already been discarded, dumped into a storage facility at the other end of the camp in a place he referred to as "Canada." My fellow prisoners and I refused to believe Jakob. We held out hope that our most precious possessions—the last of the belongings that we owned in this world—would be returned to us. Then again, we knew Jakob had no reason to lie to us.

CHAPTER 25

In the span of time it took to eat breakfast—a mere thirty minutes—we had learned (but not yet believed) the fate of our relatives and of our luggage. We came to use our mealtimes as information gathering sessions. Listening was better than talking. Food was safer in our stomachs than in our hands. Information was priceless and we took every opportunity to collect it.

After breakfast, we were ordered to gather together as a group once more along with the other two male quarantine blocks. Jakob and an SS guard who was in charge of our block, whose name I can't recall, informed us that we were at Auschwitz-Birkenau, in the town of Oswiecim, Poland, near the German-Polish border in the eastern region of Upper Silesia. Auschwitz-Birkenau was a sub-camp of a large camp called Auschwitz, they told us, and our camp surrounded an area of land containing nearly three hundred buildings, comprising an area that spanned more than four hundred and twenty-five acres and was about three kilometers from the main camp. Auschwitz: an unnerving name everyone today knows, but back then it was just another word. We were to spend six weeks in our current block, set aside from the rest of the men's camp until we had been cleared to enter and intermingle. During this time we were to become acquainted with the daily rituals of the camp. We shrugged upon hearing the news, thinking that the camp didn't seem as awful as we had initially thought it would be—that is until the sun rose and our day began.

Upon daybreak, a group of SS guards emerged and told us we were going to "get some exercise." I hoped for a stroll around the buildings to stretch my legs and see more of the camp, but the "exercise" referred to didn't involve sauntering. For the next four hours we underwent a series of pointless activities designed to humiliate and break the weakest of us. We were told to take off our caps and then replace them on our heads hundreds and hundreds of times until the guards became bored of watching us. Next, they instructed us to repeat after them as they sang German songs. We had no idea—and to this day I still don't know—what they were making us say. Whatever it was, they found it amusing. We went through other exercises, such as child-like games of leap frog, until the majority of the group fell over from exhaustion. At times, we were told to climb trees like monkeys, one after the other, until five or six of us were dangling from one branch many meters above the ground that bowed under our weight. There was no point to such an exercise that resulted in broken trees branches and broken prisoner limbs. The only positive part of our initiation period was that they taught us to understand the German pronunciation of our numbers so that we would recognize them during roll call. At noon, we were given an hour break for lunch.

The process of receiving our lunch was similar to breakfast. As we stood in line behind a table containing a large steel pot, we untied our bowls from our pants. I prayed for a belly-filling delicacy, but was disappointed when a watery, warm liquid was poured into my bowl. Walking past the table to an open area in the dirt, I looked down at my bowl, seeing a few pieces of potatoes floating inside. Having no spoon to ladle the soup into my mouth, I gulped it down like a drink. The taste resembled what I thought dirty dishwater must taste like, but I was happy to have been given something to inflate my shrinking stomach. After drinking my soup, I went back into line to obtain more of the coffee we had been given at breakfast. I had to fight back my gag reflex as I drank it down, knowing that it was better than not drinking anything at all.

When lunch was over, we grouped back together to continue with our initiation drills for five more hours. We performed our "tricks" for the guards automatically, realizing it was better to play along with them than to fight with them. Most of us cooperated, although a few prisoners attempted to sit out; these prisoners were beaten until they could no longer speak. During these incidents we were made to continue on without paying attention to the beatings. Tough to ignore at first, it soon became easier. Jakob never beat any of us although he did verbally berate us, hurling nasty comments whenever he felt like it. The SS guards, however, did not hesitate to lay their hands on any one of us just for the sake of expressing their dominance. We lived in constant fear of being whipped, beaten, shot, and killed every second of every day.

Dinner came only after we were forced to undergo roll call again. Roll call in the quarantine area was far easier than roll call in the main area of the camp. Despite this, it was still a burden to stand at attention while we were counted like animals until the guards were satisfied. When we were released for the day, we stood in line for dinner, most likely remnants from lunch with perhaps a few pieces of vegetables, or if we were lucky a few bits of meat, added to it. Once again, we were given the dreadful coffee to drink. We all wanted water, just plain refreshing water, but it was nowhere to be found.

For the first time since arriving at camp, I introduced myself to a few of my fellow Jewish prisoners. We spoke at length about our families, where we grew up, and what we used to do for a living. One of the men I spoke to was newly married, another had twin sons, and the other was single like me. The man who was recently married smiled as he pulled out a tiny, creased photograph of his wife, a homely girl with long, wavy hair. I did not dare to ask him how he had smuggled the photograph into the camp. Together with Mendel, we spoke for hours about life until we were ordered to return to our blocks for the night. Speech was the only thing we had to entertain us since we had been robbed of everything else.

Making our way back to our barracks, I caught a glimpse of flames shooting from the sky directly ahead of us. The flames did not dance as they generally do during a bonfire; instead they seemed to be moving in a stream directly out of the building like they were bolting out of it. I kept the observation to myself, thinking nothing of it. As time went on, I learned what I had seen was the fire blazing from a chimney of a crematorium. That night I found it troublesome to sleep on the lumpy mattress in the unventilated block. I stayed awake for most of the night listening to the sounds of the men living with me. The second story bunk was not an ideal living space. Those men sleeping on the third story stepped on Mendel and me when they climbed down to use the buckets, and we did the same thing to the poor people sleeping on the first level. Those in the top bunk had slightly more space to sit up. During my insomnia I made up my mind to obtain a top bunk for Mendel and me when we moved blocks. I would fight for it if I had to. In our current bunk, we could barely lean our bodies up onto our elbows. I also decided that we would have to find a way to keep our bodies clean. The plaque that was beginning to build up on our teeth had no hope of ever seeing a toothbrush; some of us used small twigs to pick away at the slimy buildup, but we probably scraped off our enamel more so than the bacteria. The dirt on our skin was crusting over; some of us picked it off but most of us just left it where it was. We were all filthy.

CHAPTER 26

For the remainder of the six-week period, we underwent the same grueling exercises even on days when the rain saturated our flimsy uniforms, making them heavy and cumbersome. Splatters of rain droplets pegged my face, fogging my glasses, glazing my vision, making it impossible to see. Our clogs would sink down into the mud, creating a pocket in which our feet would slip into, suctioning away our shoes into the ground, pulling us forward so that we became covered in the mud. When we attempted to yank our feet out, they would emerge from the throes of the pocket covered in mud and gravel. We would then have to bend down on our knees to forcefully remove our shoes from the earth. All the while, the SS guards would be watching us, either laughing at our misfortune or yelling at us to stop "resting." During this time—spanning through September and October—the weather hadn't made up its mind whether to be hot or chilly or rainy, and so we lived through all conditions. We slowly learned to adapt to the clothing we had be handed and to develop a way to keep our wooden shoes from falling off our feet. To do so, we could no longer walk by picking one foot up and then the other, instead we began scooting so that our shoes never left the ground; in this way we walked slower but used less energy and made sure we never lost the only precious articles standing between our bodies and the ground.

Day after day, it was the same routine until our quarantine period was over and we were assigned to new blocks. Our group of five hundred was divided up and those with specific talents were led away. Mendel and I were assigned to the same block again, probably because our numbers were consecutive. Since we were new to the group, we were given a bunk on the first level, not the location I had hoped for. Our sleeping quarters were no larger than they had been while in quarantine, although we now shared our bunk with three other men instead of two. In place of red brick walls and dirt floors, our new block was made of wood and had a thin concrete base. Our mattresses were also stuffed with paper instead of straw. We were required to make our beds in the same fashion as we had when we were in quarantine.

We were now amongst Jews from all over Europe, including Belgium, France, Germany, the Netherlands, Norway, etc. Each man had his own story to tell about where he had come from and what he had experienced since Hitler began trolling through the continent, expelling innocent inhabitants from their homes, plucking them and discarding them like unwanted hairs. This multitude of nationalities made it vexing to communicate so we turned to Yiddish and gesturing. When we were lucky, a linguistic prisoner was able to translate for us. From our new block mates we learned more information about the camp. They explained how the camp used to be for containing Soviet Prisoners of War (POWs) but had been converted into an extermination camp. They told us about the importance of "organizing" — the camp term for "trading" — to obtain items we needed. They warned us not to approach the barbed wire fences because they were electrified and if we approached within a meter of them, we would be shot. They spoke to us about not walking around at night, because if we did so we would be gunned down. We learned of gas chambers and a crematorium inside the main camp as well as gassing bunkers in our camp, with talk of more of both types of destructive facilities about to be constructed. The men went on about how each person was forced to work in pre-assigned labor groups, the most favorable of which involved working within the confines of the camp working as barbers, cooks, and clothes sorters. Unfavorable assignments, they said, involved walking kilometers to and from job sites each day to work on farmland or in coal mines and rock quarries, clearing rubble or pits of sand and gravel, and building tunnels and roads. The less strenuous the job, the longer you would survive, they said. One man chimed in, speaking about the worst job he had completed so far, consisting of standing up to his waist in freezing water while he helped to build a drainage ditch in the marshy area on the western end of camp where a bog had been. Swarms of mosquitoes, he said, inhabited the region, and spread mosquito-borne diseases; dozens of his fellow workers had died after being bitten by these bloodsucking creatures. I hoped that Mendel and I would be assigned to a work group located within the barbed wire fences away from the marshy reaches of the camp.

We asked them where our mother might be and how we might be able to see her. They told us it was impossible to visit the other camps, but relatives could secretly pass notes or see each other from behind the gates. It was prohibited to cross to the other sections of the camp without approval. There were camps for men, women, and gypsies, amongst others. Mother had likely just emerged from the quarantine camp for women and was probably entering the main women's camp. I hoped to be able to see her, or at the very minimum to catch a glimpse of her sweet face, in a few days. The prisoners continued to offer us words of wisdom and advice, encouraging us to organize for a spoon and to always sleep fully clothed, shoes and all, so that nothing would be stolen from us. They spoke about mealtime, saying bread was like gold in the camp and must be protected. Some of the men said they portioned out their bread so that it lasted longer, while others advised against this, telling us the longer we had it in our possession, the greater the chance of it being stolen. They also warned us about the sick block, telling us those who entered rarely came back; it was a sure death sentence. If we were sick, they said, we were better off going to work than going to the sick block; if we couldn't work then the Germans had no reason to waste resources keeping us alive. By the looks of the prisoners

who had survived the camp for more than a few months, I could tell we were going to undergo extreme starvation and excessive labor. Looking at one emaciated prisoner, with hollowed out cheeks revealing his fragile bones and disproportionately large eyes, I feared what would happen to my body over time. Another prisoner who saw me staring told me that he was one of many "muselmanner," a term given to severely emaciated prisoners on the verge of death.

From one of my bunkmates, a man named Fryderyk who slept directly above me, I learned perhaps the most chilling details of the camp. Fryderyk's brother, who I was told hadn't slept in his bunk for three months, had been summoned to a special work detail in the main Auschwitz camp. Fryderyk stumbled across his brother one night while walking back to camp with his labor group. He looked over at the crematorium and saw that a backdoor was ajar. The doors were never left open so that no one could see the mysterious world sealed behind them. He couldn't help but to look. Inside, he saw his brother along with a small group of prisoners prying out gold fillings from gassed prisoners' mouths and placing the corpses into ovens to be burned. He said they worked like zombies, detached from reality or perhaps numb to the experience. Fryderyk's brother was part of a ghastly work detail known as the "Sonderkommando" — prisoners who disposed of the dead. They lived in the basements of the crematoria and eventually met their end in the gas chambers after about three months. He said well-nourished, fatty bodies were being incinerated with emaciated prisoners in order to maximize the efficiency of the ovens. "The healthy are being cooked along with the weak," he claimed. He went on to tell me that the Red Cross ambulances we had all seen moving through camp were not ambulances at all. "They bring the gas," he said. "Zyklon B, the gas suffocating the victims in the chambers, is housed in those vehicles. Silver tins containing pellets of hydrogen cyanide are killing all of them."

I urged him to stop talking, but he wouldn't. While a part of me wanted to know what was going on around me, another part of me just couldn't let myself hear it. Fryderyk's accounts became more graphic. He told about Nazi guards throwing crying babies into burning pits, statements about Jewish skin being used for lampshades, stories of hearing unnerving screams emitting from the crematoria, and narrations about prisoners' hair being used in textile factories. He pleaded with me to listen, to believe him, because he said he knew people who could back up his stories. Taking all of this in, I inwardly shook with fear. I, like the other bunkmates around me, told him to just go to sleep. For doing so, I'll never forgive myself. But, he had crossed the line. I found it too overwhelming to take in all of his vivid descriptions. I didn't want to hear anymore of his or anyone else's gruesome stories.

When would I wake up from this nightmare sticky from sweat in my bed in Warsaw?

CHAPTER 27

The next morning Mendel and I had our first roll call in the main section of the men's camp along with thousands of other prisoners. Fryderyk woke up early that day—he stood in place and swayed like a lunatic until the door opened—and as we walked to the roll call area, he broke away from the group, ran up to the electric fence, and embedded himself into the barbed wires. The guards had a tendency to let suicide-minded prisoners run into the fence without shooting them first. Perhaps Fryderyk thought he was going out of his mind, seeing things that weren't actually there, and felt it better to end his life than to see such abominable sights. The daily littering of prisoners slung over the fence was a regular reminder of how close we all were to death. It was only later, towards the end of my stay, that I saw images similar to the ones Fryderyk had told me about.

Without hesitation, the rest of us lined up in a once-grassy open space, worn down to bare earth from the thousands of men who had gathered there just like we were on that day, stood in rows of ten, and then proceeded to wait.

Looking upward from where we were standing, I could see rows of wooden guard towers dotting the skyline. We were being watched from every possible angle. There was no escape. Tall birch trees sitting in low lying areas framed the boundaries of our prison. All of the hundreds of times I stood in the same location during roll call, I never once saw a bird nesting in the trees or flying overhead. It was obvious that the wildlife was avoiding our camp. From then on, roll call lasted no less than an hour, during which time we were expected to remain still, without fidgeting. When the process lasted for hours, men had no choice but to wet themselves as they stood in place. This happened to me more than once. Sometimes if the guards were in a particularly bad mood, they pulled out their steel whips and smacked nearby prisoners across the chest. For this reason, I did what I could to always line up in the center of a row in the middle of my group, keeping Mendel close to me. Although I was twenty years old and Mendel was eighteen and a half, I still viewed him as my baby brother, someone I had to protect.

After our first roll call, as we were about to break away for breakfast, German voices projected over the strategically placed loudspeakers, specifying that we wait while a list of about two hundred numbers was called out. Mendel and I recognized our numbers and so we had to report back at the roll call area immediately after breakfast. We figured we had been summoned to join a labor group just as we had been told about the night before. Keeping our fingers crossed that we would be working within the main camp,

Mendel and I joined the swarm of selected men, holding our heads high, hoping our assignment wouldn't be too intolerable.

We lined up behind four SS guards and six green-triangle bearing prisoners. As we walked behind them on high-traffic pathways, we scooted past rows of barracks like ours, by countless barbed wire enclosures, around hundreds of other prisoners who were also on their way to work, and even past masses of women prisoners. I took in everything around me, hoping to catch a glimpse of mother. The prisoners were decorated with colored patches like I was, but some of the colors I had not seen before. I later learned that bible researchers, such as Jehovah's Witnesses, wore violet, political opponents wore red, "asocials" such as prostitutes and vagrants wore black, gypsies wore brown, homosexuals wore pink, and criminals wore green. Some of the patches were further garnished with letters referring to countries or other designations. I realized that the Nazis were not just persecuting the Jews; whole segments of the European population were being annihilated. Every woman I saw, I stared at her face, analyzing her features for my mother's. I observed that the women were dressed in variations of the men's uniforms. Some wore gray-blue striped unflattering dresses, while others had beige ill-fitting dresses with black buttons pinned near their chests; still others wore two-piece uniforms just like mine, although white scarves graced their heads instead of caps. Some of the women had torn ear lobes—inflamed, split apart pieces of flesh that would later develop into scar tissue—which, I suspected, were injures incurred when sentimental jewelry was torn from their bodies. Perhaps it was a pair of earrings a boyfriend had given them for an anniversary that they had tried to keep. Now those earrings were buried in a pile somewhere in the camp, waiting in limbo to be sorted, stolen, or sold. Maybe a guard had taken them and presented them to one of his lovers, or maybe they were already on a train bound for Germany, ready to be turned into profit for the Third Reich. No one would love those earrings like the woman who had brought them into the camp. It made me wonder if mother had removed her ring on her own accord when she arrived or if she had it forcefully pulled from her finger. Was another woman—probably one of the demonic guard's lovers—admiring it? Was my mother missing it? Was my mother even still alive? I had so many questions and so few answers.

It was evident which prisoners had endured the labors of the camp and which had only just arrived by the numbers on their arms and by the manner in which their skin hung over their bones. The contrast between the new and old arrivals was stunning. Still considered a new arrival, I was glad. How long would it take before I looked just as haggard as the old arrivals? Was such a degenerating transformation inevitable?

Looking back at the women I was passing, it seemed a majority of them had formed friendships. Many of them held each other's hands as they walked, talking and engaging with one another like friends would do in a normal setting. I overheard encouraging exchanges—secret messages between females in the form of motivational whispers. Their friendships seemed to raise their morale, which undoubtedly aided in their survival. Acknowledging this, I whispered to Mendel that we needed to find a small group of men to bond with so that we could develop a sense of camaraderie during our internment. Agreeing with me without turning his head towards mine, I saw that his eyes were also trained on scanning the landscape looking for mother.

Although we were pleasant with our bunkmates and most of our workmates, we never did develop a close-knit relationship with any of them. Some men formed close ties with others, but it seemed Mendel and I were just too focused on our own existence to divide our attention among a group of our peers. Perhaps this made us egocentric. I sometimes wonder if we were selfish, or if we would have fared better if we had connected with others, but who knows. All of our choices, we felt, were in our best interest given our circumstances. Mendel and I provided each other with a genetically linked eternal friendship, which we believed was an invaluable asset for us.

Mendel and I continued looking for our mother as we walked to work, but we never caught sight of her. We ended up gathered around an open field at the back end of the camp past all of the sleeping blocks. The guards read out our numbers, dividing us into two evenly split groups. For the first time since our arrival, Mendel and I were separated. He joined a group already forming a few meters away, while I was led off in the other direction. The two groups were within eyesight of each other, easing my feeling of insecurity. At this point, two broad-shouldered SS men adorned in their typical, regal uniforms began to speak. I could not understand even a fraction of what they were telling us, causing my forehead to begin to sweat even though the chilly breeze of the autumn air was pounding me. The guards made whirling motions with their hands, sending them into a frenzy of ridiculous laughter. When they had composed themselves, they continued talking, this time in short staccato bursts, after which they broke apart and left the three green-triangle wearing prisoners to take over. We learned that these prisoners were distinguished only in that they were rigid and ruthless enough to earn the title "kapo." We learned that kapos were leaders of work groups.

Feeling lost—having no idea what I was being asked to do—I approached any prisoner who looked Polish, asking for a translation of the Germans' statements. My chest was collapsing as angst gripped me. I was on the verge of passing out. I was clueless and I feared being beaten for not abiding by orders. When I was about to just copy what the other prisoners were doing, I came across a man who translated for me. He explained that we were in charge of building the outer shell of a crematorium with an attached gas chamber; brick by brick from the ground up we were to spend eleven hours a day completing our project. Mendel's group was working on a similar assignment. Even though a crematorium was already operational in the main camp, in order to take care of the growing, unwanted human backlog there was a need for four of these awful buildings just in Auschwitz-Birkenau. It's odd to me that we were told upfront that we would be constructing a crematorium. How did I participate in building an enclosure where innocent men, women, and children would be unknowingly led to their death? It's unfathomable.

Under duress from the guards and their dogs, we picked up our first bricks and began the painstaking process of building the structure. Unused to demanding, physical labor, I found it confusing to learn the process. I had never before even handled a brick so the work seemed daunting. Everyone, it seemed, felt the same way. Our first attempts to haul over the bricks, coat them in a cement-like mixture, and stack them together evenly proved fruitless. The foundation we built was lopsided. The kapos were annoyed. They rounded us up, ordering us to dismantle the pitiful mess we had created, telling us to start over. They pulled us into even smaller groups so that we formed a mock assembly line. The SS guards looked on, only paying half of their attention to us as they fell into a lively conversation, their dogs facing us with their tails wagging and their mouths drooling.

My role in the assembly process was carrying armfuls of the bricks from wrapped palettes and walking them over to the bed of the structure so that the remainder of the assembly line could position them, affix them, and then level them. The weight of the bricks ate away at my back muscles, leading to tinges of pain that I still have today. The roughness of their edges was no competition for the thinness of my clothing, causing me to develop lacerations and abrasions across my arms and chest, covering my skin in lines that crisscrossed over me like laser-cut pieces of a puzzle. Over time we all became more efficient at our work, although it never became easier. We lived for our half-hour-long break for lunch—that is, when we were rewarded with it—and for the whistle that ended our workday. It would have been a completely different undertaking if we were just a couple of men, perhaps a building crew, who were contracted and paid. But, here in Auschwitz-Birkenau, we worked like slaves with no attention given to our basic human needs. There were no pauses to relax, not even for a second, because if we did, the guards would storm up to us, spit at us, yell at us, and abuse us. We were not a group of chummy coworkers; we were a group of miserable prisoners.

Sundays—our days off—were like heaven. All day every day we dreamed of Sunday. We made up songs about this day, kissing the ground when we woke up every seventh day. The food was even better on Sundays. Small chunks of cheese or pieces of meat sometimes made their way into our bowls. These days revitalized us, empowering us with enough energy to begin another week, much like our birthday celebrations had in the ghetto.

CHAPTER 28

O ver the span of five or six months, we spent six days a week building the crematorium regardless of the weather conditions. We marched off to work before the sun rose and didn't return home until well after it set. My skin soon blistered from the constant sun exposure. For every brick we cemented in place, we were one brick closer to completing a monstrosity that would annihilate us. When we completed the smokestacks for the building, we were very much aware that some, if not all, of us might wind up exiting through them as miniscule particles of dust, floating out of them in ashy puffs of smoke as the crematorium exhaled after consuming its meal. Positioning the windows and doors into place—making the building look inviting rather than intimidating—we knew that we might look out of them one day, absorbing our last mental image of Mother Earth prior to being led into the basement and asphyxiated.

During this time, there was the usual roll call two or three times a day, breaks for our starvation rations of watery coffee, soup, and bread, and intermittent trips to the "barbers" to have our hair shaved and our bodies decontaminated and bathed. I cannot say that it was monotonous, for that would imply that it was mundane and we were bored yet comfortable with our situation; there was no adjusting to our twisted existence where at any moment we could be killed. We were led off to work by the musical notes of the orchestra and walked back to camp to the same upbeat marches. Dead or alive, all prisoners had to return to camp after the workday. When members of my labor group became sick or keeled over when they physically and mentally could no longer exert themselves, we were expected to carry them with us to the inlet of the camp at the end of the day.

I can't tell you how many times I walked back to camp with a man slung over my shoulder, the same man who had taken bricks out of my hands only minutes prior. But I carried the weight of the dead more so in my heart than on my shoulders.

CHAPTER 29

Mendel and I reunited in bed each night to recount the events of our day, sharing stories of both hope and horror. Mendel was working as the leveler for the crematorium he was working to construct, causing him to become hunched at the waist. The curvature of his spine became more pronounced each night. Constant, excruciating throbbing encompassed his entire back. I empathized with him; his pain seemed to far outweigh mine. My lumbar vertebrae ached all the time, but the soreness bothered me mostly when I was standing; I had no trouble ignoring it while I slept. As Mendel lay in bed, I would massage him, firmly pressing my hands into his muscles, hoping to bring him some relief. As I did this, he would sometimes spasm and expletives would spring from his lips. I wished he could give me his pain so that I could carry it for him.

One night Mendel appeared to be standing just a little bit straighter, the pain in his back seemed to have eased. I brought him close to me and hugged him tightly, happy to see him looking so well. He pushed me away, taking me by surprise, and launched into an uninterrupted spiel. His words jumbled together, and I was thankful when he ran out of breath and was forced to pause. "I saw her," he told me. "I saw her, and she is alive, Henryk. She is alive!" I stared back at him, confused. He grabbed my arm and shook me. "Listen to me! Mother is alive!" he exclaimed. "She is working in Canada. Can you believe it?" The news seemed incredible. "No, I can't believe it," is what I wanted to say. Had he really seen her in that section of the camp? What if he was mistaken? I didn't want to get my hopes up, so I responded with an apprehensive smile.

My smile turned into a scream as Mendel went on to explain that he had seen mother from his worksite. She had been placing a bundle of clothing from Canada onto an awaiting truck. He had somehow bribed one of his kapos to let him use the bathroom so that he could talk with her. He watched as she disappeared into a building, and then he followed after her. Inside, he saw dozens of women sorting through suitcases—luggage from the transports. There were mounds of clothing three meters high or more, he said. Around the concrete room he saw other massive piles: glasses, shoes, furniture, photographs, silverware, and every household and personal item imaginable. Women were opening paint-labeled suitcases, examining each item and tossing it onto the appropriate pile. Guards looked on as they worked, resulting in strict silence during the sorting process. He peered further around the thick wooden door and saw mother bent over a pile of prosthetic limbs and canes, scooping up an armful and placing them into a wheelbarrow for removal from the room. As mother approached him, he was nervous with anticipation. When she rounded the corner, exiting the doors right in front of him, he touched her arm. She reacted by flinching, causing her cart to tip on its side and spill its contents. She whipped around, ready to yell, only to look up and realize her son was standing there. She kissed him and wrapped him near her, tears falling from her eyes. He helped her replace the articles into the wheelbarrow and went with her to the dump truck, checking for guards as they went. Talking as they walked, she let him know that she was doing well considering the circumstances. Working in Canada provided her with several advantages, she told him, including the opportunity of smuggling out valuable items and having the luxury of working mainly indoors. She seemed at peace with her labor group, although she was suffering from the same lack of food, bodily needs, and yearning for connections to family that we all were. Mendel told her that I was also alive and living with him. I asked him if she was still wearing her ring, but he didn't know. It would have been one of the first things I would have noticed, but Mendel didn't know mother the same way I did. I wondered if she was still nervously rubbing her finger—ring or no ring—out of habit.

Hearing all of this, my initial reaction was one of skepticism. I couldn't imagine prisoners picking through other prisoners' belongings. I also found it unbelievable that

Mendel had found our mother amongst the thousands of other people in the camp. Perhaps he had been hallucinating; after all, malnutrition was clouding reality for all of us.

Annoyed with my lack of enthusiasm, Mendel's face turned red and he shook me again, telling me, "I'm not lying to you! It's all true, Henryk."

Sitting on the edge of our bunk, I thought about what he had said. A few moments later I nodded my head and smiled at Mendel, finally convinced he had told me the truth. I told him that I must also find a way to see mother. I *needed* to see her. It was like I was a child again; I wanted my mom to make everything okay.

We devised a plan, confiding in no one, in which I would switch places and uniforms with Mendel so that I might have the opportunity to break away from my work group and speak with my mother. We reasoned that as long as the correct number of prisoners showed up, there would be no trouble in deceiving the guards. If Mendel's prisoner number was called out, I would pretend to be him, and vice versa. Our shirt sleeves would cover our forearm tattoos. We only hoped that no one in our labor groups would betray us. Even so, we were willing to take the risk.

On a snowy January day in 1943 we executed our plan. Changing into Mendel's clothes and stuffing paper from our mattress into my clothing as insulation, a punishable offense if caught, I walked off to work with his labor group and blended in as the work began. Because I was pulling my weight and everyone was consumed with their own work, no one noticed I shouldn't be there, or maybe they just didn't care. The whole time, I was anxious to split from the pack and see mother. I waited until just before lunch to make my move, at which time I begged for permission to relieve myself. I followed Mendel's advice, looking out for guards and scanning the building for mother. The wooden doors cast a shadow that I hid behind. Piles and piles of household items filled the vast room. I looked on with awe particularly at the collection of shoes, clothing, and eyeglasses. Various smells intermingled, drifting over to me; traces of perfumes and cigarette smoke from the clothing piles, pungent stenches of sweat from all of the well-worn shoes, and musty undertones from the stacks of leather suitcases irritated my nasal passages.

Just in that one room on that one day at that one moment there were enough shoes to cushion the feet of an entire town, and the sad thing was that they once did. It was just too much for me to take in. I turned my focus to the women working in Canada. Not all of them were wearing prisoner uniforms. Some appeared to be wearing regular clothing, which I found strange. Several minutes later, I saw her sorting through suitcases, wearing a long, black cotton dress. Her beautiful milky face was as smooth as when I had last seen her. I stared at her, burning my eyes into her eyes, willing her to look at me.

Minute after minute went by as I stayed perfectly motionless. Just when I thought too much time had passed and my plan had been foiled, she finally looked at me—her eyes widened and her face lit up. I felt an inner warmness although my body was numb from the cold. She spoke to a woman beside her who was filling a cart with men's clothing and then took hold of the cart, wheeling it in my direction. Every step she took towards me was a gift in itself. When she finally reached me, I felt every pain in my body melting away. I looked at her hand and didn't see her ring, but I didn't have the heart to ask her about it. I just wanted to look at her, to make sure she was real. We were overjoyed to see each other. She spoke rapidly in a quiet whisper, afraid that we might be caught. She was on her way to a building across from us known as the "Sauna" where clothing was sanitized prior to being loaded into trucks for exportation. It was also the place where prisoners were registered and deloused. When we walked past the row of dump trunks in front of the Sauna, she explained that all of the items were being loaded onto trains—the same ones we had arrived to camp in—and transported to Germany where they would be sold for profit. The items she sorted in Canada had belonged to everyone who entered the camp, whether they remained in the camp as a prisoner or were terminated upon arrival. Upon question of her dress, she remarked that not all women who worked in Canada had to wear the prisoner garb. I wondered why, but I didn't ask her.

I wanted to think that it was a job that got easier over time, although I doubted it. I didn't want to believe that mother suffered during her time in the camp. If she stopped to think about the significance of each article it would have been awful for her. The truth is that she had a sickening job. She touched people's most treasured items and placed them into piles where they became nothing more than another watch or another shirt to be carted away to Germany.

It took me decades to come to grips with what else she told me that day. It's heartbreaking to acknowledge. During one shift she came across a small leather shoe. As she was about to throw it into a pile of thousands of other shoes, something caused her to glance at it again. When she did, she saw that it was decorated with hearts and etchings of butterflies. It was unmistakably Blima's shoe; the one my father had crafted for her in the ghetto. It was the same one she had been wearing when she arrived at the camp. Holding the shoe, mother knew that Blima's whole life had been chewed up and spit out; her future had been discarded. Mother attempted to hide the tiny Mary Jane in her dress. As she did so, one of the guards yanked her from her chair and whipped her until she became an unconscious heap on the floor. When she finally opened her eyes and peeled herself off the concrete, she patted her dress only to find that the shoe was no longer there. The last remnant of Blima, her baby girl, had been taken from her. She felt helpless and alone. She briefly lost the will to live.

When we parted, she reached under her dress and placed a cold piece of metal into my hand. I looked down as she looked up at me and said, "I want you to have it. I know you've always liked it. For some reason I feel as though you will be the only one who survives to see the end of the war. You must keep it safe. A piece of my soul, of your father's soul, and of Blima's soul lives within it. No matter what you are forced to endure, promise me that you will always protect it and yourself. I love you." I acquiesced, swearing that I would not give up and assuring her that I would cherish and protect her ring with my life. She told me that she had hid it under her tongue during registration despite the risk, and had continued to hide it by fashioning a necklace out of the laces from the shoes she had sorted. I placed it around my neck, told her I loved her, and hugged her. That gold ring, smooth in places because of her nervous fingers and scratched in other places because of her twenty-some years of housework, was the only physical remnant I had from my life before the war. I felt honored to have it, but I was haunted by her words.

Although Mendel and I continued working on the crematoria until February, we were under stricter watch from our kapos as the construction neared completion. Despite how desperately we wanted to sneak away to visit our mother, we weren't willing to take the risk. The longer I went without seeing her, the more I thought about her. Would I ever see her again?

CHAPTER 30

As the months ticked by and I was transferred to various other work groups separated from Mendel, including repairing tracks of railroad and expanding sections of roads, the days droned on and my thoughts turned only to surviving. Mendel was temporarily assigned to a punishment detail in charge of emptying human waste containers into sewage treatment vats. He was castigated stringently for the seemingly innocent act of standing at a gate talking to a woman. He had hoarded his bread ration for three days before exchanging it with another prisoner for pieces of string so that he could braid a bracelet for the woman he had fallen in love with. Right after he gave his lover the bracelet, he was caught as he stepped away from the fence. Instead of killing him and thereby doing away with a young, strong prisoner, he was beaten and reassigned to the waste removal group. He worked from nightfall until morning. The work was revolting, but he did it without complaining.

Prior to this, he joyfully told me stories about the woman he had fallen for, telling me that she had caught his eye from across a row of fences during roll call one night. Once crippled, he had been healed. Though he could never touch her during the month he saw her, he developed an intense bond with her and expressed his desire to marry her once the war ended. He tore out pieces of our paper-filled mattress and used rocks to write her short love notes that he then threw to her from the gate that separated them. Dorothy Katz was her name. She was an eighteen-year-old prisoner from Krakow—a city in Poland—who had arrived to camp shortly after we had. "My gentle sweetheart" is how he referred to her. He talked of how she was a rare beauty; a Jewess with remarkably vibrant, green eyes and rich, black hair that was growing back in and springing out in short little curly tufts behind her scarf. She worked as a typist documenting incoming prisoners, a rather fortunate position. Mendel said she had a smile that was unparalleled. The constraints the camp imposed on her did little to extinguish her spirit. She focused on the positive just like our mother. Writing to Dorothy brought him bursts of joy and vitality. He was as happy as when he was teaching the children in the ghetto. Resting on his stomach in our bunk, he spoke aloud as he tapped his rock like a pencil, groping for the crispest words to weave together into verses to express his heartfelt love to Dorothy.

By the time he completed his punishment detail and resumed his daily excursions to the fence, knowing just how far he could approach without alarming the guards, Dorothy no longer appeared. Although he checked for her each night for many weeks—asking other women where she had gone when possible—he was unable to locate her. Therefore, he spent an entire week meticulously writing and revising one last letter to his sweetheart. When he was satisfied with it, he folded it into a tiny wad and sewed it into his left shoe. "For when I find her," he told me. I envied yet delighted in their love. While poetry enabled me to understand what passion was supposed to feel like, I feared that I would only get to experience romantic love vicariously through others.

CHAPTER 31

I would rather not dwell on the time I spent in other labor groups. I saw men beaten to death for stopping to catch their breaths, dogs mauling prisoners for breaking to urinate, and more despair than I care to elaborate upon. Prisoners were losing digits from frostbite and every day at least one person did not survive the always-extended workday. We greedily fought over the deceased's clothing and shoes as we carried them back to camp—elated to supplement our wardrobe while in turn despising the world for creating such a perverted place. My fingernails were wearing away and my teeth were loosening from my gums due to a lack of nutrients. My uniform was spotted with holes. Our rations were reduced, and reduced some more. Eventually our soup was diluted to the point that if one person in a group of five found a vegetable or a dime-sized piece of meat in their bowl, it was a good day. Our small loaves of part sawdust, part moldy flour bread were shared between more people nearly every week. Two people sharing one loaf multiplied into four people sharing the same loaf, and so forth. The melody of the orchestra—talented mixes of violins, accordions, and brass instruments—encouraged us to march off to work and welcomed us home. This music lost its jubilant appeal because the same musicians who eased our spirits morning and night played similar compositions during public executions and selections of transports. We were all required to attend public executions. They were treated as lessons about what would happen if we disobeyed. The hanging of prisoners who had attempted to escape was the most common reason for our forced attendance. Going through all of this, my soul—the one part of me that made me who I was—seemed to be decaying just as rapidly as my body was.

What little free time we were given, if it can be referred to as such, was mostly spent sleeping. The strenuous work required and the revolting scenes playing out all around us left our bodies and our minds drained of might, causing us to disintegrate into our bunks at night. This was not always true, however, even though we always returned to our sleeping blocks exhausted from the day, there were times when groups of us would remain awake for a few hours talking. Popular topics of conversation revolved around food and family. Some people used this time to secretly assemble together to pray or to observe holidays.

Birthdays were commemorated rather than being celebrated. From time to time, a bunkmate would mention that it was his birthday and we would congratulate him and perhaps sing to him, but we had nothing to offer as a present. Only on very few occasions did someone share his slim rations with the honoree; on Mendel's birthday I let him eat half of my soup and he did the same on my birthday. Without traditional gifts to give, we gave the gift of life through extra calories. By giving up our own food, we in essence gave up a few minutes, hours, or perhaps days of our lives.

Regardless of how prisoners spent this time, it was important to our well being. Human interaction away from work and punishment fortified our will to live. Without these connections, depression would have surely overtaken our bodies, eating away at it like acid.

Every day I went to bed and woke up alive, and every day I marched off to work and returned to my block walking and not limping, was a blessing. I stopped noticing my surroundings, finding it easier to look straight ahead with tunnel vision. In this way, I zoned out the chaos created by the guards that was wreaking havoc on my fellow prisoners. Walking over gravel, grass, dirt, and swampland, I no longer noticed the differences in the terrain. Inhaling the repulsive odor that poured out of the chimneys at all times, I breathed in without fighting it. Witnessing the brutality of the kapos and the SS, I tuned out the bloodcurdling cries. I recognized that I could not internalize everything around me. Doing so would break me.

Suffering from many bouts of sickness, I carefully avoided letting my dwindling health show so that I wasn't carted away to the sick barracks. Every man had to fight for himself. Over time, I learned more about the inner workings of the camp, making me more capable of survival.

One lesson I learned was that the soup could vary from ice cold to bubbling hot from day to day. It was fine to gulp it down if it was cold; but after hungrily tipping my bowl back and having steaming liquid scald my throat and burn my skin as it ran down my chin, I recognized the need for a spoon. Having nothing to organize to obtain one, I scraped away at a piece of wood until I formed a primitive scooping utensil.

Similarly, I found that if I lined up for dinner towards the back of the line, I had a better chance of finding bits of vegetables in my soup. Other prisoners requested that the cooks dole out scoops from the bottom of the pot for them, but having tried this a few times on my own—only to receive lashings from guards who heard my "greedy" requests—I disbanded from using such tactics. I also began to tear apart excess material from my uniform as I became thinner and used it to fashion gloves and socks as an added barrier from the cold. I learned how to crouch down as I walked to and from work, gathering up handfuls of snow to eat. In fact, although the weather dipped down below 0° Celsius (less than 20° Fahrenheit) in the winter months, the snow helped to keep us from dehydrating. The summer months, with temperatures rising into the 30s (warmer than 90° Fahrenheit), were the times when water was so scarce that we came to look forward to our despicable coffee. My fellow prisoners and I suffered from heat stroke in conjunction with sheer exhaustion. The guards did not ease up on our expected work output, and so each day our labor groups dwindled as prisoners passed out from the heat and died or passed out and were killed, never to make it back to camp on their own accord. Meanwhile, our guards stood watching us beneath trees, shading themselves and their so-loved man-eating dogs from the sun. They openly drank refreshing beverages as they relaxed while we worked. It made me sick. During subfreezing workdays, they bundled up in down-lined parkas and thick, woolen hats and gloves, while we wore our second skin only—our scanty uniforms. We were like board game pieces to them; they moved us around at their amusement, sending us this way and that, while they reaped the benefits of our efforts.

CHAPTER 32

Nearly a year into my imprisonment, I discovered a way to utilize the skills my father had taught me during my apprenticeship. I was making my way back from dinner on a Sunday evening when I spotted a baby-faced guard nursing his ankles. His boots were lying on the table beside him so that the soles were facing me. The heels were uneven and there were holes in them. He glared at me, possibly out of shame or maybe to mask his pain. Automatically, I looked away. And then I made a risky decision: to talk to the guard and to tell him about my talent.

I knew I couldn't safely approach him, so I pointed to his shoes and told him I could fix them if he'd let me. My conversation angered him; he ignored me. But I stayed where I was, convinced that he'd change his mind since he was obviously miserable. When he eventually did, he walked over to me and pulled me inside a nearby building. A deal was struck, and although I was unconfident that I could produce the results I had promised, I never let him know of my doubts. He had me follow him to his office a building or two over from where we were. Even though the other Germans who shared his office were gone for the night, he hid me in his closet until he returned with scraps of leather, tools, and the other materials I had requested to mend his boots. Frightened yet focused, I worked for several hours until I was sure that the semi-compassionate guard would be satisfied. When I showed him my handiwork he smiled but he also admonished me. "I'll kill you if you tell anyone," he cautioned.

And so I went to work for him and, as it turns out, I pleased him. He decided to have me fix shoes for a few other guards and for people in the neighboring town so that he could earn money from the deal. While I worked he snuck me small pieces of bread and sips of coffee. In fact, within a month, he allowed me to put leather patches on the insides of my useless clogs, which made them less abrasive and slightly warmer. My mangled feet thanked me. Even though I wasn't supposed to share my secret, I of course told Mendel. I shoved extra bits of leather into my clogs and later used them to cushion Mendel's shoes. When I was able to, I also brought him pieces of bread.

I eventually spent all of my free time, mainly Sundays, hidden away in a coat closet mending shoes. There were times when I swore I heard my father whispering in my ear, giving me advice to help me perfect my technique. I used what I had learned during my apprenticeship to guide me. While I had not been good at the trade before, I soon became proficient. The pressure to excel thrust me along.

This secret job of mine was a win-win for the guard and for me. That is, until a lioness of a woman found out and turned her sickening rage against me. This deceptively beautiful woman was named Irma Grese. Everyone in the camp knew her name. She was more feared than most of the SS men. In fact, she sometimes worked with Dr. Mengele—the man who had led the selections of our transport and conducted bizarre and cruel experiments on prisoners. She liked to wander through the camps stirring up trouble, scowling at us with her wicked eyes. She saw me take a pair of boots from the guard and so she approached me, accusing me of stealing shoes belonging to the SS. With her steel whip in hand, she lashed me across the face, grabbed the boots, and led me away. My nose and cheeks were hot with pain; the whip had sliced my skin like a knife. I tried to explain, but it was of no use. I didn't know what method she would use to harm me. I wondered if she was going to hang me in the gallows, or take me between two blocks to the soundproofed "wall of death" space to execute me, or tie my hands behind my back and suspend me until I stopped breathing like so many others I had seen. I pleaded with her, not wanting my life to draw to a close. She pushed me into a truck and carted me a few kilometers to the main Auschwitz camp. Arriving at the entrance, I saw hanging above the gates large metal letters spelling the German words "Arbeit macht frei" which basically translates to "Work makes you free." Reading the words, I knew that they were lies. Having been in the satellite Auschwitz-Birkenau camp for eighteen months by that point, I had worked just like everyone else and had come to realize that the more people worked the closer they came to death, not freedom.

Our truck finally stopped at a building labeled with the number 11. I was led inside and down into the basement where I could hear shrieks of agony rising up to greet me. In an instant, I was thrown into an unlit cell along with two other offenders and the grate door was closed behind us. With barely one square meter of cement floor space, we could not sit down or stand up. We were locked into what was known as a "punishment cell." The other men didn't speak Polish and so I wasn't able to communicate with them. We received no food or water while we remained crouched; our knees buckled while we strained to hold ourselves up. Blood, vomit, and urine covered the unit from previous inhabitants, revealing to us that we might perish there. I could not determine when the sunlight gave way to the moonlight as the hours went by. With nothing to do, boredom engulfed me, causing my head to spin. My senses had nothing to stimulate them other than bodily odors and hair-raising screams from adjacent cells. We were enclosed in a prison within a prison. The three of us stared at each other blankly. When would the madness end?

Crouching over, my mother's ring—still attached to the string around my neck—popped out of my shirt. I grabbed it and tenderly tucked it back beneath my clothing, pausing for a second to rub it between my chest and fingers. As I did so, one of my mother's poems from the ghetto came to mind, restoring my hope:

When I can't see the sun shining,
I'll devise a way to make my own light.
When I can't feel the wind blowing,
I'll find a way for my heart to take flight.

Only I have the power to control my mood—
And so everything negative I will exclude.

———

Reciting the poem to myself while enclosed in the damp space brought me a slight slice of happiness. It made me think about mother's radiant demeanor and her unrelenting devotion to our family. She would have wanted me to make the best of my situation; she would have begged me to feign a smile. Despite how much I tried to pull the corners of my lips upwards, I couldn't do it.

I was among the lucky few who spent only one day in the cell. The SS guard I had worked for arranged his own deal with Irma Grese. When he extracted me from the prison I fell, reduced to a lump of skin and bones. Shielding my eyes from the sunlight, he carried me into his truck and provided me with clean water and bread with butter—true luxuries that I had not seen in ages. I didn't understand why he was so kind to me when all of the other guards were so nasty, but I supposed the war did not take away everyone's humanity. Maybe he just saved me for my talent. Either way, my life had been spared. He took me back to camp and left me outside of my barracks. When Mendel saw me, alive and whole, he cried from relief. He thought I had been killed. Had I spent another day in the small, damp space and lived through it, I'm sure the experience would have caused me to go insane.

Surviving the confinement in the prison cell renewed my desire to keep fighting. I was determined to make it out of the camp so that after the war I could someday let the world know how atrocious the Germans had treated us.

CHAPTER 33

Each day spent in the camp brought about eye-opening experiences. Nazi doctors were involved in disturbing experiments on newborns and adults. I learned that Dr. Mengele pulled aside some of the children from the transports so that he could conduct gruesome medical tests on them. He was particularly interested in dwarfs and twins. It was a paradox because the children I saw—infrequently as that was—appeared to look up to Dr. Mengele; they swarmed to him like he was their father and he responded to them with gifts of chocolate and clothing. Did he love them or did he hate them?

From various sources I found out about the experiments Dr. Mengele conducted in the camp. What he did during the war was so deplorable, so sickening, that I can barely say his name without wincing. He doesn't deserve the title "doctor"; he doesn't even deserve to be called a human.

The "medical research" he performed didn't benefit the medical community—it shamed it. He had a twisted fascination with people with distinctive hereditary traits. He injected chemicals into the eyes of prisoners to see if he could change their eye colors, causing infections and blindness. He sawed off limbs, collected bags of blood, conducted surgeries without anesthesia, and altered sexual organs. He left prisoners paralyzed, mutilated, and more often than not dead. Sometimes he kept children in cages to monitor how they would react to isolation. When he wanted to see what the anatomical differences would be between sets of twins who were experimented upon differently, he infected one twin with a disease and not the other and then he pumped phenol through their veins so that he could perform fresh autopsies. The list of barbaric acts he did goes on and on…

Even worse, however, is that Dr. Mengele wasn't alone. There were other Nazi doctors in the camps who piggybacked on his research and conducted their own equally disturbing experiments.

But I can't bring myself to talk about these doctors any further. I have to step away from this topic or my emotions would get the better of me.

Instead, let me tell you what else I learned over time about the camp:

When I met a prisoner who had recently been transferred from the main Auschwitz camp, he told me about a brothel for the guards' enjoyment there. Female prisoners were coaxed into working in the windowless building. He told stories about the factories that employed prisoners from the main camp as well as another sub-camp called "Buna" that was located nearby. He explained how prisoners worked in plants that manufactured rubber, armaments, airplane engines, and so forth. The network of the camps was immense it seemed. The Germans had thought of all ways possible to squeeze every ounce of our strength into producing products and providing them with free labor. The last thing he said to me was eerily horrific. "They use the fat that boils out of burnt prisoners to make soap for our showers," he said in a barely audible tone. Could this possibly be true? Given everything that I had seen, I knew that it could be.

I also learned that a large transport had arrived from a camp in Czechoslovakia called Theresienstadt. The members of this transport were allowed to live together as families. They were given the privilege of writing letters to their loved ones back home. At first I felt a sense of jealousy directed towards this group, but when I found out that all of these prisoners were gassed I revoked my feelings. I realized that the letters were dictated by the guards and were merely ploys to make their relatives believe that they were happy and healthy before they entered the chambers.

We feared taking a shower because we were told that some of the shower heads were rigged to pour out poison instead of water and the rare times when we were handed soap to use we feared that it was the fat of our fellow prisoners. We feared roll call because that was the time when groups of people were chosen to be gassed. We lived in a constant state of uncertainty, never knowing if our number on a list meant transfer to a new work detail or if it meant extermination. We feared standing still, sitting up, sleeping, working, and eating. Everything was dreadful. Nothing was predictable. Our kapos were mellow one day and wicked the next. Our bunkmates—the very people we shared the most intimate details of ourselves with—would steal our bread if we didn't eat it before falling asleep.

———

Seeing death all around me, from the time I opened my eyes in the morning until I closed them at night, had become the routine. In order to mentally escape from this reality, I would occasionally climb into my bunk, jammed up against Mendel with my head propped up on his shoes, and daydream. In one moment I imagined Blima and father laughing together in his workshop as father pretended to hit his thumb with a hammer while demonstrating how to make shoes. Father would tell her she was going to be a fine shoemaker, and Blima would shake her head and insist that she was a lady and wanted to have children and raise them just like mother had. The next moment my thoughts would revolve around past vacations to my grandparents' house by the lake. We would all be together like we had always been before, running around catching fireflies until our jars would become so full that more flies would escape from the jar than we could keep trapped inside with every opening of the lid. At other times I thought about mother, about how we used to talk uninhibited as if our souls were one and the same. When I thought of mother, I pulled her ring from beneath my shirt and twisted it around in my fingers as she used to, hoping that some of her spirit had implanted itself within it. The quiet time I spent meditating filled me with hope. The Germans could exert all of the exterior forces of torture and deprivation that they wanted on me, but they could not control my inner thoughts.

Infestations of lice wrecked havoc on us even more so than they had in the ghetto. These were not the kind of lice you usually find buried in your hair; the lice in the camps patrolled our bodies, entering our crevices and infecting us with their poisoned bacteria. We did our best to dig them out of our skin and fling them away, but for every one that we removed, ten more seemed to appear. Disinfection did little to help us since the lice inhabited the barracks; just as soon as we returned to our bunks after our clothes and bodies were disinfected, we were re-infected. Other illnesses spread throughout the camp, spanning the spectrum from colds to tuberculosis. Most of us, if not all of us, experienced the symptoms that go along with dysentery because the fluids we drank were unclean. There was a constant search for bits of charcoal—most often found in buckets near the kitchens mixed together with discarded rubbish—so that we could neutralize the effects of diarrhea to a small degree. Thousands of prisoners died due to these illnesses, made worse by our diets and strenuous work coupled with our lack of antibiotics and medical care. We did our best to keep ourselves clean in between our infrequent showers, but rubbing ourselves with wet leaves and scraps of potato sacks merely got rid of the dirt from our skin without destroying the harmful germs that were on it. When someone didn't return to his bunk at night, a new man took his place from a continuous wave of incoming transports. Each one of us was expendable; none of us was valuable.

The constant movement of cattle cars along the train tracks that crisscrossed through the camp was an ever-present sound, indicating the enormity of the lives affected by the war. Day and night I heard new arrivals entering the camp, going through the same process I had gone through two years earlier. I had assumed I would get used to the noise, that it would fade from my realm of consciousness so that I would not have to notice every time a new set of prisoners was arriving. Each time I heard the trains pull into the camp I relived the torture of my own arrival. My heart went out to each new victim. I imagined their fear as they saw all of the "muselmanner" walking around, and pictured their confusion as they were sorted and shaved. I could only imagine how dreadful, and scary, I must have looked to them. Although there were no mirrors in the camp and I could only catch distorted glimpses of my reflection in my metal bowl, I measured my appearance by how my brother looked. Each night I slept next to him, Mendel seemed to be taking up less of the bunk. Without layers of fat and muscle to fill out his features, his bones poked at my skin as he lay beside me. The healthy, robust brother I had once known was becoming a frail, weak shell with an extinguishing soul. Every kilogram that melted off his body was another anchor in my heart.

Mendel and I had not quite become "muselmanner." Like the other prisoners who had survived years of hardship in the ghettos, we had a slight advantage to prisoners who hadn't been previously confined because our bodies were familiar with starvation-level diets and we had already learned how to trade for necessities. Repairing shoes for the guards in exchange for food and the ability to put patches in our clogs definitely aided in our survival.

Another reason why we were not resigned to death was because we had developed an alliance with one of the cooks. He smuggled us bits of food and I stole leather patches from the guard's office closet for him and his father. Without this additional sustenance—though much of it was moldy and stale—it is doubtful that we would have survived our time in Auschwitz-Birkenau. We foraged for the same fare that the excessive swarms of rats also searched for—scraps of potato peels, morsels of rotting cabbage, carrots, turnips, and crumbs of bread—in garbage cans and in the dirt. If we found something on the ground that resembled a food item, we ran to it, seeking something to placate our growling stomachs. The rats nibbled on decaying piles of corpses when the crematoria couldn't keep up with the disposal. I wondered if any prisoners were ever tempted to follow suit. Even a greater concern than food, however, was thirst. We could fool ourselves into thinking we weren't hungry but we always knew that we were thirsty. In fulfilling this desire, nothing was out of the question. We scooped up murky handfuls from puddles, placed our heads into drainpipes, and spent our time in the showers drinking the water while bathing.

Finally, in May of 1944 after suffering through an unseasonably cold spring, Mendel and I were placed on a list to be removed from Auschwitz-Birkenau when two huge transports of prisoners arrived from Hungary and from liquidated Polish ghettos, greatly straining the resources of the camp. Everyone was jumbled around as space was made for the new arrivals. They were considered more precious than those of us already living in the camp because, having not endured a beaten-down camp existence, they were healthier and stronger than us and therefore better workers. By this time, the number of digits in prisoner tattoos had increased; I had even noticed tattoos preceded by offset numbers or letters. There were too many prisoners for the camp to contain. Many of my fellow prisoners were sent to the gas chambers, while others, like Mendel and me, were transported to another location.

———

I would like to interject to provide additional information about the crematorium I had helped to build. After the war, I learned that it had been destroyed several months after I left the camp by a group of prisoners during a revolt. If I recall correctly, the "Sonderkommando" (crematoria workers) learned that they were going to be liquidated sooner than expected and a new batch of workers was to be brought in, but they were unwilling to accept their impending fate.

Together with a network of prisoners, including Soviet Prisoners of War and women from the main Auschwitz camp who worked in nearby munitions factories, they banded together to smuggle and transport explosives to the crematorium. On the appointed day, incited by their dwindling life clock, they rose up, slamming the door on death, and destroyed one of the crematoriums. They then made a valiant effort to escape from the camp by cutting a barbed wire fence, running into the woods, and sprinting towards freedom. In the end, the escaped prisoners were discovered and executed, along with their assistants, but not before a handful of SS guards were killed. Amidst the chaos, hundreds of other inmates were murdered. The incident is just one of many testaments to the fact that we did not saunter willingly to our deaths. Some of us lost our lives actively resisting Nazi oppression.

But, as I said, when Mendel and I were preparing to leave Auschwitz-Birkenau and its evil crematoria and gas chambers behind, we were unaware of any plans of revolt. We were apprehensive yet relieved to be leaving. By this point, we were among the small group of veteran prisoners in the camp, the group who passed along their knowledge and experience to new arrivals. We had made it through nearly two years of selections, starvation, and sicknesses. We pushed around words to describe this phenomenon such as "luck," "blessing," "purpose," and "fate," but we decided there was no adequate explanation. It didn't matter what force had spared us, from within us or from around us. "One more day": that is what Mendel and I said to each other every morning. If we could just make it through "one more day" every day then we would live to see the end of the war.

We wondered where we were going. We thought nothing could be worse than the hell we had already lived through.

We were wrong. Things became much worse.

We were only given a twelve-hour notice prior to our departure, but perhaps it made no difference if we had only been given twelve minutes because we had no personal belongings to collect and clean or errands to run in preparation for our trip. We also had no one to say "goodbye" to. Such a word was unheard of in the camp—you were never given the opportunity to say "farewell" to a loved one and you never said it lightly in parting because you never wanted your current meeting to be your last. The only two people Mendel would have liked to see before he left were Dorothy and mother, particularly Dorothy. While he was worried about our mother, his romantic young mind was consumed with thoughts of his lover, the one person who had brought him a smidgen of joy while in the camp. Since he hadn't seen her after his punishment detail, he didn't know if she had perished, if she had been transferred, or if she had simply lost interest in him. He had no way of contacting her. I was really only concerned about mother. I thought she was still in the camp wondering why we hadn't returned to see her. I wanted to track her down, but I didn't have the ability to do so. I was blessed to still have her ring. Ever since she had gifted it to me, I had concealed it in various parts of my body during countless inspections, nearly choking on it more than once. I figured that if it was discovered at least I would die with a part of my family inside me. As I prepared to depart from the camp, I was comforted knowing that my family would be traveling with me to a new place; I believed that their spirits were inside the ring, just as mother had said.

CHAPTER 34

Shuffled around like cards, we made our third move in less than four years. The night prior to our departure, I blocked out the usual coughing and snoring from my neighbors and the typical dribbles of bodily fluids seeping down from the mattress above me.

When morning came, the nearly one thousand of us selected to be transferred—all of us young men in fairly decent physical condition considering our surroundings—were counted and recounted and then instructed to walk for about three kilometers to a nearby section of railroad track. Making our way under the watchful eye of more than twenty SS guards, Mendel stood close to me, fearing that we might become separated before starting our journey. When we reached our destination, a dozen open-roofed wooden boxcars were linked together on the track, awaiting our arrival. At that moment, despair set in. I feared that the trip might be worse than the one we took to Auschwitz-Birkenau. At least the roofs had been closed in the cattle cars so that while we were sandwiched together we were not completely exposed to the elements. How far would we be traveling like this? How far *could* we travel like this?

Then the whipping and beating began as we were quickly pushed into the boxcars. The guards pushed us together into groups and yanked us this way and that, plucking us from one group and introducing us to another. All the while they shouted at us, yelling commands to move quickly as was their usual tempo. There seemed to be no method to their grouping—it was all a game to them. It was always a game to them. We were like stuffed animals in an arcade machine with a claw device and the guards honed in on us until they snatched us from our resting place and then moved us about as if we were toys. But we were not presents to be enjoyed once we were extracted, we were victims to be manipulated and destroyed. In the process, Mendel was shoved into another group. I held onto him with every ounce of strength I had in my body, but a guard beat my arms with increasingly vigorous thwacks until I had no choice but to let go of him. At that moment, my brother, who I had always looked out for, was herded into one of the boxcars. He kept straining his neck to look back at me, but the guards kept pushing him onward. My heart shattered as I watched him drift away. My only comfort was that we would be traveling on the same track. I often wonder if I could have held on to him longer, if I could have fought off the guard. I believe that the guards purposely sought out prisoners who clung together so that they could separate them. They despised alliances. They preferred for us to be isolated and despondent.

In the next moment, I was handed a fistful of bread and a ladle of soup and loaded into a boxcar along with a hundred or so other men from a host of different countries. I felt the emptiness of the universe as Mendel no longer stood next to me. I imagined that there were others in the transport who felt as I did—no two members of the same family were in my compartment—but I didn't know and I didn't ask. No one felt like talking as we pulled away from the camp.

Though it was the middle of May when we set out on our voyage and the weather was breezy and temperate with a cloud-speckled, sun-filled sky, the warmth from our bodies heated the car to an uncomfortable level. Many of us began shedding our button up shirts, attempting to cool ourselves down. Some of us sat in the car, while others, like me, had to stand pressed up against the communal mass our bodies created. All kinds of odors radiated from the compartment, but we failed to care. We drifted in and out of sleep, in some ways relieved to have time to rest. During the first day of our journey I consumed all but a quarter-sized piece of my bread. I hid the rest of it in my shirt pocket.

Three days in, we stopped at a rail station somewhere in Poland and were given another ration of bread and soup, this one larger than the first. At that point, we knew that the next leg of our trip would be longer than the last. My thoughts kept wandering to visions of Mendel. I wondered how he was faring and if I would see him when we disembarked.

As we continued moving along the railroad track, we felt a desire to verbally connect to our fellow passengers. Sitting in silence was too much to bear. Streams of different languages filled the air. I communicated with a few Polish and Yiddish speakers who were scattered within the car. Eventually, everyone shifted to be closer to those they could converse with. Human interaction through animated chatter eased the passage of time.

Although traveling during the day was awful since insects made their way into the car biting and stinging us, the nights were far worse. The spring air nipped at our frail bodies, reaching through our clothing to release a chill that was absorbed into our bones. During the night we felt the consequences of our loneliness. Even though we felt the bodies of our fellow passengers against our own, the quietness of the night blanketed us in desperation as we were left alone to our thoughts.

Every few days, the brakes of the train were engaged briefly for reasons unannounced to us. As soon as our progress was halted, a pack of SS men jumped off the train and stood around, barricading us from escaping from the boxcars. Two men in a compartment directly in front of mine timed it so that as they felt the train beginning to decelerate, they hurled themselves out of the boxcar in a gallant effort to flee. One of the men caught his pant leg on a bolt connecting the planks and was sucked underneath the belly of his boxcar and onto the tracks where he was crushed by all of the remaining cars including mine. The other man made it safely out of the boxcar and away from the tracks, but he tumbled awkwardly when he landed, injuring his knee; he was consequently shot when the train came to a standstill.

Seeing this, we were all reminded, yet again, of the direness of our situation. Only on one occasion were these pauses used to replace our long ago consumed rations and to haul out the deceased from the boxcars. During this instance, a lifeless man was removed from my car. A sick part of me wished that more men had expired so that I had more room to breathe. As our journey continued, twenty men passed away from illness and starvation. We simply lifted these men and threw them out of the moving car. It was the only thing we could do to make the situation more endurable for the living.

As we pressed on, our stomachs continuously shrank and we welcomed rainy days so that we had something to drink, something to moisten our tongues. Increasingly, our discussions turned to our destination. We came to the conclusion that we were most likely headed to another work camp, not to an extermination center. If the Germans had wanted to annihilate us, they wouldn't have wasted time and resources transporting us. They could have easily gotten rid of us in the gas chambers back in Auschwitz-Birkenau if killing us was their intention. Would we be treated more humanely in our new camp, if in fact we *were* headed to a camp?

Every fleeting day was a day closer to our destination or a day closer to our deaths, or perhaps both. We had no indication of where or when we were going to stop. Like my transport from the Warsaw Ghetto to Auschwitz-Birkenau, everyone handled the trip differently. Some men became

consumed with hopelessness, others wailed uncontrollably, many were overcome with the motivation to survive,
and still others became mentally unstable, lost in their own
spacey world. I experienced waves of peaks of determined
endurance and valleys of listless despair. We were all victims of severe dehydration although our bodies reacted
varyingly from producing headaches to hallucinations.
Countless men closed their eyes in pain grappling at their
temples, trying to ease the chiseling throbbing beneath
their skulls. I fought off periods of confusion and dizziness
although I thankfully escaped the headaches.

We watched the landscape change as we moved in a
southwestward path, observing how the terrain changed
from flatland to mountainous and just about everything
in between, crossing out of Poland and passing into
Czechoslovakia and finally rolling into Austria. The stunning scenery once we entered Austria was breathtaking.
Gorgeous evergreen trees flanked the railway, awakening
our senses with the fresh smell of sweet pine, calming our
nerves. Serene, quaint, bucolic towns also passed through
our field of vision. Such beauty had not existed in our lives
for years. Our confinement caused us to assume that the war
had destroyed everything wonderful, including vegetation,
all over Europe. But now we realized life went on as usual
in some places. Maybe our lives would return to normal at
some point, too?

The days ticked by and I soon lost count of them. Finally,
on a humid evening the train came to a resting state at a

railway station in Upper Austria somewhere in the Alps, stirring up curiosity within my compartment. Debates were sparked about how long we had traveled, but the consensus was that it had been eleven days since we were removed from Auschwitz-Birkenau. Looking around, I saw a small sign with the word "Mauthausen" tacked to the platform wall of the station. The word meant nothing to me. Rows of SS guards lined up along the train with their bloodthirsty dogs and we were commanded to rapidly exit from the boxcars and form a line five people across. In so doing, I searched for Mendel in the sea of prisoners, needing to confirm that he had survived the journey. Pushed and shoved as I made my way forward, everything faded from view as I set my sights on finding him, propelled by instinct. My brain registered nothing in my peripheral field of vision as I searched. If he had perished during the course of the trip, I felt that I might not have the strength to continue. I *had* to find him, for if I didn't I feared that I might fall into the dirt and plead for death to cloak me in darkness, carrying me into its immense nothingness. I don't know how long I plowed through the mob searching for him, but it felt like an eternity.

Relief came when I saw him frantically making his way toward me. Huge smiles took over our faces and we hugged as though we had been apart for years. At the same time, one of the guards saw us and shouted at us to get into line. Doing as we were instructed, we fell into place, forming a row with three other men. When everyone was lined up, we set off on a march that would cover about five kilometers. We were nearly starved, dehydrated, and had not flexed our muscles in almost two weeks. As we walked, we were unaware if the trek would last one kilometer or one hundred kilometers.

CHAPTER 35

As we walked past civilian houses and stores, children threw stones at us, laughing at our misfortune. Adults mocked us, shouting obscenities and taunting us with promises of food and then slapping us in the face if we approached them. It was demoralizing and dehumanizing. I asked myself how a place full of awe-inspiring wilderness could house such despicable people. Had the whole world gone crazy? Was there no hospitable place left on earth?

More than an hour after setting out, we were led up a steep hill. Reaching the top, we saw an enormous stone complex directly in front of us. To me it looked like something out of a nightmare; a twisted, evil-filled prison where people came to die.

Climbing up the hill, the dirt forming our path seemed to reflect the foreboding color creeping into the sky as the sun slipped out of view for the night. Chilly gusts of wind battered us as we reached the top, seemingly letting us know that we had arrived at an unwelcoming place. My body vibrated with fear, forming tiny goosebumps along my skin. An uneasy feeling paralyzed me, sending electric pulses from my scalp down to my toes. Before even entering into the compound, I knew that we had reached a parade ground of death.

In the next moment, we rounded a curve and were face to face with the gates of the building. Elaborately carved wooden doors that would have been perceived as impressive works of art had they been in any other setting stood eerily tall with an enormous brass Nazi-worshipped eagle proudly displayed above them. The doors were bordered by two even taller stone guard towers, both of which were occupied by soldiers with rifles trained on us. Forming the boundaries of the fortress were hundreds of meters of massive stone walls capped with curls of barbed wire. The line of men I was part of broke apart as the sheer scope of our situation set in. The guards fired a barrage of bullets past us, making it clear that no hesitation would be made to kill us if we disobeyed. Since we had no weapons to answer the call of the guards' rifles, we did as we were told.

Crippled with fear, we proceeded through the gate. The heavy doors made a banging thud as they were shut and locked behind us. Bumped around as a group of several hundred men filled the space, Mendel and I moved as one unit until we found a place to stand on the edge of the group. Large hunks of granite covered the walls, floors, and many of the buildings, emitting a cold, heartless vibe.

Unsure of what might happen next, we waited in silence in an uncovered stone courtyard. We were then commanded to toss our bowls into a box and strip naked and toss our clothes into a pile in the corner. At that moment, I knew that we would not be dressing in our own clothes again; unlike the systematic process of undressing at Auschwitz-Birkenau, we were not deceived into believing that our clothes would be returned to us following registration. We were also told to remove our shoes and throw them into another pile. Mendel and I found it easy to give up our threadbare clothing since it had long ago worn to shreds, but parting with our nicely patched clogs with thick leather insoles—our second-chance lifeline—was distressing. We were the last transport to shed our clothing. As the population of the camp increased, the required production of camp uniforms could not be met, meaning that future prisoners had to wear the clothes they arrived in for the duration of their confinement. Our shoes and clothes mixed together with the others, and all that I had left was mother's ring, which I gripped into the palm of my hand before putting it into my mouth and swallowing it; I would retrieve it later.

As we unclothed, the guards stormed up to ten or twelve random men and wrestled them to the ground. The jagged edges of the embedded rocks lining the courtyard pierced the victims, bloodying their foreheads, knees, elbows, and hands. The guards then shackled the defenseless men to the stone wall by their hands and feet using iron rings and chains. Such callous cruelty, a hazing ritual, was another method employed to show us that we were entirely at the mercy of the guards.

It was dark by the time we unrobed and unrelenting waves of wind lashed at our exposed bodies as we stood idle with no further directions as hour after hour passed by. Although my body was nearly twenty-two years old, it felt like the body of an eighty year old because of everything it had been through. Cries of frustration from the restrained men echoed throughout the space all night, disrupting any attempts we made to sleep.

Finally, when daylight appeared, the guards reemerged in the courtyard. One of them, a burly beast of a man with shoulders so large that they buried his neck, turned and pointed to the ornate gate we had entered through the night before. He told us: "You come in there," followed with a point to two chimneys off to the left side of us. He ended by telling us: "And you come out there."

Having heard those words, we stood reflectively as we soaked them in. At that point, another guard told us we had entered the Mauthausen-Gusen camp complex, a network of more than fifty concentration camps. We were standing in the main camp, Mauthausen. We didn't know it at the time, but we were in the process of being registered into one of the toughest and deadliest Nazi-led camps.

None of the information we were given assisted us in any way; it left us with countless questions, which we could not ask. The demeaning initiation process, combined with the nearly two-week claustrophobia-induced travel, proved far too bitter for some of my fellow prisoners to accept. Men who were barely holding on to atoms of sanity when we had set out from Auschwitz-Birkenau were on the verge of aggregated meltdowns. These men stumbled around in a psychotic stupor with their heads pointed to the late-spring sky, muttering unnerving phrases. They proclaimed: "death is near," "keep your distance," and "bloodshed all around." The guards curiously looked on as these men became unhinged, enjoying the fruits of the Nazi-organized full-body brutality. I felt my temperature drop and my skin grow pale as I listened to their menacing words, watching as they mentally drifted off into an altered phantom existence.

One man hobbled up to me, his knees bowing oddly inward as he walked, shouting for me to look at where he was pointing. "There, over there—can't you see it? The evil spirit stands robed in ashes on that building, ready to welcome us." I looked and yet I did not see anything aside from two smokestacks that were connected to the crematorium. Even so, his terrifying predictions petrified me. In the next moment, he leapt over to the "evil spirit" with his last burst of energy, bellowing that he was "ready." That's when the SS mowed him down in a storm of gunfire. The man who only seconds before was a living, breathing human, albeit a half-crazed one, had become an unresponsive, contorted bundle that was shedding pools of blood onto the ground. There was no mercy. The guards enjoyed watching us unravel, but they enjoyed slaying us even more.

As the rest of us clumped closer together out of fear, we had no choice but to remain fully exposed as we waited in line. Hungry and tired from our trip, Mendel and I cautiously slid our way forward for three long hours until we were registered. When we approached the long, generic-looking table, we saw a row of prisoners with green triangles affixed to their shirts—criminal prisoners I presumed, just like in Auschwitz-Birkenau—sitting at the tables, ready to write down our personal identification information into ledgers. One of the men looked up at me and in a monotone, disinterested tone of voice asked me to say and spell my name. *This man actually wants to know my name,* I thought to myself. For the first time in years I would not be considered just a number. Perhaps Mauthausen wouldn't be such a horrendous place. Pride shuttled through my veins, pumping life back into my scrawny body, when I said the words "Henryk Frankowski" aloud. Looking over at Mendel, I noticed that he experienced a similar feeling—his eyes brightened as he recited his name. At that moment I realized how important strings of precisely arranged letters are in defining who we are. Numbers made me feel insignificant while letters made me feel respectable. Either way, I was still me in mind and body, and yet this tiny distinction made a world of difference to how I felt. It is remarkable how labels can alter our frame of mind.

Lost in my own pensive thoughts, I failed to notice the object dangling in front of me. I was standing there mulling over the importance of names when the prisoner who registered me demanded I grab hold of the object he was presenting me.

And in that moment I once again became just another number.

A rectangular piece of metal engraved with a row of numbers fastened to a short piece of metal twine declared my new identity. Affixing it to my wrist as the other prisoners did, aside from those who were given wire long enough to fit around their necks, I felt my soul wilting in despair. Inwardly decomposing upon myself, shriveling and curling up like a flower that has been deprived of sunlight and nutrients, I begged for death to cradle me. My feet glued to the stone floor, I felt like giving up.

I was beginning to wonder who I truly was. I had one number indelibly imprinted on my left forearm, another number knotted around my left wrist, and a name no one seemed to care about.

Snaking around the walls of the courtyard, our line of naked prisoners tainted with periodic inclusions of guards made its way through a long wooden building, an occupied barracks, where we took turns having our heads, chests, underarms, backs, and pubic hair shaved as we stood in front of the gaunt prisoner barbers. It was a similar experience as my encounters at Auschwitz-Birkenau, complete with the rusty blades and flesh-stinging sensations, but it was no less mortifying each time it was done. The only difference was that our entire head was shaved slightly further away from our scalp, leaving a few centimeters of hair sticking out from the root, and then a deeper swipe of the blade, the width of the razor, cut from our forehead to the nape of our neck.

We were hurried out of the barracks and into a stone building where we were visually inspected and individually fully submerged into a giant vat of disinfectant. As I waited in line, I watched the men ahead of me disappear into the metal drum only to reappear a few seconds later flailing their arms as they gasped for air. If only I had been the first one in line, then I wouldn't have had to witness what lay ahead for me. Fearing that I might hyperventilate, I took a slow deep breath as two guards pushed me into the sterilizing liquid. My lips curled underneath my teeth and my eyes sealed shut, I clutched my flimsy glasses in one of my hands and held my breath as my head disappeared under the cloudy water, which was dirty from hundreds of soiled men. Immediately, I kicked my feet frantically until I bobbed to the surface, gulping steamy, bitter air smelling of rancid almonds because of the insecticide. My open wounds pulsated with pain. One of the guards pulled me out of the trough and called for the next prisoner in line to take my place.

Following this, we were corralled together into a cement-lined shower room. Worrying if gas or water would stream out of the shower heads, we stood in waiting as the metal door was closed, looking up at the thin pipes in the ceiling with apprehension. It was like the guards wanted to tease us—we saw them looking at us through the rounded glass window in the door—because they waited more than ten minutes before they turned on the water. Although it was lukewarm but bordering on cold, we greeted its arrival with the presentation of our tongues. Feeling it soak into my pores, my outlook changed yet again. Throughout my life in the camps, since the outbreak of the war, my emotions constantly teetered like an unbalanced seesaw.

As soon as the water stopped flowing, the door was opened and we were ordered to vacate the shower room. As we did, we were handed an armful of clothing, which we were told was a uniform consisting of a pair of pants, a shirt, a button up jacket, and a pair of shoes. There was no time to verify the contents in our hands as we exited the stone building. What we were given was what we would wear. Only after we were outside could we look at our uniforms as we dressed in them. In my arms I found a striped gray-blue paper-thin jacket, just like the one I had worn before, already adorned with a yellow triangle and marred by loose stitches on the breast pocket. It was obvious that my jacket had previously belonged to another prisoner. I found it unsettling that the guards didn't sew our numbers into our uniforms; they probably didn't want to waste their time in doing so since they knew we wouldn't last long here anyway. Aside from a small percentage of matching uniforms, even our pants didn't coordinate with our jackets. My pants were a khaki beige color while others were black, white, or plain gray. My shoes were wooden clogs with wooden soles and canvas upper coverings. Other variations of the shoes given out that day were fully wooden clogs and wooden clogs with leather uppers. I greatly missed my perfectly modified old clogs. Having to resort back to wearing uncomfortable shoes was deflating.

Once we were dressed, the same two guards who had addressed us hours prior reappeared, this time with pistols.

They notified us that we were going to be divided into factions—a small portion of men would be staying in the main camp while the rest of us would be transferred to satellite camps. We didn't know which of the two choices was the most favorable.

Very swiftly, we were divided into ten or so groups. Leading up to this, it hadn't even occurred to me that Mendel and I might be separated. We had both made the trip to the camp and I assumed we would be staying together since everyone from the transport was registered in the same fashion. All of a sudden, clarity overtook me and I whispered to Mendel, telling him to move away from me. I figured that since the guards routinely tore apart families we would stand a better chance of ending up in the same group if we didn't appear to be acquaintances. Mendel pushed his way through the crowd, ending up roughly six meters away from me. All we could do was hope for the one-in-ten chance that we would wind up together. I said the words "Mendel, me, Mendel, me" repeatedly in my head as we waited for our assignments. In a matter of seconds, I was pointed into what ended up being the smallest group and Mendel was pointed into one of the largest. All hope was lost. There was no goodbye, no hugging, as I watched my brother take one last look at me as he was led away and out of the front gates, his hands holding up his baggy pants.

CHAPTER 36

I wouldn't let myself believe that was the last time I would ever see Mendel. I begged for father and Blima to comfort me. I had to shake the pessimistic thoughts that were plaguing me. I had to resuscitate my dwindling energy supply. I knew that I would not survive even until the next morning if I let negativity overtake me.

Realizing this, I shook my head, effectively casting away my feelings of gloom. I instead turned my focus on the thirty or forty men standing together with me. We were the only group remaining in the courtyard; all of the others had been taken away to other camps. We were all Jewish, which I easily concluded from the yellow triangles on our jackets, and were men of varying builds, although we were all corpselike from our time in Auschwitz-Birkenau. Stunned from our sudden separation from the other groups, we wondered if we should feel blessed or cursed.

With no time for introductions, we were led to the left side of the courtyard to a green-painted wooden barracks with functioning windows. Making our way inside by scooting clumsily in our uncomfortable new shoes, we saw that it was full of bunks but devoid of men. The hundreds of current inhabitants were laboring somewhere in or around the camp. We were assigned to bunks that already slept two to four men on each level, so that we would be sleeping three to five men across. For the first time, I was assigned to a top-level bunk. I only wished Mendel could share it with me. Even so, it was impossible to imagine how I would fit into such a small space. The three-level wooden bunks with burlap-covered straw mattresses looked similar to the ones we had slept in while at Auschwitz-Birkenau; they were too small for even one man to sleep without feeling cramped, let alone three, four, or five.

Bunks assigned, we were then each issued a cup, a bowl, and a spoon. I greeted my new possessions with fondness — they meant we might finally be given something substantial to eat and drink. As it turns out, we had to wait for several more hours until the workday was over and dinner was served. Beginning to tie these items around the string of our pants for safekeeping, the guards jeered at our bizarre behavior, pointing to a wall of shelves parceled into tiny cubbies. We were to store our utensils in our assigned spaces when not in use. Apprehensively, I tucked my objects into my cubby as the guards left the barracks. Immediately, I worried about their safety.

Three inmates approached us, all of them political prisoners. I can't recall their names; by that point in my camp tenure I found it pointless to memorize names. While I have mentioned that our "superiors" demeaned us by referring to us by our prisoner numbers and not our names, conversely our "superiors" commanded respect—which obviously none of us had for them—by requiring us to address them using their names. This distinction was just another way we were debased. Moreover, even though my peers and I spoke to each other by name, with the constant reorganizations and selections I preferred not to learn their names so that when they disappeared I could pretend they had just been a figment of my imagination. Not knowing their names made it easier for me to cope when they went away—to suffer or to die.

The three political prisoners introduced themselves as our block elder, block registrar, and room elder. They were the leaders of our barracks. As they went over the camp protocol, we learned that they we were replacements for prisoners who had recently perished in "an accident" at the stone quarry. We also learned that we would not be isolated from the non-Jewish prisoners and we would bypass the typical quarantine period because our labor was immediately needed. This meant that there was no time to get acquainted with the fundamentals of the camp—we were expected to dive right into the grueling routine.

As I listened to these men, these strangers addressing us, I began to question if in fact the other groups were taken to different camps or if we had all been duped as we had been in Auschwitz-Birkenau. Was it possible that the nine other aggregates were already on their way to the gas chambers? No matter how hard I kept trying to cast aside similar questions, they kept lurching their way back inside my brain. I feared that my brother, one of the people I had vowed to always protect, might never be able to fulfill his dream of becoming a teacher. I wondered if my grandparents were still living covert lives in hiding or if they had been discovered. I questioned how my former teachers, childhood friends, and neighbors from Warsaw were faring and if they ever thought about me, too. Churning years of unsoiled memories over in my head, I thought back to innocent little Blima with her doll-like, sweet face. I felt the guilty weight of all of the souls of my family who had been killed since the war began. The Nazis held our lives in their rifle-wielding hands and they decided when it was our time to leave this earth. Traits that the Germans favored varied from day to day so that no one knew what was advantageous and what was disadvantageous. The same group of young women judged as desirable candidates for work one day could be rejected during selections the very next day. If labor-related voids didn't exist, entire transports were sentenced to death. They treated us like perishable food, disposing of us when we were no longer beneficial to them. When I thought about it, I realized that perhaps our expiration dates were encrypted within our unique prisoner numbers. Maybe they were already recorded in the camp ledger so that each day we were unknowingly getting closer to our imminent doom.

Lost in a sea of unspeakable visions, I was thankful when an annoyed prisoner shouted for me to move. Judging by his tone, it was not the first time. I had zoned out during the leaders' introductions. I shrugged, unconcerned. I hadn't noticed that a small band was playing outside somewhere in the background, indicating that the laborers were arriving back to camp for the evening. While I stood with my group outside my newly assigned barracks, I scanned the borders of the rectangular-shaped camp as the sun began to set, watching hundreds of deathly thin prisoners—all bearing shaved heads with stripes down the middle—sluggishly shifting up the hill to the outdoor stone-covered assembly ground for roll call. I found it odd that very few of the inmates displayed yellow triangles on their jackets like me; instead most of them appeared to be political, criminal, or asocial prisoners. Equally as strange, I noticed an almost total lack of women in the camp. Throughout roll call, which was held individually by barracks, I mentally cataloged my observations. The senseless beating, repetitive recounting, and motionless standing were no different than roll calls had been in Auschwitz-Birkenau. I was unfazed when the process took three hours that night.

At last, once we had all been counted and accounted for, we were fed. The thick, dark veil of night accompanied us. I can't recall how many days it had been since my last meal, but I gulped down my bowl of foul lukewarm soup like it had been a month since I had exercised my taste buds. I wanted to talk with the men who had just returned so that I could ask questions about the camp, but they were unapproachable. They grabbed their soup and walked away with it. With only an hour of free time between dinner and sleep, most of them headed to the washrooms—which were ill-equipped and a several minute walk from the barracks—where they attempted to clean themselves and their uniforms. My first bit of downtime was spent in a fog. Fear of the unknown caused the line between my desire to live and my acceptance of death to blur. I had to forcefully push that line apart and swing the pendulum back towards wanting to live. It would have been so easy to give up before I ever started working in the camp. I knew that death by my own accord would have ended my suffering in a flash, but I couldn't do it even though I knew it meant months, or even years, of misery were ahead of me.

In the end, recollections of the long ago advice about endurance from my mother compelled me to gather intelligence about surviving in the camp. Therefore, I returned to my barracks to look for a seasoned prisoner to talk with. After using one of the round cleaning basins inside the barracks to rinse out my cup, bowl, and spoon, I headed to my bunk. My bunkmates had not returned from the washroom so I looked around for someone else who might be willing to answer my questions. Sitting on the unfinished floor several bunks away from mine with his head bent in concentration, a red-triangle prisoner was using a simple, splintered needle he had carved from a stick and a small pile of straw ripped vertically into thin threads to darn a hole in his pants. He looked both resourceful and knowledgeable. No matter how standoffish he might be, I decided to demand he be of assistance to me.

Full of confidence, I approached the man and introduced myself to him. He looked up briefly without recognition, absorbed in his sewing. I moved closer to him and repeated myself in a louder voice. He grunted sharply, threw some straw at me, and muttered to himself. Figuring he was attempting to get rid of me, I prepared to plead with him. Luckily, I didn't have to. Instead, his behavior reversed. He put down his needle, nodded at me, and invited me to sit down on the floor beside him. I respectfully thanked him for accepting me into his personal space and although I was slightly troubled because of his conduct, I took a seat next to him. I shouldn't have found his behavior so unusual; camp life bent everyone's social skills. Our tempers flared uncontrollably and our emotions changed suddenly and unpredictably. With his hands moving instinctively over his torn garments, he continued sewing as I rattled off a series of questions about Mauthausen, probing him incessantly. Under the glow of the one bare bulb hanging from the ceiling, we engaged in a lengthy discussion until the rest of the five hundred prisoners returned to the building and the light was extinguished. Over the next several weeks, he acted as my mentor.

Lying on my straw mattress that first night, the full length of my body uncomfortably pressed like a canned sardine between two men I hadn't even met yet, I turned the words of my newest acquaintance over in my mind. I sifted through the information I had learned, mentally categorizing it into files, storing it away for when I might need to unearth it later. Through that kind, selfless man I learned a bounty of knowledge, useful and otherwise.

Much of what he said gave me a general background about the camp, allowing me to understand where I was and what the Mauthausen-Gusen complex was all about. He had survived the arduous conditions of the camp for nearly a year. Immediately following the outbreak of the war, he had fled to Czechoslovakia from Poland where he was rounded up for political reasons. A spiteful coworker had accused him of opposing the Nazi party; therefore he was imprisoned in various camps until he finally ended up in Mauthausen.

Apparently, the entire camp complex spanned more than thirty-five acres, comprising about fifty camps, with Mauthausen as the main camp and a much-feared sister camp called Gusen located about five kilometers to the northwest. He told me about the nearly useless camp hospital where first aid was the relative extent of the services offered since life-saving medicines were in short supply. He explained that spotted fever had run rampant a few years prior, killing off many prisoners, and how Soviet POWs were formerly secluded in a separate camp where they were treated cruelly. He also told me about the camp band, which he said had just formally split up, although a few members continued to play during roll calls, executions, and when prisoners walked to and from work. He explained how the camp was a vast melting pot of prisoners from across Europe, including men from Spain, the

Netherlands, Czechoslovakia, Yugoslavia, France, Belgium, Greece, Luxembourg, Italy, Hungary, and so forth. He fathomed that the lack of women might be attributed to the demanding physical labor required of the inmates, although he did mention that some women worked in the SS brothel. He could not answer my questions about the disproportionately large number of intelligentsia, asocials, and political and criminal prisoners that outnumbered the Jewish prisoners, but he presumed that "they are coming." He told me that some lucky prisoners—none of them Jews—could receive letters and packages and were even earning small wages that they could use in the camp canteen to buy food and supplies. These prisoners were also treated to bed sheets and weekly showers. Moreover, a few of the very lucky were invited to participate in the Sunday football (soccer) games the SS played on the open field adjacent to the camp. I further learned that the labor force had previously been focused on mining granite in the nearby rock quarry for reconstruction projects in German towns but had recently shifted towards digging underground facilities to manufacture armaments for the German Army. He had worked in the stone quarry since his arrival despite the cutbacks, and he recounted frightening scenes about his experiences, warning me about a landmark connected to the quarry known throughout the camp as the "Stairs of Death." Tales of torture, including witnessing men being drowned alive in large barrels and seeing prisoners tormented to the point where they committed mass suicide in order to escape the pain, mixed with stories about extreme forms of punishment made me realize that the camp I was a part of was no less horrifying than Auschwitz-Birkenau. In fact, after that conversation I knew…it might be even worse.

CHAPTER 37

I slept that first night restlessly, wrestling with the information I had just absorbed. Less than four hours after I had climbed into my bunk, I was awakened by the earsplitting sounds of a bell announcing it was time to spring to life and begin the day. It was not yet five in the morning. I mimicked the actions of the other men, helping to flatten the straw mattress while crouching on the edge of the bunk, balancing so that I would not fall to the floor. Then I ran through the darkness the half a kilometer or so to the toilets, taking my turn sitting on the bare planks with rough-cut holes running the span of the building. Following this, I fought my way to the communal basins, splashing a handful of muddy water on my face, and grabbing my cup, bowl, and spoon from my cubby. I hurried to the food distribution site, eagerly awaiting something, although I knew it wouldn't be satisfying or tasty, to soothe my hollow stomach. Showing my metal bracelet to the cook, I received my cup of vile coffee and watery soup. By that point, I failed to care how horrendous the food tasted. If it quenched my thirst and placated my growling belly, it was a welcomed gift. Having eaten, I returned my utensils to their proper place and joined the rows of twenty men across already forming beside my barracks for roll call.

With no executions to carry out and no discrepancy in the numbers, we were quickly led away in our labor groups to our work sites. I joined the group of men I had arrived with from Auschwitz-Birkenau and many of the men from my barracks, including my new, self-appointed mentor. Marching out the front gates in our rigid wooden shoes with SS guards and kapos intermingled between us, we walked past the lower level of the camp where the SS barracks were and continued walking for probably a distance of a kilometer and a half before coming to a steep incline. The group hesitated for a moment, as if fear disabled them, before heading down a multitude of stone steps that led down to a vast stone quarry. In that moment I realized I was walking down the infamous "Stairs of Death" my new friend had warned me about. I sensed a heavy shade of misery floating above me as I descended into the quarry, feeling cold nips of pain from the ghosts of those who had perished there. I knew that quarry work would not be easy.

When we reached the bottom of the steps, the guards wasted no time in firing off a string of commands. They yelled the usual orders to "hurry," "rush," and "run." In response, the kapos rounded us up and directed us into groups of five or six, telling us to grab a cart and pickaxes and shovels from the pile of supplies in the near corner of the quarry and to begin breaking apart sections of granite into large chunks. My group of six men consisted of prisoners from Italy and France, making it impossible for us to communicate verbally. Aggravating at first, we eventually fell into a routine. Our job—along with most of the other groups—was to hack away at the embedded stone with our handheld tools until large sections were freed from the earth, at which point we hoisted them onto the edge of the cart and shoved them inside. Oftentimes, tiny shards of rock would break apart from the impact, sending projectiles at us. Facial cuts and ocular injuries were unavoidable. Once our cart was full, we wheeled it for a few minutes along specially designed tracks until we reached the edge of the Danube River. Here, all of the carts were unloaded by another labor group and the contents were loaded onto ships bound for Germany. We did that for ten or eleven hours, with a short break for our lunch ration, as the kapos badgered and violated us and as the SS guards hungrily eyed us, always at the ready to fire their rifles and unleash their dogs when they needed a spark of entertainment. Over time, I found that the kapos were generally more mean-spirited than the SS guards; it seemed that they felt as though they had something to prove, like they feared that if they were too soft on us then they might be replaced (i.e., annihilated).

Adjusting to the strenuous work proved to be an extremely slow process, especially since my body was already dangerously thin. Despite this, I somehow managed to make it through my first day in the stone quarry while three of my fellow men did not. One man was crushed under the weight of a falling rock, while the other two collapsed from exhaustion. These men were carried back to camp where their identification numbers were recorded before they were disposed of. The Nazis didn't care how many men perished that day or any day, they were only concerned about balancing their ledgers—the number of prisoners on their lists had to be accounted for. I felt fortunate that everyone I shared a cart with survived to see the following day.

Roll call lasted for several hours that night, probably because once we arrived to the assembly square it began to rain and the temperature plummeted. The guards loved watching us suffer through extreme weather conditions from the protection of their towers. Our misery was their pleasure. A torrential downpour hosed us in a bitterly cold shower, flirting with the layers of dirt covering our bodies, sending streams of muddy liquid down our soaked uniforms. Despite constantly wiping my glasses, I couldn't see through the lenses. I cursed my nearsighted eyes, hating how they only added to my grief. All I wanted to do was to eat my dinner and fall into my bunk.

Finally, when they had humored themselves enough, the guards relented and excused us. Our soup was as cold as the ambient temperature by that point, but it made no difference to us. We just needed calories to carry us through to the next day and it didn't matter what they tasted like. That night our hour of free time was deleted; we only had three hours between dinner and breakfast.

And so my days were consumed with working in the stone quarry Monday through Saturday afternoon with only a break on Sunday to rest. It was backbreaking, soul-eroding work. The massive slabs of granite cut apart my hands as I chiseled away at them just like the bricks had sliced my hands in Auschwitz-Birkenau, except the granite was sharper and bit down deeper. My hands were a bloody mess by the time each workday ended; eventually I no longer felt the pain. Muscles in my shoulders and back strained to flex a little further every day, resulting in recurring convulsions. With only a few ounces of soup and bits of bread and perhaps the occasional cold, thumb-sized piece of meat or potato, the flesh around my ribs sank deeper towards my organs a little more each week. My feet—confined to my ridiculous wooden clogs—became full of blisters and sores. All around me, more and more men took on the look of walking corpses. Lice ran up and down my body at all hours of the day, biting my nearly destroyed body. Although our clothing was occasionally disinfected, our bodies rarely were. As a barracks, we were taken to the showers only once every one or two months, but only those who were strong enough could fight for a coveted spot under the spigots. Weekly we were annoyed with the shaving of our heads and bodies when a collection of prisoner barbers entered our barracks and sheared us.

The kapos further aggravated our situation by berating us for the most trivial of matters, finding any excuse to criticize us. The SS guards used us as bait for their twisted games by parading us past the dog kennels and letting German shepherds loose at random. For sport, they sometimes even asked for volunteers to join phony work parties; once the group assembled they plowed them down with gunfire. There was no relief anywhere. The situation for all of us in Mauthausen was beyond bleak.

As spring and summer made way for fall—glossing over my birthday without a pause—fall then made way for winter and our situation inside the camp only diminished. An epidemic of typhus tore through the camp, eradicating hundreds of prisoners. By that time, many large transports of Jews, women, and adolescent prisoners had arrived and workshops were converted into barracks. I had become well versed in the ins and outs of the camp, due in large part to my mentor. He taught me valuable information, including how to bandage my wounds using discarded items found in trashcans. Without his guidance on all levels, I am doubtful that I would have survived. I owe my life to him. When he failed to return to camp on his own accord on a November evening in 1944, my heart burned in agony as I lowered his stretcher to the ground. My mentor had died and a piece of me did, too. With pieces of my soul breaking off with each loss I experienced, I feared that there would soon be nothing left of me.

CHAPTER 38

It is unfathomable how much heartache and pain the human body can endure. Even if that pain is not directly pinpointed at you, you can obliquely feel it. A prime example of this played out during morning roll call after I had been in the camp for six months. As we were visually examined, one of the SS guards approached a prisoner who appeared strangely fuller in appearance than the rest of us. His body looked lumpy and plump. The guard walked up to this man and tore open his jacket with his hands, causing short fibers of straw to spill onto the man's feet. He had packed straw from his mattress into his uniform—attempting to conceal it by folding the excess material from his clothing over it—in order to form a barrier from the frigid temperatures. "What's this? You think a cockroach like you deserves warmth?" the guard yelled, yanking the trembling middle-aged man out of line and pulling him to the front of the assembly square, instructing all barracks to coagulate together. We were forced to watch as the reprimanded prisoner stood there, frightened, awaiting his sentence. Within minutes, another guard walked up to the prisoner, bearing a handful of raw pork he had taken from the SS kitchen. He tore apart the loose stitches holding the straw to the clothing and replaced the straw with the meat.

Meanwhile, the man thrashed around, trying in vain to fight off the guard. In the next instant, two guards who were holding onto the leashes of their trained attack dogs joined the scene. Their dogs lunged forward gnashing their teeth, hungry to bite into the meat, but the guards didn't let them loose. The unconditioned leather of the dogs' leashes cracked in areas from the stress, straining and stretching to a near-snapping point, extending the prisoner's terror as he anticipated their release. The next thing I knew, the dogs were let loose and they knocked the man over. They stood on top of him eating away at his flesh, trying to get to the pork, and in so doing, ripping the man's meat off his bones. Ear-piercing, gut-wrenching screams projected from the man, petrifying us all.

I tried to distance myself from the scene, attempting to retain my composure, putting up an emotional shield from the situation. I had been surrounded by similar scenes for years and so I told myself that I shouldn't be intimidated or disturbed by the gruesome, malicious act. I drifted back to my childhood in Warsaw. In that moment I was riding my bike over a cobblestone road, thudding along, pedaling next to my friends. In the next frame, I was standing in front of a grand cathedral, awaiting my princess. With the blink of my eyes, I was then standing in our apartment, breathing in the aroma of potato pierogies, my mouth salivating. I was lost in a trance, reminiscing about the way things were when my family was all still together and no worry was too great for mother to ease away with her words.

But, I could only reminisce momentarily. The collective reaction of those around me, their verbal outcries and the general feeling of despair, influenced me physiologically. Their dread became my dread. Their fear became my fear. Spastic undulations of fear and dread took hold of my body. There is no shutting off your brain from registering such acts of extreme cruelty. Even today, recollections of that incident come creeping back into my dreams. Visions of the man, whose only crime was ingeniously implementing a way to keep warm, still haunt me.

Once the man was more bones than flesh, the guard who had initiated the incident indicated for the guards ranked below him to clean up the "mess" and we were directed to work like roll call had played out without so much as a hiccup. That's just how it was in the camps. Each time a prisoner was sent to the punishment bunker or isolation area before being executed, we had to pretend everything was normal. If we attempted to empathize with the victims, we would divide our attention away from our own needs. Ignoring the vent from the gas chamber in the courtyard and the puffs of smoke from the crematorium, we continued our daily rituals.

Some prisoners got wind of a place maybe thirty to fifty kilometers away from camp where mass killings were taking place. They said prisoners from Mauthausen were being transported there and were being killed by lethal injection or gas. They identified the killing center as a place called "Hartheim Castle." Why was a castle being used for violence?

I came to dread roll call even more than work.

CHAPTER 39

I
n the beginning of December in 1944, I experienced
how horrible Mauthausen could be when my resilience
was supremely tested. I awoke to the familiar sound
of the bell just as I always did—since it was wintertime
our day started about fifteen minutes later than the usual
time—and went through the motions of my morning routine. When the men from my barracks gathered in our col-
umns for roll call and the total numbers failed to match with
the roster after repeated tallies, it was clear that two men
were missing. Standing in nearly a foot of ice-glazed snow,
our frozen fingers locked into a curled-claw position, we
cautiously awaited our looming sentence. The guards scur-
ried up to us and shouted, taking their anger out on those
standing closest to them. Not allowed to move our feet, we
slinked backwards from our waists in an effort to distance
ourselves from attack. Bobbing and weaving like a boxer in
the ring who's avoiding a knockout power punch from his
opponent, I looked on with disbelief as one of the guards
approached the prisoner nearest to him—not a meter away
from me—pressed the cold barrel of his Luger against the

back of his neck, said "bang bang" into his ear, pulled the trigger, and then casually holstered his gun. Gunpowder lingered in the air as the prisoner fell to the ground and a splatter of red fluid garnished my face. I feared that the next bit of warm blood to be shed that day would be my own. We all felt that way. We wondered how many more of us would have to die in retaliation for the actions of those two missing men. Had the score been leveled or would one more of us, or quite possibly all of us, be executed?

After a thorough discussion between the guards, our lives were spared, at least for the moment. However, half of us were led to the punishment area for torturing and half of us were assigned to the punishment detail. I was directed into the punishment detail group along with two or three hundred other men.

As we were guided to the "Stairs of Death"—the same 186 steps we had descended daily for months—the lot of us trembled. Trepidation punctuated our movements. The unequivocal smell of flesh-rich smoke hung in the air so thickly that I could taste it in my mouth. The temperature was well below freezing and the wind was gusting relentlessly as we made our way to the bottom of the stairs. I could feel the follicles on my arms straining to hold in the roots of my frozen hairs. The guards made no effort to clear the steps of snow. Stairs that were normally slick because of the well-trodden rocks became deathtraps when covered in precipitation.

Winter coats and gloves were luxuries we didn't possess. We had nothing to protect our bodies from the elements.

Prisoners who were in the camp even a year prior to us were given such items, but as the war dragged on, the supply decreased and was never replenished. Therefore, hypothermia and frostbite constantly plagued us, particularly on that day.

Once we were all clustered at the base of the stairs, the wretchedness began. Without so much as a pause, we were mustered into lines five men wide. We peered up at the stairs, not able to see the last few because the hill was so steep, and wished them away. As happened so often during the war, things that were ordinarily used for one purpose—to make life easier—morphed into things that were used for another purpose—to make life harder. Stairs that usually acted as a bridge to help us conveniently get from one place to another became a treacherous avenue to challenge our bodies and our resolve. Throaty, grimacing German commands pelted our ears. In response, each of the men in the first several rows lifted a piece of granite, weighing 45 kilograms (about 100 pounds) or so, onto their shoulders and began running up the steps in unison. Immediately, the next few rows followed suit, chasing them. When my turn came, the weight of the rock, most definitely heavier than my body weight, nearly knocked me on my face. It was a pointless exercise; it was merely another sadistic, sick victimization. Slipping and struggling to find our footing was no easy task. Our bulky, burdensome clogs provided no traction and the thin, ragged clothing that hung loosely over our skeletal frames was a menace to our movements. Snow crept into our shoes and up into our legs, nipping away at our sockless toes and ankles. Within minutes, our emaciated appendages stiffened from the cold. The line moved forward until all of us were galumphing up the stairs. Our faces were only centimeters away from the serrated slabs of those in front of us.

Our first pass was not without incident. A man on the opposite side of the cliff a few steps above me lost his footing as his shoe became trapped in the snow, causing him to fumble and lose his grip on his rock as he steadied himself, resulting in it rolling off his back and down the hill. It gained momentum as it tumbled, knocking over and critically injuring the men standing in its wake. In its motion-filled state, the jagged chunk struck the men's faces and chests, tearing away at their defenseless bodies, fracturing their skulls and breaking apart their ribs. Deafening cries of anguish filtered from their mouths, terrifying all of us. They had no way of avoiding the calamity. Had I not been standing at one end of the stairs and he at the other, I very well might have been killed by the impact. In retaliation, the kapos—dressed in heavy overcoats and quilted hats—counted out a faster pace to us, delighting in our agony. When all of us reached the top, we were immediately ordered back down the stairs. Stones in tow, we crouched forward in severe pain. The descent was perhaps even more dangerous than our trip upward. The compacted snow, melting in places from our pounding feet, had become a treacherous sheet of ice as it thawed and refroze.

Once we were all again gathered at the bottom of the hill, alive or otherwise, we were surprised to hear that we would have an opportunity to rest before repeating the madness. This change in treatment seemed to stem from the sudden disappearance of the kapos and all but one of the SS guards. The remaining guard, a fairly young lad with strawberry blonde hair, expressed remorse for our treatment. He examined the wounded and pulled a handkerchief from his pocket, pressing it against a man's gushing gash. Speaking kindly, he addressed us with compassion—a character trait I hadn't before seen in Mauthausen—apologizing for the brutality that had been inflicted on us. While most men discounted his words as lies, I did not. That small glimmer of humanity spoke volumes to me; it reminded me that good can outshine evil.

Catching our breaths, our stones on the ground beside us, we massaged our pulled muscles as we begged our maker to spare us from another trip up the stairs. I dragged myself over to two men I was friendly with and the three of us commiserated with each other.

It must have been at least twenty minutes before the rest of the guards returned. Who knows where they were during that time. Finding us spread out in the quarry, they went on a crazed rampage against us. The guard who had just been so kind to us suddenly discharged an entire magazine, targeting random prisoners, arbitrarily killing a handful of us. Then he coolly reloaded his rifle, emotionless, as he stepped over the lifeless prisoners, one of whom was clenching a bloody handkerchief. As it turned out, he was not so kind at all; when it came to being reprimanded or doing the reprimanding, he chose the latter. He was pushed into the group-think mentality; when he was alone he acted very differently than when he was part of an influential collective unit. Again, it was clear that no one could be trusted. Evil reigned supreme that day, just as it had on so many other days since the war had begun.

In response, we were herded back up the mountain with our hefty stones. The guards hurtled threats at us, telling us to run as fast as we could regardless of our starting place in line. They bet on who would make it up the stairs first, like we were sprinters in a track and field race and the cliff was our finish line. My will to live once again diminished as I dragged myself and my stone up the hill. I was tired and defeated. I damned the time I had spent as a child sitting in decorative, safe classrooms learning about arithmetic and reading. The time devoted to academics seemed like a waste; I wished I had spent that time learning survival skills. Biting my lip to draw attention away from my aching back, I felt as though my soul was removed from my body and I was watching myself striving to make it to the top. In that moment I was no longer in control of my feet; they were moving automatically like I was a marionette controlled by some external force. I felt myself giving up. I wanted to drop my stone and plummet downward. Feeling my hands letting go, I became fully aware of the weight of the cold, gold circle hanging around my neck, and I pressed on, thinking about my mother's poetry from the ghetto. One poem in particular came to mind, and I recited it to myself over and over until I finally reached the top:

With certainty, death's distinct call will one day
of course come,
Toiling, tasking, and thinking lets me know I still exist,
Even when my senses powerfully persecute,
inviting pain to persist,
Feeling, faltering, and fantasizing, though damaged,
I have not yet gone numb.

My mother's comforting words provided me with the motivation I needed to get through the rest of the day. Sometimes living for ourselves is not reason enough to drive us. Sometimes we become blasé about our own existence, treading water in an indifferent state where suspending the paddling movement of our hands and legs, the very actions that keep us afloat and therefore keep us alive, seems inviting. We might easily give in to death, since it seems to be calling out to us, if it were not for vivid flickers of our loved ones seeping into our minds. At these times we live for these other persons, recognizing the devastation they would incur by our passing. We imagine their heartache, sensing the magnitude of the sorrow of their mourning. In response, we begin to pull away from the stronghold of death, finding renewed purpose in our lives. For me, I carried on for my mother and for Mendel. I longed for a blissful reunion, one where the three of us would meet back in Warsaw after the war, never again to be separated.

A sudden, radiant burst of electrifying adrenaline ignited from my veins from a pent up reserve far within the bowels of my body. My heart began to pulsate rapidly and my palms began to perspire as a rush of vigor incentivized me forward. In that instant, I felt more alive than I had ever felt. Everything became strangely clear as I pressed onward with the now seemingly weightless stone. I no longer felt my shoes slipping to steady themselves on the ice or my face getting thrashed by the wind; I didn't even feel the cold air that was filling my lungs. My mind protected my body from the pain, somehow masking it from me so that I could keep moving. How I made it without falling or being sent down to the bottom of the hill by a cascading boulder I don't know, but I'm fairly certain my mother guided me.

Other men were not so lucky. The taxing punishment pushed people who were already on the brink of death to become overwhelmed with feelings of depression and insanity. We all watched as these prisoners, men who could no longer stand to live another second, jumped off the cliff at the top of the steps. It was tempting to join them. I avoided standing close to the overhang so that I wouldn't give in to this morbid path of least resistance. Even so, the guards made the decision for some of us; they roared with glee as they indiscriminately pushed men off the cliff. A defiant prisoner spit in one of the guard's faces, unable to tolerate the abusive behavior any longer. He was the next man thrown over the cliff.

I was horrified when I witnessed a guard approach a small group of men and order them to each push another prisoner off the cliff or, if they failed to do so, they would be shot. I didn't let myself watch as the men made their split-second decisions. I heard a series of bullets being fired and when I turned back around I saw one man standing and five others heaped on the ground next to him with gaping wounds; one man was lying on the bottom of the quarry. All color had been bleached out of the remaining man's face as he blankly stared at me, his hands tugging at his cap. He had sacrificed another man's life to save his own. Would I have done the same? Or would I have been shot like the five men who couldn't bring themselves to do it?

Walking back to camp that evening, we were several dozen men fewer than when we had started the day nine hours earlier. Our souls and our bodies were broken seemingly beyond repair. When we joined the other half of our barracks back at the assembly ground, we learned that they had been sprayed with icy water and had been left to stand outside all day. Dozens of men from this group also died and although some men hung onto life for a few more days, pneumonia ultimately settled into their already weakened immune systems and did them in. It seemed both forms of punishment were equally as devastating. In Mauthausen we did not undergo frequent large-scale selections in order to be sent to the gas chambers as we did in Auschwitz-Birkenau; a majority of us were exterminated simply by overexerting ourselves.

We were appalled to learn that the two men who had been missing that morning had been admitted to the hospital barracks the previous night. As it turns out, it had all been a miscommunication. The hospital staff failed to report the admittance of the men to our barracks leaders, and so we had all been penalized. A simple clerical error resulted in the death of nearly seventy-five of us. Misdirected resentment caused some of us, including me, to curse the two sick men.

Without a shred of strength left, I couldn't even chew my bread or my sugar beets that night. Hiding my dinner in my pocket, I somehow managed to scale up my bunk and slide into a fetal position. I was so far gone in every meaning of the phrase that I didn't notice that both of my bunkmates never arrived back to the barracks.

It sounds insensitive, but I was relieved that they didn't return from our day of punishment. Having a bunk to myself allowed me to finally slacken my muscles and stretch out my limbs during the night, greatly reducing my pain. Since my barracks wasn't insulated and the windows were drafty, the only drawback to losing my bunkmates was that I missed out on the supplemental body heat they had provided me. But, as was always the case in the camps, as soon as I got used to my new surroundings, a change was initiated.

CHAPTER 40

February of 1945 my number made its way onto yet another list a few days after hundreds of prisoners began pouring into Mauthausen. Arriving in droves from Auschwitz-Birkenau, Sachsenhausen, Ravensbruck, Bergen-Belsen, Gross-Rosen, and other camps because of the approaching Soviet Army, they more than doubled the size of the prisoner population. The largest group of inmates came from Auschwitz-Birkenau. As it was rapidly liquidated, the Germans "protected" their free labor force by evacuating prisoners ahead of the advancing Allied Forces and condensing them into centralized, established concentration camps within Europe. As soon as we saw the first groups of arrivals entering the camp, we knew that the Nazis' plan was ridiculous; the men and women we encountered were largely "muselmanner." A majority of the prisoners were scarcely able to walk when they arrived, let alone work. These inmates were emaciated to the point where they looked like they had been to hell and back, and they probably had. Many of them had walked under heavy patrol for days or weeks on end in the cold and snow, trudging along without coats or other winter attire, shuffling along in wooden shoes or even without any shoes at all. Some of them had traveled in part in boxcars, but they looked no better off than those who had walked the entire way.

The saddest image I can recall about this whole ordeal, one that brought my own morality into question, was described to me by a fellow prisoner who was a messenger for the German soldiers. Because of a special patch adorning his arm, he was granted access to restricted parts of the complex as well as areas outside of the camp. One day he was instructed to carry a letter to a guard posted at the railway station about five kilometers from camp. Heading out of the front gate, the blustery wind stung his nose and lowered his core body temperature such that his movements became greatly restricted. He shielded his face with the envelope-wrapped letter as best he could and sank down to his mid calves in the snow with every step. When he finally arrived to the station, he noticed a string of cattle cars resting idle on the tracks, presumably containing human cargo. He found this odd because the transports were always unloaded in the typical fast-paced German style so that the arrivals could be sorted through and the trains could be sent away to pick up and transport other prisoners. Thick blankets of white covered the roofs of the cars and the tracks; it wasn't hard to deduce that the transport had arrived before the most recent snow had fallen, which was three days prior. Feeling a necessary urge to find out if there were people inside, he tiptoed up to one of the cars, placing his ear up to its wooden side. He listened intently, eyes closed in an effort to funnel his hearing, until he heard deep-throated, hollow moans bellowing from the car. At one point, he swore that a woman groaned "save me" to him. Recoiling in repulsion, his curiosity had been satisfied. People were locked inside, freezing to death. He had no idea how many detainees were in the cars, but he only heard noises coming from a few individuals. He gulped, realizing that since the Nazis generally over stuffed the cars and only a couple of people were making noises, than most of those inside were already dead. Letter in hand, he stood there searching his conscience for the appropriate response. If he unlocked the cars the people might have a chance of escaping, but if he was being watched as he lifted open the hatch then the guards would kill him and continue to let the men and women trapped inside perish. In the end, he decided that protecting himself was a higher priority than trying to save those who were already so close to death. Besides, he rationed, there was nowhere for the trapped prisoners to hide if they were able to escape. Therefore, he turned a deaf ear to the groans and proceeded to fulfill his assignment. Once he handed over the letter, he waited for a written response and then walked past the occupied railroad cars and headed back to camp with a freshly inked letter in hand.

Would I have jeopardized my safety by opening even one of the cattle cars? Would I have been willing to risk my life for another person? What about fifty people? What about five hundred? I ran the scenario through my mind many times, imagining that I was the messenger and came across the loaded transport. Each time, I refined my actions slightly, never sure of what I would have actually done.

The men and women who did reach Mauthausen defied death, failing to let it gain the upper hand. Manifested by their blistered, blackened toes and fingers, they had more aches than I could even imagine. Somehow, some way, they had made it. The cold had dramatically slowed their thought processes so that they reached a tipping point where they could have easily succumbed to unconsciousness and lunacy, and some did. Upon seeing such prisoners, we began describing the torment they endured as "Death Marches."

When I became aware of my transfer from Mauthausen, I feared a similar fate as the new arrivals. I wondered how soon the war would end and if the German Army would be defeated or if they would be victorious. Would the war *ever* end? A German victory could mean that I might spend the rest of my life caged like an animal in the camps. It made me wonder if the captive animals I had seen all of those years ago in the zoo had felt the same way I was feeling then. I had to believe that the conclusion of the war would be a favorable one because, after all, the Germans wouldn't be running away from the approaching armies if they felt they could fight them off. But why would they send me away from the same camp they were sending other people to? How would I survive when death had already been lurking around me for so long? Anxiety gave way to panic and panic gave way to dread. I didn't know if I could handle another move. The six hundred men whose numbers were on the same transport list as me spent the afternoon obsessing over the uncertainty of our pending reassignment.

And then the news came that we were not being sent on a "Death March," but rather we were being relocated less than five kilometers away to Gusen II, a prime sub-camp of the Mauthausen-Gusen camp complex. Even though we were only traveling a short distance, in our condition it was not an easy journey. I joined a row of five men and we set off. All the while, I couldn't help but stress about a possible forced mass exodus in the future.

Since I had lived so close to Gusen II for the past eight or nine months, I knew, everyone in my group knew, that a transfer to it was the ultimate damnation. Terror surfaced. Rifles were fired. Dogs got riled up. We didn't want to leave Mauthausen despite how horrible it was because we feared that the graphic stories about the Gusen camps were true. Gusen II was like entering the fiery pits of the underworld. No story can ever even scratch the surface of the events that took place there. For this reason, my recounts will not dip too far into the details. At every turn death was there to stalk you, constantly grinding down your will to persevere until it nearly reached oblivion. Even the strongest of men could not shake away from the iron grasp of extreme melancholy. You wanted to die, and felt like you were already dead, but you had to keep on living to see if the evil would ever end. That was Gusen II.

However, as we set off for Gusen II, we relied only on the secondhand accounts from our fellow prisoners about what we might expect when we arrived. We hoped their tales were only hype; we didn't want to come to grips with the possibility that the camp might actually be worse. After all, we recognized that if the prisoners who made it out of Gusen II alive retold such awful encounters then the prisoners who didn't survive would have probably described even more grisly experiences chronicling the moments surrounding their last breaths.

With our cups, bowls, and spoons in hand, we walked shoulder-to-shoulder westward through ankle-deep snow. Though the frozen accumulation was less than a third of a meter high, it provided a host of problems for us as we moved forward mainly because it was the perfect depth to swallow our shabby clogs when we stepped down and to bestow our feet with cakes of ice crystals when we stepped up. There was no opportunity to stop and remove the compacted snowflakes from our shoes. Instead, they stuck upon themselves so that our feet gradually became heavier and less agile.

Shuffling along in route to our destination, I reflected on how much my life had changed since the war started. It was amazing how my life's possessions had been compressed down to three vital items and some clothing, all of which were weather-beaten and flimsy. Nevertheless, I especially treasured my bowl and my cup; many prisoners had theirs stolen. So far, I had not been the victim of such thievery and I did not intend to lower my guard.

Only five years prior, a move to a new location involved bringing material items such as bulky furniture and posh linens, and yet I felt lucky just to take along a beating heart, rags covering my body, and a couple of objects in which to obtain sustenance. I also still had the golden ring hanging around my neck, but to me it felt like an appendage not like a possession. I pondered whether I would have been content to live with these few things in Warsaw without experiencing the camps. The truth was that no matter how full our houses had been with riches before the war, none of that mattered in the camps. Exquisite artwork adorning our walls back home and designer fashions folded away in our closets did nothing to aid us. Sure, some people were able to buy or bribe their way out of Europe before the outbreak of war and they were able to take some of their fortunes with them, but once the Nazis rounded us up, valuables back home were useless.

In the concentration camps we had become grateful for anything we had with us regardless of how insignificant these possessions would have seemed before the war. The camps also largely leveled the socioeconomic playing field. You could share a bunk with someone who had previously been several rungs higher or lower in terms of class rankings. For example, I had bunked with both a former pediatric dentist and a former garbage collector.

I had come to realize that in life the only person you can truly count on is yourself. As long as you can still think clearly without yielding to desperation then you can survive. Once your will to live is tainted then you become a ticking time bomb. No object can save you when you mentally defeat yourself. Why do so many people measure their self-worth by the monetary value of the items surrounding them? Why do some people need to be constantly coddled and fussed over by others? In that moment, my entire perspective about life had evolved.

My mind was racing with thoughts during the entire walk. I felt as though it was lit up with activity just like the lightning bugs I used to capture in glass jars at the lake as a child. I was sure that if I could see my reflection I would see a brightly illuminated beacon radiating from my skull. This sense of mental stimulation was refreshing. I was invigorated and very much cognizant of my situation. My mother had long ago expressed her belief that I would endure to see the end of the war, and something just then made me believe she was right. It didn't occur to me that she might have made such a prediction as a placebo in order to comfort me, like when someone tells you that you look "good" when you are ill so that you don't feel so down about your condition even though you know you look detestable. She wouldn't have said she thought I would die during the war even if she thought I might. If she had, perhaps I would have had the excuse I needed to give up. But to me, her words forecasted the future: I *would* survive. That conviction made the walk to Gusen II—a place that I already knew would be hell—more tolerable.

CHAPTER 41

Upon arrival, I noticed that the Gusen complex was in stark contrast to the Mauthausen compound. It looked less like a sturdy fortress and more like a dilapidated collection of shabbily constructed buildings. It was obvious that we had arrived to a place that was built in haste as an afterthought. This realization didn't sit well with me. Poor planning during erection meant that our basic needs might not be met. The differences began with the short metal gate we entered through and the unpainted, untreated boards nailed together to form barracks. Even the electric wires running in trios along the edges of the camp failed to seem intimidating. From the corner of my eye I saw that a smokestack discharged thick, misty clouds. Peering up, I noticed a small number of wooden watch towers dotting the fields, but the guards manning them didn't have their guns lifted and ready to shoot. It was as though everything about the place was temporary or just for spectacle. The fence, the watch towers, the gate, and the crematorium were all elements in every camp I had lived, but I viewed them as lacking muscle in Gusen.

Maybe life in Gusen wouldn't be as awful as I had expected it to be? Or maybe my first impression was wrong?

Details of my first day are spotty, but what I do remember is that the registration process was brief and painless. We were not assigned new identification numbers. Instead, our Mauthausen numbers were logged in a paperbound ledger and then we were divided into groups. I was placed in an all-Jewish group and led away to the separate Jewish section of the camp. Passing by the Gusen I camp as we walked several hundred meters to the west through a barbed wire fence, we expressed our disappointment to one another that there was no redistribution of clothing, delousing, or showering. I'm not sure why these steps were skipped, but to me it seemed like the guards eliminated them in the interest of saving time. I felt especially grungy by then since my barracks' monthly shower at Mauthausen was supposed to be that same day. The odor and stickiness of compounded cold sweat, layers of dirt, soiled underwear-less pants, and a body that hadn't been scrubbed for thirty days disgusted me. Missing two bottom teeth, which had rotted out of my inflamed, infected gums during the last few months, I knew that I looked loathsome. I don't know why I was so ashamed of myself that day. Maybe it wasn't shame that overtook me; maybe it was despair. My emotions were unstable from hour to hour. No sooner had I convinced myself that all would be okay than I would tumble into a hopeless state. In that first hour in Gusen, I was miserable. I knew that I had to find a way to bathe so that bugs wouldn't prey on me, mistaking me for the decaying corpse that I felt like. As it turned out, I would not have the opportunity to shower my entire stay at Gusen II. But, I did find ways to clean myself, such as standing in the rain and vigorously wiping my hands and feet over my body like a fly and fighting for the first splash through a puddle after a downpour.

Unclean and unconfident, my group followed behind a clean-shaven guard with an impeccably spotless uniform. He showed us to a one-story building where four or five hundred Jews were already living. Opening the door, a burst of rancidity ran up to greet us. Nauseated, I covered my nose with my hand, pushing back the urge to spew. Droplets of melting snow fell onto my striped cap from a hole in the roof. Insects crawling in zigzags on the bare floor turned and headed in one direction...ours.

Although it was a Sunday afternoon, a segment of the prisoner population was at work. With an eerie smirk, we were notified that we would be working the grave-yard shift. We weren't assigned to a bunk as we had been in the past. The understanding was that since a portion of us would be working at any given time, then the rest of us would find a place to sleep in whatever bunks we could cram ourselves into. This meant that upwards of six of us shared one tiny level of a bunk; we were even more crushed together than we had been at Mauthausen. Having just returned from work, the other occupants were either sleeping or lying around, limiting their movements and preserving their power. Nearly all of them were sickly and looked like "muselmanner." Most of them were coughing or convulsing. I didn't know how any of them were fit enough to work, but I knew they—like the rest of us—had to anyway.

Would we even be capable of making our own decisions when we one day were allowed to? Had our ability to choose for ourselves been permanently wiped away?

In the midst of wondering if my free will would be restored at the conclusion of the war, I was jostled into a bed frame. An angled, loosened nail protruding from a beam caught my fall, scraping my shoulder and cutting my shirt. Righting myself, I saw that some of the other prisoners were surrounding us. From the moment we entered the barracks, they began hunting us. They eyed us from afar at first, sizing us up and calculating our movements. Eventually they lurched at us like famished tigers. However, instead of exhibiting nimble, cat-like reflexes and stealing from us, they clambered over to us, begging us for our possessions. Some of them didn't even have a bowl in which to obtain food and so seeing us with our bowl, cup, and spoon, they hungered for our "excessive" supplies. A few men offered up their cups to the needy prisoners, but I fervently hung on to my things. I didn't see the point of giving something I had protected for so long to someone else just because they wanted it. I had to continue to look out for myself. Therefore, I tied my items around my waist just as I had in Auschwitz-Birkenau.

In no time—maybe five or six hours since our arrival—sixty of us were rounded up, counted, fed a half a cup of tepid, contaminated broth, and then escorted to our work site which was less than a half of a kilometer from our barracks. We passed other labor groups in the dark, many of them containing Soviet POWs, and saw cadaverous prisoners shoveling snow from walking paths and roads. With no prior indication of what our job might be, our gyrating nerves silenced us.

When we arrived at our work site, three hundred men were standing outside of a tunnel that had been carved into the side of a mountain. Loud drilling and hammering echoed from inside the tunnel. Our SS guard broke away from us and joined the two other guards at the opening of the tunnel under a pair of floodlights. Dancing from foot to foot to keep warm, I concentrated on my breathing to calm myself from the unknown. I didn't know what we would find inside the tunnel.

When the machinery ceased, I looked around at my fellow laborers, sensing that they were just as frightened as I was. Before we knew it, an outpouring of prisoners emerged from the opening of the tunnel covered in soot and grease, looking frazzled and weak. Scooting back to camp, their faces reminded me of ghosts. About to walk inside, our progress was halted when ten men walking with five stretchers lifted above their heads marched straight for us. Four of the carried men were motionless and pale, but one man—with his limbs spilling out over the sides of the taut canvas—was still alive, though barely. His eyelids were fluttering wildly as his jaw opened slightly, revealing a severed tongue that was hanging on by the slimmest of muscle tissue. Making a mighty effort to roll onto his bruised and lacerated side so that he wouldn't choke on his blood, he hollered in pain, giving up and staying on his back. I couldn't decipher his age—camp life had blurred the usually apparent signs—but the delicate skin around his eyes was smooth and unblemished. To this day I don't know who or what was responsible for his injuries, but seeing someone in such an irredeemable condition coming out of the very place I was about to enter unnerved me. I told myself that a stretcher would never find me on it. Who would be the first casualty of our shift?

When the tunnel had cleared of workers, we filed inside. Most of the prisoners, aside from my new cohorts, already knew their responsibilities and so the cloud of laborers quickly dispersed. Guards lined the walls and the entrance, kicking the dirt up with their boots as they engaged in quirky lighthearted banter; but their playful demeanor did not fool any of us. We knew that they could turn into cold-hearted killers without provocation at any moment. As my group stood around waiting for orders, we puffed our warm breath onto our hands to keep them from going numb. The chill from the outside easily coiled inside the opening of the passageway.

While continuing to wait, I looked around at my new environment. Lit up by dozens of hanging light bulbs, I saw that deep inside the tunnel rows of ladders were leading up to what appeared to be a partially constructed airplane.

Next to it were tables with grease-spewing machines and tools. Further back were open flames, ready to melt pieces of steel. Based on my observations, I guessed that we would be assembling fighter jets for the Germans. The men standing with me discussed the implications of such a job. In this tunnel we might help to build a plane that could end up destroying our loved ones. Some men said they would refuse to participate in the operation, but our new kapos forced them to change their minds. Therefore, we followed our two kapos to the right side of the tunnel, and after a brief lesson regarding proper usage of the machines, we began working. Men who had prior welding experience were singled out and taken to other areas. The rest of us split up the tools and set to work assembling sections of the aircraft. I was assigned to the mid-underbelly of the plane.

That first day I must have twisted my screwdriver thousands of times from a stooped position. By the end of the continuous shift, with no break for a meal, my wrists and thighs felt like jelly and my face was glossy with perspiration and bruises. Countless times, the heavy bolts I was fastening to the metal sheets fell on my face.

When we arrived back to camp the next morning we went through the usual course of events—standing at attention for roll call and then standing in line for our measly rations. A few mouthfuls of pitiful broth consumed, I retreated to my barracks, searched for the closest available bunk, and drifted to sleep for a few hours until the growling from my stomach stirred me awake. Before I opened my eyes I became aware that a man next to me was sitting up with his feet dangling over the side of the bed; his back was curled so that he wouldn't hit his head on the bunk above us. Skipping past introductions, I probed him for information.

What I found out from this man, a pockmarked and disfigured Jew who had arrived from the Buchenwald concentration camp in Germany three months prior, was that any prisoner who survived for longer than four months was considered an exception to the rule and presumably blessed with assistance from the leadership. Almost all of the people from his transport had already perished. He couldn't tell me why he thought he was still alive since he had not been offered any incentives thus far. What he could tell me was that the camp's central purpose was to manufacture armaments and to assemble the fuselages of Messerschmitt II fighter planes, or Me 262 planes, for the German Luftwaffe. In response to my questions regarding the evolution of the camp, he said that in the early years of the camp's existence prisoners had carved out the sides of mountains and constructed underground tunnels; these tunnels were turned into factories to produce the armaments. Prior to 1940, prisoners were marched daily to and from Mauthausen to the Gusen camps since living quarters had not yet been constructed. There was nothing more he could tell me and so he staggered out of bed and as he left me he lifted his arms and said, "To the next life."

That was the last I ever saw of him.

Dismounting from my bunk after my conversation partner left, I walked for roughly ten minutes before finding a latrine. When I came upon a wooden hut with a long line extending from it, I took my place behind the others. For the men with dysentery this line was too long for them to wait. After about ten minutes, I was able to enter. I found just a few planks with large oblong holes drilled in them. The holes were overflowing with human waste and smelled dreadful, but I didn't care. A filthy bathroom was the least of my worries.

On my way back from the latrine, I heard a bell signaling for us to gather for roll call. Roll call in Gusen II was just as dreaded as in the other camps except it was conducted at varying intervals because of our shift work. The aforementioned process, however, does not warrant repeating. Following this, we were served a sad excuse for a combination of breakfast and lunch. That day we received the same meal we had eaten for dinner. Our caloric intake seemed to be equivalent to what a mouse might eat.

Day after day we worked through the night in the tunnels, coming back to camp a little weaker and a little more battered. Surviving on broth and tiny pieces of bread—on the days when we were fortunate enough to be fed—we gradually wasted away. The typical concentration camp related diseases ran rampant through the barracks, taking all of us hostage.

The guards showed their savage tendencies often, grabbing axes and shovels away from prisoners who were assigned to carve tunnels into the mountains and then pummeling us with them when they felt exceptionally macho, and making us stand in thigh-deep excrement in the latrines when they felt overly crazed. Sometimes they dragged us by our feet over rough stone pathways until our faces were cut so badly that we couldn't open our eyes or our mouths for days. Other times, they filled barrels full of freezing water and tossed inmates inside, holding their heads underneath the surface until they drowned. The guards were crueler than they seemed to be at the other camps I had lived in, or maybe I was just so weak by that point that their nastiness seemed magnified. They were under intense pressure from their superiors, and from the leadership back in Germany, to make sure we met strict production deadlines and seemingly unachievable quotas. They worked us into the ground.

Weak or ill prisoners were pulled from their bunks and taken to an unknown location on a regular basis. Some said these men were taken to another barracks to be injected with poison while others supposed they were taken to Hartheim Castle to be gassed. Rumors were always floating in the air and at the time I didn't know what to believe. What I did know, however, was that people didn't last for long in the camp. Many of my fellow prisoners simply stopped breathing when their frail bodies could no longer fight off illnesses or feed off their decaying muscles. As a result, stacks of corpses piled up around the camp.

The ovens couldn't cook the bodies fast enough; they simply weren't able to keep up with the death toll.

CHAPTER 42

You didn't worry about your aching muscles, you worried about *not* feeling the aches. When you became numb to your body's senses, that's when you knew you had given up. People with frostbitten toes who swore off their shoes because they could no longer shove them inside: those were the people you worried about. Delirious men who sat down in the snow as though it was a warm down comforter, oblivious to the cold, who neither responded to nor understood your pleas to stand: those were the people you worried about. Unmindful of their whitish-yellow faces and hard, darkened skin and blood-filled blisters, they passively allowed the final stages of hypothermia to ravage them.

I'll never know why disease or severe hypothermia did not touch me while in Gusen II. Perhaps I was somehow immune to the usual diseases and accustomed to the harsh climate and poor nutrition by then. In any case, I am forever grateful.

While I somehow escaped illness, I was unable to avoid injury. About a month into my stay, I was hurt during work.

Having nearly completed the assembly of a fuselage after an onerous night full of complications, with the painting of a swastika on the tail of the plane complete, my team was preparing to make the final modifications to the aircraft. Just before the announcement was made to switch shifts, a member of my unit tripped on an oily spot on the dirt floor, causing him to fall onto the equipment table I was standing beside. With a heavy metal sheet in my hand, I had no time to react as one of the tabletop machines crashed into my left knee. Whimpering in agony, my other knee buckled and I faltered. My busted kneecap felt fractured. A few men gathered around me to see if I was okay, but a kapo instantly called them back to work. I stood up, leaning on the table for support, testing the strength of my left leg. Overcome with excruciating lightning bolts of pain, I winced. The kapo came up to me, not to see if I was alright, but just to know if I could still work. Even though I felt my body going into shock and turning cold, I shivered while telling him "yes." The last thing I wanted was for him to think that I was unable to work. To this day, my knee still irritates me, causing me to rely on a cane to balance out my limp. For the duration of my camp life, I disregarded the pain in order to stride as normally as possible to avoid repercussion. The inability to walk rendered prisoners useless to the Nazi war machine; when an inmate became crippled he knew that the end was near.

CHAPTER 43

Everything about the scenery in Gusen II was lackluster and completely devoid of color, lacking both flowers and other foliage, which was especially noticeable on the warm days when the snow melted and the landscape was exposed. Thousands of wooden soles milling about over the years had stomped away the vegetation until growth was all but stunted. Even the grass didn't thrive in the springtime. There were no trees in the confines of the fences to shield us from the tempestuous winds. The underbrush in the adjoining areas was also absent, not from the weather it seemed, but from decomposition. All of the greenery had been choked away due to the poor air quality attributed to the repugnant smokestacks. It was hard to tell if we or the plants were declining at a faster rate.

Insects were our enemies but, in a warped sense, in times of sorrowful loneliness they were also our companions. A louse climbing on our arm could dig into our flesh and infect us with lethal bacteria, bringing about our ultimate demise, but in the same token, a louse on our arm could be something to talk to, something to coexist with us.

I often found myself swearing at the lice as they irritated my skin, but there were a few exceptions when I looked upon them as things that were merely trying to live another day, just like me.

On one occasion, I untied the string around my neck, which I had repaired so many times with pieces of straw that it was full of knots, and let my ring fall into my palm. Picking a louse from my elbow, I placed it onto the inside of the little halo, smiling as the tan-colored parasite rounded the circumference like a circus animal. This activity brought me a few minutes of joyful pleasure. The louse and I: two beings that needed each other. The louse needed to feed off my blood and I needed it to entertain me. I would never resort to such activity now, but all of those years ago I found any means I could to placate my lonesomeness.

By the time April rolled around, I was more isolated than I had ever been. Nearly all of the men I had been transported from Mauthausen with had gradually disappeared for one grim reason or another. Their places in our labor group were immediately filled without so much as an acknowledgment. The flow of human traffic into and out of the camp reminded me of an out of control carousel except no one was able to choose when the rotating platform stopped or when or if they could live through the experience.

While I had already acquired an abundance of physical, mental, and psychological scars, in April I witnessed something so unthinkable that it left a blemish on my heart. As I made my way back to my block one morning, the sound of what I thought must have been sticks being thrown around outside behind my building caught my attention. Fearful, I stayed where I was until the sound stopped. Soon after it did, three Nazis dressed in blood stained long white coats and black rubber gloves up to their elbows rounded the corner, smirking, carrying glass jars with unknown objects and liquids inside them. The pungent smell of formaldehyde lingered in the air after they walked by me, causing my eyes to water. Rubbing my eyes with my hands, I walked around the side of the building until I reached the back. Two skinless, eyeless skeletons were on the ground. Most of the organs had been ripped out of the carcasses. Blinking my eyes, I leaned my back up against the building and slid down onto my knees.

I felt scared and vulnerable. So very vulnerable.

CHAPTER 44

Some nights I felt just like a capsized sailor in the middle of a vast, tumultuous sea even though I was surrounded by other people. There were many times I just stayed awake with my limbs crumpled beneath my core, my bony shoulders digging into the base of my bunk, my back pressed up against another prisoner staring at the space in front of me, searching for hope in the darkness. The routine gusts of warm air from my neighbors tickled my cheeks as their chests rose and fell, making me feel as though I was adrift in the ocean with the breeze blowing around me as I bobbed up and down in the rippling, pitch-black current. Just like the stranded sailor, distressed and disoriented, I also felt as though I was drifting into an endless, dark abyss. Maybe someone was forming a search party to look for the sailor, but I thought that there was no one in the world who would be able to rescue me.

However, the nights were not the only time I felt alone and lost. My situation seemed no better in the morning. I awoke once to a man staring directly at me. I stared back at him, wondering why he wouldn't stop looking at me. He just kept staring. It took me a few moments to realize that I had slept next to a cold, lifeless body all night.

While I feared death, I was even more fearful of being the last one left alive, of being stuck in this twisted world all by myself.

The dull sounds of bombs bursting apart in the distance became louder each day, jostling our beds as we slept. These noises let us know that the front was moving towards us. We hoped that the Allied Powers were battling through the Axis Powers, but we didn't know if we would be bombarded, too, whether accidentally or intentionally.

Living with the threat of attack from the land and from the air, a part of each of us craved social contact. While many of the men in the camp formed strong bonds with one another, my depression isolated me from the others. I yearned for Mendel. Although I hadn't seen him for almost a year, I pictured him standing at the front of a classroom holding a piece of chalk between his fingers and teaching a roomful of young pupils. I wanted so badly for him to have the opportunity to achieve his dream. I wanted to share in his excitement when he reached his goal.

What I wanted to happen in life and what ended up happening had been polar opposites up until that point. I assumed that the trend of letdowns would continue indefinitely much like the drawn out war. We were not endowed with foresight. We didn't know what day the combat would draw to a close. Today, we know the dates each camp was liberated leading up to the Allies' victory, but in those days, without an end in sight, we had no date to look forward to.

You can imagine my delight then, when I was reunited with my own flesh and blood. But the encounter I had fantasized about for so long was far different than how the reunion played out.

CHAPTER 45

During breakfast one day following my shift it finally happened. I found Mendel. Or maybe I should say that he found me. While standing in line with my bowl and spoon on that particular day I noticed that someone new was doling out the soup. With his oversized striped cap drooping over the bridge of his nose, he looked just like the rest of us—fatigued and defeated. After this initial glance, I thought nothing more of the new cook. When I found myself at the front of the line, I automatically extended my bowl towards him, watching it fill with warm, putrid stock. My demeanor changed when a piece of potato and a cube of meat dumped into it. I had been gifted two coveted items.

Breaking away from the table with an inward grin, I suddenly stopped, looking backwards after sensing the unmistakable pull of eyes staring at me. Adjusting my focus back to the table, I saw that the cook was looking at me with recognition, ladling out spoonfuls to the hungry line without paying attention to his work. Finding his behavior uncharacteristic of the usually detail-oriented servers I was used to, I stared back at him.

Repositioning his cap with his free hand, his movements seemed memorable. Why did he look so familiar to me? I studied the contours of his face, but his skin looked vacuum sealed just like the rest of us. Who was he? Why was he watching me?

And then it all made sense. Spotting a clover-shaped birthmark on his cheek, I knew that it was Mendel. To say that I was shocked would be far undercutting my emotion; I was surprised beyond all words this planet has ever conceived. It took every bit of restraint I had not to scream. Our eyes locked, communicating with one another as our souls leapt from our bodies to intertwine. I wanted to run towards him so that I could embrace him, but our inconspicuous, nonverbal interaction had already roused suspicion from the guards. Fearing for the security of my brother's advantageous work assignment, I reluctantly walked away, suspecting that we might have to be satisfied with the visual exchange we had shared. Risking each other's safety was out of the question. And so I headed on my way, already looking forward to the next meal, hoping I would see Mendel again.

But there were to be no more meals at Gusen II for me or for the thousands of other prisoners.

Later that morning, as the dull sound of bombs exploding in the distance grew more explosive, we were rounded up and thrust into groups without warning. Small amounts of food were thrown to us, including cans of sardines, loafs of bread, and chunks of cheese and potatoes. Only those of us who were mighty enough to reach for these products could catch them. I shoved a wedge of moldy cheese and a can of sardines into my pocket before anyone could rip them away from me.

It was a chaotic scene as the guards ran amok, scrambling orders as they shouted to one another, bulldozing prisoners with each step. The situation went into a tailspin as no one seemed to know what was happening. Those who were too weak to peel themselves from their bunks were commanded to stand, but after repeated orders to do so were ignored, they were considered useless and left right where they were. I later learned that some of these prisoners were injected with deadly phenol solutions. Intentionally set fires erupted from the SS buildings as the guards filled shallow, burning pits with camp related paperwork. In the midst of the confusion, I saw one of the guards with a piece of paper in his hand hustling a couple of men, most of them criminal prisoners, through the front gate. I read the guard's lips as he spoke to the prisoners, telling them to "get out" and to "run away." The prisoners complied, stepping outside the gate as a number of other guards looked on with acceptance. It was clear to me that the guards had alerted these favorable prisoners in advance about their release from the camp. For some reason unbeknownst to me the leadership felt obliged to free these men. The rest of us were not so lucky.

Several prisoners attempted to squeeze by the guards, hoping to ride on the coattails of the one guard's kind gesture so that they could also be freed, but these men were struck down by bullets while trying to escape. Even though there was a general sense of turmoil in the camp, it remained clear that the guards were not confused about their cruelty towards us. What was in store for the rest of us?

My first thought was to split apart from my group in search of Mendel. Now that I knew he was there, I had to find him again. I wanted to hug him, speak to him, and keep him safe from danger.

I headed for the kitchen, ignoring the deranged swearing from the guards as I made my way there. On any other day I wouldn't have had stood a chance of surviving if I disobeyed protocol, but that day was unusual. A majority of the guards were standing together near the main gate, involved in a seemingly heated discussion, by the time I broke away to look for Mendel. They had been thrown for a loop, having just received orders from high ranking Nazi officials to evacuate the camp. It was the first time I saw the SS looking unsure of their roles as they attempted to decipher mixed messages amongst each other. Usually confident and organized, they became confused, self-doubting men that day. Even so, they were still intimidating because of their hatred of us and their weaponry.

Scrambling to find Mendel, I kept falling to the dirt as I wobbled in my shoes because of my injured knee. A myriad of stray, partially burnt papers tumbled in the wind in front of me, somehow seeming to steer me in the right direction. Pushing past masses of prisoners, I kept plugging along towards the kitchen. Once there, I noticed that it was unprotected and empty. Enormous metal pots containing the last meal's remnants caked inside were thrown on their sides, spilling their scant contents onto the floor. Pausing to scrape one of the neglected pots and scoop the nourishment into my palms, I then left through the back door, frantically looking for Mendel. I asked each prisoner I passed if he knew where the new cook was. I looked everywhere for him.

I was determined to stay in the Gusen complex until I found him even if that meant I would have to hide in the barracks pretending I was one of the sick. Fortunately, it did not come to that. I saw him standing with a group of prisoners near the lavatory building preparing to exit the camp. Running for him, I felt rejuvenated. My knee no longer ached, my organs no longer felt deprived. It was a surreal experience.

At last I would be able to be with my brother, the male in this world whom I loved most. When he saw me, he reached his arms out towards me, fervently hugging me. This time, the guards, who were young and inexperienced, were too preoccupied to punish us. By the time the jumbled messages trickled down to them they were inaccurate, but the rookie guards had no way of knowing that they had received erroneous information. As a result, we were steered out through a side entrance with another group while the rest of the prisoners left the camp through the front gate. We questioned our leaders about the disparity, only to be told to "shut up" because they were "just following orders." I was sure that they must have been afraid just like we were, but they never let their emotions show.

Therefore, we set out on foot in our typical rows of five into the unknown. Except for the rumbling of artillery in the background, it was a beautiful, mild late-April afternoon, without wind or rain. The temperature was only slightly chilly and the fluffy clouds from the morning were strewn apart, melting into the blueness of the sky. Only later would we learn that the Nazis were centralizing the Mauthausen complex satellite camps; we were supposed to march towards Mauthausen, just five kilometers away, but our novice commanders had interpreted the orders to centralize as meaning that we were supposed to head to the heart of Germany.

I often wonder how my life would have played out differently if Mendel and I had been part of a different group.

I must admit that at the time I hardly gave it another thought as the other groups went one way and we went the other. My focus was on Mendel not on which direction a compass needle was pointing us. Wanting to hear every detail of his life since we departed in Mauthausen, my mouth could not keep up with my thoughts. We talked about everything as we walked along under heavy guard in the rear of the pack.

For some reason the soldiers didn't stop us from communicating; perhaps they were too preoccupied with their own thoughts about the advancing troops to bother to quiet us. Maybe they were wondering what consequences they might have to face if, by some chance, the Allies happened to win the war. Were they afraid that they would become prisoners of the very camp they had been in charge of?

Not realizing our own weakness during our conversation, our dialogue was uninterrupted for two or three hours until we noticed the toll the hike had been taking on our bodies. The bones in the kneecap of my injured leg grated together, causing me great pain. My feet were blistering and hurting from my shoes; men weren't meant to walk on rigid, wooden blocks.

I told Mendel about my experience on the "Stairs of Death," omitting only the most morbid of details. I described my time working in the granite quarry and in the Gusen tunnels. Telling him about how mother's poetry and her ring kept me afloat, I choked back tears. Years of tough camp life had desensitized me to many things but it had not wiped away the sentiment I had for my family. Mendel actively listened, nodding his head and reacting to my stories with passion. His first question to me, however, was if I had seen his lovely Dorothy. When I told him that I hadn't, he rubbed the side of his face, closing his eyes for a moment, looking deflated. Maybe I should have lied to him, telling him I had seen her and she was happy, healthy, and anxiously awaiting seeing him again. Maybe I should have told him something recent about her whereabouts to give him hope. Would a white lie have been more beneficial to him than the stone-cold truth? I don't know.

Following this awkward moment, Mendel expounded on his life since our separation. He told me how he had wound up in Gusen I after being removed from Mauthausen. Shortly after arriving, he ran into the very cook—a man of commendable character—we had both established a relationship with in Auschwitz-Birkenau. Upon seeing Mendel staggering about in a decrepit state, his heartstrings bled for Mendel, prompting him to help Mendel get a job in the kitchen. Although Mendel had no culinary training or interest, the man had vouched for his qualifications. As a result, Mendel had prepared the twice-daily dreadful soups in all three of the Gusen camps over the course of his enslavement. He said it wasn't hard to learn how to slap a few rotten vegetables into a pot of simmering water; the challenge was serving his distasteful concoctions to the hungry men who he knew would not live off of them. Connections were so important in the camps. They brought about turning points for many of us, Mendel included.

My brother spoke with a mature air about him that I had not noticed before. It was then that I realized he didn't need me to protect him as I thought he had and for that I was thankful. He had fended for himself for nearly a year without my assistance. The boy I still viewed him as had disappeared. Every parent hopes that their children will one day grow into capable individuals who can lead their own lives, and although I was not Mendel's parent, I viewed myself as a father figure for him. I felt proud to see that he had blossomed into an adult despite the frightful events we were living through.

I couldn't wait to kick back with him in the local gathering places back in Warsaw after we were liberated.

Only when we flinched upon hearing a gun blast did we stop talking. Behind us, a frail prisoner who had fallen to the back of the pack had been shot in the temple. It was a sign to all of us to keep up or be killed.

For the next six hours, the lot of us, all of us ill to some degree and basically lumbering along as motile packages of skin and bone, continued on without pausing to rest. We were in no condition to walk, let alone hike for the entire day. Thirst, hunger, and pain consumed us. Due to our low input, our output was almost nonexistent. When I had to go, I tried to keep it in as long as I could; I didn't want my body to become dehydrated even quicker. If I'd had a container in which to collect it, I would have drank it. I tried aiming it into my hands while moving, but it leaked through my fingers before it could accumulate.

There was no way of knowing how long our journey would last. Having learned to ration our food many years earlier, we only nibbled on our supplies. Our cans of sardines, however, provided us with intense frustration; without an instrument to pry the lids off, they remained in our pockets, adding to our agony as they weighed us down. Because of this, a few men hurled them onto the pavement in exasperation, refusing to lug them around after ineffectively clawing at them. Other prisoners were happy to pick up the discarded cans. I held onto mine, trying to devise a way to open it.

When the moon had risen in place amongst the stars, we finally stopped walking and passed out in an abandoned barn for the night. By that time, four men had found their final resting places on the road. Without Mendel, perhaps I would have been one of them.

When we entered the barn it smelled of old manure and hay, but once we all filed inside it reeked of bleeding feet and infection. Coughing and moaning, we nestled into the hay. Smoking and talking, the Germans sat outside around a small campfire as we slept.

It seemed that as soon as we stopped to rest we were back on the road walking. Not all of us joined the group though; two or three men gave up and were subsequently killed as they sat in the barn. For the rest of us, that day was similar to the previous one, except we were met with sneers and projectiles from onlookers. How the people we walked by could treat us, sickly and skeletal, in such a hurtful manner is beyond my comprehension. We did nothing malicious to them, but they felt a need to attack us. Having become accustomed to criticism over the years, we did our best to brush aside these encounters.

As the next three days went by, Mendel and I kept each other moving along through both rainstorms and sunshine. His health, however, rapidly declined. He developed a barking cough and a burning fever. We both did our best to pretend he would be alright, but deep down we knew that he wouldn't be able to keep up with the group's pace for very much longer. At night when we stopped to rest, I wiped his brow with my sleeve, quietly whispering jokes so that he would keep his spirits up. He humored me by smiling even though he must have felt his life slipping away.

As a collective unit, our row initiated an energy saving practice that we learned from the prisoners who participated in the "Death Marches" from Auschwitz. We took turns sleeping while walking. How this worked was simple: one man in the center of the row nodded off while continuing to move his legs forward automatically as the rest of the row squeezed tightly together, holding the dozing man upright. While asleep, you didn't feel your pain or realize how exhausted you were. We let Mendel, the weakest of the row, stay in the center for longer than the rest of us. It seems like it would be impossible to execute today, but back then it somehow worked. Who knows how many lives were saved by using this method.

Before we set out on the morning of the fifth day, a German riding on a motorcycle zipped by us and then circled back around. He got off his bike and then walked up to one of the guards, obviously angry. The two men spoke for several minutes during which time their voices grew louder and eventually ended in shouting. Unable to decipher what the argument was about, we waited in fear.

And then we were told that we were turning back towards where we started. When we received the news, our response was not positive. No one wanted to go back to Gusen. Walking without a destination seemed more appealing than returning to that diabolical camp. What would happen to us once we returned to Gusen?

Mendel and I were lying in an open field, the place where the whole group had spent the night, sucking the dew from blades of grass when the information reached us. Mendel immediately said "no" over and over again like he had become delusional. He tugged off his too-tight clogs, showing me a multitude of festering, flesh-invading blisters. Infected, puss-filled sores covered the bottom and top of both of his feet—evidence of their repeated exposure to damp and cold conditions. His toenails were peeled away from his skin, exposing the tender, spongy nail bed underneath. Soaked in a moist bath of sweat, he reached out and grabbed my hand, shoving a lump of paper in it, telling me to "find Dorothy and tell her I knew I wanted to marry her from the first time I laid my eyes on her." With that, I knew that he had resigned himself to death.

I bargained with him to stand up and continue walking. I told him that the war wouldn't last forever; the Allies were advancing and we might soon be free. I told him how much I loved him and needed him to stick with me, but he just didn't have the strength to battle through any more obstacles. I felt that I would surely die without him. I pleaded with him to keep fighting for the both of us. I reminded him of his dream to educate and how so many children would miss out on having a wonderful teacher if he gave up. He squeezed my hand when I mentioned teaching, but what he needed was medical attention not motivational discourse. I felt pitiful knowing that I couldn't help him. My brother was wasting away right in front of me and I had no power to reverse his decline. Even worse, the guards were rounding up the group for our departure as he was taking his last breaths. I had to make the decision to stay with him and to hold his hand until the end, thereby solidifying my destiny, or to stand up and to join the group, thus leaving him to die alone.

In the end, I chose life just as mother had always told me to do. I kissed Mendel on the forehead as I untangled my fingers from his, slipping the note to Dorothy into my pocket. As his arm fell into the grass, his identification bracelet slipped off his bony wrist, a sure sign to me of his imminent demise. Before I moved away from him, I stole the morsels of food he had stored in his clothing, knowing that he would not benefit from them. Had it been colder, I would have taken his clothing, too.

Of all of the lamentable memories I have, losing my brother is the most tragic.

I can't believe I just walked away from him as he died.

He didn't even have a chance to drift off peacefully.

As I turned around to face the group, I heard a single gunshot behind me. The sound caused my eyes to shut and my shoulders to lift. I knew that Mendel had been killed, but I couldn't bring myself to look back at his immobile body. I felt a mix of relief, horror, sadness, and anger. Part of me was relieved that Mendel didn't have to suffer alone, but most of me was angry that he—like the rest of us—had to suffer at all.

Would he have survived if we weren't mistakenly marched in the wrong direction?

CHAPTER 46

By the time I made my way towards the group, a guard was making his way towards me. Unable to tolerate tardiness, he knocked me over in anger, causing me to smack my face on the ground, cracking one of the lenses of my already broken frames. The frames had long since bent out of shape, but I had repaired them with pieces of discarded yarn over the years. However, once the lens shattered, my vision became distorted. My eyes took time to adjust to their new view of the world. Rather than feeling upset, I felt grateful to have kept them intact for so many years. I took the necklace from around my neck and placed the ring on my smallest finger, cupping my other hand around it to conceal it; I needed to see it to remind me what I was staying alive for. Falling into step with the rest of the group, I felt certain that my mother must still be alive somewhere.

Attempting to keep my mind occupied, the following words came to mind as I walked along:

I will put one foot in front of the other—
Walking for my brother.
Although my vision is teary and blurry,
Although I'm going back, I will not worry.
I will hold my head high, just like my mother.

One step, two steps, so many steps I take as I go—
Clomping and stomping, my frailty I will not show.

Over the next five days, we made our way back to Gusen as the calendar flipped to May. During this time, our group thinned by dozens of men. Regrettably, during our second pass of the streets, we walked by the lifeless men who had fallen behind during our first pass; they were decomposing in the same places they had been killed. All we could do was to step around them as we walked, but not all of us had the power left to take the additional steps to avoid the bodies.

All around us the Austrian infrastructure was collapsing as the warfront moved closer. Store windows were shattering from the blasts as the smell of gunpowder filled the air. At that moment we were all afraid. Whenever an explosion occurred so close to our group that it sent debris flying our way, we all jumped to the ground, even the guards. But the bombs weren't the only things we were scared of; we were also fearful of the future. Since the war seemed to be in its final days, the guards were beginning to wonder what would become of them. As prisoners, we didn't even know if the Germans would let us live to see the end of the war.

The only bright point of the grueling march occurred when a young girl clothed in a frilly orange dress handed an apple she was holding to the man on the end of my row. She was waiting to cross the street with her mother when she saw us limping along. Her mother gazed at us meekly, sympathizing with us. I looked at her and lifted my fingers, but stopped short of waving. Their reaction to us was in contrast to the actions of all of the other people we had passed. As I heard the crisp apple being bitten into, I imagined that I was sitting under the trees on my grandparents' farm sinking my teeth into apple after sweet apple.

Pining for water and struggling to continue, my mucus membranes dried out and my throat turned to cotton. My saliva vanished and it became impossible to swallow. Each night, I worked to open my can of sardines—the last of my food supply. When I finally broke through the aluminum shield with a sharp stone, I dropped the tiny fish into my mouth with satisfaction, devouring every bit of water inside the can. To this day, I haven't eaten a fish that tastes as delicious as those sardines tasted on that day. A part of me thinks that I wasn't able to open the can until my body truly needed the extra fuel. Had I been able to open the sardines sooner, I would have consumed them before my body desperately required them. However, my momentary satiation was suspended when the saltiness of the meal intensified my desire for water.

When we approached the Gusen complex, the guards pushed us onwards until we arrived at Mauthausen. Once we were inside the gates, they wandered off, looking for the other soldiers. So much had changed since I had last been in the camp. A colony of tents filled the surrounding area, flooding the adjoining fields with masses of prisoners. Every patch of earth was littered with something: bodies, feces, tents, men, and so forth. Roughly ten thousand corpses filled a gigantic, uncovered hole, many of them causalities from the recent typhus epidemic.

Small fires were burning throughout the area fed by camp records and incriminating documents. The furnaces ran constantly, but they couldn't dispose of bodies rapidly enough. We knew that we were being kept alive in case the Germans were victorious. But what if they lost the war? As prisoners we had witnessed and experienced the Germans' crimes, so we wondered if we would be destroyed along with all of the other evidence.

The atmosphere of the place had also changed and had become disorganized. The camp no longer seemed like a fortress; the guard towers were unmanned and no prisoners were working even though it was Thursday, a working day. The sound of gunfire and artillery was moving closer. I knew that the Allies were approaching and that any day might bring about the end of the war.

Famished from my absurd ten-day journey, all I wanted to do was to find space in a bunk and dissolve into it. I was too hungry to recognize my churning hunger pangs. I was too thirsty to realize my mouth was crusted over and felt like sandpaper. My body couldn't exert itself any further. I was beginning to hallucinate as my internal networks were shutting down. Dragging myself over to the closest barracks, I couldn't even make it into the doorway because it was packed full with prisoners. Alas, I made my way over to the tents, only to find them also filled with prisoners, mostly Hungarians. My last choice was to jeopardize my safety by looking for an empty bed in the hospital barracks. I figured that at that point I had nothing left to lose; I would either eventually die outside in the mud or inside in a bunk. My body craved indoor rest. My feet were killing me; they were bloody, swollen stumps.

And so I clomped along, pressing my shattered spectacles to my nose to keep them from falling. Along the way, I happened upon a rat that was headed in the same direction. With that rodent as my guide, I followed it until it joined with a mischief of rats that was swarming around the front of the building. Instinct told me that whatever they were doing was not something that I wanted to see, but curiosity got the best of me and so I looked inside. What I found was absolutely unthinkable.

At first I figured that what I was seeing was simply another hallucination, and maybe it was. I hope that it was. I swear I saw dying prisoners sinking their teeth into a corpse, tearing apart the skin to get to the muscle. A horde of rats was partaking in the meal alongside the men like fellow diners at a restaurant. I froze in disbelief, half expecting the vision to have disappeared by the time I opened my eyes again, but there it was just the same: I had witnessed cannibalism.

Although my body was tipping the scales in favor of death, I couldn't bring myself to participate and so I stepped away from the hospital and found a spot, maybe a square-meter wide, to curl up on in the stone-laden courtyard. Something tickled my forehead as I laid my head down. When I tried to brush the culprit away, it swung back and graced my skin again. I looked up to see three tiny weeds that had avoided detection from everyone else. Elated, I pulled them from the soil and gobbled them up.

CHAPTER 47

I can't remember anything from the following day. I must have spent it in and out of consciousness on the ground. No matter how many times I've tried to extricate some small fragment, some insignificant detail, from that day, all I recall is blackness. Had what happened the next day not occurred, I'm sure that I would have been married to the darkness permanently.

Jolting out of a semi-unconscious state, I opened my eyelids to find that they were covered with rain droplets. The misting rain that morning was not what startled me awake, however. It was the piercing, grinding sound of an army tank climbing up the hillside on its way into the camp. Sitting upright, I looked around the courtyard, reading the reactions from my fellow prisoners in the courtyard. Many of the men stayed where they were, either from fright or from weakness. I couldn't see how most of the prisoners were handling the approaching army because they were largely enclosed in the barracks or the tents. I wondered if I should run for shelter or remain out in the open.

Was the approaching army coming to liberate us or to exterminate the rest of us once and for all?

In the end, I made the decision to stand where I was, propped up against the cool stone wall, and accept the consequences either way they fell. I was tired of running from one place to another, of being yanked around this way and that. I didn't have a bit of fear left inside me. I really don't think I had much emotion at all left to express.

I stared at the beautifully carved front gate, looking on, waiting for whoever was about to enter through it. All around me other prisoners began to stand and watch with me as the rumbling grew louder and the ground vibrated more violently. When it sounded as though the tank was hovering right outside the gate, its progression was halted. Five, ten, fifteen minutes must have passed before the tank finally charged into the camp.

The first part of the tank I saw was the gun turret, a jaw-dropping rotating structure that was pointed right at us. But I still felt no fear as it moved ever closer. I observed a white star on the side of the vehicle, but this still provided me with no clear indication of what country the tank belonged to. It was only when I caught my first glimpse of the soldiers who were manning the tank that I realized that the United States had come to save us.

Once the rest of the prisoners became aware of the news, cheers of jubilation filled the air. Men stumbled from their resting places to greet the soldiers of the U.S. 11th Armored Division, filling the courtyard in order to welcome our liberators. We saluted the men and hailed them as heroes, parting so that their tanks could move freely.

The day was Saturday, May 5, 1945. It had been nearly five-and-a-half years since the war began, and more than four years since I was first rounded up and removed from my home. My nightmare had lasted from my seventeenth year to three months shy of my twenty-third year. I had passed into adulthood without the free will most adults are able to enjoy. I had missed out on half of a decade of my life. It seemed like an eternity. Somewhere during that time, between the ghetto and the camps, most of my family had perished. I wondered if any of them had survived.

I joined in the celebration as the American soldiers took command of the camp, but I couldn't help feeling a deep sadness for my loved ones. I had always imagined that liberation would mean embracing my family so that we could all rejoice together. Instead, I hugged the men standing closest to me, pretending that they were my family. In a sense, they were.

The scene that next played out is unforgettable. A group of relatively able-bodied prisoners shimmied on top of the front gate and used ropes to pull down the hefty brass Nazi eagle above the entryway. Expressing emotions we didn't know we still had, we pumped our fists, smiling and egging them on. As it crashed into the dirt, we all shouted with delight. Its destruction symbolized the disintegration of the Nazi regime. The war was in its final days and we were confident that the Germans would be defeated.

As a result of our liberation, some men burned their uniforms, throwing them into fiery pits along with their prisoner identification numbers. Having nothing else to wear, I tossed my metal bracelet inside the bonfire but kept my clothes. Other men wandered directly to the gate, wanting to immediately vacate the camp, only to be told that they had to stay. Prisoners who spoke broken English acted as translators, telling us why we couldn't leave. Apparently we were not the first camp to be liberated; Allied forces had liberated dozens of other camps and had learned from these experiences. In the past, diseased prisoners walked away from the camp only to collapse on the street or meander around helplessly with no real destination, no intact home, to return to. Looking around at the thousands of unburied corpses on the ground, the soldiers knew we were all sickly. They also feared that we might harm the local civilians or that they might harm us. Therefore, we had to remain in the camp with our liberators. They said that they would take care of us until we could be released. Could we trust them?

I, like many of the prisoners, did not take this news gracefully. I longed to return to Warsaw and to look for my mother and my grandparents. Sitting around in the camp seemed like a ridiculous waste of time. I didn't want to spend another day in confinement. Attempting to raise my voice in protest, I overexerted myself and returned to the darkness once again...

When I woke up in a hospital bed, three days had passed by. Upon opening my eyes, I didn't know where I was. A radio was blaring from one corner of the room, spreading what seemed to be cheerful news, based on the broadcaster's inflection, in a language I couldn't understand. Looking to my left and right, I saw other ill prisoners in the same position as me, except they were plastered with casts and some of them were amputees. A steady stream of nurses carrying clipboards entered and exited the building, pausing in front of certain beds to take notes. Paint and pictures adorned the walls of the building, letting me know that I was not in the camp hospital but rather in an old SS building that had been converted into an infirmary. Perhaps our liberators were correct to keep us in Mauthausen for awhile until we were healthy enough to be released.

Looking under the covers, I saw that my uniform had been replaced with a new pair of cotton pants and a thick white shirt that draped across my frail body like a dress. One of my pant legs was rolled up above my knee and a large bandage was wrapped around the leg I had injured during my accident in Gusen II. Even though I was in pain, I almost felt contented lying there on the plush mattress; what a difference it was from sleeping on sacks of paper and straw. I hadn't felt that comfortable in years.

However, panic overtook me when I reached underneath my new shirt—which felt heavy and strange after wearing my threadbare camp shirt for so long—and realized that my necklace wasn't there. I sat up and screamed to catch the attention of one of the nurses. My mother's ring, the only family heirloom I had left, had been taken away from me. How had I managed to keep it hidden from my captors but not from my liberators? What would I do without it? My palms began to sweat, my heart raced, and I flung myself around trying to collect enough momentum to swing myself out of bed. Finally, a stern, heavyset nurse made her way to my bedside. I asked her where my necklace was, but she couldn't understand me; she stared at me and shook her head, frustrating both of us. She left and returned with a young, blonde nurse who smiled sweetly and asked me what was wrong. A nameplate on her white uniform let me know that her name was Mary. After I explained my predicament to her, she nodded sympathetically and told me she would check the hospital lockbox to see if it was there. "Don't worry, we'll find it," she assured me. Several minutes later, she came back and placed a necklace in my hands. "Is this it?" she asked me. When I felt the familiar weight, I knew it was my mother's ring even before I looked at it.

Mary then explained that a doctor had opened my swollen knee and drained the excessive fluid from it. Tucking a blanket around me, she informed me that I was also being treated for severe malnutrition and dehydration as well as an acute upper respiratory infection.

In her next breath, she screamed with delight as she said that Germany had just surrendered to the Allies. World War II had just ended in Europe! The day we had all been looking forward to for so long had finally arrived. The news seemed like a dream. She danced around the room and raced down the hall, embracing the other nurses. However, despite feeling a rush of pure elation, I was unable to join them.

I sat up in bed and my pathetic reflection stared back at me from a cracked, patina-stained mirror on the opposite wall. My yellowed teeth were rotted and my inflamed gums were full of gaps. My sunken cheeks were the shape of an over-mixed soufflé. My withered, bony wrists were the diameter of a child's. My blemished skin was the texture of a piece of cheesecloth. I weighed just 30 kilograms (about 68 pounds).

Quietly, Mary walked over to the mirror, unhooked it from the nail, and placed it face down on a cart in the hallway. After instructing me to stay in bed for another week or two in order to recuperate, she handed me a clean ceramic bowl of soup. For the first time in many years, I ate broth that did not resemble lukewarm wastewater. It was a mouth watering, very thin potato soup that easily coated my stomach. I had only ingested a few spoonfuls and was about to press the bowl directly to my lips when Mary took it away from me, warning me of the deadly side effects of overconsumption following starvation. She told me about all of the prisoners who had died after liberation simply because their bodies couldn't process large quantities of rich food. For this reason, she slowly increased my rations so that I alternated between eating a few ounces of potato soup and a few bites of unleavened oat bread until my bodyweight began increasing.

My kind nurse even assisted me with taking my first "real" shower since my last one in the ghetto. When I hesitated in turning on the water, fearing that gas would spew out of the spigot, she reassured me that only water was in the pipes. Since I was used to trickles of water from faucets in the camps, once the water came pouring out the pressure was so strong that it knocked me backwards. The water was so warm that it seemed to wrap my body in a hot, wet blanket. Steam flowed out of the stall, moistening the walls and opening my clogged pores. When Mary handed me a bar of creamy soap, I held it to my nose and breathed in the smell of roses. Working the soap into a foamy lather, I coated my body and hair with it as dirt ran down my legs and into the drain. Had I been allowed to, I would have stayed in that shower for hours enjoying all of the delightful sensations. When Mary was satisfied that I was clean, she handed me a fluffy white towel. Rubbing myself dry, I thanked her for letting me feel like a human again. I was clean and happy for the first time in such a long time.

She assisted me with short walks around the interior of the building to strengthen mobility in my legs, and, little by little, I relied on her for support less and less. I slowly gained weight. My gashes healed and faded into scars.

Every time I tried to talk with her about my past she hushed me, telling me not to speak about "such horrible things." Therefore, as my body repaired itself, I forced myself to forget. Paramount to my recovery process was pushing away my past.

Perhaps I became too good at that.

Three weeks later, Mary put a chocolate bar and a pair of pre-worn leather shoes into my hands and told me it was time to let someone else take my bed. The ill far outnumbered the hospital capacity. Before leaving, I asked her if I could have my tin camp bowl to take along with me. I told her that it looked like every other camp bowl, but I had carved my name into the side of mine with a rock. She gazed at me strangely, tilting her head as she asked why I would want such a nicked-up item back. I told her that she wouldn't understand, but that I wanted to keep it as a reminder of my experiences. She agreed to look for it in the neglected items room and returned a few minutes later, holding it in her hands. I took it from her, inspecting it to make sure it bore my name, which it did. With that, I was discharged from the hospital.

I decided to treat my taste buds to the chocolate bar as soon as I stepped outside. Opening the wrapper, I sank my swollen gums into the chocolate, bringing back memories of when my father had surprised my mother with those tiny morsels of chocolate in the ghetto. I wished so much that they both could have been with me that day so that they could have bitten into the full size bar with me. Blima would have been old enough to share the candy bar, too. I'm sure she would have had a sweet tooth like the rest of my family. Nostalgic thoughts breezed through my mind, greatly diminishing the pleasure I experienced from eating the sugary snack.

Walking around the camp, I became aware that during my hospitalization I had missed out on the lynching of SS guards who had been hiding in the camp, pretending to be prisoners. Although most of the leaders had fled prior to liberation, a few dozen had stayed behind. I would have liked to see them suffer, but I'm not sure that I would have participated in the torture.

Relief organizations had taken up posts in the camp, including the United Nations Relief and Rehabilitation Administration (UNRRA) and the American Jewish Joint Distribution Committee. They provided former prisoners like me, who were now considered Displaced Persons (DPs), with vital resources: food, clothing, and assistance in locating relatives. Of supreme importance to me was the Central Tracing Bureau, which was established to help DPs find loved ones.

Despite this, the place was overcrowded and still felt like a concentration camp even though the enemy had left. We slept in barracks and tents just as we had when the Nazis ruled the camp, although we were treated humanely, fed adequately, and not forced to participate in wretched labor groups. Even so, many of us still walked around in our dirty concentration camp uniforms for weeks until clothing was distributed to us. I carried my dented food bowl around my waistband, fearing that someone might dispose of it. Walking around in my clean outfit from the hospital made me feel like a king.

We all just wanted to be able to move on with our lives; we were tired of camp life. We thought that liberation should mean freedom. In truth, by that point we were free to return to our former residences if we so chose, but in reality we were scared to return to the very cities we had been extracted from. We feared so many things: being shot by an anti-Semite as soon as we exited the gates of the camp, being harassed on the streets, and dealing with the conditions we might find in our hometowns. We knew that anti-Semitism hadn't just dissolved over night. We feared encounters with civilians who might harbor bitter feelings of resentment towards us. In actuality, it seemed far safer to remain with the other war refugees in the DP camps than to wander the roads alone and unaided. For the first time in nearly six years we were allowed to make our own decisions and yet we struggled with making them. I, for one, didn't know what my next move should be.

How do you restart your life?

A small fraction of my fellow inhabitants chose to return to their homelands in the hope of finding a piece of their old life there. A larger portion of the DPs in my camp sought assistance with immigration efforts to countries like Canada, France, Australia, South Africa, and the United States. Most of them, however, longed to establish roots in what was then British-controlled Palestine. Therefore, illegal yet unsuccessful efforts to enter the country ensued. In fact, it was not until mid-1948 after Palestine was divided into a Jewish and an Arab state, thereby forming the State of Israel, that survivors and refugees could enter freely. I remained indecisive about where I wanted to go and what I wanted to do. All I knew for sure was that I had to find out if anyone from my family was still alive.

For that reason, when I was given the opportunity to board a passenger train bound for a larger, more established DP camp in Germany in July, I accepted the offer. I needed the change of scenery and I hoped that a larger camp would provide me with better access to information with which to locate my relatives. I joined a thousand or so other men and women on a train ride to British-occupied Bergen-Belsen. Along the way, we paused from time to time as DPs from other camps joined us on our week-long journey. Parentless children cried in their seats as men and women still clothed in their prisoner garb spent the time in silence, staring out the windows. It was a time of reflection for the adults onboard. I can't recall many specifics of the trip—I slept through most of it—but I do remember that we were delayed for quite awhile due to detours imposed by the damaged railroad tracks. The delays didn't bother or bore me; because of my experiences, I had become a patient man.

CHAPTER 48

When we finally reached Germany, we were relieved to discover that the camp was not actually located in the former Bergen-Belsen concentration camp, but instead it was nearby in a former German Army camp. We were treated to housing assignments in real buildings with sealed walls, a gigantic step up from living in the drafty barracks of the concentration camps. Originally, we were all housed together—Jews and non-Jews—leading to discontent because of the prevalence of anti-Semitic behaviors, until Jews were segregated in November.

Lonesome and miserable at first, I soon came to enjoy my time in the Bergen-Belsen DP camp. It was here that a gracious optometrist, also a refugee, fixed my glasses so that I could see clearly for the first time in more than three months. Time quickly flew by and I easily cultivated friendships with the other survivors. We shared our war stories with one another, creating an instant bond between us. Together we watched as the rebirth of Jewish culture took shape in the form of theater, religious celebrations, music, athletics, journalism, and education. We attended weddings within the camp, celebrating the unification of lovers. Within a year, we celebrated life as countless babies were born. All the while, we listened to radio broadcasts and read newspapers, scanning through daily lists of survivors for the names of our loved ones. We were supportive of each other to the point that we wouldn't let each other believe that our relatives were anything but alive.

But, as we all slowly learned heart-wrenching news about our loved ones, our optimism faded away. Receiving positive news about those dearest to us was a rarity.

Day after day, we scanned the camp newspaper as well as newspapers from other DP camps, searching for answers. Simultaneously, we kept our ears glued to the radios. Names of survivors were repeated and circulated for months before lists of casualties made their way into news outlets. We learned of pogroms, or violent mob attacks, throughout Europe and were particularly saddened upon hearing of an exceptionally brutal one in Kielce, Poland; this massacre resulted in about forty Jewish casualties.

When a year had gone by without a sign indicating that anyone from my family was still alive, I sought emotional support from the camp psychiatrists. The doctors worked to pull me out of my depressed state and provided me with invaluable guidance. They helped to prepare me for navigating a brand new life, one that involved dealing with the trials of possibly being the sole survivor of my family. By then, with the help of various relief organizations, I had moved into an apartment building on the edge of the camp with other Jewish survivors. We became each other's pseudo-family.

Just like my father, I became a smoker. When my companions and I smoked together we spent the time socializing, but when I smoked alone I spent the time thinking. I was always drawing on cigarettes and thinking of my family, my blood relatives.

On a rainy day near the end of 1948, I received my first concrete piece of bad news. In response, all I could do was to shake my head in grief. My paternal grandparents had been exterminated in Treblinka in April of 1940. The news saddened me but only slightly since I had barely known them. However, when my maternal grandparents were listed among the dead a few days later, the news crushed me. They had survived until December of 1942—until they lost their lives in Auschwitz. Finding out about the passing of two people I cared for so deeply, my body reacted by depriving my lungs of oxygen as an imaginary weight compressed my body. My grandparents had either been betrayed by those individuals who were hiding them, had been discovered during random searches, or had grown tired of waiting for the war to end and had surrendered to the Gestapo. Salt-and-pepper haired and fragile, they didn't stand a chance in making it through the initial selection process. Like Blima, they would have been directed to the left after they arrived at Auschwitz. Looks can be so deceiving. My maternal grandparents were young at heart and still vibrant. They would have worked alongside prisoners many decades younger than them without a problem, at least for awhile. Thinking about that, I was outraged.

Over the years, my close-knit group of Jewish friends thinned as individuals immigrated for the purpose of establishing new lives or returned home in order to try to salvage their old lives. As time went by, the hope of finding survivors dwindled. I never learned what happened to Rivka's parents despite outreach efforts to find them. No inquires about Rivka from them ever reached me.

I remained confused as to where I wanted to go, and so I stayed near the camp with other refugees, keeping busy by playing on the football (soccer) team and by writing for the newspaper. I took advantage of vocational training opportunities, trying my hand at agricultural endeavors, but decided farming was not my calling—shoemaking was. Along with others in the camp, I also enrolled in English-speaking classes to prepare for a possible life in the United States one day. Studying the language and the culture consumed a great deal of my time, but I enjoyed it.

All the while, I held onto the hope that my mother was still alive. Everyone, including my most trusted psychiatrist, told me to "let go" of my hope, but I couldn't. When her name appeared on a list of deceased victims, the tragic news hit me like a crushing blow to the chest.

I couldn't eat.

I couldn't sleep.

I couldn't think.

She had perished in Auschwitz in June of 1943, which corresponded to the same time a massive typhus epidemic wrecked havoc on the camp, taking thousands of hostages. Was she murdered or did she die from disease? What would have been less painful? During all of those years I had spent thinking about her, she was already gone. My mother, my best friend, had been my guiding light through every transport and every camp. How could I go on without her?

And then it dawned on me: I was the only survivor of my family.

I felt so empty—so alone in the world. I needed closure. How is it that a man's entire extended family could die and yet he doesn't get to go to a single funeral?

Deciding what to do once I learned of my utter solitude was a challenge. In the back of my mind I had always considered returning to Warsaw. My psychiatrist warned me about the potential ramifications associated with returning to my childhood home, but by then I had become tired of listening to his advice. I needed to make my own decisions for once. I was convinced that I must return to see the place I had grown up. Everyone told me that I should move on with my life and not look to the past before I looked to the future, but it was just something I had to do.

Therefore, I took a train to Warsaw so that I could fill the void in my heart with one last glimpse of my boyhood apartment; the place I had once thought encompassed the entire universe.

CHAPTER 49

During the journey, I found that even though I wasn't wearing a Star of David on my clothing, I was still the brunt of insensitive jokes. Having endured far worse during the war, I ignored the ridicule, letting the mockery bounce off of me. As the train neared Warsaw, it became obvious to me why everyone told me to avoid the city.

Walking from the train station to my old home, I could barely navigate through the destroyed streets. Stores were boarded up and still bore anti-Jewish graffiti. The cafes and restaurants I used to patronize were long since neglected and abandoned; their windows smashed and their innards gutted. The city was deserted of Jews. The ruins made the city feel dirty. But, I pressed on, a part of me still hoping that when I arrived at my apartment I'd find my family gathered around the mahogany table as mother pushed aside her beautiful curtains just in time to catch a glimpse of me walking up to the front door. In my vision she would float over to the door to greet me, the familiar savory smells of her cooking billowing out of the oven as she corralled me inside.

Father would smile as Blima would run up to me with a drawing she had colored in school. Mendel would tell me about his newest batch of students, eager for me to share in the triumphs of his day. Everyone would laugh and scream in celebration of our reunion. We'd talk of wonderful things; there would be no need to talk of the war-torn years.

What I found once I reached the building was of course very different from the fairytale I envisioned in my daydream. Nearing the front door, I noticed that the linen curtains mother had sewn were replaced with heavy, woolen shades—my first indication that someone was living in my old home. Since I had traveled so far, I knocked on the door anyway, needing to know who the new residents were. The family that my mother and father had given the responsibility of watering our plants and making sure no one broke into our apartment had shattered my family's trust and had moved in, staking a claim to the apartment. When they saw me they slammed the door in my face, refusing to acknowledge me or to let me enter for a final look around the place.

Pinned to the steps, I stood there for several minutes, shocked. Not only was I concerned about my boyhood treasures and family heirlooms inside, but I also wanted to feel the warmth of my old home. But, with no fight left inside me, I turned around and left.

Why had I suffered through the war only to be left alive in a world that no longer cared about me?

Following my disappointing return to Warsaw, I boarded a train bound for the DP Bergen-Belsen camp the very same night. From the moment I returned back to the camp, I spent all of my time working toward a common goal: leaving Europe. I had seen everything that I needed to see and I knew it was time for me to carry on with my life. I couldn't think of a more appropriate place to begin anew than the Land of the Free: The United States of America.

Together with the Hebrew Immigrant Aid Society, the UNRRA, and other relief organizations, I obtained a sponsor in America to assist me with the financial burden. The man who sponsored me was someone I had never met before but would go on to have a life-long friendship with. His name was Andrez Wolski and he was an old coworker of my father's who had moved to America just before the war broke out.

While awaiting my visa, I continued learning English. I practiced by writing letters and engaging in lengthy conversations with others who were also learning the language until I became not only competent but nearly fluent. Finally, in June of 1950 after the Displaced Persons Act of 1948 was amended, allowing for more refugees into America, I made my way onto a list of immigrants headed for New York. There isn't much to say about the nearly two-week trip other than to tell you that the ship was full of refugees fleeing Europe. As we neared the harbor, we were treated to a brilliant firework display. It seemed to symbolize our rebirth. Only later did I learn about the annual tradition of lighting fireworks on Independence Day.

Once we arrived at Ellis Island we had to remain on the ship while we docked for the night until the offices opened the following morning. Then it was a long day of waiting in lines for various inspections, from health to literacy. The process took me five hours, but it was nothing compared to the lines I had been accustomed to over the years. As officials marked seemingly random refugees with colored chalk, people around me feared being barred from entering the country, but I wasn't afraid. It was the first registration process I didn't mind going through since registering for school as a child. Other people chose to either shorten their names or change them, but since I had just been a number for far too long, I proudly kept my name as my parents had spelled it.

The day was Wednesday, July 5, 1950.

CHAPTER 50

I had to start my life over in a place I barely knew with only the clothes on my back, my tin bowl, and my gold ring. I spent that first night, and the following ninety nights, at Andrez's house in New York City. He welcomed me into his home and place of business with open arms and for that I am deeply indebted to him. He took me under his wing, hiring me as an intern at his shoemaking store so that I could relearn the trade using the most current techniques. I soon became obsessed with the art, studying its history and keeping up with the latest fashions in my spare time. With his help and with the assistance of relief organizations throughout the city, I eventually earned enough money so that I could move into my own tiny studio apartment. Lacking in the typical cozy items found in most homes, such as decorations, I nonetheless fondly referred to it as my "mansion." To me, the aging, dingy apartment was an immaculately perfect haven.

Working seven days a week and sleeping far less than my body craved, I earned Andrez's respect. When he retired four years later, I was the first person he asked to take over his business. And so "Stefan's Shoes" was born, a name I chose in memory of my father. He never saw the gift I inherited from him, his talent, at its finest. When I apprenticed with my father I was too immature to take the art seriously. I didn't care to cultivate my shoemaking skills because I saw it as his field of expertise, not mine. In truth, I owe my life in part to his passion for shoemaking, for it had carried me through Auschwitz-Birkenau and it had provided me with a way to make my living in America. Without knowing it, my father had helped to save and to shape my life.

I had always thought that my mother was the one who had kept me going throughout the war, but my father had played a pivotal role in my success, as well. The mental toughness instilled in me by my mother and the physical handiwork taught to me by my father played vital roles in my survival.

CHAPTER 51

I only had my name on the lease for a few days when my life took another unexpected turn. I was sitting on the stool behind my cash register reading the newspaper, wasting time before the morning rush came in, when a photograph on the bottom of the fourth page caught my attention. A beautiful woman with a cherub smile and curly dark hair beamed back at me. The caption below her picture was: "Local woman wins area-wide Teacher of the Year Award." The description made me think of Mendel; perhaps he might have won the award if he had been in the running. Without reading the article, I flipped the page, sipped my coffee, and browsed through the rest of the paper. When a customer walked in, I tossed my newspaper in the trashcan and got back to work. But I kept thinking about the striking teacher who had won the teaching award. There was something about her that I couldn't quite put my finger on.

It was only after a few customers came and went that I reached into my trashcan and pulled the newspaper out of it. Shaking off scraps of gunk that had landed onto it, I pressed it flat onto the counter and opened back up to page four. I stared at the woman, unsure of why I couldn't stop looking at her.

When I finally peeled my eyes from the picture, I read the article above it. In the second paragraph the name "Dorothy Katz" sprang off the paper. There it was spelled out in black and white—it couldn't be any clearer.

Had the impossible become possible? Was this the woman my brother had fallen in love with in Auschwitz-Birkenau?

I had to find out.

Since it was almost lunch time, I decided to close up early and take the rest of the day off. But first I opened the locked drawer underneath the cash register, pulled out a small cardboard box, and put it into my pocket. With newspaper in hand, I hastily affixed a note to the door and ran out of my store and onto the sidewalk, maneuvering around sightseers, until I flagged down a taxi. I was headed for Dorothy's school.

Once the taxi driver dropped me off in front of the schoolhouse, I sat down on a metal bench and waited, facing the building. I could have gone inside, but I wanted to wait. I didn't want to take her away from her children. Waiting also provided me with the opportunity to think about what I'd say to her.

But what if it wasn't her? What if I had wanted for her to be Mendel's Dorothy so badly that I had just convinced myself that she was?

I sat and waited. I smoked and I thought.

I watched squirrels chase one another in the grass in front of me, and listened as the birds sang to each other in the trees behind me. I inhaled the sweet aroma of fresh, spring blooms. I tasted the salty sweat of my body as tense perspiration dribbled down my forehead and into the corners of my mouth.

Finally, I heard the school bell ring. Dozens of children raced down the front steps carrying armfuls of books and papers. I remained seated on the bench, waiting for the dark-haired beauty to exit the building. Tapping the fingers of one of my hands nervously onto my thighs, I chewed on the nails of the other one. What was I doing there? The odds of the woman in the paper being the woman I was looking for were so slim. I felt so stupid.

And then I saw her.

Wearing a flowery, feminine chemise dress, black velvet pumps, and long white gloves and delicate pearls, she took my breath away. I had to avert my eyes away from hers so that she wouldn't see my blushing cheeks. I didn't know how to react.

I stood up when she walked by me, admiring her black curly hair as it tousled in the wind, and I began following her. When I caught up to her she glanced over at me and I blurted out the words "Mendel's brother" and "Auschwitz." She nearly fainted upon hearing those three words. She smiled so big that I swore she could have swallowed me whole. Her shrieks of joy ended with tears of happiness from both of us. It *was* Mendel's Dorothy.

She sank onto the bench next to me, both of us looking at each other with disbelief. After the initial shock faded,

I handed her the cardboard box, holding my breath as I watched her open it. Very carefully she removed her white gloves, placing them onto her thighs as she gently lifted the top off of the box. She looked at me inquisitively as she pulled out a crumpled piece of tattered, yellowed paper. I sat motionless as she unfolded the paper, smoothing out the wrinkles with her hands. It took her less than a minute to read the letter Mendel had written to her more than ten years prior, but her reaction lasted quite longer.

"He's...gone?" she asked me. I slowly nodded my head. She leaned into me, shaking from a range of emotions, urging me to hold her.

Though I never read the letter myself, wanting to keep my brother's expressions to his lover private, I always wondered what powerful words he so desperately wanted to tell her. I was relieved to finally give the note to its intended recipient.

In that moment, a chapter of my life closed while another one opened. I finally felt as though Mendel could rest peacefully knowing that his last wish had been honored.

CHAPTER 52

Dorothy and I bonded instantly due to our backgrounds and our experiences during the war. After liberation, she had bounced around from one DP camp to another, just like so many other survivors, before she found comfort in the Schwandorf camp in Germany. As fate would have it, she had arrived to the United States in 1948 at which point she began her studies to become an elementary school teacher. Although I felt that it was a little inappropriate to court the very woman my brother had loved, I knew that he would have wanted me to make sure Dorothy was taken care of.

And so began a lasting love affair that led to a wonderful marriage. Our wedding was small and simple, for there were only a handful of people to invite. During it, I gave Dorothy my mother's special ring. Sliding it onto her finger, she and I became one. When she presented me with the ring she had chosen for me, it was a replicate of hers; she had hired a local jeweler to make a copy of the original. When I looked at it pressed against my skin, I understood for the first time how mother must have felt when she looked at hers. Wearing it around my neck, keeping it safe for so long, it represented my hope and my family. Wearing it around my finger, it represented our commitment and our partnership. While all of Dorothy's friends wore expensive diamond rings, she was never jealous of her simple gold band. She treasured her ring because she valued the history behind it. Mother would have adored her.

As husband and wife, we started our married life in a modest one bedroom apartment. Although we lugged our old mattresses, couches, and other ratty items into our new place, Dorothy was insistent that we buy a new kitchen table. Later that week, I surprised her with one from a secondhand store—it was mahogany. In a miniscule way it made me feel as though my life had come full circle. The craftsmanship was nothing compared to the table we had in Warsaw, but it reminded me of my childhood and Dorothy was thrilled to own it.

In the transition, I came across a barely recognizable object in one of Dorothy's dresser drawers: a ragged brace-let—the very one Mendel was punished for giving to his lover in Auschwitz-Birkenau. She had kept it for all of those years through transfers and selections. I wondered if my brother knew just how much Dorothy had cared for him. I wondered if he had known how much he had meant to me. My eyes pooled with tears as I kissed it and blew a kiss up to my brother. Not wanting to break it, I gently tucked it away without mentioning it to Dorothy.

Life reminded me of that threaded bracelet; it is fragile and can fall apart at any time.

With Dorothy's encouragement, I found joy in life. I began to attend synagogue and to join Jewish associations. Slowly, I replaced my awful experiences from the war with positive ones. In the process, my daily nightmares became more infrequent as my past slipped further away from the present.

Life progressed.

Had I not continually chosen to keep fighting every day to stay alive, I would have missed out on a fulfilling life. I became grateful for everything, for every moment I had and every personal connection I made.

Dorothy and I went on to have three healthy children (twin girls and one boy). Together we raised them in a traditional Jewish household, teaching them about the faith but sparing them, or quite possibly ourselves, from the painful details about the Holocaust.

As our children grew up and studied World War II in school, they began to inquire about our tattoos, but Dorothy and I regrettably always breezily brushed aside their questions. We wanted to protect them from everything evil in the world, but perhaps we should have been more open with them. In many ways, I suppose I am very much like my father.

I rarely wore shirts without long sleeves because I loathed the comments and questions I received from strangers. Even in the summer, I covered my arms in fabric. It wasn't until I reached my seventies that I embraced my past and exposed my tattoos to the world; but I was still never able to talk about my experiences with anyone.

Thank you for allowing me to tell them to you.

But now I'm weak and I can't fight it anymore. Here I am lying in my hospital bed with my faithful wife seated by my side. I'm rubbing my ring and clutching my tin camp bowl while taking one last look at my wrinkled reflection before I put down my pen and paper for good.

Would my family who had perished during the war have been proud of the life that I had lived? As the sole survivor, did I make the most of the precious gift that I was given? Looking into my wife's green eyes and then over at the pictures of my children and grandchildren, I know the answer.

All I have left to say before I join my mother is: I survived. I loved. I lived.

———

Made in the USA
Lexington, KY
09 March 2016